信以立志
信以守身
信以处事
信以待人
毋忘立信
当必有成。
　潘序伦

信以致远

——纪念潘序伦先生诞辰130周年文集

主　编　朱建弟
副主编　杨志国

图书在版编目(CIP)数据

信以致远：纪念潘序伦先生诞辰130周年文集／朱建弟主编．—上海：立信会计出版社，2023.12
ISBN 978-7-5429-7447-1

Ⅰ．①信… Ⅱ．①朱… Ⅲ．①潘序伦(1893—1985)－纪念文集 Ⅳ．①K825.31-53

中国国家版本馆CIP数据核字(2023)第204025号

策划编辑　　窦瀚修
责任编辑　　窦瀚修
封面设计　　娄文洁

信以致远——纪念潘序伦先生诞辰130周年文集

出版发行	立信会计出版社		
地　　址	上海市中山西路2230号	邮政编码	200235
电　　话	(021)64411389	传　　真	(021)64411325
网　　址	www.lixinaph.com	电子邮箱	lixinaph2019@126.com
网上书店	http://lixin.jd.com		http://lxkjcbs.tmall.com
经　　销	各地新华书店		
印　　刷	上海华业装潢印刷有限公司		
开　　本	787毫米×1092毫米	1/16	
印　　张	23	插　　页	2
字　　数	407千字		
版　　次	2023年12月第1版		
印　　次	2023年12月第1次		
书　　号	ISBN 978-7-5429-7447-1/K		
定　　价	98.00元		

如有印订差错，请与本社联系调换

本书编委会

主　编　朱建弟
副主编　杨志国
编　委　陈星辉　罗振邦　沈建林
　　　　　钱志昂　林　榛

序

习近平总书记在党的二十大报告中强调,"高质量发展是全面建设社会主义现代化国家的首要任务"。当前我国已经开启全面建设社会主义现代化国家、向第二个百年奋斗目标进军的新征程,经济增长由高速增长阶段转向高质量发展阶段,市场配置资源的决定性作用不断增强,制度优势与治理优势持续凸显。会计作为服务现代宏观经济管理和市场资源配置的重要支撑,其职能已由过去传统的记账、报账等功能向价值管理、决策支持等诸多领域延伸。会计在推动全面深化改革、构建新发展格局、实现经济社会高质量发展中发挥着越来越重要的作用。从全球视野看,当今世界正经历百年未有之大变局,新一轮科技革命和产业变革深入发展,虽然国际形势的不稳定性、不确定性明显增加,但和平与发展仍然是当今世界的主题,全球经贸往来频繁,经济转型升级和创新发展中新的商业模式层出不穷,会计作为全球通用的商业语言在全球经济治理体系改革完善中的作用日益被当今世界各国所重视。

中国的会计文化与历史源远流长,距今已有数千年的历史。在这漫长的历史长河中涌现出无数名师大家,但有一个名字必定会被永远铭记,他就是揭开中国现代会计史第一页、被誉为"中国现代会计之父"的潘序伦先生!先生以其学贯中西的深厚功底、一代宗师的广阔胸襟和对时代大势的敏锐洞察,以一己之力推动了中国传统会计的现代化转向和国际化改良,将现代会计理论引入中国,其代表作有《高级商业簿记教科书》《会计学》《审计学》等"立信会计丛书",堪称中国现代会计学的扛鼎之作。在中国现代会计发展史上,先生是"产学研"一体化的开拓者,他创建了立信会计师事务所、立信会计学校和立信会计图书用品社"三位一体"的立信会计事业。诚实守信是会计行业之魂,先生是当之无愧的会计诚信文化的首倡者。他曾说:"夫学识经验及才能,在会计师固无一项可缺,然根本上究不若道德之重要。会计师之为职业,实为工商企业保障信用而设,苟有不道德行为,而自丧其信用,则此职业,即失其根本存在之理由，殊背国家期望之厚意，可不慎哉。"

如今"信以立志，信以守身，信以处事，信以待人，毋忘'立信'，当必有成"的诚信准则，已深深融入新时代中国会计从业人员的血脉。受先生教诲启发，我在多年前就曾提出，中国的会计行业应当有与其悠久历史、深厚文化相符的独特会计精神，那就是诚实守信的品格、客观公正的意识、开放包容的胸襟和锐意创新的追求，其中诚实守信是首要的，也是灵魂。

今天，中国会计事业已经实现了跨越式发展，取得了举世瞩目的巨大成就。中国会计全面参与会计国际标准的制定和重要会计国际机构的治理，在会计领域的国际影响力日益凸显。一个不记得来时路的行业，注定没有出路和希望。回望中国现代会计事业近百年的发展历程，此时此刻，我们更不能忘记像潘序伦、顾准、谢霖、杨时展、杨纪琬等一大批曾经为中国现代会计事业发展而呕心沥血的大师们，是他们奠定了中国现代会计事业发展的坚实基础，会计人应永远以崇敬之心去怀念他们！

2023年是潘序伦先生诞辰130周年，也是上海立信会计金融学院建校95周年，立信会计师事务所（特殊普通合伙）、上海立信会计金融学院、立信会计出版社携手共同组织出版《信以致远——纪念潘序伦先生诞辰130周年文集》。这是一项极富意义的工作，是对先生开创的"三位一体"立信会计事业的最好致敬与纪念。相信本文集的出版，必将让我们更好地缅怀先生的思想风范，继承先生的学术遗产，弘扬先生的崇高品格，推动中国会计事业在新征程上走向新的繁荣和辉煌，为推进中国式现代化贡献会计人的智慧与力量！

是为序。

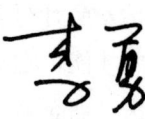

前　言

2023年是中国会计界泰斗，中国现代会计之父，立信会计师事务所、上海立信会计金融学院、立信会计出版社创始人潘序伦先生诞辰130周年。潘序伦先生秉持教育为民的思想和实业救国的情怀，倾注毕生心血推动中国现代会计事业的发展。作为会计专家，他一生潜心研究会计理论，引进西方会计技术，谱写了中国会计现代化的新篇章；作为教育家，他是我国职业教育的先驱和楷模，创建的"产学研"一体化"立信模式"，已成为现代职业教育的典范；作为出版家，他编辑出版的"立信会计丛书""立信会计译丛"等，已成为会计学的经典之作；作为思想家，他倡导的会计诚信文化，已成为会计人的执业基石和精神追求。潘序伦先生是立信人心中慈祥的师长，是会计人心中永远的丰碑。

立信源于会计。潘序伦先生兴办立信会计师事务所、立信会计学校、立信会计图书用品社"三位一体"的立信会计事业，均以"立信"冠名，"立信"同先生开创的会计事业与生俱来。立信立于诚信。诚信是立信人在兹念兹的信条，是立信人处事待人的行为准则，已融入立信人的基因里。立信兴于国运。国运兴则立信兴，民族强则立信强。"为国竭智尽忠效力"是每个立信人义不容辞的责任。立信金字招牌不仅仅属于立信人，更属于国家和民族。我们要始终与国家和民族同呼吸共命运，像爱护眼睛一样爱护立信品牌，以实际行动擦亮立信品牌。

为了缅怀先生的丰功伟绩，弘扬立信精神，传承会计诚信文化，立信会计师事务所牵头开展了"纪念潘序伦先生诞辰130周年文集"的征文活动，活动得到社会各界的广泛关注，大家踊跃赐稿，我们从中遴选了60多篇，汇成《信以致远——纪念潘序伦先生诞辰130周年文集》（以下简称《文集》）。《文集》内容涉及广泛，文章有长有短，各具特色，非常耐读：有回忆性文章，缅怀先生的成长、创业的风雨历程和对发展我国会计事业作出的历史性贡献；有研究性文章，探究先生的诚信思想、教育思想、创新思想、出版思想和爱国思想等；有叙述性文章，通过感人的故事，折射出先生崇高的人格和博大的胸怀；也有很多励志性文章，尤其是许多年轻的立信人写了不少这方面的文章，他们把先生的诚信文化与本职工作结合起来，立志发扬立信精神，求真务实，为打造立信百年老店添砖加瓦。

财政部原部长刘仲藜先生为本书题写书名，财政部原副部长李勇先生为本书作序，在此衷心感谢财政部两位老领导一直以来对立信会计事业的关心与厚爱。

《文集》的顺利出版，得到社会各界的广泛支持。首先感谢大家在百忙之中赐稿。感谢上海立信会计金融学院解超书记、杨力院长和母校的老师们、校友们；感谢著名会计史学家、中南财经政法大学郭道扬教授，首都经贸大学付磊教授，厦门大学刘峰教授等院校的会计学者们；感谢潘序伦先生家人和亲属；感谢立信会计出版社华春荣社长、窦瀚修研究员；感谢立信会计师事务所杨志国执行总裁和各位同事。

诚信行万里，百年展雄风。诚信是立信人的价值追求。正是立信人对诚信文化的不断传承和弘扬，才使潘序伦先生开创的立信会计事业虽历经百年风雨，仍蒸蒸日上，勇立潮头。感恩先辈的辛勤付出，珍惜来之不易的发展局面，立信人将不忘本来，放眼未来，坚定历史自信、文化自信，锐意开拓创新，努力打造不负先辈、不负时代、不负后人的立信会计事业，为中国式现代化伟大实践贡献立信力量。

目 录

赓续大师精神　谱写时代华章	解　超 /	1
应用型财经人才培养"立信模式"的实践与发展	杨　力 /	7
新时代立信会计师事务所高质量发展	朱建弟　杨志国 /	14
诚信为本践使命　奋楫扬帆启新程	朱建弟 /	24
潘序伦人才观：形成历程、内在逻辑、时代内涵和当代价值	刘永琴 /	31
弘扬立信精神　做强立信专业出版	华春荣 /	42
站在中国近代企业会计改革里程碑上的伟人	郭道扬　杨泽中 /	45
顺应大势　知行合一	付　磊 /	53
潘序伦先生和民国时期的会计教育	刘　峰　屠雨泽　杨子越 /	59
深切缅怀潘序伦老校长　再创立信会计事业新辉煌	邵瑞庆　陈春华 /	68
永远的丰碑——深切缅怀潘序伦先生	李延绍 /	78
饮水思源　传承"三位一体"育人模式	张维宾 /	84
缅怀先生风范　传承立信精神	潘元诚 /	87
纪念先贤　勇毅前行	陆庆文 /	91
赓续先贤遗志　传承立信精神	陈星辉 /	93
勿忘立信　生生不息	朱　颖 /	97
潘序伦——培育会计人才的楷模	潘莉华 /	100
我的立信人生轨迹	戴定毅 /	105
记立信复校时的几件事	马　卫 /	110
永远的立"信"	顾文贤 /	116
BDO国际双年会的往事回忆	陈　继 /	121

1

潘序伦会计诚信思想的形成与当代价值	王卫星 /	126
潘序伦对会计事业的历史性贡献	程瑞川 /	133
领略先生学术智慧　坚守会计诚信文化	笑　雪 /	139
会计人·势道术	徐光华 /	143
以语言为津梁，推进中国会计的现代化发展——论外语对潘序伦一生事业的重要作用	宋小明 /	148
何以"成人"？——立信校训浅释	吴大新 /	159
变革自强　矢志不移	宋丽梦 /	162
民国时期立信会计师事务所史事考略	张　辉 /	166
潘序伦——中国近代会计的改革者	文　硕 /	175
兼收并蓄　有容乃大——潘序伦先生引进和传播国外会计思想的主要贡献	刘常青 /	179
从"东坡书院"到"潘序伦纪念馆"	徐友麟 /	186
永远的凝视——参与潘序伦老校长塑像工作有感	钟陵强 /	189
立信·情缘	黄疆新 /	193
践行潘老诚信思想　画好诚信同心圆	陈力生 /	195
为国竭智尽忠效力	罗银胜 /	200
高山仰止　景行行止	解丹阳 /	207
守正创新　续立信精神	李培功 /	210
我是立信人——一首歌的故事	窦瀚修 /	216
潘序伦师资队伍建设思想的当代价值	孔晨旭 /	221
立信保险的历史实践与教育薪火相传——记我国民族保险公估业的奠基人、立信事业创始人潘序伦先生	万晴瑶 /	227
见物·见人·见精神——说说档案里的会计大师	李　益 /	236
潘序伦教育思想探微	张颖香 /	241
浅析潘序伦教育思想的传承与发展	贾莉莉 /	251
纪念潘序伦先生	周静虹 /	256
无问西东　与时俱进——潘序伦书信中的立信会计学科发展史	虞晨阳 /	260

立信会计出版史事考略	孙 勇	267
大智云移时代会计人才核心素养培育研究——重温潘序伦会计思想	冀锋昌 陈文芳	275
潘序伦创新思想初探	王梦雪	280
瞻仰先生思想 缅怀职教先驱——潘序伦先生职业教育思想的基本特征	张 茜	282
发扬立信精神 推进高质量发展	王 娜	286
一叠老档案中的师生情——《慈父一般的潘师》点滴考证	王首一	291
坚持诚信为本，弘扬立信精神	章丽娟	296
立于历史 信于未来——由《会计口述历史》（第一辑）引发的思考	吉 佳	301
我的马拉松与立信	曹轶凡	305
潘序伦诚信文化对事务所品牌建设的启迪	张艳雯	309
弘扬潘序伦诚信思想 实现审计高质量发展	卢佳钰	313
潘序伦会计诚信思想的内涵、特征及意义	闪 烁	317
忆·潘序伦	余争妍	322
崛起，立信！	韩天翼	325
纪念潘序伦先生推动中国会计事业的发展	杨益慧	327
立志守信，初心不改	庄丽芬	330
立信文化推动形成立信品牌	辛卓琳	333
潘序伦先生与立信	黄耀民	337
诚信引领 构筑卓越公司文化	胡成霖	341
秉诚信百年 实现立信精神的时代升华	王 恬	344
潘序伦——中国现代会计之父	汪冰凡	346
以"诚"为本，成就未来：我的立信之路	何 元	350
上海立信会计金融学院校歌		353

赓续大师精神　谱写时代华章

解　超[①]

2023 年是我国杰出的会计学家、教育家、被誉为"中国现代会计之父"的潘序伦先生诞辰 130 周年。作为中国会计界一代宗师，先生将现代会计的复式簿记方式及其理论引入中国，奠定了中国现代会计学的基石；先生开创了"三位一体"立信会计事业发展先河，是培养我国会计人才和发展我国会计事业的先驱；先生引领中国现代会计理论研究，饮誉海内外，被评为上海社科大师。先生是上海立信会计金融学院的创校校长，是立信人心中永远的"潘老"。

潘序伦先生为祖国的会计事业不懈奋斗，在中国会计史、教育史和立信校史上，都留下了光辉灿烂的篇章。中共中央政治局原常委、国务院原副总理李岚清评价潘老为"现代会计学宗师，职业教育之楷模"。中华人民共和国原副主席荣毅仁为潘老的题词是"为我国的会计事业的开创、发展和壮大作出贡献"。潘老担任立信校长长达 20 余载，时至今日，潘老题写的"立信"校训仍是学校最宝贵的精神财富，烛照一代又一代立信人弦歌不辍、砥砺奋进。潘老高尚质朴的精神风范值得一代代立信人和中国会计人铭记、传承和弘扬。

纪念潘老，我们要赓续先生以爱国主义为核心的伟大民族精神。先生毕生服膺爱国主义，一言一行都以民族利益为先。他出身江苏宜兴书香门第，成长于军阀混战、社会动荡、新旧思想交锋的战乱年代。传统文化滋养和风雨飘摇困境交织，催生了先生"教育救国""实业救国"的思想觉醒。先生认为，"国家好比一架飞机，一翼是军

[①] 作者系上海立信会计金融学院党委书记。

工科技，一翼是财经会计，只有这样，国家才能腾飞于世界民族之林"。1924年，在美国取得哈佛大学硕士学位和哥伦比亚大学博士学位后，先生毅然回到祖国怀抱。基于当时国内民族工商业发展对改革旧式簿记和懂得经营管理会计人才的迫切需求，先生于1927年1月在上海创立"潘序伦会计师事务所"，将个人梦想与国家、民族命运更加紧密地联系在一起，开启了立信会计事业的腾飞之路。

"九一八"事变后，先生进一步认识到，"只有国家民族的解放，才有民族经济与教育的发展"。在国家危难之际，先生挺身而出，投入抗日救亡洪流，开展舆论宣传、募捐赈灾、慰问前线将士等活动。他不遗余力服务战时经济，为抗战胜利保驾护航。在解放战争时期，先生暗中支持党的事业，突破封锁，保障共产党主办的第一张全国性机关报《新华日报》顺利发行。历经立信会计事业半个多世纪的艰辛发展，先生在垂暮之年唯一挂念的仍是如何迅速培养为国家经济建设服务的会计人才，由衷发出"我们有生之日，都是为国竭智尽忠效力之年，这是我们最最幸福之时"的生命之呼。

纪念潘老，我们要赓续先生以敬业育人为核心的无私奉献精神。"十万弟子，桃李芬芳"是先生教育人生的真实写照。1928年先生创办了立信教育事业，1937年，他创立的中国历史上第一所专门培养高级会计人才的学校——立信会计专科学校在战火硝烟中问世。在极为艰苦的环境中，特别是学校内迁重庆北碚"一无办学经费、二无校舍"的境遇下，先生从未放弃对教育事业的执着追求。他与立信同仁坚持"适应社会需要，培养财会人才，重在务实，振兴中华"的办学思想，邀请人民音乐家冼星海，中国当代经济学家、人口学家马寅初，教育家黄炎培等一批名家大师在立信执教，写就一段烽火岁月育英才的教育佳话。

紧跟工商业发展对现代会计人才的职业能力诉求，先生见微知著，提出"管理务期严格、学生学验并重"的教育理念，把教学质量作为学校发展的生命线，规定"考试成绩以70分为及格"，"一学期缺课三分之一者，不得参加期终考试"。[①] 在近乎严苛的校风学风和职业道德教育熏陶下，当时的立信"几十年来未发现毕业学生因贪污行贿而判刑"。面对"毕业即失业"的社会现状，先生颇为重视职业指导，经常组织学生到工商企业和政府机关参观、实习，设立"立信会计职业咨询所"，尽可能介绍会计人才就业。立信校友回忆，1942年其所在班级毕业时，班级同学都顺利走上了工作岗位。

---

① 潘序伦.潘序伦回忆录[M].北京：中国财政经济出版社,1986：34.

在学校历经波折复办之际,先生更是倾其所有,把自己所有存款、海外校友资助自己生活的汇款等共计10万元捐赠学校,设立"潘序伦奖学金";将存书2000余册捐赠立信图书馆;将事务所收入和立信编译所出版的"立信会计丛书"版税,悉数投入会计教育。从事务所办公室的一席补习之地,到鼎盛时仅上海就设有11所分校;从仅有22名学生的簿记训练班,到培养出数十万财经人才,遍布海内外。先生呕心沥血将毕生心力倾注于会计人才培养,在中国财经教育史上写下了浓墨重彩的一笔。

纪念潘老,我们要赓续先生以公正诚信为核心的诚实守信精神。从会计人生到教育人生,从"学科之父"到"社科大师",一路走来,"立信"始终是先生念兹在兹的"道之本者"。先生认为,"立信,乃会计之本。没有信用,也就没有会计"。先生把信用比作会计工作的生命线,把"信"字熔铸于其倾注一生的立信会计事业。自创业之始,先生深谙"从事会计工作的人,必须在立志、守身、处事、待人等方面,建立信用",取《论语》中"民无信不立"之意,将创办的会计师事务所、会计学校、会计图书用品社均冠以"立信"之名,并将"立信"引申为"信以立志,信以守身,信以处事,信以待人,毋忘'立信',当必有成"24字训条,构筑起立信精神的思想内核,被学界认为是承中华文化之精髓、融西方契约之精神的最重要成果。

先生一生以信立身、以信立校、以信立业,是立信精神最为厚重的表达。先生常说,"凡会计员必先养成其会计的人格,所谓会计的人格,即可以'信'之一字概括之"。1942年,先生敦请马寅初登上立信讲台。在国民政府教育部要求立即解聘马寅初时,先生寥寥数语予以回击:"立信者,立信于人也。既已下聘书,就不能无故解聘!"先生给各地立信学校定下一条铁律,考试作弊者一律开除学籍。先生在病危之际为出国深造学生的推荐信签字时,仍不忘告诫学生:"学识经验及才能,在会计师固无一项可缺,然根本上终究不若道德之重要。"20世纪40年代,先生在对全国会计人员的演讲中,呼吁"务要不为威屈,不为利诱;不造假账,不隐弊端",这句话在今天读来依然振聋发聩。立信精神是立信会计事业发展史上的丰碑,彰显了立信会计人和中国会计学的历史主动和文化自觉。

纪念潘老,我们要赓续先生以锐意改革为核心的开拓创新精神。作为我国一代会计泰斗,先生始终站在会计教育改革的潮头,全身心致力于会计工作和会计教育"日日新月月新"。20世纪20年代,在对中国工商业发展情况深入了解的基础上,先生率先把"新式簿记"这一近代科学的会计方法在我国加以推广应用。在办学时期,先生带领立信教师"立足会计、发展会计",站在会计学科前沿,及时引进西方发达国家会计学术成果,建设适合中国国情的现代会计学科,引领中国现代会计学发展。1980年,在立信会计专科学校复办时期,先生卓有远见地提出"收费走读,不包分配,择优推荐,供需见面"的改革措施,开高等教育改革之先河,这比我国20世纪90年代才提倡缴费上学和自主择业,整整提前了十个年头。

在旧式会计日渐式微之时,先生勇领风气之先,开创立信会计师事务所、立信会计学校和立信会计图书用品社"三位一体"的立信会计事业,将会计师业务开展、会计专业人才培养与学术研究、会计专业出版融合起来,探索形成产教融合协同育人的雏形。在1985年的一次谈话中提及"三位一体"的创办初衷时,先生指出,凡是立信所办的各项事业都是一个整体,这些单位有主有从,相互促进。立信"三位一体"的办学模式至今深刻影响着中国现代大学产学研合作模式的演化和推进。

纪念潘老,我们要赓续先生以艰苦创业为核心的勇于拼搏精神。先生视艰苦奋斗为人生天职,以"成功道路多艰难,奋力前趋能过关"[①]与青年人共勉。在美国求学三年间,他"从未看过一场电影,也未到餐馆吃过一顿饭,从清晨到深夜,都是在自己租赁的宿舍内或学校图书馆里度过的。有时连饭也没有工夫吃,只好买个面包就着一杯温水充饥"。当时的同学中常常有人说,"潘序伦这种勤奋节俭的生活是谁都过不来的"。正是这种"谁都过不来"的拼搏意志,支撑先生走过了人生中每一段艰难困苦的岁月。

回顾初到重庆艰苦创业的岁月,先生感慨"那段时间的生活艰苦,身体疲劳,以致随时有生命的危险,都没有使我在事业上松劲,我的脑子里只有六个字'立信会计事业'"。耄耋之年,先生除担任名誉校长,还身兼中国会计学会和上海市会计学会顾问、上海会计师事务所董事长等数职,贡献自己的"余热"。正如先生在92岁生日时所言:"我们从前的学习口号是'活到老,学到老',我已年逾九旬,因之我自己的口号是'活到死,学到死'。"这何尝不是先生对一生奋斗之路所做的最好注解。

纪念潘老,我们要赓续先生以优良家风为核心的以俭修身精神。先生一生信奉"廉洁勤奋为归",经常用"贤而多财,则损其志;愚而多财,则益其过"来鞭策自己、教育家人。在子女心里,父亲给予更多的不是物质上的丰裕生活,而是精神上的以俭

---

① 王军.奠基(代序)[M]//潘序伦.潘序伦文集.上海:立信会计出版社,2008:2.

修身之道。女儿潘屺瞻回忆说："父亲对我的教育可以概括成两个字——勤、俭。就是学习和工作要勤，持家要俭。"女儿潘平清晰记得，她当年去学校上学从来都是步行，仅有一次因生病高烧，且一时叫不到车送医院，自己才有唯一一次机会乘坐父亲的小轿车。

先生晚年生活勤俭淡泊，长期居住于旧式里弄斗室，除一床、一几、一柜、一桌、四椅，屋内别无他物，唯有成堆的书籍。复校后，先生四次谢绝党和政府为其安排的住房，表示"专校校舍未落实，绝不为个人安适作打算"。在生命的最后一天，先生写下力透纸背的最后遗愿："我一生最喜欢节约一切物力、人力、财力，为建设新中国服务。"他没有留给后代一分遗产。女儿、女婿将其留下的书籍、名人字画等全部捐给立信会计专科学校。这位会计界的传奇人物，用近跨越一个世纪的人生，书写了"取之于社会，用之于社会；取之于会计，用之于会计；取之于学生，用之于学生"的立信风骨。

潘老的一生，以仁者的担当、勇者的无畏和智者的拓展，为我国现代会计事业奠定了坚实基础。先生的一生，是为会计的一生，为教育的一生，为国家的一生。先生用一生的坚持兑现了"毋忘'立信'，当必有成"的人生信条，先生的一生是中国现代会计事业发展的缩影。先生的崇高精神、高尚品德、大师风范，是历史的、也是时代的，是引领上海立信会计金融学院奋发向前的精神旗帜，更是"三位一体"立信会计事业发扬光大的永远丰碑，感召和激励着一代又一代立信人在以中国式现代化全面推进中华民族伟大复兴的新征程上勇毅前行。

今日之立信定将胸怀"国之大者"，为民族复兴伟业挺膺担当。我们要将服务中华民族伟大复兴作为重要使命，自觉提高政治站位，坚持和加强党的全面领导，深刻领悟"两个确立"的决定性意义，增强"四个意识"，坚定"四个自信"，做到"两个维护"，深度融入国家经济社会发展进程，用实际行动回答好服务国家富强、民族复兴、人民幸福的时代课题。

今日之立信定将坚守立德树人，为教育强国建设贡献力量。我们要深入贯彻党的二十大关于教育、科技、人才一体推进的战略部署，坚持为党育人、为国育才，落实立德树人根本任务，深入实施高质量发展、开放发展、特色发展三大战略，持续凝练"诚信为本、学验并重"的办学特色，加快建设国际知名、国内有重要影响、特色鲜明的高水平应用型财经大学，努力培养担当民族复兴大任的时代新人。

今日之立信定将永续立信薪火，为诚信文化传承厚植沃土。我们要紧扣时代发展主题，以社会主义核心价值观为引领，把诚信文化作为立信会计事业生命力、竞争力的重要源泉，接续弘扬立信精神，厚植"毋忘'立信'，当必有成"的诚信文化，更加注重以文化人、以文育人，不断提升诚信品牌辐射力和影响力，用诚信文化凝心铸魂、聚力汇智。

今日之立信定将矢志开拓创新，为"三位一体"事业续写华章。我们责无旁贷接过历史接力棒，守正创新推动"三位一体"立信会计事业与上海经济社会发展需求充分对接，实现教育链、人才链、产业链、创新链有机衔接，形成推动服务上海、服务全国经济社会高质量发展的倍增效应，努力谱写无愧于时代、无愧于人民、无愧于先辈的时代华章。

（本文转自 2023 年 8 月 2 日《中国教育报》第四版，个别内容有修改。）

应用型财经人才培养"立信模式"的实践与发展

杨　力[①]

应用型财经人才培养的"立信模式"肇始于1927年中国现代会计之父潘序伦先生创办的立信会计师事务所、立信会计学校、立信会计图书用品社"三位一体"的立信会计事业。因其培养实操能力强、上手快的应用型财经人才效果显著,2011年被中国注册会计师协会在《注册会计师行业人才流向、影响及对策专题研究报告》中命名为"立信模式"。九十余年来,一代代立信人秉承先生精神,牢牢把握应用型人才培养与经济社会需求之间的动态适应性关系,推动"立信模式"持续变革与创新,在财经界产生了公认的美誉度和广泛而深远的影响。2023年恰逢先生诞辰130周年,特撰此文,以志纪念。

一、"立信模式"的内涵

先生被誉为"现代会计学宗师,职业教育之楷模",他创造性地提出了"公正诚信为主,廉洁勤奋为归"的中国会计职业群体的"希波克拉底誓言",奠定了具有中国特色的现代会计诚信文化根基。筚路蓝缕九十余载,"立信模式"恪守"诚信为本、学验并重"的独特精神内核,始终坚守教育报国的深厚情怀,紧扣时代需求,勇担国家应用型诚信财经人才培养的历史使命和社会责任;始终坚持以行业需求为导向,与时俱进持续改革教学内容和教学方法,增强应用型财经人才的核心竞争力,确保所培养的人才能够与经济社会发展需求同频共振;始终保持开放办学思路,一直致力于寻求与

[①] 作者系上海立信会计金融学院党委副书记、院长。

行业多方开展合作,从"同宗同源"的立信会计师事务所到银行、证券公司等金融机构,创立联动培养人才的长效机制,搭建高质量的产学研合作平台,打造国内独树一帜的校企合作样态。

二、"立信模式"的历史沿革

(一)补习职业教育阶段的"立信模式"

受实用主义教育哲学思想的影响,先生指出,会计学是一门实用科学,随着经济社会的发展,会计服务遍及各行各业,既需要具备管理能力的高级会计、审计人才,也需要会精打细算、具有做账能力的中级和初级人员。立足于培养中级和初级会计人员的定位,以在私营工商业工作的青年小职员和练习生为主要对象,先生于1927年先设立了簿记训练班,从第二期改为立信会计补习学校,开展会计职业教育,并由立信会计师事务所的工作人员担任授课教师,利用会计师事务所与工商企业接触较多的有利条件,经常组织学生到工矿企业和商店参观实习。由于讲究实效,符合社会需要,适应了不同人群的求学需求,立信声誉大增,吸引了大量人员入学就读。

(二)专科学校时期的"立信模式"

为了培养高级专业会计人才及学生的就业需要,先生提出"信以立志,信以守身,信以处事,信以待人,毋忘'立信',当必有成"的二十四字校训,把"立信会计补习夜校"改名为"立信会计补习学校",将"潘序伦会计师事务所"更名为"立信会计师事务所"。虽几经战争炮火的洗礼,立信会计专科学校在全国多地仍设有分校,坚持育人。秉持"会计应完全以企业经营与管理的实务为根据"的认知,授课教师大多来自立信会计师事务所。他们从事实务操作、经验丰富,且以实际案例作为基础,讲解生动、通俗易懂;同时,事务所也可以为学校师生提供大量实务操作和实习的机会,使学生在实务操作中强化学习与训练。因此,立信毕业生以上手快、实操性强而闻名,受到用人单位的广泛好评。

(三)升为本科教育之后的"立信模式"

2003年,"立信会计高等专科学校"在原来的基础上,设置本科院校"上海立信会计学院",先是会计学专业与立信会计师事务所探索形成了以接纳学生实习为主、联合开展研究的产学研一体化合作模式。随后金融、税务等多个财经类专业,与更多行业企业展开了多层次、多维度的产学研一体化合作。2016 年，原上海立信会计学院与原上海金融学院合并为上海立信会计金融学院，学校恪守"诚信为本、学验并重"的办学特色，着力构筑产教融合、科教融汇的新格局，为应用型财经人才培养提供了新的多维平台和更广阔的空间。

三、"立信模式"的现实观照

新时代的"立信模式"秉承先生思想，主动对接新业态下财经人才的新需求，超前回应"新文科"建设要求，其内涵和实践得到了全面升级，为应用型财经人才培养注入了更强动能。

（一）价值引领，赋予诚信教育新内涵

诚信是财经人才的灵魂。面对互联网时代复杂多变的社会环境引发的诚信教育新问题，面对学生坚守财经诚信之魂、不忘职业初心的新要求，"立信模式"高度聚焦诚信人格培养，深化诚信教育新内涵，实现了应用型财经人才培养的价值重塑。

首先，构建全覆盖的诚信课程体系，强化学生的诚信理想信念。学校构建"大思政"引领下的"思政课+校本特色课+专业伦理课+课程思政"诚信教育课程体系，将立德树人融入课程教学全过程。学校开设"大学生诚信教育"必修课，覆盖全体学生；面向大一学生开设"信用中国"选修课，从校史文脉、政治、经济、社会、法律等多视角开展诚信专题教学；开设"财务舞弊案例""金融伦理与职业道德"等 41 门诚信伦理课程，覆盖全部财经专业。学校将诚信教育融入全校课程的教学目标设计、教学活动组织、课程作业、实训实践、考核评价中，实现全部 2 160 门课程思政诚信育人内涵全覆盖。同时，以 21 世纪财经领域现实案例为内容，先后编写出版《责任 诚信 合作 服务：大学生核心职业素养培养》《大学生诚信教育经典案例》等 15 本特色教辅教材。

其次，构建全过程的立体化诚信体验平台，培育学生的诚信自觉。学校发挥校园环境育人积极作用，把校史校训、诚信规章纳入教师培训和新生入学教育，每年组织新进教师和新生开展诚信宣誓。学校积极搭建以校史馆、中国会计博物馆、钱币博物馆、诚信广场、校歌等为载体的诚信感性认知平台，形成以"诚信"主题辩论会、诚信漫画展、诚信考场、诚信协议、诚信超市、学生发展银行等为载体的诚信互动参与

平台，构建以全国高校诚信文化育人联盟、上海诚信文化研究中心、上海市"信用"研究会等为载体的诚信理性思考平台。

（二）前沿对标，打造人才培养新范式

面对新科技革命深度嵌入后财经领域发生的新变化，"立信模式"精准对接财经业态新需求，打造人才培养新范式，形成了从算盘到电算化再到数智时代永葆学生竞争力的法宝，满足了财经新业态对应用型财经人才动态适应性的新要求。

首先，对接数智财经新需求，持续优化专业布局和课程体系。一方面，学校增设国内首个金融科技专业和数字经济、智能科学与技术等新兴专业，改造传统财经专业，设立大数据审计、智能财务等专业方向；另一方面，增设"财务大数据分析""区块链与金融创新""供应链金融""金融监管科技""金融风险管理"等"数据+""智能+"前沿交叉融合课程，公共课增设 Python 程序设计基础与提升、数据存储与处理、数据分析与可视化及人工智能与区块链等专业进阶课程，构筑数智科技特色课程体系。

其次，开展卓越财经人才和国际化人才培养改革，满足学生个性化发展需求。一方面，学校设立"序伦书院"和"立诚"实验班，打造卓越应用型财经人才培养的试验田，培养具有社会责任感、创新思维和国际视野的卓越拔尖财经人才；另一方面，主动对接国际顶尖商学院认证标准。学校成为国内首个通过国际商学院协会（AACSB）认证的应用型财经高校；设置国际注册会计师（ACCA）、特许金融分析师（CFA）等国际化方向班，培养通晓国际准则的应用型财经人才，不断拓宽学生的国际视野。

最后，构建多元质量评价机制，促进学生可持续发展。学校实施校企双向互动评价，既关注企业对学生实践能力实际达成度评价，又关注企业对人才培养实际贡献度评价；构建"上级主管部门跟踪调查+第三方委托调查+校院两级自主评价"的多维年度质量评价机制，实现毕业生职业发展质量从一次性终结评价到持续周期性评价的转变。

（三）产教融合，形成校企合作新机制

面对产教深度融合提出的协同育人新要求，"立信模式"坚持先生所创立的"三位一体"育人模式，持续释放校企合作品牌效应，充分吸纳行业专家进入校、院和专业三级教学委员会，构筑校企共同实施招生、共同制定方案、共同备课授课、共同编写教材、共同开发软件、共同指导实习、共同指导论文、共同关心就业、共同开展研究、共同考核评价的"十共同"新机制，形成了现代产业学院、多维实践平台、教师践习、学生实习、合作研究等点面联动赋能育人的新格局，推动了教育链与产业链的有效衔接。

1. 布局现代产业学院，实现招生培养实习就业一体化

学校与立信会计师事务所共同设立校企合作班，与中国农业银行上海分行和通用电气（中国）合作，分别组建"浦江学院农行订单班""通用电气班"，与金蝶集团共同设立"立信金蝶智能财务校企实验班"，与慧科教育集团、中国银联卡园共建双主体学院"金融科技学院"，形成新型资源共享机制，实现校企合作从"单向输出"转变为"双向奔赴"。

2. 搭建多维跨界平台，构筑特色实践育人体系

依托全行业多方资源，打造"1＋2＋N"的实践平台体系。"1"是综合性平台，即包括学校与中国工商银行、立信会计师事务所共建的两个国家级大学生实践教育基地；"2"是模块化平台，包括校内和校外两类实训平台，学校联手东海证券、东海期货等共建校内大型实训基地"立信海集方金融工程实验中心"，以及与立信会计师事务所等在校外建立综合实验室和案例分析室；"N"是个性化应用场景，即创新创业赛训一体化系列平台，包括与行业协会、企业、政府机构合作开展的多层次科技竞赛。

3. 拓展产学研基地功能，深化校企务实合作

学校与立信会计师事务所、中国农业银行上海分行、上海市财政局等295家机构开展产学研合作，为学生实习提供菜单式选择；近十年教师与行业专家开展合作课题500余项，不仅为企业解决了"急难愁盼"问题，而且将课题成果也转变为教学案例，形成19本案例教材，实现合作研究从"课题成果"转变为"教学内容"。

4. 开展沉浸式跨域师资培养，促进教师专业发展

作为硬性考核指标，学校要求100%的青年教师到审计署上海特派办、上海市金融办等政府机构和企业践习。经管类专业"双师型"教师比例达60%以上，40%以上的教师持有CPA、CFA等各类国际职业资格证书，实现专任教师从"外行"转变为"内行"。学校设立长短学期学段教学制度保障企业精英人才进课堂，每年约有400名来自实务部门和行业的兼职教师参与教学。会计、金融等学科专业学生100%配备优秀校友导师。

四、"立信模式"的改革成效

经过一系列的改革发展，"立信模式"取得明显成效，焕发了新的生命力，为学校

建设国际知名、国内有重要影响、特色鲜明的高水平应用型财经大学奠定了坚实基础。

（一）学生竞争力明显增强

据麦可思公司调查，用人单位对立信毕业生总体满意度从2016年的93.9%提升至2022年的99%；2022年毕业生整体去向落实率达96.61%，远高于当年度上海市毕业生整体去向落实率的平均水平；学校获评"上海市高校毕业生就业工作示范性创新基地"；学校连续四年荣获"ACCA年度优秀高校"称号，是英国特许管理会计师公会（CIMA）和全球特许管理会计师（CGMA）全球认证免考科目最多的学校之一（可以免考12门）。

（二）教学改革成效突出

第一，优质专业和优质课程集聚发展。学校现有国家级特色专业、"双一流"专业建设点、国际认证专业等优势专业25个，在全校所有专业中占比65%以上；国家级一流课程、国家级视频公开课、上海市级课程等优质课程109门。第二，特色教学资源高质量共享。校企合作开发200余门课程、20余部教材，被20余所高校使用；合作开发自主知识产权实验软件30余套，在实验教学和企业员工培训中广泛使用。第三，教研平台建设实效明显。学校获2个国家级大学生实践教育基地、1个国家级虚拟教研室、2个上海市级实验教学示范中心，在国内同类院校中优势明显。第四，支撑项目成果丰硕。学校获省部级及以上新文科改革与实践项目5项；在近三届上海市级教学成果奖评选中，共获得特等奖2项、一等奖12项；金融科技现代产业联合学院和智能会计现代产业学院建设项目入选上海市级重点建设项目。

（三）推广辐射效应显现

"立信模式"的成功吸引了多方关注。财政部将立信会计产学研基地作为校企合作的创新模式予以推广；全国审计专业学位研究生教育指导委员会委托我校编制全国首次审计硕士培养状况调查报告；学校与中国注册税务师协会合作的"税协校园行"活动被推广至全国100余所高校；上海国家会计学院将"立信模式"拓展至面向全球的高端培训和留学生教育，建设全国首家"诚信馆"，搭建行业诚信教育平台；学校发起诚信文化育人联盟，吸引36所高校加盟；学校与10余所高校发起长三角新商科教育联盟；人民网、新华网、《光明日报》等多家媒体跟踪报道"立信模式"的创新与发展。

五、"立信模式"的未来

应用型财经人才既是构建现代化经济体系的重要参与者，又是建设高等教育强国的重要贡献者。在新文科建设背景下，数据科学、人工智能、物联网、区块链等新兴科技与财经领域的深度融合，对应用型财经人才培养提出了更新更高的要求。"立信模式"亟需在先生精神的指引下，在价值引领、专业改革、人才培养方案设计、教育数字化治理等方面持续发力，进一步优化升级，更好适应智能时代经济社会发展的新要求。

新故相推舒画卷，丹青妙手向翠峰。面对国家、上海乃至长三角经济社会发展的新需求，学校将秉承先生的宏愿，与时俱进，深耕细作，持续推进应用型财经人才培养"立信模式"的不断优化升级，着力构建特色更加鲜明的人才培养体系，让"诚信为本、学验并重"的精神内核焕发出更强大的生命力，在时代发展的浪潮中行稳致远，再谱应用型财经人才培养的新篇章，推进立信事业不断创造新的辉煌！

新时代立信会计师事务所高质量发展

朱建弟[①]　杨志国[②]

我国注册会计师制度诞生于20世纪初,主要服务当时兴起的民族工商业。1924年潘序伦先生从美国学成归来,为实现专业报国和实业救国的理想,1927年在上海创建了潘序伦会计师事务所(翌年更名为立信会计师事务所,以下简称"立信"),立信因此成为我国建立最早的会计师事务所之一。新中国成立后,注册会计师行业在国民经济恢复中发挥了积极作用。随着我国逐步实行高度集中的计划经济,注册会计师行业发展一度中断,立信也于1956年停办。伴随着改革开放和社会主义市场经济体制建设的历史进程,1980年经国务院批准,财政部恢复重建注册会计师制度并推动注册会计师行业不断发展壮大。1986年,立信复办;2010年,立信成为全国首家完成改制的特殊普通合伙制会计师事务所。近年来,立信紧紧抓住经济社会快速发展的机遇,以服务国家经济建设、维护公众利益为宗旨,以质量为导向,积极探索高质量发展之路,努力打造民族立信、诚信立信、国际立信和百年立信,取得了显著成果。

一、传承立信文化,强化诚信建设

人无信不立,国无信不兴。我国古代先贤注重倡导"诚信"。《论语·为政》有云:"子曰:'人而无信,不知其可也。'"《管子·枢言》提出:"先王贵诚信。诚信者,天下之结也。"从本质上讲,诚信乃道德之根基、人格之底蕴、立世之根本。潘序伦先生

[①] 作者系立信会计师事务所党委书记、董事长、首席合伙人。
[②] 作者系立信会计师事务所执行总裁。

取《论语》中"民无信不立"之意命名事务所,并提出"信以立志,信以守身,信以处事,信以待人,勿忘'立信',当必有成"二十四字所训,奠定了立信的诚信文化。诚信是注册会计师行业的核心价值,是会计师事务所生存和发展的根基。重温潘序伦先生提出的所训,我们更加深切地感受到,历经岁月洗礼的立信诚信文化愈加熠熠生辉,在历史画卷中留下浓墨重彩的一笔。

诚信建设是一项系统工程。在行业层面,需要制定注册会计师职业道德守则、会计师事务所质量管理准则、注册会计师审计准则,持续监督注册会计师执业行为,对违反职业道德守则的行为予以惩戒,确保职业道德守则的各项要求得到执行。在事务所层面,需要建立以诚信文化为基础的治理机制和管理制度,强化质量至上的执业理念,制定和完善职业道德行为规范(包括独立性要求)。通过完善客户承接和保持系统,突出诚信在业务入口关的重要性,制定审计质量保持与提升的质量监督、评价和奖惩制度,强调提高审计质量和职业发展机会的关联性。在项目组层面,需要强调维护公众利益和遵守职业道德守则的重要性,在执业过程中始终恪守独立、客观、公正原则,遵守准则和监管要求,保持职业怀疑,并对项目组成员遵守独立性要求的情况进行持续监督。

诚信建设的核心是保持独立性。立信将独立性要求落实在制度规范上并严格执行。立信在《质量管理体系总体管理制度》中,针对相关职业道德要求(包括独立性要求)制定了总体策略和程序,并根据《中国注册会计师职业道德守则(2020)》以及立信的相关制度,制定了事务所层面的职业道德守则及独立性策略和管理程序,要求所有从业人员恪守职业道德,规范与事务所、项目组和个人独立性相关的监控及报告程序。

根据相关制度和程序,立信自行开发设计了独立性系统,包括个人投资申报、受限实体数据库、独立性及利益冲突检查、业务承接和保持风险评估、关键审计合伙人轮换和年度独立性确认等。上述各要素紧密结合,形成了整合统一的独立性检查与业务承接和保持风险评估系统,确保立信始终保持独立性,准确评估及应对执业风险。

会计师事务所的生存和发展固然需要持续取得业务收入,但在开展业务过程中,事务所要求所有执业人员必须始终恪守职业精神,特别是在重大风险面前,必须牢牢守住诚信底线。在立信人的共同努力下,立信以质量为导向,通过有效的治理机制和管理制度,推动落实规范的质量管理体系,持续强化质量至上、诚信执业的理念,业务发展一直处于行业领先地位,得到市场高度认可。这种良好局面的形成体现了公众、投资者和监管机构等相关方对立信的信任。立信始终恪守独立、客观、公正的原则，提供高质量的服务。没有了诚信文化，立信就失去了立身之本。坚守诚信，有时需要付出代价，但立信始终坚持以经营"百年老店"的思路来构建立信的竞争优势，努力平衡好短期利益与长期利益、局部利益与整体利益、业务发展与风险控制的关系。立信人深知：唯有始终牢固坚守诚信文化和质量至上的服务理念，立信才能真正实现基业长青。

二、完善质量管理体系，落实质量管理准则要求

近年来，国家通过修订法律法规、制定规则并出台相关政策、加大监管和执法力度等措施来遏制财务造假、提高审计质量。以 2020 年 3 月 1 日起施行的《中华人民共和国证券法》为开端，中共中央办公厅、国务院办公厅印发《关于依法从严打击证券违法活动的意见》，国务院办公厅印发《关于进一步规范财务审计秩序 促进注册会计师行业健康发展的意见》，要求依法整治财务审计秩序，加强对从事证券业务会计师事务所的监管，严肃查处违法违规行为并曝光典型案例，构建起行政处罚、民事赔偿和刑事追责的多层次惩戒体系。

2020 年 12 月，财政部印发《会计师事务所质量管理准则第 5101 号——业务质量管理》《会计师事务所质量管理准则第 5102 号——项目质量复核》《中国注册会计师审计准则第 1121 号——对财务报表审计实施的质量管理》三项质量管理准则，要求从事证券服务业务的会计师事务所，自 2023 年 1 月 1 日起建立适合本事务所的质量管理体系，运行 1 年后对该体系运行情况进行评价。2022 年 1 月 17 日，财政部印发《会计师事务所自查自纠报告管理办法》，要求自 2022 年 3 月 1 日起施行。2022 年 5 月 16 日，财政部印发《会计师事务所监督检查办法》，要求自 2022 年 7 月 1 日起施行。2022 年 5 月 22 日，财政部印发《会计师事务所一体化管理办法》，要求自 2022 年 10 月 1 日起施行。三项准则和三个办法，将会计师事务所质量管理的要求提到一个新的高度。会计师事务所需要完善质量管理体系，制定和修订相关质量管理制度，并在事务所层面和项目组层面实施与落实。

根据财政部发布的质量管理准则和相关政策要求，2022 年到 2023 年年初，立信对事务所质量管理体系进行了全面梳理和分析，制定和修订了数十项质量管理相关制度，

包括《质量管理体系总体管理制度》《质量管理治理机制和领导层责任管理制度》《业务承接和保持管理制度》《回复监管机构问询反馈文件工作质量管理制度》《项目质量复核管理制度》，以及三项与独立性相关的管理制度、十项与业务执行相关的管理制度、八项与监控和整改相关的管理制度。

上述质量管理制度涵盖新质量管理准则各方面的要求，充分考虑了立信的历史沿革和实际情况，体现了设定质量目标、识别和评估质量风险、设计和实施应对措施的风险导向质量管理理念，贯穿了质量管理的全过程和关键领域，形成了立体式、多层次、全覆盖的质量管理体系。完善后的质量管理规范如下：一是推出全新的业务承接和保持管理系统，筑牢业务入口端的审慎决策关。二是完善高风险审计项目管控制度，强化重大风险应对机制。三是对IPO申报等行政许可项目进行额外的质量管理。四是强化总所技术标准部和审计风险管理部职能，全方位提升专业技术支持能力。五是优化总所向业务部门和分支机构派出风控所长，并由风控所长开展质量管理相关持续监控活动制度安排。六是强化落实回复监管机构问询文件的专项审核要求。七是完善对违反执业质量管理要求人员的内部惩戒机制。

立信还设立了全所统一的实质性监控程序，对相关业务执行独立的质量检查，对质量管理体系的设计和运行进行监控，对外部监管机构检查中提出的问题进行分析和整改，全面评价质量管理体系（包括独立性相关策略和程序）的有效性，深入分析发现的问题及其产生的原因，并制定针对性措施，持续优化和完善质量管理体系。

执业质量是注册会计师行业的生命线，事务所的质量管理水平事关注册会计师行业的生存和发展。一是质量管理需要综合施策。营造以质量为导向的企业文化和持之以恒、坚守准则的质量管理理念，制定和执行全体合伙人和员工共同遵守的质量管理制度。无论是哪家会计师事务所，无论业务和人员规模大小，无论曾经的品牌认可度和市场声誉如何，一旦在质量管理上出现懈怠，肯定会积聚风险、爆发危机。在质量管理面前，没有一家事务所可以例外。二是不能抱有侥幸心理。注册会计师行业发展历史见证了一个规律：事务所竞争异常激烈，大浪淘沙，优胜劣汰。国际会计公司安达信是前车之鉴，国内会计师事务所也有不少惨痛教训。三是不能穿新鞋走老路。从法律和监管环境看，对注册会计师行业的全方位高强度监管已是不争的事实。投资者针对发行人和相关中介机构的巨额民事诉讼索赔已经发生并呈扩大蔓延之势。会计师事务所要及时调整策略，适应新的监管政策，转变观念，以风险控制和质量管理为业务发展的基石。

立信将继续牢固树立"讲诚信、重质量、守规矩"的理念，内诚于心，外信于人，诚信做人，专业做事，"见贤思齐，见不贤而内自省"，清醒认识优势和不足，扬长避短，有所为有所不为。顺境时不骄傲，逆境时永不言退，我们要始终保持谦虚谨慎的职业精神，以质量管理为核心，防微杜渐，严格抓好质量管理。

三、加强人才队伍建设，增强核心竞争力

先贤墨子说："国有贤良之士众，则国家之治厚；贤良之士寡，则国家之治薄。"人才是国家强盛的根本，尊重和重用人才是国家兴盛的保障。注册会计师行业是依托知识和技能的专业服务行业，人才是会计师事务所的核心竞争力。立信一直努力探索、建立科学的人才选拔、聘用、使用和保留机制，打造一支符合新时代发展需要的高素质人才队伍。

一是建立人才需求和供给引导机制。立信业务板块涉及资本市场主体、国有企业、金融机构、外资企业，提供的专业服务包括审计、鉴证、财务尽调、业财融合、管理咨询等多个领域，对各类专业人才的需求量很大。立信围绕高质量发展战略，制定人才需求和供给指引，分析人才供需现状，完善人才职业发展规划，营造育才、聚才、用才的良好环境。针对近年来行业内比较突出的人才流失问题，立信坚持用事业留人、待遇留人、感情留人，持续增强员工的凝聚力和归属感。

二是对接相关院校，吸纳优秀毕业生。潘序伦先生先后创办立信会计师事务所、立信会计学校和立信会计图书用品社，形成"三位一体"的产学研人才培养模式。立信立足上海，放眼全国，以上海立信会计金融学院为人才基地，拓展对接国内其他优秀院校，通过与合作院校共建学生实习实训基地、联合创新人才培养模式、提升专业建设质量、开发校企合作课程、推动协同创新和成果转换、定制职业培训等，推动产学研深度融合，吸引优秀毕业生加入立信。

三是培养高端复合型人才。注册会计师行业是会计人才的聚集地，对高端复合型人才需求量大。立信为此实施人才建设的战略性规划，面向国家重大需求、面向科技前沿、面向经济建设主战场、面向新兴领域，投入大量资源，培养服务大型金融机构、高科技及互联网企业、境外资本市场等特定领域的高端复合型人才。立信对标国际一

流水平，探索培养高端复合型人才的新路径。

四是培养事务所未来领导者。立信注重培养和打造事务所领军人才，与上海国家会计学院合作，举办"立信精英人才培训班"；选拔有能力、有热情、有潜力的青年业务骨干，着重培养他们的政治素质、组织能力、管理能力、沟通能力和应变能力，提升他们的战略眼光、国际视野、大局意识、科技素养，着力打造一支能把立信建设好、管理好、传承好的未来领导者队伍。

五是建立健全教育培训制度。近年来，立信持续完善培训管理制度，遴选事务所内外优秀师资，丰富培训内容，优化培训模式，升级培训系统，加强考核评估，极大提升了培训工作对人才建设的支撑力度。

六是聚天下英才而用之。立信积极引进高素质、国际化、复合型人才，充实立信专业队伍。立信从外部引进一大批具有深厚专业功底和专业服务能力的合伙人，包括会计审计专业标准、数字科技开发、信息系统审计、金融工具估值、内部控制、金融机构审计、国际市场业务等领域的高端人才，形成具有全方位竞争力的人才队伍，打造行业优秀人才聚集地。

会计师事务所的核心竞争力体现在人才、品牌、技术、业务、管理等方面，其中人才是第一位的。立信以提升服务国家经济建设能力为目标，培养胸怀"国之大者"的人才队伍。一是坚定理想信念，强化履职担当。切实提高人才队伍的政治素质和政治站位，扎扎实实服务好党和国家工作大局，彰显立信人的政治担当。二是提高人才队伍的职业道德水平，牢固树立"以质量为导向"的发展理念，培养遵守质量管理制度的自觉性，研判执业风险，明确执业重点，确保精准高效地开展工作。三是不断提升人才队伍的专业素养、学习能力和综合技能，提高判断力和执行力，做到知行合一，共同维护立信的品牌和声誉。

四、推进数字科技赋能，提升管理水平和执业质量

随着新技术的快速发展，数字经济在全球经济中发挥的作用越来越大，新的经营模式、新的业态、新的产品和服务不断涌现，数字化转型成为必然趋势。各个行业业务流程高度自动化，业务财务单据高度电子化。这些都给注册会计师执业和监管部门监管带来新的挑战。监管部门非常重视数字科技在审计执业和市场监管中的作用，大

力推动大型会计师事务所开展审计数字化建设,包括反舞弊科技工具开发等。为了应对数字科技带来的挑战,立信致力于信息化建设,持续加大资源投入,不断推进数字科技赋能,大力提升数字科技审计能力,借助科技手段提升事务所管理水平。

立信的信息化建设以不断加强事务所自身管理和执业质量为目的,持续提升事务所业务管理与内部管理的信息化水平。一是优化全所统一的业务管理平台,实现业务信息在全所的统一和共享,并借助信息化手段确保立信的风控标准和要求在总所及全国各分支机构统一。二是优化项目管理系统,涵盖独立性检查、业务承接评估、业务保持评估等环节,提升项目全流程管理工作效果。三是建设一系列管理支持系统,包括统一的电子印章管控平台、电子报告管理系统、培训平台等信息系统,有效降低日常管理风险。

立信积极适应审计数字化的行业变革和发展趋势,全面推动审计工作的数字化转型,提升专业服务的质量和效率。一是全面推广使用新一代数字化审计平台APT,实现审计流程和程序的标准化、自动化,提升审计工作的效率和规范性。二是开发和推广智能云审计平台SACP、财务报表重大错报风险辅助识别系统等数据分析工具,提升数据获取、数据分析以及基础工作记录的辅助生成效率,提高项目组应对审计风险,特别是财务舞弊风险的能力。三是开发并整合其他各类数字化审计手段,提供标准化、可视化、互动和智能的财务数据分析工具,拓展人工智能应用。

立信大力推动信息系统审计工作,有效应对信息技术环境下的审计风险。一是高度重视信息系统带来的审计风险,发布对特定审计项目执行IT审计以及对IT审计质量开展复核的相关规定,对基于互联网开展业务的公司、金融企业、高度依赖信息系统的企业的审计,要求执行充分的信息系统审计,并由审计风险管理部执行信息系统审计的质量复核。二是通过引进和培养人才两条途径,建立一支能够应对各种复杂信息技术环境的IT审计团队。IT专家通过验证信息系统一般控制,为财务审计团队依赖信息系统一般控制提供合理保证;通过了解和评估关键业务流程中的应用控制,包括信息系统自动控制、系统之间的数据传输控制等,提升财务审计效率;通过计算机辅助审计技术,为财务审计提供快速数据处理服务。

数字科技的应用成为企业核心竞争力的重要组成部分,审计工作越来越表现出综合性、系统性和复杂性的数字科技时代特征。一方面,数字科技的运用改变了企业的运作模式和工作方式,传统审计技术在特定领域的有效性减弱;另一方面,面对海量数据，传统的抽样方式难以应对，在数据覆盖性方面难以提供足够的审计信息。立信推行数字化审计平台和信息系统审计的整合，提高了审计质量和审计效率，使审计人员从大量烦琐工作中解脱出来，投入更复杂的高风险识别领域。

五、对标国际一流水准，组建高素质金融审计团队

最近几年，立信有幸成为为国家级大型金融机构（以下简称"大型金融机构"）提供服务的会计师事务所，执业质量受到客户、股东和监管部门的高度认可。立信有能力承接和执行大型金融机构审计业务，并提供国际一流水准的审计及相关专业服务，主要采取了以下行之有效的措施：

一是破解大型金融机构审计的"鸡与蛋"难题。由于历史原因，本土会计师事务所缺少承接和执行大型金融机构审计的队伍、资源和经验，鲜有承接大型金融机构业务的机会。相应地，大型金融机构对本土事务所没有足够信心，本土事务所没有机会进入这个市场，无法积累经验和技能，无法承接和执行此类业务。为了破解这个难题，立信投入巨大资源，组建了具有国际水准的高素质金融服务团队，集财务审计、IT审计、估值减值、内部控制等人才于一体，团队的核心合伙人及高级经理都是曾经长期在国际会计公司相关部门工作的业务骨干，具有丰富的大型金融机构执业经验。

二是建立完善的保密措施。大型金融机构对审计工作相关的信息安全和保密工作有极高的要求。作为少数具备从事军工涉密业务资格的会计师事务所，立信建立了包括治理和领导机制、技术控制、涉密信息设备和涉密存储设备安全管理等全方位的信息安全机制，建立并实施严密的保密措施和"防火墙"机制，从事务所制度层面和项目层面两个维度为保密工作保驾护航。在项目管理和审计作业平台建设实施，以及数据传递和存储等方面，立信都严格遵守国家关于信息安全和保密的各项要求。

三是实施严格的项目质量管理。秉承对审计质量的高标准严要求，全面落实对大型金融机构项目从业务承接、业务执行到报告出具的全流程质量管理要求，并指派专门技术标准部资深合伙人进行专项复核，切实保证项目质量。

四是提供增值服务。立信不仅仅局限于为大型金融机构提供财务报表和内部控制审计服务，还通过深入了解大型金融机构的内部治理和各业务领域，结合在公司治理、风险管理、资本管理和数据治理等多个领域积累的丰富经验，为大型金融机构提供有建设性的管理建议。此外，立信还密切关注监管机构出台的最新文件并进行及时解读，定期或不定期地与大型金融机构分享对于最新监管政策、会计准则及当前热点话题的分析和思考，为大型金融机构提供全方位、有价值的增值服务。

立信先行探索，加快培育本土大型事务所服务大型金融机构的能力，积累了服务大型金融机构的成功经验，增强了各方对于本土大型事务所专业服务能力的信心，有利于使本土大型事务所早日成为真正具有国际竞争力的会计专业服务机构。

六、实施"走出去"战略，拓展国际化服务

随着中国经济对全球经济影响力的不断扩大，更多中国企业"走出去"，到境外、海外上市、投资融资等，注册会计师行业国际化服务的能力也不断提升。据统计，2021年，注册会计师行业国际业务收入112亿元，其中为内地企业提供境外上市、融资或其他审计服务收入69亿元，占61.6%，来自境外客户的其他收入33亿元，占29.5%，境外分支机构收入10亿元，占8.9%。近年来，立信抓住经济全球化给中国企业和会计师事务所带来的机遇，实施"走出去"战略，布局国际业务为中国企业到境外、海外投融资和跨地区、跨境并购提供服务。

立信是全球第五大会计师事务所国际网络——BDO国际的中国成员所。BDO国际在164个国家和地区设有1 600多个办事处，合伙人和员工总人数超过93 100人。立信首席合伙人朱建弟担任BDO国际全球董事会董事，首次打破国际会计网络董事会被欧美国家垄断的格局。立信充分利用BDO国际资源进行对外交流合作，搭建资源共享平台，拓展国际业务，提升国际业务水平。此外，为落实"走出去"战略，更好地开展境外、海外专业服务，立信在中国香港控股设立了立信德豪会计师事务所。立信德豪是香港的第五大会计师事务所，为超过260家中国香港上市公司提供审计等专业服务，朱建弟担任立信德豪的董事会主席。

立信组建了专门部门开展国际化业务，为数十家中国企业"走出去"提供审计鉴证、并购投资、税务服务、管理咨询等专业服务。这些服务包括为中国企业在东南亚、中亚、欧洲、非洲和南美洲等"一带一路"建设参与国的相关项目提供专业协助。立信也为在境外资本市场上市融资的境内企业提供审计等专业服务，包括为美国上市公司、在英国和瑞士证券交易所发行全球存托凭证（GDR）的上市公司提供审计等专业服务。

为了提高国际化业务水平，立信积极引进和培养国际化人才。立信充分利用 BDO 国际的技术资源和培训资源，在执行境外资本市场业务过程中，与相关 BDO 网络所建立合作机制，全面提升国际业务执业水平和质量。

由于国际业务涉及的商业环境、所在地监管要求、税收及法律法规各有不同，立信加快提升自身的国际服务能力。一是继续吸引优质人才，加快建设具有国际资质、国际视野和国际认可度的国际化人才团队，提升国际化服务能力。二是借助香港立信德豪及 BDO 国际网络所，提供涉及企业境外业务及分支机构的相关服务。三是与政府相关部门对接，在我国企业"走出去"较为集中的区域，设立新的境外分支机构，增强服务能力，降低企业"走出去"的成本以及立信的境外运行成本。

（本文转自《会计与经济研究》2023 年第 4 期，个别内容有修改。）

诚信为本践使命　奋楫扬帆启新程

朱建弟[①]

2023年是我国杰出的会计专家、教育家和出版家，被誉为"中国现代会计之父"的潘序伦先生诞辰130周年。先生一生致力于中国现代会计事业发展，从年轻时期探索求学到中年开创"三位一体"的立信会计事业，再到暮年为国家无私奉献，培养了一代代优秀会计人才，他的崇高精神影响着广大会计人和莘莘学子，也不断激励我们以诚信为本，奋进新征程，建功新时代，以实际行动和优异成绩为立信再创辉煌添砖加瓦。

"零星算之为计，总合算之为会。"追溯历史，会计的雏形从旧石器时代起就出现了，而自嘉庆年间，从清代焦循的《孟子正义》起源算起，经过200余年的递进发展，其间几易其法，才最终形成了今日所见所学之"会计"。先生是中国现代会计的拓荒者、播种者。

先生的一生，为祖国和人民留下了彪炳史册的卓越成就和弥足珍贵的精神财富。他经历了许多人生道路的抉择和荣辱得失的考验，却始终保持对祖国的无限忠诚与热爱。无论在战乱之时还是和平年代，先生心怀拳拳爱国报国之志，肩负教育救国、实业兴国的使命，将诚信理念融入其经营和治学思想。先生曾经大声疾呼：我们有生之日，都是为国竭智尽忠效力之年，这是我们最最幸福之时！心怀国之大者，不忘初心使命，这就是先生一生立身行事的真实写照。

在先生诞辰130周年之际，我们缅怀大师的卓越成就，认真梳理他留下的宝贵精

[①] 作者系立信会计师事务所党委书记、董事长、首席合伙人。

神遗产，以他的精神光芒照亮后人前进的道路，寻找内心的安定与力量。

立报国之志　做有为青年

纵观先生一生中的重大时刻或人生选择的十字路口，他都始终保持着与国家和民族的发展同向同行的家国情怀和崇高精神。

出身于江苏宜兴的书香世家，在其他孩子还处于懵懂无知之时，潘序伦便早早开始了自己的读书生涯，但过程却是漫长坎坷，度过了一段"学书不成，学剑无门，不成材的青年"时光。他先是因卷入白卷风波被退学，后考入南京法政大学，但该学校被勒令停办，他又考入南京军官学校无线电收发班，才得以继续学业。毕业之后，他辗转各地，当过翻译员，做过教员，只为生计，无法大展拳脚，甚至一度受乡间不良风俗影响，陷入赌博泥沼之中，全家上下都为之扼腕叹息。

1919年农历除夕，先生听闻小学同学周君准备远赴法国勤工俭学，便上门拜访。周君表达的宏大志向，让先生顿觉如雷轰电击。先生决心与过去一刀两断，过完年即打点行装赴上海报读圣约翰大学，时年26岁，成为全校年龄最大的一名旁听生。

也许是因为起步较晚，先生之后的求学之路犹如按下了快捷键，分秒必争，夜以继日，勤学苦读。他从旁听生转为正式生，并在全校英文作文比赛中，得了唯一的一块金质奖章，后被授予文学学士学位。

但要振兴当时之中国，潘序伦深知仅凭一腔热血恐难成事，眼界与学识缺一不可。就在这时，一个改变命运的机会来了，南洋兄弟烟草公司招考留学生。潘序伦在上海考区圣约翰大学保送的4名考生中名列榜首。1921年，潘序伦登上了前往美国的轮船，用他自己的话来说，"汽笛一声，向太平洋进军了"。

当时的中国留学生都热衷于选择就业前景更光明的银行货币学专业，先生经过思考，逆流而上，选择了较为冷门的会计学，执着寻求实现自己理想的答案。

在美国读学期间，潘序伦从未看过一场电影，也未到餐馆吃过一顿饭，从清晨到深夜，都是在自己租赁的宿舍内或学校图书馆里度过的。有时他连饭也没有工夫做，只好买个面包就着一杯温水充饥。而也正是在此期间，潘序伦跟随科尔教授奠定了自己受用一生的会计学基础。

1923年，潘序伦获得哈佛大学工商管理硕士学位。第二年，他又获得哥伦比亚大学政治经济学博士学位。

当时的中国处于"覆屋之下，漏舟之中，薪火之上"，属于"积弱积贫，九原板荡，百载陆沉"。先生虽身在海外，无时无刻不在为祖国的经济困境而忧心，他密切关注国内局势，学成后毅然回国。在此后的数十年间，他白手起家，开创了享誉海内外的立信会计事业。

乱云飞渡　丹心从来系家国

历史的江河奔流不息，历经千回百转，那些始终无法冲淡的是精神的凝聚和家国的境界。

20世纪二三十年代，受"实业救国"思潮的影响，神州大地上的民族工商业呈现蓬勃发展的势头。但是中式簿记不能适应日趋复杂的民族工商企业经营管理活动的需要，先生决心要用自己学到的会计知识改革中式簿记，更好地为当时的民族工商企业服务。

1925年，先生受邀任暨南学校（现暨南大学）商科大学部主任，创办暨南学校商科大学会计学系，致力于引进并传授西方先进的会计知识与技术。先生深感会计学科的生命力更多体现在会计实践中，1927年他辞去大学的教职，开启了职业会计师生涯，在上海创办了"潘序伦会计师事务所"，并附设会计补习夜校。1928年，"潘序伦会计师事务所"改名为"立信会计师事务所"，取自《论语》中"民无信不立"之意。他深感我国会计人才匮乏，在设立事务所后就着手进行会计职业教育，并于1928年春正式创办立信会计补习学校。1928—1947年，立信会计补习学校共计举办了40届，前十年招生4 783人，后十年招生30 476人，鼎盛时期仅上海一地就设有11所分校，为我国输送了大量会计人才。1937年8月，立信会计专科学校成立。之后，先生又开办了会计补习学校、函授学校、专科学校和高级职业学校，形成了一套完整的会计专业教育体系。立信会计专科学校于2003年升为本科，发展成为上海立信会计学院，在2016年与上海金融学院合并成为现在的上海立信会计金融学院。

先生曾说："国家好比一架飞机，一翼是军工科技，一翼是财经会计，只有这样，国家才能腾飞于世界民族之林。"

天下兴亡，匹夫有责。20世纪30年代初期，中华民族到了生死存亡的关键时刻，抗日救亡运动迅速兴起，无数仁人志士前仆后继，挽救民族危亡、争取民族独立。"九一八"事变的发生使潘序伦逐渐认识到只有国家的独立和民族的解放，才有民族经济与教育的发展。他开始投身为抗日将士和民主人士的募捐活动，创作发表了《义勇军赋怀》，身体力行积极支持立信师生的进步活动，保护爱国师生，慰问前线将士，呼吁全民抗战。

1941年，潘序伦先生从商务印书馆收回了"立信会计丛书"的版权，与邹韬奋先生主持的生活书店合作筹资，创办了立信会计图书用品社，自此，"三位一体"的立信会计事业正式形成，近百年来长盛不衰。先生以"诚信为本、学验并重"的教育思想，为党为民、恪守初心的家国情怀，深耕会计财经领域，出版传世精品力作，开创了"三位一体"的立信"产学研"育人模式，为中国现代会计事业拨开重重迷雾，迎来冉冉朝阳。

千金散尽　坦荡襟怀诠释人生

先生把他的一生奉献给了他所钟爱的会计事业，他著述超过千万字，编写的教科书（包括译著）50多部，撰写的论文、文章200多篇，成为中国现代会计学界的泰斗，被国际会计学界尊称为"中国现代会计之父"。

就是这样的一代宗师，自归国执教起就有了500银元的月薪和著书立说的版税收入，但他的生活却一向非常朴素，毫不铺张浪费。先生的女儿潘屺瞻回忆说："父亲晚年的时候，所有的家庭开支都需要记账，开支都是有计划的，不能超预算，记得那个时候物资供应还比较紧张，食用油都定量，如果油用的多，那么就需要买议价油，价钱比较贵，父亲就不买。他把自己的工资大部分都捐给了立信学校。"

先生常以一句古训鞭策自己："贤而多财，则损其志；愚而多财，则益其过。"先生一生的聚财用财之道就是"取之于社会，用之于社会；取之于会计，用之于会计"。

先生为回报南洋兄弟烟草公司简照南先生的帮助，1926年以"饮水思源"之义，捐助13 000元设立"思源助学基金"，专门帮助学习成绩优良而生计贫寒的学生。1937年，在筹办立信会计专科学校时，先生捐出6万元作为建校基金，并将"立信会计丛书"版税充作学校基金。抗日战争胜利之后，潘序伦就用上海长乐路三层楼的一间住宅创建了立信高级会计职业学校；1947年，在建设立信会计专科学校徐家汇新校舍时，又捐出1万美元，建造了一座体育馆。

直到晚年，先生依然心系社会，将"平反"返还的8万余元家产中的半数捐给了上海市会计学会，第二年又将35 000元捐给了刚刚复办的立信会计专科学校。

先生一生克勤克俭，倾尽积蓄发展中国会计事业，自己却长期蜗居于旧式里弄之中，房间除了几件简单的家具，唯有成堆书籍。而在20世纪80年代初，潘序伦曾四次谢绝上海市政府分配给他的住房，他表示：学校新厦未完工，绝不为个人安适打算。

秉承家国情怀　奋斗建功新时代

潘序伦告诫学生说："学识经验及才能，在会计师固无一项可缺，然根本上终究不若道德之重要。"对他而言，"立信"是其最重要的事业。

沐浴在新时代的阳光之下，先生所倡导的立信精神并未随时间蒙尘，而是从最开始的一颗颗种子，变成如今漫山遍野一望无际的参天大树。历经岁月流转，立信会计事业迎来了长足发展，在新时代下焕发出卓越的生命力，依然熠熠生辉，薪火相传。

上海立信会计金融学院在财会和金融领域影响力日隆：现有上川路、文翔路和中山西路三个校区，占地面积80多公顷；有教职工1 600余人，全日制在校学生近18 000人；建立了上海高校首个金融类虚拟教研室，在市级教学成果奖、国家社科基金重点项目、决咨专报正部级直报点等方面取得历史性突破；成为境内首家通过国际商学会协会（AACSB）认证的地方财经院校，在人才培养、科学研究、社会服务、国际交流合作方面均取得了积极进展。

立信会计师事务所在业务规模、执业质量和社会形象方面均取得了国内领先地位，长期从事国内证券服务业务，同时还具有香港H股和美国上市中概股审计资格。立信会计师事务所拥有超过万名执业员工，2022年营业收入超过46亿元，为671家上市公司和40%的中央企业提供年报审计服务，并为地方大型国有企业集团、银行、证券公司、信托公司、基金公司等提供审计及相关服务。2021年和2022年，立信会计师事务所分别受聘担任国家开发银行和中国农业发展银行的审计机构，开始服务大型金融机构。

立信会计出版社坚持以繁荣会计财经专业教育为出版特色。20世纪上半叶出版的"立信会计丛书"，堪称会计领域的经典之作。进入新时代，立信出版人弘扬立信出版文化，深耕财经领域，打造精品力作。立信版图书的市场份额持续扩大，全国有2 000多家高等和中职院校选用立信版图书，其中《新编会计学原理——基础会计》一书的销售量累计已经超过 200 万册。立信会计品牌声名远播,"干会计事,读立信书"已成为业界共识。立信版图书获国家级图书立项、国家出版基金资助和国家级奖励30 多项,取得了社会效益和经济效益的双丰收。

追思先贤,我们铭记先生立下的"信以立志,信以守身,信以处事,信以待人,毋忘'立信',当必有成"二十四字所训,勇于担当,践行使命,在民族复兴的伟大历史进程中奏响立信的华彩乐章。

与时代同行　为行业立德立言立信

今天,我们站在岁月洗礼、沧桑巨变的黄浦江畔追昔抚今,追忆先生严谨的治学态度,坚持不懈的探索精神,感受他的高尚品格及赤诚情怀,从中汲取为实现中华民族伟大复兴而奋斗的精神力量。

2023 年也是先生创立立信会计师事务所的第 96 个年头。作为我国注册会计师行业公认的历史悠久、最具影响力的民族品牌,立信所昂然屹立,长盛不衰,正朝着百年老店的目标稳步前行。

人无信不可,民无信不立。"诚信"二字从先生创立立信所的那一刻起,历经近百年仍灼灼生光,承载着几代人的心血和期许,深深融入每一位立信人的血液中,安身立命,不敢懈怠。

作为立信会计师事务所党委书记、董事长和首席合伙人,我的学业和职业生涯,都和立信两字有着不可分割的渊源,可以说是"一朝入立信,终生立信情"。

1983 年 9 月,我考入了上海立信会计金融学院的前身立信会计专科学校。作为刚刚复校不久的立信学子,我如饥似渴地学习会计文化知识,很快确立了投身振兴中国会计事业的人生目标。我毕业后服从组织安排,进入立信会计师事务所工作,也开启了一生为之奋斗的美好事业。我内心始终有一股冲劲,想接棒把潘序伦的旗帜扛下去。

随着时代的发展,我不仅经历并见证了国家经济发展、立信会计师事务所快速崛起的历史进程,同时也收获了人生的成长和进步。在这些年中,立信所从一个规模不大的会计师事务所发展到现在,已是万人规模的大所,我有幸站在行业发展的起点上,借助了中国经济和资本市场发展的契机,取得了一定的成就。从这个角度上说,我们是一代幸运儿,历经行业风雨数十载,通过不懈奋斗,把自己从一个行业的新人变成了行家里手，潘序伦的二十四字所训始终镌刻心头，是我的座右铭，铭记在心。立信始终以服务国家经济建设、维护公众利益为宗旨，以质量为导向，坚持诚信立所，努力打造民族立信、诚信立信、国际立信和百年立信，取得了重要成果。

立信所是全球第五大会计师事务所国际网络——BDO 国际的中国成员所。我担任 BDO 国际董事，首次打破国际会计网络董事会长期被欧美国家垄断的格局。立信所在中国香港控股设立立信德豪会计师事务所，是香港第五大会计师事务所，我担任立信德豪（BDO 香港）的董事会主席。立信所也为一些在境外上市融资的境内企业提供审计等专业服务，包括为一些 H 股或 A＋H 股上市公司、美国上市公司、在英国和瑞士发行全球存托凭证（GDR）的上市公司提供审计等专业服务。此外，立信所还利用 BDO 国际平台，积极为中国企业"走出去"和参与"一带一路"建设提供各类专业服务。

我连续担任第十三届、第十四届全国人大代表。我充分利用专业优势和丰富的实践经验，积极参与国家重要法律法规的制定和修订工作，认真研究注册会计师行业建设和经济社会发展出现的新情况，主动调研涉及国计民生的新问题，坚持理论联系实际和开拓创新，提交了一批份量重、反响好的提案和建议，在服务国家政治经济建设方面起到了积极作用。

让我们把家国情怀熔铸于坚守：新形势下，会计审计工作被赋予重要使命，我们更须谨记以服务国家建设为主题，以诚信建设为主线，秉承"专业报国、服务社会"的宗旨，恪尽职守，勤勉尽责，以更开放的姿态，进一步推进新时代审计工作高质量发展，以有力有效的审计监督服务保障党和国家工作大局。

让我们把家国情怀融入不懈的奋斗：我们一定要以党建为引领，继承中华优秀传统文化，弘扬立信诚信文化，坚持不忘本来、吸收外来、面向未来，在继承中创新，在学习中超越，以高质量的审计业务成果，服务高质量发展、服务改革开放、服务国家经济建设，不断推进诚信文化建设，奋进新征程、建功新时代。

让我们把家国情怀内化于心、外化于行：我国已开启了全面建设社会主义现代化国家、向第二个百年奋斗目标进军的新征程。2023 年是全面贯彻党的二十大精神的开局之年，在建设新时代中国特色社会主义的新征程上，我们满怀信心，充满希望。我们要以诚信为本，践行使命，为实现民族立信、诚信立信、国际立信和百年立信而不懈努力，为实现中国注册会计师行业的跨越式发展，实现中华民族伟大复兴的中国梦，踔厉奋发，勇毅前行！

潘序伦人才观：形成历程、内在逻辑、时代内涵和当代价值

刘永琴①

潘序伦是我国杰出的会计学家、著名的教育家，被誉为"中国现代会计之父"。潘序伦办学思想博大精深，其办学实践蕴含了丰富的人才观。目前学术界已对潘序伦会计思想、审计思想、诚信思想等多方面开展了充分的研究，但鲜有学者对其人才观进行全面系统的探讨。分析研究潘序伦人才观的形成历程、内在逻辑与科学内涵，进而探寻其当代价值，对于新时代人才工作具有重要的历史意义和现实意义。

一、潘序伦人才观的形成历程

潘序伦人才观与其创办的会计教育事业同时产生、同步生长，随着会计教育事业的发展而成熟。潘序伦人才观萌芽于"实业救国""教育救国"等爱国思潮兴起时期，成长于立信会计事业"三位一体"办学模式的创建过程，成熟于改革开放和立信复校的社会主义现代化建设时期。

（一）萌芽于"实业救国"的民族复兴时期

清末民初，中国处于内忧外患之际，西方列强以武力打开中国大门，中华民族陷入生存危机。党的十五大报告指出："从一九零零年八国联军占领北京，中华民族蒙受巨大屈辱，国家濒临灭亡边缘，到二零零零年中国在社会主义基础上进入小康，大踏

---

① 作者系上海立信会计金融学院党委常委、副院长。

步走向繁荣富强，是中国发生翻天覆地变化的一百年。鸦片战争后，中国成为半殖民地半封建国家。中华民族面对着两大历史任务：一个是求得民族独立和人民解放；一个是实现国家繁荣富强和人民共同富裕。"① 面对满目疮痍的国家和饱受苦难的人民，仁人志士们积极探索救国之路，实业救国思潮在中国社会悄然兴起。1898年，康有为在《请励工艺奖创新折》中首次提出"实业"概念。辛亥革命的胜利促使"振兴实业"的社会舆论日益高涨，中央和地方各级政府开始重视实业，并推出一系列政策。在这一时期，实业救国思想得到广泛传播，对社会经济的发展产生了积极的影响。潘序伦人才观也是在这一时期开始萌芽。

彼时的潘序伦是一位具有爱国主义情怀的热血青年，怀揣救国的理想远赴美国潜心求学，力图学成回国后通过振兴实业促进国家的独立富强。1919年，潘序伦立志出国深造，经恩师黄炎培介绍进入圣约翰大学就读，一年半后获得文学学士学位。1921年，潘序伦受南洋兄弟烟草公司资助赴美留学，选定会计作为自己的终身职业。留学期间，潘序伦勤奋刻苦，广泛涉猎多种文字书籍，如英、美、德、奥各学派的经济书籍。1924年，潘序伦获得哈佛大学工商管理硕士、哥伦比亚大学政治经济学博士学位，归国后即投入会计事业。顾福佑、王成杰在《潘序伦与立信会计学校》一文中指出："潘序伦青年时代受到旧民主主义'实业救国'的思想影响，接着赴美国留学。回国后立志把一生献给祖国的会计事业，以期实现'实业救国'的理想。创办立信会计学校，培养会计人才，是他实现这一理想的实际活动。"② 这一论点印证了潘序伦人才观源于实业救国理想的初衷。潘序伦的个人成长实践顺应了时代发展、社会经济发展的历史潮流，在当时具有鲜明的进步性和爱国性。

（二）成长于"三位一体"办学模式的创建探索时期

潘序伦于1927年创办会计师事务所，彼时正值我国民族工商业发展时期，会计届涌动着一股改良和改革的思潮；他深感会计改革和培养专业会计人员的必要性，力倡引进和推广新式簿记制度，并于同年创办簿记训练班。1928年，潘序伦取《论语》"民无信不立"之意改"潘序伦会计师事务所"为"立信会计师事务所"，事务所以公正服

---

① https://www.gov.cn/govweb/test/2008-07/11/content_1042080_4.htm? eqid=b645339b000547db00000003646228a8

② 潘序伦.潘序伦回忆录[M].北京：中国财政经济出版社,1986：71-72.

务、建立信用为宗旨,在业界获得良好声誉;同年,他将簿记训练班更名为立信会计补习学校,正式开启立信会计教育事业。由于补习学校注重实用、讲究实效,适应了当时社会经济的发展,学员招收规模不断壮大,1937年立信会计专科学校成立。

在授课过程中,潘序伦深感国内会计业务水平不能适应民族工商业发展需求。为传授西方先进会计理念,潘序伦着手编译西方会计书籍作为教材,如《会计学》《高级商业簿记教科书》《会计名辞汇译》等。后受战事影响,商务印书馆无力继续印刷,为解决教材问题,潘序伦从商务印书馆收回版权和纸型,并于1941年6月与生活书店合资成立立信会计图书用品社。至此,凭借满腔的创业热情和坚韧不拔的努力,潘序伦开创了事务所、学校、图书用品社"三位一体"的立信会计事业模式,即事务所为学校提供师资,图书用品社为学校提供教材和部分办学经费,学校培养的会计人才为事务所和图书用品社发展业务,形成相互支持、相互促进、密切配合、协同办学的"立信模式"。

潘序伦开创的会计师事务所、会计学校、会计出版社"三位一体"的立信会计事业发展模式,引进了大量一流师资以保障教学质量,搭建了会计实务发展与创新平台,构建了开拓性、系列性、组合型的现代会计"产学研"一体化发展模式。作为现代会计产学研一体化的创业者与革新者、现代职业教育的先驱,潘序伦为会计人才培养和选聘做出了突出贡献。在此阶段,独具特色的潘序伦人才观逐步形成。

(三)成熟于改革开放和立信复校的社会主义现代化建设时期

潘序伦所创建的立信会计师事务所、立信会计学校、立信会计图书用品社曾因抗战爆发遭遇停办迁徙。受战争影响,立信会计学校于1939年才对外招生。1940年,立信会计师事务所和立信会计学校迁至重庆;1945年抗战胜利后由重庆迁回上海;1952年10月,教育部决定对全国高等学校进行调整,立信会计专科学校停办。党的十一届三中全会后,在党的"广开学路,各方办学"的方针指引下,1980年潘序伦先生会同马一行、顾树桢、胡远声、段力佩、黄朝治、陈敏之、顾濂溪、陆修渊、张更生和顾福佑10位教育界、经济界知名人士,联合向上海市有关部门发出倡议书,建议复办立信会计专科学校。同年10月20日,上海市人民政府发出沪府(1980)135号文,同意立信会计专科学校复办。立信复校标志着立信会计专科学校从此进入新发展时期。

潘序伦在思想上坚信中国共产党领导并完全接受社会主义思想过程经历了回避、

勉强接受到自觉自愿为党服务三个阶段。1949年5月上海解放之初,潘序伦对中国共产党抱有避而远之的态度,主要原因在于"一是其出身封建地主家庭,中年时期在上海圣约翰大学接受美国教会教育,此后,在美国留学三年,又受到了典型的资本主义教育,对共产党缺乏了解和认识。二是因为曾在国民党政权内,三度担任了会计和经济方面的高级官吏,在中国共产党政权之下,担心会受到处分"①。因此,潘序伦拒绝了顾准对其在上海市人民政府任职的邀请,同时陆续辞去其他职务,闭门谢客。1950年"抗美援朝、保家卫国"的爱国主义和国际主义运动取得伟大胜利,潘序伦由此对中国共产党产生了敬佩和信任,迫切希望能够有机会参加政治学习和社会活动,并由无党派人士介绍加入中国民主同盟。

党的十一届三中全会后,拨乱反正,潘序伦深受鼓舞,对中国共产党和社会主义有了全新的认识和觉悟。在其晚年,他多次强调办学要为社会主义现代化服务,要与社会主义政治经济相适应,并在1983年立信复校后的首届毕业典礼上发表讲话并要求广大学子树立全心全意为人民服务的共产主义理想。他在回忆录中提道,"能使我自觉自愿地乐意地接受社会主义思想,真正认识到'只有共产党才能救中国'的真理,则是在党的十一届三中全会以后。我现在起步虽晚了点,但我要竭尽有生之年,积极响应'肝胆相照、荣辱与共'号召,自觉自愿、全心全意地为人民多作贡献。"②

潘序伦积极投身经济建设,首次提出人才会计理论,倡导人才会计研究,提议有关部门重视人才培养和使用,做到人尽其才。潘序伦人才会计理念的提出和发展,体现了其对祖国建设事业的满腔热情,同时也是其人才观走向成熟的标志。

二、潘序伦人才观的内在逻辑

潘序伦人才观蕴含了丰富的理论逻辑和文化逻辑,其不断成长、努力奋斗的发展历程,也彰显了其人才观形成和发展的鲜明特色和个性。

(一) 理论逻辑:马克思主义人才思想的借鉴与吸收

马克思和恩格斯采用辩证唯物主义和历史唯物主义的观点、立场,系统阐释了人在经济社会发展中的本质属性、价值作用和成长规律。其中,"人的自由全面发展理

---

① 潘序伦.潘序伦回忆录[M].北京:中国财政经济出版社,1986:51.
② 潘序伦.潘序伦回忆录[M].北京:中国财政经济出版社,1986:53-54.

论"是马克思主义人才理论的核心内容,人是生产要素论、教育与实践成才论等理论贯穿于核心内容的始终。人才价值的实现必须走理论与实践相结合的道路。实现理论与实践的统一,是马克思一生中坚持的一个基本原则。

潘序伦在哥伦比亚大学政治经济学院攻读博士学位期间,博览广学,认真研读了各类经济及哲学书籍,其中包含马克思的《资本论》。留学回国后,他积极投身民族工商业的振兴,大力创办会计事业,云集教育界、经济界等社会各界知名人士智慧和力量办学,坚持"实践成才""学验并重",前瞻性地将实践理念贯穿于人的教育成长过程中,注重理论与实务相结合,以培养"知行合一"的会计人才,最终实现人的全面发展。聘用人才讲求实效,教师队伍构成多元化、层次化,既有全职高校教师又有行业专家、特聘教授,建立了一支理论联系实际、专兼结合的师资队伍。

潘序伦创办会计事业,注重吸收并灵活运用了马克思主义人才思想的基本原理,马克思主义人才思想为潘序伦人才观的形成和发展提供了思想前提和理论基础。

(二)文化逻辑:中华优秀传统文化的赓续与传承

中华传统文化蕴含了许多优秀的人才理念,历代先贤对人才的认知和理解通透而深刻,在人才的标准、选任、发展、价值等方面形成了具有鲜明特色的人才学说。一是充分肯定人才的重要作用。春秋政治家晏子指出"任人之长,不强其短,任人之工,不强其拙,此任人之大略也",主张选人用人要用人之长而避人之短,用人之巧而略其拙,就能充分发挥人的内在潜力,取得最大效用。二是强调德才兼备的用人理念、坚持诚实守信。司马光在《资治通鉴》中指出"才者,德之资也;德者,才之帅也",强调"德才兼备、以德为先"的选才标准。关于人才的选拔,孔子言"君子不以言举人",意思是看人不能只看他的言论,还要看他的实际表现。

潘序伦出生于书香世家,从小接受私塾教育,深受中国传统文化影响,熟读"四书""五经"等国学经典,其创办的事务所、学校、出版社"三位一体"的会计教育事业,均以"立信"命名,取自《论语》中的"民无信不立"之意,强调处事待人要诚实守信,"信以立志,信以守身,信以处事,信以待人,毋忘'立信',当必有成"是潘序伦为立信会计专科学校所立的校训[①]。诚信被潘序伦奉为圭臬,成为办学主旨方针和选任用人的首要标准。同时,潘序伦高度重视会计人才培养,大力培养各类会计专

---

① 潘序伦.潘序伦回忆录[M].北京:中国财政经济出版社,1986:64.

业人才。潘序伦人才观可以从中国传统文化追溯其历史渊源，同时也传承和弘扬了中华民族优秀传统文化。

三、潘序伦人才观的时代内涵

潘序伦在创办立信会计事业的实践中，历经了时代的洗礼和变迁，不断丰富和完善其人才观的内涵，形成了具有鲜明时代特点的潘序伦人才观。潘序伦人才观的时代内涵包含坚持任人唯贤的人才选用导向、树立经世致用的人才培养理念、构建三位一体的人才发展模式、首创"人才会计"理论研究体系等。

（一）坚持德才兼备、任人唯贤的人才选用导向

1. 以德为先，突出职业品德地位

潘序伦在人才选用及师资队伍选聘标准上，注重会计人员的学识、经验和才能，同时将思想道德修养放在首要位置。他在1933年《立信会计季刊》上发表的《中国之会计师职业》一文中强调"夫学识经验及才能，在会计师固无一可缺，然根本上终究不若道德之重要"[①]，认为"职业道德应包含品德、责任和业务技术三方面的内容，品德方面应做到：遵纪守法，以身作则；坚持原则，廉洁奉公；忠诚老实，毋忘立信。责任方面是指会计工作要按政策办事，按原则办事，按计划办事，按制度办事。业务技术方面要求：记账、算账、报账都做到100%的正确"[②]。

2. 任人唯贤，坚持正确用人导向

在潘序伦"三位一体"立信会计事业的发展过程中培养和造就了一大批会计人才。在人才选拔上，潘序伦坚持德才兼备，从不任人唯亲。他将顾准从立信会计师事务所的一名练习生逐步培养为立信会计函授学校负责人，并委以编撰多本会计类丛书。顾准的成长既得益于"三位一体"运作模式，又对这一模式的发展做出了突出贡献。与此同时，随着立信会计事业的发展，宜兴潘氏家族人员前往上海投靠潘序伦，先后有23人进入立信学校或事务所，但他们没有一人在事务所担任重要职位，都是在培训一段时期后被介绍至别处工作，其中很多人成为了专家、学者，如潘志扬、潘勤孟、潘达元等。

[①] 金家富,罗银胜.潘序伦教育思想和办学实践研究[M].上海：立信会计出版社,1998：49.
[②] 姜韵宜,董乃祥.潘序伦与立信文化知行教程[M].北京：经济科学出版社,2006：87.

3. 专兼结合，重视师资选聘多元化

潘序伦高度重视师资队伍选聘工作，认为立信会计专科学校的发展必须要有一支理论结合实际的师资队伍。立信会计专科学校的师资主要由两方面构成：一是会计师事务所的会计师、历届优秀毕业生以及从其他高校招聘来的毕业生，组成了一支稳定、高效的专职教师队伍；二是广纳贤才，重视兼职师资队伍建设，聘请社会名流、专家、学者来校授课，如梁漱溟、章乃器、黄炎培、马寅初等，组成一支专业权威、颇具影响力的兼职教师队伍。20世纪三四十年代，立信学校俊彦咸集、群英荟萃，从海归名师到实业专家，从地下党员到留校教员，征聘数百位优秀人才，形成了一支专兼结合、数量可观、质量超群、结构优良的教师队伍。

(二) 树立经世致用的人才培育理念

1. 学验并重，倡导理论与实践结合

潘序伦在办学实践中强调教育必须与社会需要相结合，他认为会计是实用科学，以企业的经营和管理实务为根据，以"管理务期严格、学生学验并重、出路必予保障"为办学方针，始终坚持理论与实践相结合，着力培养社会需要的人才。"他认为，要掌握会计这门学科，如同医师一样，必须亲自动手实践，才能真正学到手。因此他非常重视实务训练，要求学生打好珠算、书法和应用文写作等基本功。此外他还利用会计师事务所与工商企业接触的有利条件，组织学生到工矿企业和商店参观实习，增加感性认识。"[①] 鉴于此，聘请的授课老师大多是会计师事务所有执业经验的会计师，同时，学校利用事务所与工商企业接触较多的有利条件，为师生提供大量实务操作和企业见习的机会，不断强化学习训练，收效显著。

潘序伦办学的层次和类型丰富多样，先后创立补习学校、函授学校、专科学校和高级职业学校等不同层次和类型的会计学校，形成多渠道办学、多形式办学的教育体系，培养的会计人才遍布全国各地，为中国近现代会计的传承和发展奠定了坚实的人才基础。

2. 以人为本，重视青年人才培育

潘序伦重视人才培养，尤其是关注青年人才的成长。新中国成立前，一个青年如果没有一技之长和至亲好友的介绍，要找到一份工作是非常困难的。潘序伦除对德才兼优的学员进行重点培养外，还尽力介绍会计人员在社会上就业。如会计师事务所刚

---

① 罗银胜.中国现代会计之父——潘序伦传[M].上海：立信会计出版社,2017：94.

成立时,从东南大学和暨南大学商科毕业学生中,选用了顾询、许敦楷、蔡经济等学员,还登报招考录用了韩曼涛等同仁,后期专门成立了"立信会计职业咨询所"以介绍青年人才就业。潘序伦还关心失业失学青年,曾撰文《为自习会计敬告职业界失学青年》,讲授"如何自习会计"的途径和方法,鼓励业界失学青年加强学习①;并在《一个会计学家的自述》一文中将自己成长的经历如实描述,告诫青年"即使在年轻时由于无知而滑入歧途,只要痛改前非,自强不息,同样可以学到对祖国、对人民有用的真本领,同样可以成为有所成就的人才"。②

3. 教育平等,推动女性人才成长

潘序伦办学还有一个特点就是广收女性学生、任用女教师。受传统思想影响,社会上很多人对妇女就业仍有歧视,妇女求职困难。然而潘序伦则认为,妇女大多具有安静、细致、谨慎的性格,适宜担任财务会计工作。他强调在教育面前机会均等,招收学生不论男女,一律以成绩录用。为适应女生逐渐增多的新情况,还聘请中国第一位女会计师张蕙生和中国第一位会计学女教授钱素君加盟立信。潘序伦依靠社会力量办学,广泛聚集实务界人才,大胆聘用女教师,进一步适应办学层次提升和办学实际情况的需要。

(三) 构建"三位一体"的人才发展模式

1. 建立健全人才管理机制建设

潘序伦在办学过程中注重营造公开平等、竞争择优的人才制度环境。随着办学层次提升和师资规模的扩大,在潘序伦的组织领导下,学校制定了《私立立信会计专科学校教职员服务规程》,对教师的职责、薪酬、考勤等方面做了明确、详尽的规定,明确权责的同时激励人才奋发前进。"以顾准的薪酬为例,其刚入职的半个月,除供膳外,领到薪水4元,第二个月提高到6元,以后逐月增加2元,到该年11月薪水为12元,这样维持一年半以后又有增加。"③这些规定体现了潘序伦先生一贯主张的从严治教、从严治校的精神,形成了一套具有立信特色的、严格的、规范的、科学的教师队伍管理制度,确保了人才队伍的管理规范,团队凝聚力不断增强,真正实现用服务留人、事业留人,同时又推进了高质量办学。

---

① 潘序伦.潘序伦文集[M].上海:立信会计出版社,2008:436.
② 潘序伦.潘序伦文集[M].上海:立信会计出版社,2008:551.
③ 罗银胜.中国现代会计之父——潘序伦传[M].上海:立信会计出版社,2017:30.

2. 构建"三位一体"立信人才发展架构

潘序伦在会计事业发展的实践中先后创办了立信会计师事务所、立信会计学校和立信会计图书用品社,三者紧密联系、相辅相成。事务所为学校培养人才、提供师资力量,图书用品社为学校提供所需课程教材,学校培养的会计人才又反哺事务所和图书用品社,形成了会计实务和会计教育融为一体的办学架构。"三位一体"的办学模式是潘序伦的独创,搭建了人才成长和发展的全通道体系,开拓了产学研一体化的先河,实现了人才培养、引进和发展的循环式上升过程,构建了人才队伍成长发展的长效机制。

(四)首倡人才会计研究

改革开放后,潘序伦仍致力于会计教育事业,鉴于长期以来我国在对人才的培养和使用中存在着种种浪费的情况,他以特有的"会计头脑"提出了开展"人才会计"研究。他在《文汇报》《光明日报》接连发表了《开展"人才会计"的研究》和《培养人才也要计成本》等文章,开展关于人才问题的讨论。1980年,潘序伦提出要重视人才会计的研究,指出我国对于人才的培养和使用,还是一锅煮、铁饭碗的办法,建议国家培养人才也要计算成本,提高经济效益,运用会计手段促进人才的培养和使用,以使人尽其才。

潘序伦首次提出人才会计的试行处理办法,他的设想是"用货币形式来计算国家或某一企业,某项事业对于培训各种所需要的人才所支出的费用(也可称为投资)金额,并计算被培训成才的人,是否能为国家、为某一企业、某项事业获得若干成果(或称利益)。假使所获成果、利益,超过培训他们的费用、投资,就是国家、某一企业的纯利益,否则就是纯损失"[①]。

潘序伦是提出人才成本核算的第一人,其人才成本理论是党管人才决策的重要支撑,有利于合理分配高校资源、平衡人才培养和人才引进的成本收益,有助于采用最优师资队伍建设路径,加强横向师资人才的合理流动,实现高校人才培养和人才引进的双赢。

四、潘序伦人才观的当代价值

潘序伦人才观具有较强的前瞻性和先进性,对大学教育和人才革新起到了巨大的

---

① 金家富,罗银胜.潘序伦教育思想和办学实践研究[M].上海:立信会计出版社,1998:120.

推动作用，探析其人才观的时代价值对于促进高等教育事业高质量发展、深入实施新时代人才强国战略具有重要的借鉴和指导意义。

（一）丰富和发展了马克思主义人才理论

马克思主义人才思想内容丰富，观点深刻，是潘序伦人才观形成的理论来源。潘序伦人才观是潘序伦在创办会计事业的实践过程中紧密联系我国的现实情况，不断学习并运用马克思主义人才理论指导实践中产生的形成的一系列人才观的重要思想，丰富和发展了马克思主义人才理论。潘序伦始终坚持在育人用人实践中不断学习和运用马克思主义人才理论，将人才作为"三位一体"会计革新实践的战略资源，并创新性地提出人才会计理论。

（二）彰显和弘扬了爱国主义精神

爱国主义精神是中华民族精神的核心，是中国人民和中华民族自强不息的精神支柱。习近平总书记在清华大学考察时指出，"广大青年要爱国爱民""不断增强做中国人的志气、骨气、底气，树立为祖国为人民永久奋斗、赤诚奉献的坚定理想。"① 弘扬爱国精神是时代永恒不变的主题。

潘序伦人才观萌生于"实业救国""教育救国"的爱国主义思潮，他所倡导会计事业的基石是爱国主义思想，强烈的爱国主义精神贯穿于潘序伦人才观形成发展的全过程。他最初满怀振兴民族经济的愿望，赴美留学，归国后全力开创会计事业。"在他的办学实践中充分彰显了其高尚的爱国主义品德，拥护中国共产党并为祖国繁荣、人民富裕献身的精神，全心全意为人民服务，脚踏实地的工作作风，忠诚人民的教育事业，为振兴中华、培养人才奋斗不止的高尚情操。"②

（三）为高等教育高质量发展提供范式参考

党的十八大以来，党和国家高度重视人才工作。党的二十大报告首次强调了"教育、科技、人才是全面建设社会主义现代化国家的基础性、战略性支撑""坚持教育优先发展，科技自立自强、人才引领驱动，坚持为党育人、为国育才，聚天下英才而用之。"③

---

① http://dangshi.people.com.cn/n1/2021/0506/c436975-32095686.html?ivk_sa=1024320u.
② 金家富，罗银胜.潘序伦教育思想和办学实践研究[M].上海：立信会计出版社，1998：10-11.
③ 习近平.高举中国特色社会主义伟大旗帜为全面建设社会主义现代化国家而团结奋斗[N].人民日报，2022-10-26(1).

当前我国正处于高等教育发展的新时代、新阶段,高等教育已经由大众化阶段进入普及化阶段。对标国家人才强国战略要求,高等教育必须扎根中国大地,走出一条中国特色之路,注重分类建设、分类管理、分类评价,聚焦高等教育高质量发展显得尤为迫切。

潘序伦一生高度重视教育事业,以面向社会、面向时代、适应社会需求为目标,积极倡导教育与政治、经济相适应,办教育是为了"培养人才、发展实业、振兴中华"[①]。在旧中国半殖民地半封建社会的条件下,潘序伦艰苦奋斗、全力以赴开拓适应中国国情的会计事业,倡导开设多样化、多层次的办学模式,广纳人才推进办学;在抗日战争时期,他以国家民族利益为重,毅然将学校西迁,爱惜人才并致力于保护顾准等爱国人才;改革开放后,他仍以全部精力投身教育事业,为新时代的高等教育发展提供了一系列切实可行的范式参考。

(四)为应用型高校"双师型"教师队伍建设提供现实路径

党的二十大报告强调"办好人民满意的教育,统筹职业教育、高等教育、继续教育协同创新,推进职普融通、产教融合、科教融汇、优化职业教育类型定位"[②],大力提倡产教融合,强调深化校企合作,加强应用型高校"双师型"教师队伍建设,完善优化教师培训培育体系。

潘序伦以教育救国为经,以会计革新为纬,首创了"三位一体"办学模式,强调"诚信为本、学验并重",其"三位一体"的办学实践注重教育与实业相结合、理论与实践相结合,拓展产教融合平台;运用大量实践案例,围绕如何选人用人问题,提供了方法路径,智慧地处理了人才成长和环境变化发展的关系,疏通了人才成长的通道,培养了大量优秀人才,其办学实践及人才发展理念为当代应用型高校人才队伍建设,尤其是"双师型"教师队伍建设提供了现实路径。

(本文转自《会计与经济研究》2023年9月第5期,个别内容有修改。)

---

① 金家富,罗银胜.潘序伦教育思想和办学实践研究[M].上海:立信会计出版社,1998:11.
② 习近平.高举中国特色社会主义伟大旗帜为全面建设社会主义现代化国家而团结奋斗[N].人民日报,2022-10-26(1).

弘扬立信精神　做强立信专业出版

华春荣[①]

今天，我们怀着十分崇敬的心情，在这里纪念潘序伦先生诞辰 130 周年，缅怀先生为中国教育、会计、出版事业不懈奋斗的光辉一生，学习先生一丝不苟的治学品格、勇于担当的职业情怀、敢为人先的创新思想和诚信为本的立信精神。

先生是我国杰出的会计学家、教育家、出版家，是学贯中西、情怀深厚的一代宗师，是发展我国会计事业和培养会计人才的先驱，被誉为中国现代会计之父。他生前历任立信会计师事务所主任会计师，立信会计专科学校校长、名誉校长，立信会计图书用品社社长，中国会计学会和上海市会计学会顾问，上海市社联顾问，上海市审计学会名誉会长，上海公正会计师事务所董事长，立信会计编译所主任和上海市高级会计技术职称评定委员会副主任等职。先生把毕生的精力奉献给为民族求解放、为国家谋独立、为人民谋幸福的最美好、最伟大的事业，对我国会计事业、教育事业和出版事业的发展做出了重要贡献。

1893 年先生出生于江苏宜兴；1924 年从海外留学归来，带着满腔热血投身教育事业；1927 年创办了潘序伦会计师事务所，翌年取"民无信不立"之意，将创办的事务所更名为立信会计师事务所；1928 年创建了立信会计学校。1931 年，九一八事变爆发，日本悍然发动蓄谋已久的侵华战争。为了挽救民族危亡，无数仁人志士进行了艰苦的探索。空前深重的民族危机，也激起了先生强烈的爱国热情。先生逐渐认识到，只有民族的解放，才能从根本上解决社会生计问题。因此，先生积极参加了抗日救亡

[①] 作者系立信会计出版社总经理、总编辑。

活动和民主运动。他参与舆论宣传、募捐赈灾、慰问前线将士等活动，积极为《生活》周刊等进步报刊提供审计服务。他大力呼吁民众团结抗日，并发表《义勇军赋怀》，号召"勿再观望与徘徊，同胞救国典乎来"。他在战火中坚持办学，弦歌不辍，为国家输送了大批会计人才，有力支援了抗日救亡活动。1941年潘序伦先生与邹韬奋先生主持的生活书店在重庆集资创立了立信会计图书用品社。至此先生亲手缔造的"三位一体"立信会计事业正式形成，开创了现代中国会计事业发展的先河。

立信会计图书用品社是我国成立最早的一家专业出版社，也是至今唯一一家以"会计"命名的出版社，先生是首任社长，出版"立信会计丛书"等专业图书及账簿用品。立信会计图书用品社与新华日报社合作，以立信名义，在广安开设中兴造纸厂，生产纸张，供应《新华日报》、生活书店、读书出版社、新知书店等众多红色出版机构，为红色出版事业的发展做出了重要贡献。

党的十一届三中全会以后，先生首倡在上海市成立全国第一家会计学会，同时建议大力举办会计职业教育，以解决会计人员严重青黄不接的问题。在耄耋之年，先生为"三位一体"立信事业的恢复重建，呕心沥血，无私奉献。先生把毕生的精力奉献给我国会计事业、教育事业和出版事业。

"所谓大学者，非谓有高楼也，有大师之谓也"，潘老先生无疑是德高望重、享誉海内外的一位大师级人物。诚如李云良在《读编辑立信会计丛书经过书后》一文中所言，先生"以一人之力，导我先河，诚可谓毅勇卓绝者矣"！先生在不同时期散发着光和热，直至生命的最后一息。他始终关心国家和民族前途命运，在"实业救国""教育兴国""出版强国"的实践中探寻救国救民的真理。当国家满目疮痍、民族危在旦夕时，先生呼吁民众共挽狂澜。当国家面临会计人才匮乏时，先生筚路蓝缕，开创了立信会计教育事业。当红色出版事业遇到困难时，先生挺身而出，大力支持红色出版事业的发展。

——今天我们纪念潘序伦先生，就要像他那样践行初心、服务社会。先生通过从事会计师业务，兴办会计教育，开展学术研究，主编和出版会计书刊，以服务国家和社会为宗旨，促进了会计实务的改进、会计人才的培养和会计出版的发展。无论遇到什么样的艰难险阻，先生始终怀着高度的责任感与使命感，为我国现代会计事业的发展不懈奋斗。

——今天我们纪念潘序伦先生，就要像他那样勇立潮头、敢为人先。先生是会计改革的先行者，会计创新的实践者。他不仅引进现代会计理论与方法，还专注对其进行应用和推广，"或出版定期刊物，或编辑会计丛书，以供实业界、财政界之参考"，并以此作为立信会计出版事业应尽的重要职责。

——今天我们纪念潘序伦先生，就要像他那样潜心治学、弘扬学术。先生学识渊博、著作等身，他不仅精通英文和西方会计学，在 20 世纪 50 年代还自学俄语，翻译出版俄语的专业书刊。先生一生著作逾千万字，出版专著译著 50 多部、发表学术论文和文章 200 多篇。他主编的"立信会计丛书"先后出版 200 多种，发行 800 多万册，堪称中国现代会计学的扛鼎之作，影响了一代又一代会计人。

——今天我们纪念潘序伦先生，就要像他那样信以立志、信以守身。先生创造性地提出了"信以立志，信以守身，信以处事，信以待人，毋忘'立信'，当必有成"的会计诚信学说，将诚信融入会计实务、会计教育和会计出版，感染着一代代会计人，对会计行业诚信建设产生了深远的历史影响。

先生离开我们已经 38 年了，但先生创立的"三位一体"立信会计事业在不断发展；先生倡导的立信精神一直在激励我们、鞭策我们。立信出版人一定要认真学习贯彻习近平新时代中国特色社会主义思想，弘扬立信精神，自觉推进文化自信自强，铸就社会主义文化新辉煌；要把握数字技术、人工智能等赋能财经会计专业的历史机遇，不忘本社之初志，解放思想，转变观念，融合创新；深耕财经会计专业，实施重大学术出版工程，不断推出一系列高水平、留得下、传得下去的学术精品著作；创新出版范式，转变服务模式，面对智能财会新业态，打造数字教育出版工程，以推进教育数字化和财会专业新形态教材建设。我们要从培养政治过硬、本领高强、求实创新、能打胜仗的新时代立信出版人着手，做强立信专业出版；要紧密地和学校、事务所结合在一起，继承先生风范，弘扬立信精神，共同为先生创立的"三位一体"立信会计事业开创新时代的新局面。

（本文是作者 2023 年 7 月 14 日在潘序伦先生诞辰 130 周年纪念展开幕式上的发言稿，个别内容有修改。）

站在中国近代企业会计改革里程碑上的伟人

郭道扬[①] 杨泽中[②]

潘序伦于 1923 年获得哈佛大学工商管理硕士（MBA）学位后，又于 1924 年取得哥伦比亚大学政治经济学博士学位，这为他一生从事会计事业奠定了扎实的研究与工作基础。加之在会计学学位课程方面师从美国著名学者凯斯特（Kester）[③] 教授，又使他打下了深厚的会计专业与研究功底。1924 年秋，潘序伦学成归国，顺道考察了西欧各主要国家，从理论与实际相结合的角度加深了他对会计的认识，这些都为他引领中国近代企业会计改革创造了先决性条件。

一、潘序伦引领中国近代企业会计改革三大支柱的树立

潘序伦抱着满腔爱国热情，立志振兴中国近代民族企业经济，决定辞去大学教职，投身中式会计改革事业。首先，他以树立近代会计思想与组织制度为立足点，1927 年创办潘序伦会计师事务所，次年更名为立信会计师事务所，以其作为推动企业会计改革的基地。潘序伦以"立信"为纲，决心把会计师事务所办成"信以立志，信以守身，信以处事，信以待人"的、以独立审计作为支撑的会计改革指挥机构。立信会计师事务所由一支优秀的专业团队组成，拥有一批著名专家从事会计改革建制，策划设计改革程序与方案。据《立信会计月报》统计，立信会计师事务所有目的地组织了以上海为中心的大中型企业改革事项，切实推动了企业会计改革进程。

---

① 作者系中南财经政法大学会计学院教授。
② 作者系中南财经政法大学会计学院博士研究生。
③ 潘序伦.求学经过的自述[J].立信会计季刊,1935(7)：357.

立信会计师事务所在大中型工商业与金融业企业中树立了一批会计改革典型案例，会计改革事项受理面很广。据统计，1927—1936年，会计改革受理事项达5 566件（见表1），委托改制客户中著名的企业有首都电厂、淮南煤矿、中国国货公司、华生电器厂、章华毛纺厂、大中华火柴厂、南洋兄弟烟草公司、美亚绸厂等。这些企业通过建立近代会计制度与改革方法体系，将改革目标具体落实到资产负债表和损益表编制与分析应用方面，实现了一个会计年度决算中全部账目的核算平衡。尤其是在以实现管算结合为目的、指导企业合并报表方面成效显著，历年来使企业管与算始终保持一致。1937—1940年立信会计师事务所档案中所保存的南洋兄弟烟草公司上海与香港两个分公司合并资产负债表的主要数据（见表2），揭示了立信会计师事务所在企业会计改革中算为管用的实践成就。

围绕为企业会计改革服务，潘序伦创办会计、审计教育事业，有计划、系统地向企业输送会计核算与管理人才。潘序伦指导会计和审计教育改革并进，兼顾普及与提高，适时满足了企业对会计改革人才的需求，卓有成效地推动了中国近代企业会计改革的发展。早在1928年，潘序伦便筹办了会计人才普及班，1935年将普及班发展到全国各地，很快达到了连续向企业输送会计改革人才的目的。1930年通过增设函授学校，实行滚动式教学，迅速使函授教育方式遍及全国各地，乃至海外、境外诸多国家和地区。1935年潘序伦又创办了早期阶段的"日校"，并于1937年创办了"暑期班"，针对性地实现了对企业会计人才需求的填空补缺，做到哪里进行会计改革，哪里便有会计人才的及时输送与安排。1937年，潘序伦先后在广西、重庆组织开设了"立信会计分校"，随即又建立了立信会计专科学校，实现了会计教育普及与提高的双轨并进。1939年会计专科正式招生，1941年便有了首批毕业生，自此实现了以教育支持改革向满足高层次会计改革人才需求的转变。潘序伦举办会计教育支持会计改革如雪中送炭，立竿见影，很快便在推动企业会计改革方面见诸成效。据不完全统计，立信创办会计教育前后输送普及性人才达10万人以上，培养与输送高级会计、审计人才2 000人左右，而通过短训培养的人才则遍地开花，这类应急性人才输送在企业会计改革中随处可见。立信会计师事务所人才济济，不断深入企业会计改革一线，名副其实地发挥了改革基地作用。立信教育各层次的教师，辛勤播种全国各地，桃李天下。

表1 1927—1936年立信会计师事务所经办业务的分类统计① 单位：件

业务名称	1927年	1928年	1929年	1930年	1931年	1932年	1933年	1934年	1935年	1936年	合计
会计组织及改良	5	11	15	28	27	29	24	30	28	32	229
定期查账出具证明书及报告书	4	7	13	16	17	21	25	22	34	42	201
临时查账出具证明书及报告书	18	24	47	54	58	56	62	67	88	84	558
受官厅委托充任检查人	0	5	8	12	17	22	25	24	20	22	155
受公司委托充任检查人	1	10	15	22	25	30	28	33	31	34	229
代办记账	1	3	5	6	6	9	7	7	8	9	61
清算	2	3	4	7	5	10	8	11	9	5	64
其他各种信托	2	4	6	10	11	9	14	12	10	15	93
代编业务统计表	0	1	2	3	5	4	6	9	7	7	44
各种资产价值之鉴定及公断	2	2	4	5	7	8	5	8	4	11	56
公司商店设立、变更等法律手续之指导	5	8	18	32	42	45	52	48	26	57	333
规司商店各项约公之指导	1	2	5	5	6	15	9	8	6	8	65
商号设立注册、补行注册及变更注册等	7	24	51	55	50	42	40	57	54	52	432
公司设立注册、补行注册查验及变更注册等	8	18	36	44	56	61	58	74	68	76	499
商标创设注册、补行注册、查验补行公告、变更注册、提出异议请求评定等	42	124	254	227	235	208	239	212	130	210	1 881
呈请专利	0	1	2	1	0	3	0	2	4	7	20
纳税事务	1	9	21	32	15	12	22	18	15	20	165
代撰会计及商事之文件	17	20	33	42	51	72	50	76	58	62	481
合计	116	276	539	601	633	656	674	718	600	753	5 566

① 《立信月报》第六期，1937年1月15日出版，第9-10页。本文对原表部分合计数已作勘误。

表2 1937—1940年南洋兄弟烟草公司上海与香港分公司合并资产负债表状况[1]

金额单位：法币千元

项目	1937年		1938年		1939年		1940年	
	金额	占比	金额	占比	金额	占比	金额	占比
资产类								
固定资产	5 280	27.3%	5 515	27.8%	3 586	15.7%	2 640	11.0%
流动资产	13 985	72.3%	13 968	70.5%	17 536	76.7%	21 337	88.6%
其他资产	85	0.4%	341	1.7%	1 734	7.6%	86	0.4%
合计	19 350	100.0%	19 824	100.0%	22 856	100.0%	24 063	100.0%
资本和负债类								
资本、公积及盈余滚存	12 338	59.7%	11 810	62.8%	12 842	62.5%	12 777	67.3%
各项准备	2 257	10.9%	3 191	17.0%	3 794	18.5%	655	3.5%
借入资金	5 834	28.2%	3 516	18.7%	3 516	17.1%	5 090	26.8%
其他负债	248	1.2%	275	1.5%	389	1.9%	451	2.4%
合计	20 677	100.0%	18 792	100.0%	20 541	100.0%	18 973	100.0%
本年度纯益	—		—		1 032		2 315		5 090	

注：(1) 固定资产包括地产、房屋、机器设备、生财、工具及投资证券购置等；(2) 其他资产指各项预付费用；(3) 其他负债包括各项未付款项及费用；(4) 1937年和1938年的纯益与损益计算的纯益数值不一致，是因为公司纯益分配是把1937年和1938年合并计算，并扣除战事损失，本表为扣除战事损失后的净损益；(5) 1940年按"法币"计算的营业盈利高达500万元以上，已超过了历史上1920年的480万元的水平。如果把183万元美金资产折成"法币"计算盈亏，那么，1940年度的纯利额将达"法币"2 200万元。

围绕指导近代中国企业会计改革，潘序伦开拓的立信会计出版事业规模与气势尤为宏大，而立信创办的刊物则推动了企业会计理论研究与实务改革的结合，使中国近代企业会计、审计改革始终保持先进水平，从而保证了企业会计、审计工作的质量。"立信会计丛书"遍布天下，在企业会计、审计改革中影响了千家万户。1936年年底，潘序伦编辑出版了首批教科书，带动了当时的大学教学改革；后又迅速拓展了各门类企业会计改革丛书，引发了第一次以会计书刊出版促动的会计改革浪潮。1941年6月，

---

[1] 中国科学院经济研究所，上海社会科学院经济研究所. 南洋兄弟烟草公司史料[M]. 上海：上海人民出版社，1958：588.

在全面抗战时期,为启动与推进后方的企业会计改革,立信又把出版内容扩大到法律制度,特别是会计法律制度方面,先后组织出版的教学用书与改革用书达200余种,对推动抗战时期的企业会计改革发挥了重要作用。潘序伦的指导思想还在于,以"立信会计丛书"出版与办刊并重,推动企业会计改革典型案例传播,并突出成本会计学理论与实务密切结合的研究,编译出版答疑性读物,以排解成本会计中的疑难问题,加强工业企业中的成本核算与管理。潘序伦在引导企业会计改革中指出,成本会计是带动企业会计改革的一个关键、一个重点,企业改革必须高度重视这个关键与重点。

潘序伦从始至终以身作则,引领与指挥企业的会计改革。一方面,他亲自撰写对企业会计改革具有影响的教科书。如1929年他撰写并出版了《公司会计》,1938年又在反复修订《公司会计》的基础上,出版了《股份有限公司会计》,这部书在企业会计改革中发挥了示范性作用,影响遍及国内外。另一方面,他又在立信刊物上撰文,带动学员研究企业会计改革中的重点问题。从1933年创办的《立信会计季刊》,1936年创立的《会计学报》,以及1941年出版发行的《立信会计月报》,都体现了潘序伦从学术研究角度对企业会计改革各领域与前沿性问题的关注与具体指导。

潘序伦从企业会计改革总体上,把创办会计师事务所,开展各类会计教育工作,组织会计图书编译出版发行、以办刊带动研究视为一体,既体现出各自的特色,又注重各自在引领改革方面的互补作用。立信从以上三方面协同推动了中国近代企业的生产和经营以及管理改革,这种全方位指导企业会计改革的思想、理论与科学方法一体推进的做法是史无前例的,改革成效前所未有。

二、改革与改良中式会计之争中的互动作用

晚清之际(1840—1911年),由封建社会向近代社会演进数千年之变局,是在西方外部势力入侵,中国沦为半殖民地半封建社会这一重大背景下进行的。中国的民族工商业与金融业在这种情况下产生,中国近代企业从一起步便面对解决适应性改良问题,并且客观上要求企业必须在改良基础上顺势试行改革。然而,由中国从小农经济进入近代经济变局中的突发性与特殊性所决定,以及受中国近代企业在求生存、求发展中的局限性,对步入近代经济阶段准备不足的影响,当时在改良思想与行为方面产生了一系列不相适应的现象,如一开始面对改良便处于惊慌失措状态,在改不改与如何改

之间左顾右盼、摇摆不定而无所适从,成效无从谈起,而教训却十分深刻。

潘序伦回国后,直到1927年1月,所见工商界对待会计改良的实际情形,感觉到的是"亟待改良"①,但通过实际调查后他改变了认识,认为改良中式会计只能是一个过渡,而其关键在于必须迅速通过这个过渡而创造条件转变到改革上来,只有改革才能使中国近代企业生产与经营发展进入正常状态,也才能使企业立足于近代经济社会、向前发展。也正是中国近代企业起步改良阶段发生犹疑不决与踟蹰不前状态所形成的深刻影响,引发了20世纪三四十年代徐永祚发起的改良中式会计与潘序伦所引领的改革中式会计运动,并因此引发了改良与改革之争。通过改革与改良双方所展开的研究讨论,达到以改良作为过渡,进展到全方位实现对中国近代企业会计、审计改革,并由此带动了近代企业财务的产生,形成了中国企业会计改革的大趋势。

徐永祚也是中国近代著名会计学家,他在这场运动中的贡献在于,改变了改良企业会计的大方向,坚定了企业改良中式会计的决心与信心,并切实制定了改良企业会计制度与方法的方案。改良对象除侧重中小商业企业,也有号称上海金融界的盐业、金城、中南与大陆的"北四行"和天厨味精,天原化工厂之类的工业企业,以及出版界的商务印书馆与中华书局。尤其是到20世纪40年代后期,徐永祚会计师事务所总结了经验与教训,在改良企业会计中也出现了改革的尝试,故其业务开展已进入慎昌洋行、英美烟草公司等海外企业。这表明,在改革企业会计影响之下,徐永祚的改良中式会计也不是一成不变的。

潘序伦与徐永祚及其所创办的两家会计师事务所,都坚持德行与人格上的一致,也都以诚信为本,立信守身。他们相互敬重,各自所持改革与改良立场固然不同,但在思想上、会计学原理坚持上,却彼此沟通与协调一致,并未把会计改革与改良行为对立起来。双方立场上的一个共同点,则在于把改良作为一种必要的过渡,并与改革的目标最终保持一致。潘序伦首次就改良与改革问题回复徐永祚时礼节很周全:"玉书(徐永祚名号)我兄先生惠鉴"②,用语谦恭而文雅。"近来吾兄从事于改良中式簿记工作,努力服务社会之精神,深可钦佩。"③ 这里以充分肯定为前提,并称赞其以改良服务于社会,肯定也恰到好处,始终用商讨的语气让对方乐于接受。即使后来潘序伦属

---

① 罗银胜.潘序伦传[M].上海:上海人民出版社,2007:25.
② 潘序伦.潘序伦文集[M].上海:立信会计出版社,2008:204.
③ 潘序伦.潘序伦文集[M].上海:立信会计出版社,2008:204.

下对徐永祚改良中式簿记所提出的批评，也是从研究讨论问题出发，做到以理服人，坚持在改革原则问题上不让步。双方行文都把握了争议与批评中的度，而把改革与改良都体现在对中国近代企业会计立法改制行动上，寻求在改革与改良成效上的竞争，让事实说话，以改良与改革成效服人。所以，要公正评价中国20世纪三四十年代所发生的改革与改良会计之争，这场争议没有政治上的偏见与以势压人，也没有火药味，结局是良好的，改革达到了最终目的，对后世形成了良好影响，改良也确实起到助力改革的过渡作用。20世纪三四十年代改革与改良中式会计之争是值得后人从正面加以评价的一场运动。

三、潘序伦在中国近代会计改革史上里程碑式的引导作用与杰出贡献

中国近代会计发展史上的这场运动，在很大程度上提高了中国近代民族资本主义企业会计核算与管理水平，通过改革提升了会计、审计管算结合的能力，并相应促进了企业财务的产生与初始作用的发挥，从而在一定程度上促进了中国近代企业经济的发展演进。据统计，1937年中国近代企业已拓展至3 935家[①]，其中各类企业的发展水平都有不同程度的提升。就商业而言，1931年起一度进入市场危机状态，1932—1935年，商店营业额几乎以年均10%的速度递减。但在经历了这场会计改革运动之后，1936年中国的商业经济发生了转机，1937年便恢复到20世纪30年代初的发展水平。其中尤其是上海的商业发展水平还出现了上升趋势。以国内市场商品价值为例，以会计改革运动前后作比较，1920年的商品价值仅为92.46亿元，而到1936年便上升到168.07亿元[②]，增长了81.78%，平均年增长率达到3.81%。就企业中的个案而言，工业中的大生纱厂、永安纺织印染公司、南洋兄弟烟草公司等，农业中的农牧垦殖公司等，商业中的上海永安公司、华年实业股份有限公司、中法药房股份有限公司等，金融业中的农工银行、金城银行、上海商业储蓄银行等，其会计改革业绩与成效无疑都能得到证实。

潘序伦先辈既是中国近代史上的一位赤诚爱国者，一位顶天立地的近代企业会计改革的引领者，又是一位立足于开拓创新的智者，他在中国近代会计发展史上树立起一座引领企业会计改革的里程碑，在中国近代会计发展史上产生了十分重要的影响，

---

① 陈真.中国近代工业史资料(第四辑)[M].北京：生活·读书·新知三联书店,1961：92.
② 许涤新,吴承明.中国资本主义发展史：第三卷[M].北京：人民出版社,1993：224-243.

潘序伦先生是站在这座历史丰碑上的伟人。后辈不仅要尊崇先生的品质与人格，学习他的改革创新精神，还要学习他一生脚踏实地从事会计、审计研究，著书立说，教书育人，建立中国近代企业改革大业的高尚德与行。纪念潘序伦先生诞辰130周年，以继承与发扬他的事业为重，不断追求会计改革进取，不断开拓务实创新，让先生乐见中国年轻一代会计学者、会计工作者改革有成，创业有成。

（本文转自《会计与经济研究》2023年第4期，个别内容有修改。）

顺应大势　知行合一

付　磊[①]

潘序伦先生为中国会计事业奋斗一生，成就辉煌，为我们留下了顺应大势，尊崇科学；知行合一，笃行致远的精神财富，激励着我们在推进中国会计事业持续发展的道路上不断前行。

潘序伦先生是我国著名的会计学家、教育家和出版家。

先生对我国会计发展的卓越贡献，表现在他创办的立信会计事业上。先生创办和以毕生精力操持的立信会计事业包括立信会计师事务所、立信会计学校和立信会计出版社三部分。立信会计师事务所业务范围广泛，客户遍及全国，业务精良、注重信誉，在社会各界赢得了很高的赞誉，是我国 20 世纪三四十年代规模和社会影响最大的会计师事务所。先生主办的立信教育事业在我国培养会计人才方面做出了特殊贡献。从 20 世纪 20 年代到新中国成立近 30 年里，立信培养了数以十万计的会计专业人才，这在当时来讲，是一个很大的数字。20 世纪 80 年代在国内外成为会计界知名专家、教授，或在企事业单位担任重要会计工作的，不少在早年都受过立信的会计教育。[②] 先生与立信同仁出版了"立信会计丛书"、《立信会计季刊》和《立信周报》等刊物，其中以"立信会计丛书"最为著名。会计学家杨纪琬评价"立信会计丛书"说："'立信会计丛书'在当时的中国会计学发展史上，占有很重要的地位，为立信会计事业增添了光彩。20 世纪二三十年代，旧中国的经济十分落后，在会计理论发展方面也远远落后于西方，当时我们这些 30 年代的学生，念的书都是美国的。'立信会计丛书'是我国

---

① 作者系中国会计学会会计史专业委员会主任、首都经济贸易大学原会计学院院长。
② 杨纪琬.序[M]//潘序伦.潘序伦回忆录.北京：中国财政经济出版社，1986：5.

自己编写的第一套比较系统、完整,水平也较高的会计著作,(至 1936 年年底)前后出版了五六十种之多,发行量也很大。全国各地包括解放区也都流传很广,在发展中国的会计理论、推动会计工作、培养会计人才等方面,这套丛书起到了很好的作用。"①先生自己也认为:"如果说我对我国会计学术有所贡献的话,当以编辑出版立信会计丛书为最。"② 在组织编辑立信丛书和杂志的同时,先生身体力行,撰写了大量著作、论文。据统计,先生自 1924 年完成博士论文《中美贸易论》至 1985 年,共撰写教材、专著、译著 50 多部、论文及其他文章 200 多篇,著作和论文内容涉及财务会计、成本会计、审计、会计史、税务等多个领域③,其中不乏传世之作,先生著作等身,硕果累累。

先生为中国会计事业奋斗一生,不仅取得了举世公认的成就,还为我们留下了宝贵的精神财富,这就是:顺应大势,尊崇科学;知行合一,笃行致远。

一、顺应大势,尊崇科学

先生能够为中国会计事业做出贡献,首先在于他有着顺应大势、尊崇科学的精神。先生兴办立信事业的年代是中国会计新旧转换的攻坚期。清代后期,西式簿记被引进中国,包括潘序伦先生在内的一批接受西方经济管理思想的学者和实业家尝试着在中国宣传和推行西式簿记,但是推行西式会计的过程漫长坎坷。推广西式会计遭受阻力的原因在于,中式簿记流传逾千年,人们对其依赖过深,形成了习惯,而作为舶来之物的西式会计与传统相去较远,人们对其生疏疑惑,心存抵触;西式会计的一些概念、做法相对复杂晦涩,很多人不易理解,更增添了对其接受的难度。于是,一时社会上形成了传统中式簿记与西式会计对峙的局面。

中国会计到了应该怎么走的十字路口。是继续采用传统中式簿计,还是改而采用西式会计,成了会计界绕不过去的问题。有人认为,面对中国的现实情况,不能实行西式会计,而应该保留中式簿记的一般形式,同时对其加以适当改良,即将西式会计的某些做法融入中式簿记,实行所谓改良中式簿记。改良中式簿记提出后,很快得到社会反应,响应者遍及学术界、社会团体、政府机构、舆论界和各种类型的企业,形

---

① 杨纪琬.序[M]//潘序伦.潘序伦回忆录.北京:中国财政经济出版社,1986:7.
② 潘序伦.潘序伦回忆录[M].北京:中国财政经济出版社,1986:39.
③ 潘序伦.潘序伦回忆录[M].北京:中国财政经济出版社,1986:91-100.

成了颇具规模的改良中式簿记运动①。另有一些人认为，实行改良中式簿记固然有理，但这只能是当时形势下的暂时之举，不能当作中国会计的发展目标；毋庸置疑，当时的西式会计比中式会计先进，是世界会计发展的方向，从长期计，还是应该通过提高管理人员和会计人员的素质，全面推行西式会计；改良中式簿记"很能适用为现在中式簿记走向完善合理的会计制度的一个过程或阶梯"②。先生认为，中式簿记最终将被西式会计完全取代。先生作为我国会计现代化的主要推动者，自然成为主张实行西式会计的一面旗帜，他主办的《立信会计季刊》等出版物以及立信会计学校和立信会计师事务所也成了宣扬和践行西式会计的主阵地。

此后的发展，明确无误地为那场中国会计前途之争做出了结论：中式簿记，包括改良中式簿记全面退出了历史舞台，中国实行了与世界同步的现代会计，并开始对当今的世界会计做出贡献。中国会计没有按照当时改良论的设计发展，而是实现了改革论的目标，证明改革论对中国会计发展方向的判断是正确的，理性地对待了过渡性措施与终极目标的关系。这带给我们的启示是，任何事业的发展，首先要明确目标，明确方向；如果目标的确定出现差错，或将为了解决眼下困难而采取的过渡性措施当作最终目标，必将使事业发展走向歧途。那么，如何正确地确定中国会计发展的目标，选择好中国会计发展的方向？只能依靠对不同会计模式之优劣的客观分析和对世界会计发展大势的冷静判断。在关于应该实行改良中式簿记还是西式会计的那场讨论中，以潘序伦先生为代表的会计改革论人士通过对改良中式簿记的分析，具体指出其不合理之处，进而"认定（随着）国际形势和会计技术的发展，簿记这一经济管理工具，必然要走世界共同一致的道路，中国不可能用独异的方法"③；"就现在的状况和将来的趋势来看，世界通用的复式簿记绝对能渐渐地适用到我国的整个企业界去"④。改革论者对不同会计模式的科学论证和对世界会计发展大势的清晰判断，使会计改革有了科学

---

① 拥护改良中式簿记的，如暨南大学、上海商科大学等院校，中国计政学会、全国商业联合会、上海会计师公会等社会团体，上海市农工商局等政府机关，《申报》《新闻报》等新闻报刊，南洋兄弟烟草公司、中华书局、五洲大药房、上海内地自来水公司、闸北水电公司等知名企业。20世纪30年代，上海还曾举办改良中式簿记展览会，3天内参观者达1500余人，各界学者、名流、社会团体领导或参观题词，或函电祝贺，成为当时轰动社会的新闻。见赵友良.中国近代会计审计史[M].上海：上海财经大学出版社，1996：242.
② 郭道扬.中国会计史稿（下册）[M].北京：中国财政经济出版社，1988：516-518.
③ 赵友良.中国近代会计审计史[M].上海：上海财经大学出版社，1996：287.
④ 郭道扬.中国会计史稿（下册）[M].北京：中国财政经济出版社，1988：518.

理论的支撑，并最终被证明符合历史潮流，具有长久的生命力。回想先生对中国会计现代化的坚持和努力，不能不敬佩先生对中国会计发展方向的洞察力、顺应世界会计发展大势的睿智和尊崇科学的精神。

先生对中国会计现代化发展方向的正确把握，对我们今天的工作仍然具有借鉴意义。改革开放后，我国实行会计改革，采取与国际会计准则趋同的政策，并兼顾中国的现实情况，保持了我国会计的健康平稳发展。当前，国际形势动荡不定，我们更需要保持定力，遵循党中央关于高水平对外开放的大政方针，认清世界发展的大势，坚持现有的会计改革开放和国际合作的路线，以科学的精神、严谨的作风推进中国会计事业持续发展，为人类文明进步做出新贡献。

二、知行合一，笃行致远

先生对中国会计的贡献，不限于某一方面，而是体现在会计（审计）实务、人才培养、学术研究等多方面。能够像先生那样全方位地为中国会计事业做出贡献的，史上实为罕见。先生能够取得骄人成就，还在于他具有迎难而上、踔厉奋发的美德。

先生从国外深造归来后，先是在大学教书，后又几次在国民政府部门里短暂任职，他本可以做一位传授知识、著书立说且衣食无忧的教授或官员，但他"鉴于当时工商界通用的旧簿记亟待改良，企业会计需才孔急……，辞去了各大学的教职，自行设立了'潘序伦会计师事务所'，从事会计师业务，并编辑出版会计丛书和创办会计学校，逐步形成了一个三位一体的'立信事业'"①，走上"会计实业救国"②的道路。先生创办立信会计事业绝非轻松，用他自己的话说，充满了"盲目曲折的摸索和苦斗"③。然而，先生不避艰辛，百折不挠地为改变中国会计的落后面貌而倾心工作。以下几件事，大体可以反映先生在艰难困境中的拼搏精神。

1940年，为了提高办学层次，先生准备将重庆立信学校充实改组为立信专科学校。他"费尽了心血"④，才在北碚租了某私营房地产公司的一处房子。不料该公司突然要将房子以十万元的价格卖掉，不再租给立信。"这对立信学校来说，真如平地风波，晴

---

① 潘序伦.潘序伦回忆录[M].北京：中国财政经济出版社,1986：22-23.
② 潘序伦.潘序伦回忆录[M].北京：中国财政经济出版社,1986：72.
③ 潘序伦.潘序伦回忆录[M].北京：中国财政经济出版社,1986：23.
④ 潘序伦.潘序伦回忆录[M].北京：中国财政经济出版社,1986：32.

天霹雳，学校迁让既无去处，停办又不可能，要买（房）需十万元现款，远非当时能力所及。潘序伦先生左思右想，一筹莫展……最后（通过立信校友的关系）邀请几位工商业的巨子，请求他们协助。他们一致表示，立信殚精竭虑为他们培养人才，他们理应为立信解决这一困难。当由豫丰纱厂经理潘仰山倡议，号召各纱厂和银行认捐十万元，学校才能在限期内买下这批校产。"① 为了办好学校，先生一方面求朋告友，多方筹集社会资金，同时不吝钱财自费助学，献出了大量家产。他的友人曾这样说："立信会计师事务所委托人有政府机关、大企业，还有洋商，公费收入除开支外，盈余不小，'立信会计丛书'版税及立信会计图书用品社利润丰厚，潘老确曾靠立信事业而成名发家。但是，他在创办学校、资助亲属……出国留学深造及社会公益事业等方面也放手使用自己集聚起来的资财。委托他的老师中华职业教育社黄炎培经营'思源'助学金，筹措资金（包括自有的、立信所有的和社会捐款），建造重庆立信大楼、北碚立信专校、上海立信专校……立信高级会计职业学校的校舍楼房十幢，也是他捐出的。更令人钦佩的是，他把落实政策发还的资金捐充上海会计学会事业费及立信专校助学金基金。潘老以行动实践'取之于会计，用之于会计'的信念，这样的高风亮节对我们来说，真是高山仰止，心向往之。"②

  为了培养合格的会计人才，先生在办学中对学生严格要求，精心培养。先生回忆说："我凭自己求学的经验，治学素主严谨，重视教学质量，注意教学方法和效果……我也十分注重学生的品德教育和体格锻炼，每天早晨都要带领师生一起做早操，并经常对他们进行会计职业道德和纪律教育，以培养他们有一个好的学风和工作作风……有的学生在校时虽感到我管理他们太严，但到了工作岗位后，才体会到'严师出高徒'的好处。"③ 与此同时，先生又克服困难，为师生提供较好的工作学习条件。他回忆道，抗日战争胜利后，上海立信学校复校，"当时通货膨胀，物价猛涨，教职员工生活没有保障。为了使他们尽可能生活得好一点，我想尽了一切办法，如每学期开始就将本学期的教师薪水，从所收学费中一次发给；学生的伙食费也由学生会民主管理，预先购足一学期吃的粮食，这样，才保证了每学期上足20周课"④。

---

① 潘序伦.潘序伦回忆录[M].北京：中国财政经济出版社,1986：86.
② 潘序伦.潘序伦回忆录[M].北京：中国财政经济出版社,1986：68-69.
③ 潘序伦.潘序伦回忆录[M].北京：中国财政经济出版社,1986：33-35.
④ 潘序伦.潘序伦回忆录[M].北京：中国财政经济出版社,1986：33.

先生不仅为立信事业鞠躬尽瘁，还利用办学、办理会计师业务的机会和自己的社会地位，与当局的反动统治抗争。先生在政治上积极进步，积极参加爱国反帝、反对反动统治的活动；开展文艺活动，宣传抗日救国、民主自由；顶住威胁恐吓，冒险保护中共地下党员、进步青年和民主人士，以不凡的勇气和胆魄为中国的光明与进步奉献力量。

先生为了推进中国会计的进步，付出无数，实难一一列举。他以发展中国的会计事业为己任，毕生耕耘，真正做到了知行合一，笃行致远。先生这种百折不挠的精神，是其留给我们的又一份宝贵遗产，鞭策着我们在建设中国特色社会主义的征程上不忘初心，砥砺前行。

潘序伦先生和民国时期的会计教育

刘　峰①　屠雨泽②　杨子越③

2023年是我国著名会计学家潘序伦先生诞辰130周年。潘序伦先生毕生致力于会计理论的研究与普及,是发展我国会计事业和培养我国会计人才的先驱。潘序伦先生所主持编写、出版的会计类图书以及其所奠基的大学会计人才培养模式,匡助了我国在会计实务上对英美等国的追赶并成功建立起完整、丰富且富有国际水准的大学会计教育体系。正是凭着潘序伦先生等会计学前辈打下的学科基础,此后的会计大学生们才能在20世纪末会计事业中发挥中流砥柱的作用,使得20世纪80年代的中国会计理论、大学教育能够成功转换到市场经济的频道上,并最终为改革开放与经济腾飞输送了大批优秀会计人才。

应《会计与经济研究》编辑部陈春华博士邀请,撰写潘序伦先生对我国会计事业发展的贡献,我们原先对1949年之前我国会计、审计的发展印象模糊。在整理资料过程中我们发现,1949年之前我国的会计和审计发展资料极为丰富,也有很多值得关注的话题。下面我们从潘序伦先生1949年之前出版的会计图书与当时我国大学会计教育的角度,追摹潘序伦先生对我国现代会计教育的贡献。

一、中国大学会计教育体系的奠基者

潘序伦先生,1893年生于江苏宜兴,1919年进入上海圣约翰大学学习,1923年获

---

① 作者系厦门大学会计发展研究中心主任。
② 作者系厦门大学管理学院硕士研究生。
③ 作者系厦门大学管理学院硕士研究生。

得美国哈佛大学工商管理硕士学位;1924年获得哥伦比亚大学政治经济学博士学位,回国后任上海商科大学教务主任兼会计系主任①、暨南学校商学院院长,并提出改革暨南商科的《改进暨南学校商科大学旧制高中计划书》,提出增设预科、分设学系、增设学程等想法。其主要内容有:(1)增设预科,以提高南洋和国内旧制中学毕业生进入大学本科的素质。(2)分设学系,以资深造。针对海外华侨工商业发展的需要,他提出革新原来单一的普通商业专业,增设普通商业、银行理财、会计统计、国际贸易和工商管理等五个学系。(3)增设学程(课程)。他列出公共必修课、各系必修课以及选修课程表,其中公共必修课程109学分,各系必修课程各有20余学分②。

1949年之前,我国的大学所开设课程、采用的教材、任课教师,比如,娄尔行教授曾回忆他在大学期间的课程架构③,与潘序伦先生的计划书结构类似。考虑到潘序伦先生曾于1924—1927年担任上海商科大学会计系主任,而上海商科大学几经更替,于1932年更名为国立上海商学院,娄先生就读期间的课程体系,应该是潘序伦先生早年所绘下的蓝图。这也是当时国内大学会计学科课程的通用设置。

在潘序伦先生和他后来创立的立信事业的影响下,尽管20世纪30—40年代,我国经济欠发展,从早期的军阀混战到后来被日本侵略,大学不停地搬迁,但会计教育一直在延续。1927年是潘序伦先生担任暨南学校会计系主任的最后一年,南京国民政府任命郑洪年为暨南学校校长。郑到任后,立刻提出改组计划,其中就包括改商科为商学院,潘先生被任命为暨南学校商学院首任院长,并承担筹备建院的重任。

据不完全统计,截至1948年,设置会计系的综合性大学有20余所,其中包括复旦大学、南开大学、暨南大学、厦门大学等名校。在中央政治大学财政系,亦设有会计组,并有中国唯一的计政学院。在独立学院中设置会计系科的有21所,其中著名的有上海商学院、天津工商学院、广东省立法学院等。以上院校会计系的设置,都是以商学院作为培养会计专门人才的基地④。商学院的设置主要发展和成熟于美国。1900年,全美商业学校已多达400家,而同样作为资本主义起源的英国在第二次世界大战后才

---

① 因当时上海商科大学是东南大学与暨南学校联合创办,后暨南学校退出,上海商科大学改由东南大学独办,并改名为东南大学分设上海商科大学。

② 熊杰,夏泉.试论民国初期华侨商科教育的创办与发展——以暨南学校为中心的考察[J].教育史研究辑刊,2010(3):51-54.

③ 娄尔行.本世纪三十年代中期国立上海商学院的会计教学[J].上海会计,1991(1):32-34.

④ 郭道扬.中国会计史稿[M].北京:中国财政经济出版社,1988:619-620.

开始重视商学院。我们很难直接、武断地说明潘序伦先生推动和促成了中国近代商学院体系的建成，但可以肯定的是潘序伦先生在国内传播他在美国的所见所闻所思，对于近代中国大学选择学习以美式商学院作为培养会计人才基地的路径产生了深远影响。

可以说，由潘序伦先生提出的商科教育体系设想，基本上沿用了美国相对成熟的大学商科教育，尤其是会计学教育体系，为当时我国刚刚兴起的商科教育和会计学高等教育奠定了坚实的基础。

二、完善中国大学会计教材体系

大学教育的另外一个核心要素是教材。民国时期我国大学教育对教材没有严格限定。据相关资料记载，特别是一些回忆录资料，当时大学的教材主要与大学教师的背景有关。比如，当时上海商学院的教材大部分是英文原版，这与当时系主任安绍芸教授美国留学身份相关。我们翻阅《会计口述历史》，那些1949年以前大学毕业的老先生们都提到当时学校教学用的教材大都是英文原版教材[1][2]。

按照当时中国经济的发展情况，以及当时世界范围内的邮政、交通状况，当时会计专业的大学生们在学习专业课程时，无法像今天的大学生们那样人手一册，更何况还是英文原版教材。因此，市面、坊间可得的同类教材，成为这一时期大学生们学习会计的重要来源。潘序伦先生于1924年回国，在上海商科大学和暨南学校任教。他于20世纪20年代出版的英文版教材《公司财政》（Corporate Finance）、《簿记及会计学》（Bookkeeping and Accounting），已经成为当时大学商科的首选教材。1927年辞去大学教职后，潘序伦先生先后创办立信会计师事务所和立信会计学校。在立信会计学校创立后，他组织力量，先后出版多部教材，作为当时立信会计学校的培训教材。截至1936年，立信会计图书用品社编译的各类会计和审计书籍共有50余种[3]。这些教材事实上也成为那一代人学习会计的主要来源。

之后，在立信会计师事务所和立信会计学校的基础上，潘序伦先生又创立了立信会计图书用品社，会计学类图书出版进入新时期。我们无法获得当时国内大学采用

---

[1] 上海国家会计学院会计口述历史项目工作组.会计口述历史(第一辑)[M].上海：立信会计出版社,2019.
[2] 上海国家会计学院会计口述历史项目工作组.会计口述历史(第二辑)[M].上海：立信会计出版社,2020.
[3] 潘序伦.潘序伦回忆录[M].北京：中国财政经济出版社,1986：7.

潘序伦先生和立信系图书作为教材的具体清单,但是,各种资料表明,潘序伦先生和他打造的立信系先后出版的会计类图书,成为当时大学会计系主要的选用教材。1930年8月,商务印书馆出版《高级商业簿记教科书》(1933年列入当时的"大学丛书")。又如,厦门大学葛家澍教授在一篇纪念顾准的文章中曾经提到,他在大学读书时,教材就是顾准先生所编著的《银行会计》[①]。顾准先生是潘序伦先生亲手培养并留用在立信会计学校。顾准先生能够编著并出版《银行会计》,离不开潘序伦先生设立的立信系的支持。

根据《潘序伦回忆录》,潘序伦先生直接参与编写、翻译的教材和著作37部。表1和表2是潘序伦先生自美国学成归来后所出版的会计类图书,时间截至1949年。

表1 潘序伦先生著述(会计类)一览表

著作名称	出版时间	出版社
公司财政(英文版)	1925年	商务
簿记及会计学(英文版)	1926年	商务
高级商业簿记教科书	1930年8月	商务/立信
各业会计制度(第1—2集)	1934年8月	商务/立信
会计学(1—4册)	1935年1月	商务/立信
改良中式簿记之讨论	1935年5月	商务/立信
银行会计教科书(顾准著、潘序伦校)	1935年5月	商务
政府会计(与王澹如合编)	1935年5月	商务/立信
审计学教科书(与顾询合著)	1935年5月	商务/立信
审计学(上、下册)(与顾询合著)	1936年1月	商务/立信
会计学教科书(与王澹如合著)	1936年4月	商务/立信
股份有限公司会计(上、下册)	1936年8月	立信
中国政府会计制度(与顾准合著)	1939年6月	商务/立信
所得税原理及实务(与李文杰合著)	1941年3月	立信
中美贸易论	1924年	N/A
高级商业簿记教科书习题详解	N/A	商务/立信
高级商业簿记实习题附属文件	N/A	商务/立信
会计学(上、下册)	1935年5月	N/A
会计学习题解答	N/A	商务/立信
公司会计	1935年5月	N/A
会计学教科书习题解答(与王澹如合著)	N/A	商务/立信
劳氏成本会计习题解答	N/A	立信
劳氏成本会计习题应用簿册	N/A	立信
股份有限公司会计习题详解	N/A	立信

资料来源:《潘序伦回忆录》,中国财政经济出版社,1986年出版。

---

① 葛家澍.会计界的骄傲[J].上海立信会计学院学报,2010(6):3-4.

表 2 潘序伦先生译著（会计类）一览表

译著名称	出版时间	出版社
劳氏成本会计	1930 年	商务/立信
成本会计教科书	1934 年 9 月	商务/立信
会计名词汇译（中英对照）	1935 年	商务/立信
成本会计	1935 年 5 月	N/A
裴氏高等会计学——收益之决定	1949 年 8 月	立信
公司会计准则绪论	1949 年 8 月	立信
会计师查核决算表之原理与程序	1949 年 9 月	立信
裴氏高等会计学——合并决策表	1949 年 9 月	立信
裴氏高等会计学——决算表之分析及解释	1949 年 10 月	立信
裴氏高等会计学——存货之管理及计价（与萧克木合译）	1949 年 10 月	立信
裴氏高等会计学——决算表之编制（与张蕙生合译）	1949 年 11 月	立信
裴氏高等会计学——无形资产	1949 年 12 月	立信
成本与生产量及生产能量之关系及其计算方法	1949 年 12 月	N/A

资料来源：《潘序伦回忆录》，中国财政经济出版社，1986 年出版。

鉴于当时国内大学会计系教材奇缺的现实，潘序伦先生早年出版的很多图书就是为教学所用的。他所编著的多部图书，成为当时大学的教材，也就不足为奇了。北京师范大学"晚清民国教材全文库"收录了1949年之前我国大学教育所采用的教材情况。如表3所示，我们按照"会计"这一关键词进行检索，并选择高校教材栏目，删除与会计无关的教材，共得到15本会计类教材，潘序伦先生参与或编译共6本，几乎占入库教材的"半壁江山"。这个数据库的收录或许存在遗漏等可能，代表性或有不足，但足以表明，没有潘序伦先生的贡献，这一时期我国大学会计教材的建设，可能就是另一番景象了。

当时在大学学习的年轻会计学子或采用潘序伦先生和他创建的立信系所编撰的教材，或在大学图书馆里查阅潘序伦先生和立信系所编撰、出版的系列图书，作为他们的教材或补充读物。他们在1949年之前所学习到的这些知识，成为他们在20世纪70年代末主导我国会计发展的基础。

表3 晚清民国教材全文库会计篇一览表

书名	作者	出版社	出版时间
高级商业簿记教科书	潘序伦编著；顾询、吴君宝，葛益栋，韩曼涛，顾准助编	商务印书馆	1932
会计及审计	杨汝梅	新国民图书社	1932
中国政府会计论	雍家源	商务印书馆	1933
莫氏官厅会计学	[美]莫瑞编著；封瑞云译	封瑞云	1933
会计学	潘序伦	商务印书馆	1934—1935
中国铁路会计学	叶崇勋	商务印书馆	1935
成本会计	W. B. LAWRENCE编著；潘序伦译述	商务印书馆	1935
会计问题	施仁夫，唐文瑞编	商务印书馆	1936
会计学（第二册）	潘序伦	商务印书馆	1938
高级商业簿记教科书	潘序伦	立信会计图书用品社	1939
会计学	杨佑之	兴华印刷所	1943
会计学原理：中级	卢怀道，季振宇，钱辉隆译	龙门联合书局	1948
中国政府会计制度	潘序伦，顾准编著	立信会计图书用品社	1944
普通会计学	石毓符	正中书局	1945
大学用书银行成本会计	谢廷信	中华书局	1946

资料来源：北京师范大学"晚清民国教材全文库"。

1949年之前，因为战争、经济发展等因素，我国总体上图书出版并不发达。与今天相比，当时出版的图书种类不多、数量有限。我们分别对国家图书馆、中国台湾省图书馆、中国台湾大学图书馆1949年之前的会计藏书进行检索，表4是各种图书及其占比一览表。

表4 三家图书馆收藏的1949年之前会计类图书一览表

图书馆	1949年前立信出版书籍数量（非潘序伦先生出版）	1949年前潘序伦先生书籍数量	1949年前馆藏会计书籍总量	占比
中国台湾省图书馆	8	12	113	17.70%
中国台湾大学图书馆	19	20	121	32.23%
中国国家图书馆	6	7	66	19.70%

通过表4的数据，我们不难看出，1949年之前我国的图书出版总体状况与当时的社会政治不稳定、经济欠发达的局面一致。我们依据公开资料检索表明，1949年之前

我国总体出版的会计类图书数量并不多，基本上每个图书馆的馆藏均不超过 200 册。以中国台湾大学图书馆为例，潘序伦先生署名的书籍有 20 本，占全部会计类图书总量的 16.53%；整个立信系著述的图书和潘先生的著作共有 39 本，占全部会计类图书总量的 32.23%。可以说，那一年代学习会计的人都受惠于潘序伦先生和他所出版的会计图书。

三、新中国改革开放与会计改革的基石

众所周知，1949 年之后，我国逐步建立了以中央计划为主的经济运行制度，市场经济体制逐步退出我国的经济生活。之后，因为建立"自己的记账方法[①]"，我们不仅放弃了会计准则、资产负债表等西方会计制度，甚至连借贷记账法都逐步退出中国大学会计教育的课本，转而讲解增减记账法、收付记账法等。

1966 年，大学停止招生，直到 1971 年恢复工农兵学员上大学体制，全国开设会计专业的院校极少，同时，当时的大学教材也都以增减记账法和收付记账法为主。1978 年党的十一届三中全会之后，我国全面进入经济建设阶段，社会急缺会计人才[②]，而对外开放、引入外资，需要采用以借贷记账法为主的国际主流会计方法。经过 30 年的"冷冻"期，不仅实务中缺少合格的专业人才，相关制度建设、教材编写、大学课程开设均面临巨大挑战。

我们将视线投到 1978—1979 年，一方面，我国当时"百废待兴"，会计工作需要恢复正常；此外，改革开放、引入外资，需要建立一套与国际接轨的会计制度、会计准则、审计体系、会计师事务所等。尽管包括早期的国际"八大"会计师事务所曾经提供过一定的技术援助，但是，在 1979 年 7 月 1 日通过《中华人民共和国中外合资经营企业法》后，1979 年 11 月，财政部会计司就起草了《关于中外合资工业企业财务会计问题的若干规定》，采用基于借贷记账法、资产负债表（而非三段平衡式的资金平衡

[①] 1949 年新中国成立后，一批学者提出建立有别于借贷记账法的复式记账方法。早在 1950 年 1 月，民国"七君子"之一的章乃器先生发表《应用自己的簿记原理记账》一文，呼吁适用中国传统的记账方法。之后，陆续出现增减记账法、收付记账法等。这一过程详见成圣树，郭亚雄. 回眸 20 世纪中国会计论坛的记账方法之争[J]. 上海会计，2001(12)：3-6.

[②] 1977 年恢复高考，全国大学招收会计本科专业的学校数量极其有限。在 1977 年恢复高考的第一届招生中，只有厦门大学招收会计专业本科生。而以当前 39 所 985 高校为例，绝大部分都开设专门的会计系/专业，只有西北农林科技大学、电子科技大学等少数高校没有设立。

表)、权责发生制甚至稳健性等思想,这些理念与当时国际主流的会计思想是一致的,这对我国当时的改革开放、引入外资,起到非常重要甚至是不可替代的作用。然后,一系列会计制度陆续发布,实务中全面恢复采用借贷记账法。从20世纪80年代起,我国大学陆续恢复会计学教育,且在最短的时期内恢复了以国际主流的会计理论和方法的教育,为当时我国经济发展和改革开放输送了大量优秀会计人才;之后,更是在1992年推出"企业会计准则",使我国的会计汇入国际主流轨道,为我国持续40余年的经济高速增长,提供了良好的制度基础保障。

为什么我国在封闭近30年、大学教科书中已将增减记账法和收付记账法取代借贷记账法、实务中长期人为与国际主流的观念和方法割裂之后,能够在最短的时间里恢复到国际主流的会计教育和会计实践轨道上?一个可能的解释就是:20世纪70年代末至80年代初,主导我国会计制度建设、大学会计教育体系重建的,主要是1949年之前接受大学教育的前辈学者,他们都有学习国际主流会计理论与方法的经历,熟悉以借贷记账法为核心的会计理论与方法,如时任会计司司长杨纪琬教授,上海财经大学娄尔行教授,厦门大学葛家澍教授、余绪缨教授,中南财经政法大学杨时展教授,天津财经大学李宝震教授,以及中国人民大学阎达五教授、阎金锷教授等①。其中,除娄尔行教授1937年上海商学院毕业后曾赴美国密西根大学学习、取得硕士学位,其余教授都是国内高校会计系毕业。除了阎达五教授和阎金锷教授年龄相对轻、毕业于1950年前后,其余各位教授都是在1945年之前接受国内大学会计学专业教育。包括上述8位教授在内的一大批1949年之前毕业、仍然在担任教学工作的老教师,很快就在各大院校恢复设立会计专业,并逐步建立了面向市场经济、与国际主流的会计理论和方法体系接轨的教育体系,培养了大批合格的会计专业人才,为满足我国经济发展尤其是快速融入国际经济大家庭对会计专业人才的需求提供了保障。

通过上述数据,我们可以推测,尽管1949年之前我国在相当长时期里军阀割据、混战、外敌入侵,经济发展缺少一个稳定的外部环境,但是,潘序伦先生所倡导、确立的大学商科教育体系被广泛认可,潘序伦先生和他所主持出版、发行的会计类图书,使1949年之前我国的大学会计教育变得完整、丰富且具有国际水准。正是这一批会计

---

① 实际上,参与这一过程的人数众多,我们无法一一列举,只以当时国务院学科评议组通过的最早的八位博士生导师为例来介绍。

图书的出版、发行，让当时的大学生们熟练掌握了当时国际社会主流的会计理论和方法。此后，即便经过20余年受苏联的影响，但在20世纪70年代末，由于国家经济建设的需要，当年学习潘序伦先生教材而成长起来的一代学者们仍然能够熟练地运用他们当年学到的知识，在最短的时间内重新建立了适应市场经济的会计制度、会计理论以及相对完整的大学会计教育体系，为20世纪70年代末我国的经济腾飞，奠定了坚实的基础。

在经过数十年社会主义市场建设的实践后，我国的会计准则和制度建设、会计理论研究、大学会计教育体系等，在与国际主流理论保持同频共振发展的同时，逐步形成自己的特色。会计理论是继承性的[①]，会计的发展同样是延续的。今天我们会计发展取得的成就，是建立在前辈学者的肩膀之上的。在这长长的会计前辈名单中，潘序伦先生一定是其中最为耀眼的一位。

潘序伦先生，谢谢您！是您让20世纪40年代中国的大学教育直追英美，让20世纪40年代中国的会计实务直追英美，也让20世纪80年代初中国的会计理论和实务无缝对接、转换到市场经济的频道上来！

(本文转自《会计与经济研究》2023年第5期，个别内容有修改。)

---

① 葛家澍.论会计理论的继承性[J].《厦门大学学报(哲学社会科学版)》,1981(3):76-86.

深切缅怀潘序伦老校长　再创立信会计事业新辉煌

邵瑞庆[①]　陈春华[②]

光阴似箭，岁月如梭。

今日的中国会计已融入世界，独具特色。在会计发展的长河中，我们拥有悠久而灿烂的会计文化，拥有属于我们自己的会计大师。潘序伦老校长是中国现代会计发展的先驱，是中国会计史上光辉夺目的会计大师，被誉为"中国现代会计之父"。潘序伦老校长是新式簿记的创始者，是现代会计理论研究的引领者，是会计人才培养的播种者，是会计"产学研"一体化的拓荒者，是会计诚信文化的传播者和践行者，开创了载入中国会计史册的立信会计事业。

潘序伦老校长的一生见证了中国会计近百年来的发展轨迹。在纪念潘序伦老校长诞辰130周年、立信建校95周年之际，我们一同重温老校长为当代中国会计事业奋斗的历史，弘扬老校长崇高的大师品德，坚守老校长倡导的诚信会计理念，总结老校长开创"三位一体"立信会计事业发展模式的经验。

一、潘序伦老校长的会计征程

潘序伦（1893—1985）出生于山清水秀的江苏宜兴，潘家世代书香。年幼的潘序伦酷爱读书，聪慧过人。潘序伦老校长传奇的一生，从私塾教育始，跌宕起伏，历经艰难，最终成功开创立信会计事业。

---

① 作者系原上海立信会计学院副院长。
② 作者系上海立信会计金融学院学术期刊中心主任。

1. 锲而不舍的求学经历

现在被我们尊称为"会计泰斗"的潘序伦老校长，竟然是而立之年才开始涉足会计之人，实在是令人叹为惊奇。老校长读过八股私塾、上过新式学堂，曾是近代第一批无线电专业毕业生的他，做过翻译员，任过中学教员。老校长一步一步的求学之路敦实而精彩，人生阅历随之而丰富。然而，即使是如此坦荡的人生道路，老校长却并不满足，仍然孜孜不倦，锲而不舍，胸怀更为远大的抱负。1919年，因友人大力推荐，他以大学预科生破格进入圣约翰大学，两年后以全班第一名的成绩毕业。而后他远赴美国留学，在哈佛大学商学院选读了商科中的会计，"决定把会计作为终身的职业"。他用短短三年的时间，在1923年和1924年相继取得哈佛大学工商管理硕士学位（MBA）和哥伦比亚大学政治经济学博士学位。

2. 开拓立信会计事业

时代呼唤英雄，英雄造就时代。20世纪20年代的中国上海，民族工商业发展迅速，经济的发展增加了对会计、审计的需求，传统的中式簿记已不能适应经营管理的需要，"企业会计需才孔急"，时任暨南大学商学院院长的潘序伦老校长深深感受到，仅凭自己讲台上的授学无法改变新式簿记推行缓慢的现状。1927年，老校长辞去教职，创办"潘序伦会计师事务所"，开始做会计师；翌年，取《论语》中"民无信不立"之意，将事务所更名为"立信会计师事务所"。执业的艰难让老校长"深感中国会计人才之匮乏和推广新式会计之紧迫"，于是他在早期开办簿记训练班的基础上，于1928年正式创建立信会计补习学校。此后，老校长相继开设晨校、星期日校、速成班、函授学校及补习学校等，由此点燃了立信会计教育的星星之火。

为满足经济发展对会计、审计的需要，老校长先后在北京、广州、南京、杭州、天津等大中城市开设事务所分所、会计学校分校。为传播西方复式簿记理论与方法，总结执业经验，推动新式会计，老校长在创办事务所与学校的同时，组织编译"立信会计丛书"，出版各类会计、审计著作，创办《立信会计季刊》《立信会计月报》等杂志。1941年老校长创立立信会计图书用品社。至此，以"立信"为旗帜的会计师事务所、会计学校和会计图书用品社"三位一体"的会计事业正式形成。

3. 重振立信会计事业

老骥伏枥，志在千里。"文化大革命"结束后，万象更新，百业待兴。此时的老校长已年过八旬，但他仍然心系新中国的会计事业。1979年，在老校长的大力倡议与资助下,中国第一个会计学会——上海市会计学会成立。面对经济复苏与财会队伍青黄不接的矛盾,老校长会同社会知名人士积极奔走呼吁,倡议复办立信会计专科学校,他为国兴办会计教育的拳拳之心,终得社会各界与政府的首肯。1980年,立信会计专科学校复校;1981年,立信会计编译社恢复营业,加之上海会计师事务所的成立①,老校长为之终身奋斗的"三位一体"的立信会计事业,以崭新的姿态续写新篇。

二、潘序伦老校长的大师品格

老校长的一生是为中国会计事业辛勤耕耘的一生,是为立信会计事业努力拼搏的一生。传奇的人生经历铸就了他高尚、质朴的大师品格。

1. 终身学习,诲人不倦

老校长始终保持着早年求学时的勤奋读书、刻苦钻研学问的精神。新中国成立后,为了更快地适应经济体制的转变,老校长著书立说,研习苏联会计;每当新政策、新法规出台,他积极响应,认真学习,身体力行。晚年的他更是求知若渴。为了适应会计电算化的发展,年逾九旬的老校长仍研习电子计算机。渴求新知识已成为老校长与生俱来的秉性,在六十多年的职业生涯中,这种终身学习的品格矢志不移。

贯穿老校长会计事业一生的还有他对学生的谆谆教诲,他无时不忘教导青年学子如何求学立业,如何克服困难。在老校长的鼓励与资助下,顾准等一大批有为青年走上了会计之路,成为会计名家。老校长还撰文《为"自习会计"敬告职业界失学青年》《敬告国内有志于会计职业之青年》等,鼓励会计学子们奋发向上,开创自己的一番会计事业。晚年的老校长更是勇于解剖自己,在《求学经过的自述》中总结教训,以告诫当代中国的青年学子,"求学最忌毫无计划""求业必须有相当的专门技能""求学求业,必先立志""求学总要能耐苦耐劳",字字肺腑,句句衷肠。

2. 审时思辨,实业救国

会计离不开赖以生存的经济环境。老校长在特定的时代背景中,把握了复杂的经济形势,从事务所、学校到图书用品社,他审时度势,慎思笃行,开创了世人瞩目的

---

① 上海会计师事务所成立于1981年1月,潘序伦任董事长。1986年3月,立信会计师事务所恢复,与上海会计师事务所合并办公。1987年年底,立信会计师事务所迁入立信会计专科学校中山西路新校舍,两家会计师事务所开始分开办公,各自独立经营。

立信会计事业。

在民族资本发展时期,老校长创办"三位一体"的立信会计事业以适应经济发展;在抗战时期,老校长来到重庆开拓立信会计事业,支持抗战后方工商业的发展,为抗日战争的胜利贡献力量。新中国成立后,老校长响应号召,改私立立信会计学校为公办;"文化大革命"结束后,国家把工作的重心转移到经济建设上来,老校长第一个提出复校并复办会计师事务所与会计图书用品社。

已是业界名人的老校长不唯国民政府的高官厚禄所惑,不唯日寇与国民政府的威胁与压迫所屈,多次拒绝担任国民政府有关部门的要职,一心从事立信会计事业,以教育兴国,以实业救国。

正是老校长创业的果敢与睿智,立业的伟大与坚定,成就了今天的立信会计事业。

3. 锲而不舍,自强不息

"一个人要想做成一点有益于人民的事业,的确是不容易的,犹如在大海中航行的船舶,其中只有很少数会偶然遇到一片平洋,得以顺风而行,到达目的地。"在遍地荆棘、举步维艰的半殖民地半封建社会的条件下,老校长创建立信会计事业,离不开他锲而不舍、自强不息、执着无悔的奋斗精神。

在最困难的抗战时期,面对日寇的轰炸、军阀的恐吓、资本家的刁难,老校长忍辱负重,四处奔波。改革开放后的经济建设时期,看到国家经济建设会计人才的匮乏,老校长积极奔走呼吁,号召广大校友为立信复校。从筹措资金、选址建校,直至校舍落成,本应安享晚年生活的他仍抱着病弱的身躯,设计与筹划立信复校的每一个细节。

对自己选择奉献一生的会计事业,老校长无怨无悔,"我教的是会计的书,写的是会计的文,做的是会计的事,任的是会计的职,总算始终在一条路上进行,对于原定的计划,未曾改变"。

老校长用自己毕生的心血哺育立信会计事业,面对困难,毫不退缩、永不言败。他的精神,值得当代会计学人终身学习。

4. 严谨敬业,立身守信

老校长作为立信事业创始人,更为可贵的是,日常忙于公务的他,恰是一个不折不扣的爱岗敬业的典范。

两件史事令我们对老校长会计业务的严谨守信倍加崇敬。

九一八事变后,民众纷纷募捐支援东北抗日。媒体指责相关单位徇私舞弊侵吞捐款行为。此时的老校长挺身而出，主动承担了 13 个经募单位的账目稽核。事务所将全部收支账目，出具证明，公诸社会，指责和谣言才因之平息。

老校长在担任中国银行发行准备基金会的检查员期间，发现金银准备不足，而以其他银行的本票来抵补，不符合规定，中国银行特派人跟踪到上海，以"破坏抗战"大帽子相压。老校长终不为谋私利而失信于民，坚决辞去中国银行发行准备基金会检查员一职。

老校长会计执业过程中表现的大公无私、谨慎诚信的操守，令今天处在和平年代从事会计业务的同仁们为之动容。

5. 勤俭自律，乐施好助

老校长一生勤俭节约。无论是在立信工作，还是在国民政府任职，即使退休后，他应该享有一份令人羡慕的薪水，老校长却从不奢华，不为物质财富所缚，依旧粗茶淡饭，黜奢崇俭。

老校长的乐施好助闻名遐迩。当年他帮助生活拮据的顾准先生在立信会计学校任教并鼓励其从事学术研究，已成为会计史上令人称道的佳话。他曾慷慨解囊，捐资 4 万元以作上海市会计学会的发展基金；筹资捐赠 10 万元，设立"潘序伦奖学金"，以资激励立信会计学生勤奋读书。

一位会计界的前辈，一生保持朴素作风，淡泊名利，品格高尚；而对于有志青年，则关爱备至，倾其所有，以助成才。令我们更为钦佩的是他那颗感恩的心。晚年的老校长时常发出感叹，"深知党和人民给予我的远远超过了我的付出，甚为惭愧"。他甚至要求降低工资，少拿津贴，老校长的举动令人肃然起敬。

三、潘序伦老校长的学术贡献

自 1985 年老校长离开我们已经三十八载。老校长开创的立信会计事业培育了一代又一代会计人，助力中国会计砥砺前行。在中国会计发展的历史长河中，他是当代中国会计的立者与勇者、智者与仁者，他开创的立信会计事业，极大地促进了中国会计的现代化进程。

老校长高尚的品格、朴素的作风、大爱的情怀、无私的奉献，足以成为令人敬仰的大师。老校长在会计学术上的造诣，不负"中国现代会计之父"的美誉。"知能兼备,德业双馨"是老校长会计一生的真实写照。

1. 复式记账法的推介

论及老校长的学术成就,无不将之与复式记账法相联。20世纪二三十年代,当人们还未能适应时代变迁之时,老校长带着西方的会计理念,独具慧眼,大胆引进西方复式记账法。在当时半封建思想占据主流的社会,老校长的观念在会计界掀起轩然大波。他不仅要承受来自保守派的无理责难,还经常遭遇改良派的学术围攻。老校长毫无畏惧,勇敢地奋战在学术争鸣的前沿,与保守派、改良派论战,以精湛的学术理论、严谨的学术品格,赢得了尊重,最终在论战中获得认同。

老校长并不满足于思想论战的成功。他在会计学校广为传授新式会计的理论与方法,通过编译和推广西方会计名著,使新式会计理论与方法很快在上海乃至全国普及。

复式记账法的引入、传播与推行,标志着中国现代会计的开始,加速了中国封建会计向现代文明会计的转变,是老校长对中国现代会计最为突出的贡献之一。

2. 会计本质论演化

经济越发展,会计越重要。在《会计学发达史》一文的序言中,老校长指出,"经济形象愈形复杂,会计学遂亦辉煌焕发,蔚为大观"。他认为,会计是随着社会经济的发展而进步的,会计服务于经济。

对会计本质的理解,老校长经历了技术观、工具论、信息系统观的逐渐深化过程。早年老校长将会计视为审核观察及应用的技术,后提出会计是管制一桩事业活动的工具。晚年的老校长又将会计的本质升华为"一种旨在传达一个企业的重要财务和其他经济信息,以便其使用者据以做出明智的判断和决策的经济信息系统"。他认为,会计是一种科学。它通过一定的程序和方法,将企业的大量经济数据转化为有用的经济信息——会计信息,以代管理当局作为制定决策的依据。

老校长还十分重视会计的管理职能,他呼吁研究我国自己的管理会计,强调会计人员是经营管理的"参谋长"。

老校长既认识到会计作为信息传递的功能,又强调会计的管理活动性质,他对会计本质的认识和学术思想,加深了人们对会计的理解,夯实了我国会计的理论基础。

3. 人才会计

国有贤良之士众,则国家之治厚;贤良之士寡,则国家之治薄。会计人才是决定会计行业兴衰成败的关键。

立信会计事业的辉煌同样离不开会计人才的加盟。自创建立信伊始，老校长便以人才为第一要略，广纳贤才，悉心培养。他提出，会计人员的职能和任务，无论在理论上、法规上和实践中，是早已肯定了的。但是从现状来看，还远未起到应有的作用。因此，会计人员应认清与适应经济形势，努力提高业务水平和工作能力，发挥好反映监督职能，总结经验与学习引进相结合，提高职业道德素质。

对于人才的培养，老校长建议运用会计的手段促进人才的培养和使用，在人才的培养中，考虑成本与收益。老校长以他特有的会计头脑，高瞻远瞩地提出了人才会计的问题，开创了中国人力资源会计研究的先河。

4. 会计诚信思想

中国会计需要大师，大师造就中国会计精神。老校长毕生倡导、追求与实践的诚实守信是中国会计精神之灵魂，是中国会计史上最为宝贵的思想。

老校长以"民无信不立"取名立信，指出信即诚实不欺，言行如一，是会计人立身立业的心备要件；会计人员必先养成其会计的人格，所谓会计的人格，即可以信之一字概括之；会计师作为职业，若丧失信用，则此项职业，即失去根本存在的理由，违背国家社会的期望；诚信二字，是会计师职业成败的关键。

1937年，老校长提出"信以立志，信以守身，信以处事，信以待人，毋忘'立信'，当必有成"的二十四字校训，并使之成为指导立信会计事业的"立信"准则。老校长认为，诚信是会计的人格与魅力，没有诚信就没有会计，诚信是会计事业的生命线。老校长的会计思想并没有囿于诚信方面，而是在此基础上将会计职业道德归纳为四条，即公正、诚信、廉洁、勤奋，随后又将之升华为"公、信、廉、密、勤、敏"六字。

在诚信缺失的动荡年代，老校长独树一帜，倡导会计诚信，宣扬会计职业道德，其精辟的论述、思想的精髓成为当代会计诚信思想的渊源，是近代中国会计思想中最值得继承的精华部分之一，最终成为老校长会计思想、教育思想最为经典的篇章。

四、潘序伦老校长与会计事业

老校长的职业操守之诚、学术造诣之深，启发我们在传承中探索；其留下的独具特色的"三位一体"立信会计事业发展模式，需要我们在实践中创新。

1. "三位一体"会计事业发展模式

从创建会计师事务所,开办会计学校,到成立会计图书用品社,老校长在会计实践中大胆创新,用"超乎寻常"的思路构建了立信模式的会计事业王国。立信会计学校培养会计人才,既注重会计业务能力,又注重会计职业道德;立信会计师事务所吸纳会计人才,积累执业经验,为会计教育提供现实素材,丰富会计人才培养的内容;立信会计图书用品社为人才培养与会计实践提供知识资源保障。人才培养与会计实践为会计图书用品社提供智力支持和图书选题来源。事务所、学校、会计图书用品社三者互为补充,互为支撑,相得益彰。

立信会计事业的发展壮大归功于老校长独创的"三位一体"会计事业发展模式,这是具有中国特色,彰显中国会计大师智慧,令中国会计人为之骄傲、独立于世界会计之林的会计事业发展模式。

2. 会计教育

王安石在《度支副使厅壁题名记》中有一段很精彩的话:"夫合天下之众者财,理天下之财者法,守天下之法者吏也。吏不良,则有法而莫守;法不善,则有财而莫理。"老校长认为,理财必先有会计制度,会计制度必须由公正无私、忠于职守的专业人才执行。

在师德师资建设方面,老校长不惜重金聘请名家,如黄炎培、马寅初、黎照寰、梁漱溟、马叙伦、章乃器、顾准、黄逸峰等来讲学授课,提倡专任教师与兼任教师相结合的体制。教员大都是事务所职员,他们把诚信作风带到课堂上,学生耳濡目染,受益匪浅。"学校因师资力量雄厚、学生质量高而蜚声中外。"

在教学管理方面,老校长亲自主持学校工作,严格制度规范。每逢招生考试,老校长亲自到场主持。他要求课程设置既要考虑提高学生的理论水平,又要强调理论结合实际,提倡"学验并重"。教材编写应从实际出发,自编自教,切合实用。学校还经常开展会计职业道德和纪律教育,以培养师生养成良好的教风和学风。

老校长鼓励学生组建同学会,下设学习讲座、学习研究组、评剧团和歌咏队等组织。学校每月聘请学者、专家作专题演讲,"每次假座民众电影院,座无虚席"。学校经常举办簿记、珠算、会计等知识竞赛,活跃学生学术气氛。

老校长不愧是杰出的会计教育专家。他说,要发展我国的会计事业,第一,要办好学校,以培养合格的会计人才。第二,要办好会计学校,必须有一支一流的教师队伍，如尽量聘请专家、名流、教授任课。第三，要办好学校，必须要有一套系统完整的好教材。这些教材在教学过程中，必须及时修改更新，以适应教学的需要。第四，在教学中，除抓好会计业务的教学，还要抓好品德教育，尤其要教育学生说老实话，办老实事，做老实人。因为会计本身是容不得半点虚假的。第五，一定要从严要求，加强对学生基本理论的探讨和基本功的训练，使学生牢固掌握会计技能，达到学以致用的目的。第六，办会计教育的方式要多样化。

老校长从事会计教育的成功经验，既是一幅中国会计教育史的壮丽画卷，又是一面当前会计教育改革与发展可资借鉴的明镜。

五、追忆潘序伦老校长思想的时代意义

进入21世纪，全球会计正面临前所未有的诚信危机，安然、世通以及安达信等一系列会计舞弊丑闻的爆发与一批行业巨头的倒塌，不能不让我们重新反思会计的价值文化，探索与思考中国会计精神。中国会计精神应当是诚实守信的品格、客观公正的意识、开放广阔的胸襟和进取创新的追求。诚实守信是会计行业之魂。老校长倡导并实践的会计事业告诉我们，中国的会计行业历来具有诚信的传统，从来就不缺乏诚信思想与楷模。毋庸置疑，老校长会计诚信思想的继承与发扬，是从源头上化解当前会计诚信危机、提高会计职业素质的行之有效的方法，因为它是一种历史的鞭策、一种传统的秉承、一种榜样的力量、一种思想的洗礼。"信以立志，信以守身，信以处事，信以待人，毋忘'立信'，当必有成"应当成为中国会计人的精神，应深深根植于会计人心中，成为会计人的座右铭。

"国以才立，政以才治，业以才兴。"会计事业的关键在于人才的培养。知识经济与大智移云物区等新技术的迅速发展冲击着传统会计人才的知识结构，对会计人才的创新能力、职业道德涵养、现代化技能都提出了新的要求。老校长"三位一体"的会计事业发展模式为我们提供成功的范例。他"面向社会的教育观""服务经济的职业观""不断发展的革新观""追求卓越的效益观"以及"以信为本的道德观"的会计教育思想也为我们提供了人才培养的思路。

当今世界是开放的世界，经济全球化呼唤国际化会计人才。在培养高素质、复合型、国际化的高端会计人才中，我们应从"成本—效益"的会计角度，考虑会计人才

培养的成本,注重人才培养的实效。

六、结语

路漫漫其修远兮,吾辈须上下而求索。

在潘序伦老校长诞辰130周年暨立信建校95周年之际,我们仰望和缅怀老校长博大精深的思想、高尚质朴的品格、光辉灿烂的事业,在老校长思想的引领下,在老校长品格的熏陶下,应继承和发扬老校长的精神,培养适应经济高质量发展的会计人才,提升中国会计在世界会计舞台的影响力和话语权,创造出无愧于时代、无愧于先人的业绩。

(本文转自《财务与会计》2009年第2期,个别内容有修改。)

永远的丰碑
——深切缅怀潘序伦先生

李延绍[①]

潘序伦先生（1893—1985），江苏宜兴人，杰出的会计学家、著名教育家和出版家，"中国现代会计之父"。潘序伦先生是发展我国会计事业和培养我国会计人才的先驱，创建了事务所、学校、出版社"三位一体"的立信会计事业。潘序伦先生将现代会计的复式簿记法及其理论引入中国，奠定了中国现代会计学的发展道路。潘序伦先生主张"没有信用，也就没有会计"，他告诫学生"夫学识经验及才能，在会计师固无一项可缺，然根本上终究不若道德之重要"。

国家税务总局局长王军曾撰文指出，研究中国现代会计史，有一个名字要永远铭记。他就是被誉为"中国现代会计之父"的潘序伦先生！是他，以仁者的担当、勇者的无畏和智者的拓展，为现代会计发展奠定了坚实的基础，让人们最早感受到了现代会计的魅力。先生是新式簿记的创始者，先生是会计理论研究的引领者，先生是培育会计人才的播种者，先生是现代会计"产学研"一体化的拓荒者，先生是会计诚信文化的首倡者。

在先生诞辰 130 周年之际，立信人怀着万分敬仰之情开展系列纪念活动，缅怀大师风范，赓续大师精神，汲取奋进力量，谱写时代华章。

一、缅怀大师风范，我们要弘扬先生"为国竭智、殚精毕力"的爱国信念

受"实业救国""教育救国"思潮的影响，1924 年，先生从哥伦比亚大学获得博士

[①] 作者系上海潘序伦教育发展基金会理事长。

学位后回到祖国，积极投身会计实业和教育事业。从创办"立信会计师事务所"到兴建"立信会计补习学校"，先生皆以"培养人才，发展实业，振兴中华"为根本目的。先生认为，彼时的高等教育存在师资匮乏、科目混授，多校兼职、教材不精等诸多问题。于是先生以教育会计人才供国家社会应用为己任，创办会计学校，培养会计人才，改革旧式会计，推广新式会计，服务社会主义经济建设。

先生认为，"设立学校的宗旨第一要单纯为培养人才，不可夹杂其他的目的。现在国内的商业学校，其设立人的宗旨是否多是如此，很难断定。但照我所亲知的几校看来，十校里有五六校是单纯为着牟利而设的"[①]。他所创立的会计补习学校，涵盖不同的授课时段，面向不同的社会群体，形成多样的办学模式，编译不同的版本教材，扩展不同的授课地区；他以各种形式的会计教育为社会培养大批专业人才，直接服务社会经济发展，同时也为诸多失学失业青年带来机遇，满足了劳动者对于职业知识的现实需求。抗战时期，他积极参与并支持保护立信师生参加抗日救亡活动和民主运动，节衣缩食、提倡节俭，创作诗赋、正义发声，参与募捐、义务审计，有效地促进战时经济的发展。

先生曾言，"我们有生之年，都是为国竭智尽忠之年"[②]，这是他的夙愿，也是对立信学子的殷切期盼。中国知识分子素有"位卑未敢忘忧国"的传统，追求"为天地立心，为生民立命，为往圣继绝学，为万世开太平"的理想。今天，立信人当牢记先生嘱托，将个人理想融入国家和民族事业中，勇做走在时代前列的奋进者和开拓者，真正成为秉承家国情怀、可担民族复兴大任、不负时代重托的爱国者和建设者。

二、缅怀大师风范，我们要弘扬先生"成之惟艰，奋力前驱"的拼搏精神

先生60年会计教育生涯可谓波折多舛，而他不馁不弃，锲而不舍，一生为会计事业操劳奔波。起初，先生企望通过会计教育解决社会生计问题，满足社会工商业迅猛发展的需求。然而，抗日战争全面爆发后，立信会计专科学校受时局影响，几度中断教育工作，但先生与诸校董为招生与教学积极奔走，在极其恶劣的环境下仍设法开学。

---

① 潘序伦.近来中国之高等商业教育[J].教育与人生,1924(2).
② 金家富,罗银胜.潘序伦教育思想和办学实践研究[M].上海：立信会计出版社,1998：116.

1942年，立信会计专科学校内迁至重庆，在石阶和防空洞间周旋，在日寇的炮火和围追中坚守，直至1945年抗日战争胜利后返回上海。据统计，1940—1945年，在最为动荡艰苦的时期，立信会计专科学校仍招收四期学生并顺利毕业。

在"反右"和"文化大革命"期间，先生受到了不小的冲击，但这并未减弱他对立信会计教育事业的热情，"不稍灰心丧志，看书会客，怡然自得"①。后来先生积极倡导复校，在耄耋之年仍将所有精力投入立信会计教育事业，终生为社会主义"四化"建设服务。

艰难困苦，玉汝于成。立信人要牢记今日之立信是先生以数十年艰苦卓绝的努力、永不言弃的坚定拼搏出来的，是靠坚韧不拔的毅力和辛勤的汗水奋斗出来的。传承与弘扬先生自强不息、艰苦奋斗的创业精神，我们使命在肩，要增强忧患意识、慎终追远，始终保持艰苦奋斗的作风，将"为有牺牲多壮志，敢教日月换新天"的奋斗精神转化为自觉行动，脚踏实地、奋发进取。

三、缅怀大师风范，我们要弘扬先生"忧国奉公、无私奉献"的赤诚丹心

有人言"立信会计者，潘序伦也"，先生却说"立信是我的儿子"。他一生励精图治，为立信会计事业鞠躬尽瘁，物质竭尽所能，全身心投入，废寝忘食，艰苦朴素，"历来提倡节约、讲究精打细算、勤俭办学，学校经费每期都有结余"②，从不奢靡享受，与师生同吃同住，将个人积蓄和全部精力用于立信会计事业中。在最艰难办学的时期，他将自己在长乐路的一套高级住宅腾出来，作为校舍；又用3万美元私人存款建造体育馆；后将全部积蓄拿出，并积极动员社会各界人士募捐，兴建徐虹路柿子湾校舍。

1980年，立信会计专科学校复校，先生将个人2 000余册图书全部捐赠给学校，将事务所盈余和编译"立信会计丛书"的版税全部用于购置教具和学校的基础设施建设，正如他所倡导的"取之于会计，用之于会计"。1984年，先生将"文化大革命"期间抄家发还的财产的一半（4万元）以及校友捐赠共计10万元用于褒奖优秀立信学子，设"潘序伦奖学金"。

先生将自己与立信会计紧密联系，践行着"位卑未敢忘忧国"的责任意识，与立

---

① 朱坚强,何佩莉.立信往事[M].上海：立信会计出版社,2013：20-23.
② 潘序伦.潘序伦回忆录[M].北京：中国财政经济出版社,1986：33-35.

信事业共发展，与国家民族同进退。他忧国奉公，始终有一颗为党为人民矢志奋斗的心；无私奉献，当如先生"取之于社会，用之于社会；取之于会计，用之于会计；取之于学生，用之于学生"，淬炼甘于奉献的高尚品格，厚植为国为民的使命情怀。

四、缅怀大师风范，我们要弘扬先生"诚信为本、求真务实"的立信品格

"诚信"是先生一生的追寻。1928年，先生取"民无信不立"之意，以"立信"命名他创办的会计师事务所，立信会计学校、立信会计图书用品社，并在会计实业和教育实践中总结出"诚信二字，实为会计师职业成功失败之所系"[①]。1937年，先生将诚信精神引申为"信以立志，信以守身，信以处事，信以待人，毋忘'立信'，当必有成"这二十四字，以自身践行表率，与立信同仁共勉。

立信会计师事务所、立信会计学校、立信会计图书用品社是先生诚信精神的主要承载。他在实践中发扬诚信，也在践行中思考诚信，逐步加深对诚信的理解。先生的诚信精神蕴含丰富，在其三次公开阐述中可见其发展。他认为，会计师职业道德是"公正、诚信、廉洁、勤奋"（1933年），后又归纳为"公、信、廉、密、亲、敏"六个字（1943年），又称会计师在品德方面当"遵纪守法，以身作则，廉洁奉公，忠实老实，毋忘立信"（1983年）。诚信是先生内心不可逾越的道德准则，他身体力行，率先垂范，一生践行。

今天我们所传承和弘扬的"诚信"精神，是先生实践深耕和无数立信人砥砺践行所造就的，爱国爱党、敬业守信、廉洁奉公、实事求是逐渐成为"立信"品牌，闪烁着鲜明的时代特征和丰富的精神实质。我们要将传承先生诚信为本的高尚品德融入立德树人的根本任务中，牢牢把握立德树人这一中心环节，紧紧抓住思想政治教育这一底线红线，为培育可堪重负，能担大任的栋梁之材贡献立信智慧和力量。

五、缅怀大师风范，我们要弘扬先生"海纳百川、和衷共济"的博大胸怀

先生所倡导的新式会计，推广并普及借贷平衡原理、成本计算和经济分析等西方

---

① 潘序伦.中国之会计师职业[J].立信会计月刊,1933,2(1)：33.

先进的会计学理论，打破重农抑商的传统观念，以新式簿记会计促使教育与职业沟通，主张"学验并重"；又引进苏联会计学说，编译苏联会计和经济管理著作，将先进的会计学知识和技术与中国国情相结合，从而服务社会主义经济建设。

在办学过程中，先生为会计事业、救亡图存积极奔走，也与诸多有识之士达成共识，互勉互励，共促共进，共同致力于会计、教育事业的发展。这些有识之士包括黄炎培、马寅初、章乃器、顾准等爱国进步之士。正因为如此，立信才得以不断扩充师资，提高办学质量。同时，先生借助于荣氏、郭氏、刘氏、简氏等实业，集资办学、产学于一体，扩大立信的声誉影响。

思想深邃，革新实践，先生虽受西方文化影响，但他根植于中华优秀传统文化。先生所秉承的是海纳百川、兼容并蓄的思想，践行的是互学互鉴、和衷共济的理念。立信人应大力弘扬先生厚德载物的气度与风范，坚定理想信念，厚植爱国情怀，拓展国际视野，培养世界胸怀；要把先生的和衷共济精神融入实践，以不拘一格、海纳百川之怀招揽人才，在求同存异、发挥优势中塑造品牌。

六、缅怀大师风范，我们要弘扬先生"淡泊名利、修身齐家"的清廉风骨

先生临终前写下"我一生最喜欢节约一切物力、人力、财力，为建设新中国服务"。他一生过着粗茶淡饭、勤俭节约的日子，斗室中一床、一几、一柜、一桌、四椅，别无摆设。① 至晚年，先生仍不着新衣，不坐轿车，不贪恋口腹之欲，不追求奢靡生活。不仅自身如此，他更教育子女身体力行。

先生的女儿潘屺瞻自幼目睹父亲创办立信会计事业的艰难历程，深受父亲锐意进取、克勤克俭的品格影响，因而也养成了爱国奉公、淡泊勤俭的优良品质。她十分支持父亲晚年婉拒政府的房产和轿车，将全部财产捐赠给学校和国家，自己却一直住在不算宽敞的步梯房。回想过去学校多次到天津屺瞻先生家中拜访，考虑屺瞻先生年事已高，腿脚不便，每每提出改善其生活条件，无论购置新居还是租用电梯房，她均婉言谢绝，就连学校送来的《潘序伦文集》稿酬，她也分文不取，直言"不能花学校的一分钱"，不愿接受收学校的任何馈赠。

---

① 朱坚强,何佩莉.立信往事[M].上海：立信会计出版社,2013：20-23.

积善之家，必有余庆。先生重言传、重身教，教知识、育品德，使修身齐家、廉洁奉公的优良家风得以传承，这是先生之幸，更是立信之幸。作为立信人，校风如家风，要修其身、养其德，始终注重自身道德修养，要恪守"立信"校训，涵养"以俭修身"家风、校风，让名扬海内外的立信文脉不断传承、深邃丰富的立信精神得以发扬。

先生是中国现代会计的拓荒者，也是近代职业教育的领路人。1948年夏，先生为立信第二十一届同学题写毕业赠言："只问耕耘，不问收获，尽其在我，听其在人。"先生是这样教诲的，也是这样践行的。在先生诞辰130周年之际，我们缅怀大师风范，赓续大师精神，当传承立信文脉，汲取奋进力量。立信人要做先生精神的传承者和弘扬者，将无比的崇敬和由衷的礼赞转化为践行大师精神的积极实践，做胸怀"国之大者"，只问耕耘，不问收获，以功成不必在我的精神境界和功成必定有我的历史担当，砥砺奋进、勇毅前行，努力推进立信会计事业繁荣发展，为实现中华民族伟大复兴的中国梦贡献力量。

饮水思源 传承"三位一体"育人模式

张维宾[①]

提起立信和立信品牌，我们马上就会想到潘序伦先生倾力倡导和创立的会计师事务所、会计学校、会计图书出版社"三位一体"的立信会计事业发展模式。这个"三位一体"育人模式使社会资源有效配置和利用，实现了优势互补和共同发展，铸就了立信培养高素质应用型会计人才的品牌。财政部会计司在《全面推进会计人才发展战略》的文件中，对"立信会计产学研基地"予以肯定。中国注册会计师协会在有关行业人才的专题研究报告中也建议"研究、借鉴、引入人才培养的'立信模式'"。

一、立信"三位一体"育人模式助我解题纾困

回顾自己在立信学习、工作和成长的经历，我受益于"三位一体"的育人模式，深感幸运。1991 年我参加并且通过了全国首次注册会计师资格考试。在此后的 20 多年里，我一直在"双师型"道路上发展，坚持参加立信会计师事务所的专业实践，了解实务需求，研究实务课题，探索解决实务问题的途径，并参与上海注册会计师协会的培训工作。

"三位一体"育人模式助我解题纾困，克服科研短板。由于参加专业实践，遇到实务难题的机会较多，我从 1994 年起参与上市公司隧道股份的年报审计，曾在 2003 年前后遇到一个重大问题。当时国际上已经流行 BOT（BUILD—OPERATE—TRANSFER，即建设—经营—转让）方式，即政府通过企业和社会融资建设公共市政

[①] 作者系原上海立信会计学院会计研究院副院长。

项目，以解决市政建设快速发展需求与政府资金有限的矛盾。我国部分企业也开始以BOT方式参与城市公共基础设施建设，上海隧道工程股份有限公司（简称隧道股份）就是其中之一。但无论国际还是国内均未对这种投资体制改革引发的新模式如何进行会计处理作出规范。我们面临的重大问题是如何合理反映公司的相关资产和收益。隧道股份请我参与向市财政局请示报告的起草。同时，我将自己对这一问题的思考整理后写了一篇论文《BOT方式建设项目运营后的会计问题探讨》，发表在《会计研究》2004年第10期上。然而，对这一问题的探究仅仅是开始。国际会计准则理事会于2006年11月发布《国际财务报告解释公告第12号——服务特许权协议》，我国财政部会计司于2008年8月发布《企业会计准则解释第2号》，分别对BOT模式进行了会计规范。但是企业在执行过程中产生新的困惑，经济的发展又使BOT模式演变为近十种形式，实务发展的多变和解决问题的复杂程度往往需要跟踪研究或系列研究。立信产学研基地根据实务需求发布了联合招标课题《BOT业务的会计问题研究》，寻求解决的途径。我组建了由相关注册会计师和本科生组成的团队，通过申报并获立项。在2009—2010年承担课题研究期间，我不仅发表了论文《建筑业上市公司服务特许权信息披露及思考》，且被中国人大书报资料中心全文转载，而且参与该课题研究的三位学生全都将相关内容作为毕业论文选题继续研究，论文均取得优良成绩。这说明坚持参加产学研基地的实践，可以为我们提供源源不断的案例资源和研究题材，有助于提升研究能力，取得较好的研究成效。

二、传承"三位一体"育人模式推进产教融合

立信培养了我，我也有责任身体力行，传承"三位一体"的教育理念。"三位一体"模式的目标是育人，是为了培养高素质应用型会计人才。我在负责立信产学研基地日常管理工作期间，提出要组织学生参加基地举办的课题研讨会。课题研究团队要吸收学生参与，创造条件让学生及时了解实务需求。学生通过近距离向实务专家学习，尽早考虑毕业论文选题，让社会实践的源头活水融入其论文写作。这有利于培养学生的实践能力和创新精神。为了扩大学生的受益面，我与会计学院张奇峰、叶敏、姚津、叶飞腾等老师商量如何将应用研究的成果用于教学，将科研与育人紧密结合，把学生培养与企业发展融为一体。企业并购与合并报表是会计审计的实务难点，也是会计专

业相关课程的教学难点。针对企业并购与合并报表实务难题，仅 2008—2012 年立信会计产学研基地就有 7 项相关课题立项研究。我也先后独立或与同事或学生合作发表了十余篇相关论文。在前期较为充分研究的基础上，我们与事务所实务专家及注册会计师郑先弘、黄海、张宇、孙冰、章丽娟、李晨、何剑等共同开发了企业并购与合并报表的 14 个案例和 11 个实验项目，并于 2012 年由立信会计出版社出版了《企业并购与合并报表实验教程》。随后，我们又和事务所实务专家与铭太公司合作开发了"企业并购与合并报表系列实验教学软件"，用于开设"高级财务会计"的同步实验课程。从案例研究、实验项目开发到实验教学软件测试、实验课程开设，历时两年多。该实验教学软件于 2013 年获得国家版权局颁发的计算机软件著作权证书，填补了我校开发实验教学软件的空白。项目评审专家认为：该项目是国内高校首次针对财务会计领域的特殊问题开发的高层次、综合性、实战型教学案例和实验教学软件，将复杂的会计理论问题与实践相结合，在国内高校会计案例与实验教学中达到先进水平。这一产学研合作成果已在学校教学和事务所培训使用。

"三位一体"育人模式培育了一代又一代立信人。党的二十大报告提出实施科教兴国战略，办好人民满意的教育，并对高等教育提出推进产教融合、科教融汇的要求。2023 年 5 月，上海立信会计金融学院和立信会计师事务所第三轮战略合作协议签约。我们要以立信会计师事务所为平台，深入推进产教融合；以学生全面发展为中心，传承"三位一体"育人理念，持续提升立信特色人才培养质量，这也是对潘序伦先生最好的纪念。

缅怀先生风范　传承立信精神

潘元诚[①]

2023年是我堂房伯父潘序伦先生诞辰130周年。自1924年从美国完成学业回国开创立信会计事业，潘序伦先生为中国会计事业辛勤耕耘60余年，贡献了毕生精力，做出了重大贡献，被誉为"中国现代会计之父"。

江苏宜兴籍潘氏家族人数众多。在潘序伦先生的影响下，我们家族中从事会计工作的人不少，其中也包括我的伯父潘子槃先生及父亲潘子石先生。由于种种原因，我也在20世纪60年代走上了会计工作岗位。在40年工作生涯中，我做了30年的企业会计，从会计最基本的工作做起，直至担任某集团公司财务部经理。我在学校还当过十年会计老师。为此同事及朋友都戏称我是出身会计世家的"老法师"，这使我感到十分自豪。我的工作经历，加之家族氛围的影响，使我对会计工作的重要性和潘序伦先生对中国会计事业的贡献，有了更加深刻的认识。这种认识既有感性的，也有理性的。

中国会计历史悠久，在数千年的历史长河中，中国会计曾一度领先于其他国家，如在西周时期已出现专职负责会计工作的官员——"司会"；管理财政收支也已有"岁会""月要""日成"等概念，在宋朝也已有"四柱清册"的核算方法。在数千年的封建社会中，我国一直以小农经济为主。小农经济的特点是自给自足，它排斥分工、排斥协作，所以商品生产与商品交换并不十分发达。落后的经济发展模式导致会计工作缺乏了发展基础，所以当时那些较为先进的会计核算理念，只表现在封建王朝的"官厅"，民间的工商企业会计依然比较落后。随着西方资本主义经济的发展，西方会计有

---

① 作者系原十六铺物资集团公司财务部经理。

了长足发展。15 世纪前后，一些西方国家已采用较为先进的复式记账方法，而中国会计基本还在原地踏步。直至晚清，西式簿记通过日本开始传入中国，蔡锡勇所著《连环账谱》一书也介绍过西式簿记。大清银行也在这时开始采用借贷复式记账方法，但民间广大工商企业依然是使用传统的上收下付的单式记账，由此可见，当时我国的会计远远落后于时代。没有丰富的会计职业实践，当然也不会有会计理论方法的研究，我国历史典籍浩如烟海，其中不乏理财方面之著述，但很少有专门讲述会计理论的文章，即使有也只是零星的只言片语。没有会计理论的引领，就会影响会计实践的发展。当时中国会计落后还表现在会计人才的缺乏。在很长的历史时期内，一般中小企业的账房先生都是由业主自己或业主的亲友担任，他们大都没有受过专业培训，当时客观上也没有培训的条件，仅凭师徒口口相传和各自的经验传授。这样难免谬误百出、核算质量不高。中国会计长期停滞不前，原因很多，其中最根本的原因是几千年的封建统治、闭关锁国、因循守旧、故步自封，经济落后，最终影响了会计的发展。

  20 世纪初，我国不少知识青年怀揣科学救国的理想，远涉重洋，奔赴世界各国学习先进的科学技术知识，力图改变中国贫穷落后的面貌。在此大背景下，我的伯父潘序伦先生也去了美国。在美国求学期间，潘序伦先生审时度势，选定把会计作为自己的终身职业，决心为发展中国会计事业奋斗终身。完成学业回国后，在短短的 10 多年时间里，他创办了立信会计师事务所、立信会计学校、立信会计图书用品社"三位一体"的立信会计事业，开创了中国会计的新时代。

  20 世纪 20 年代，中国民族工商业有了一个短暂的发展机会，国民经济的发展对会计提出了新的要求，当时的国民政府也成立了主管全国岁计、会计、统计事务的主计处，并相应地制定和颁布了一些经济法规，因此由政府发给执照、接受当事人委托查核账目、设计会计制度进行财务调查、审核税款以及在会计和管理方面提供咨询服务的执业会计师和会计师事务所也就应运而生。1927 年潘序伦先生毅然辞去大学的职务，设立了潘序伦会计师事务所。由于该会计师事务所坚持以诚信为本、服务为主的原则，在社会上获得了极高的声誉。

  成立立信会计学校，是立信事业的一个重要方面。成立学校的目的在于解决企业所急需的会计人员、改良旧式的记账方法、传授西方复式簿记的技能和知识。学校采用业余补习、函授等多种教育方式，且所授内容又较为实用，所以深受会计人员及有志于从事会计工作的社会人员的欢迎。为进一步培养中高级的会计人才，潘序伦先生又成立了立信会计专科学校。据不完全统计,自立信会计学校成立至新中国成立,历届毕业生就达十万。在我从事会计工作期间,我接触过不少年资较我高的同行,不论是企业的会计工作者,还是在财政、税务、银行等部门的工作人员,他们大都在立信会计学校中接受过各种形式的培训,学员之众,由此可见一斑。

我的伯父潘序伦先生早在留学期间就写过一些经济、会计方面的文章,回国初期又写了《公司财政》《簿记及会计学》两本书,引进了一些西方会计科学知识。自创办立信会计学校后,深感会计教材不足,他便亲自领导配备专职人员开始编译簿记、会计、审计等书籍,形成了一套完整的"立信会计丛书"。由于在编写时能切合实际需要,文字通俗易懂,这套丛书深受读者欢迎,不断再版,至1936年就已达50多种。伯父由于主持书籍出版已成一定规模,在1941年成立了立信会计图书用品社。立信会计图书用品社除了出版发行会计丛书,还印刷会计工作所用的账簿、凭证、报表,这样就实现了系统化和规范化。至今我们在文具用品市场上都还能看到"立信账册"字样的广告及商品。潘序伦先生在回忆录中讲道:"至1956年初立信会计图书用品社结束为止,先后出版发行各种会计书籍不下一百五六十种,其中由我著作和主编的有三四十种。如果说我对我国会计学术有所贡献的话,当以出版立信会计丛书为最。"

事务所、学校、图书用品社不是三个孤立的行业,而是有机联系并密切配合的一个整体。它们相互配合、相互支持、相互促进,形成了一个完整的立信会计事业。我时常想,假如让我伯父的生命再延续数十年,他一定还会设立立信会计研究所,从而使立信会计事业更完整、内容更丰富。成立立信会计研究所的设想绝不是我毫无根据的瞎想,我的伯父在晚年目睹国内改革开放的大好形势、国外科学技术的蓬勃发展,提出了在世界第四次工业革命浪潮下,我们会计界怎么办的构想。他感觉到我们的会计工作不能墨守成规,要积极引进和学习国外的先进技术;要充分发挥会计信息的控制和反馈作用;要应用微电子技术,加强财会工作在信息、企业管理中的职能作用;要赶超世界先进水平。这一系列想法难道不是他可能成立会计研究所的原始动机吗?凭潘序伦先生对会计工作的热爱和执着,我想完全会有这种可能。当然这只是我的分析,仅供参考。

潘序伦先生开创的立信会计事业是一个完整的系统工程,而这个工程运转又是卓有成效的,它从多方面改善了当时中国会计工作的现状,改变了中国会计工作落后的面貌,缩短了中外会计工作的差距,为中国会计的发展奠定了坚实基础。潘序伦先生创建的立信会计事业对中国会计的影响和意义不是前人可比拟的。为此我们可以说，立信会计事业在中国会计发展史上留下了浓墨重彩的一笔，也是中国会计发展史上一座重要的里程碑，潘序伦先生的英名将永载会计史册。

时代在进步，会计事业还将继续发展，我们还需要许许多多像潘序伦先生那样把毕生精力献给会计事业的工作者们，投身于新时代会计理论研究和实践之中，使我国的会计事业更加辉煌，这也是我们民族复兴的一个重要方面。

值此纪念潘序伦先生诞辰130周年之际，我们缅怀潘序伦先生，同时也缅怀当年为立信会计事业和潘序伦先生一起奋斗的已经作古的会计同仁们，他们的奠基性工作才使得我们有今天的立信会计事业的新局面。我已步入古稀之年，早已退休在家，最后我想以一个老会计工作者的名义，寄语年轻的会计人员，希望大家热爱会计工作、努力钻研会计业务、遵守会计准则，信守会计职业道德，传承立信精神，为实现中华民族伟大复兴的中国梦添砖加瓦！

纪念先贤　勇毅前行

陆庆文[①]

非常荣幸能够参加潘序伦先生诞辰130周年纪念展。我代表潘序伦先生的亲属向主办此次纪念活动的上海市社会科学界联合会、上海立信会计金融学院、立信会计师事务所、立信会计出版社表示衷心的感谢，向所有为此次纪念活动付出辛勤努力的立信师生、各界朋友表示诚挚的感谢。

潘老是中国现代杰出的会计学家和著名教育家，他将复式簿记方式及其理论引入中国，奠定了中国现代会计学的发展道路；他创办了中国近代著名的一家会计师事务所，并创立了一个闻名中外的会计品牌——立信；他创办的会计师事务所、会计学校、会计图书用品社"三位一体"的立信会计事业，开创了中国现代会计之先河；他不断探索教育改革道路，所培养的学生受到了社会的广泛认可。

多年来，"三位一体"立信会计事业的同仁们一直践行着潘老提出的"信以立志，信以守身，信以处事，信以待人，毋忘'立信'，当必有成"的"立信"准则。著名会计学家杨纪琬先生曾深情地说："无论立信会计学校、立信会计师事务所和立信会计丛书，在我国会计工作、会计教育和会计理论研究的发展史中，都留下了不可磨灭的一章。"

潘老是我的太外祖父。每当回想起小时候和太外祖父晚年一起生活的日子，我内心充满敬佩和感激。记得他总是很耐心地鼓励我要努力学习，长大做一个对社会有用的人。在高中、大学期间，我逐渐从外婆、母亲、师长以及立信相关书籍中，了解到

---

① 作者系湖北味本食品有限公司执行董事。

更多太外祖父的生平事迹，也让我明白了做任何事情都要以诚信为本，追求卓越并持之以恒，这样就会离成功更近。

今天我们纪念潘老，不仅仅是为了感念他的生平事迹，更是为了在后人的心灵深处播下立信精神的种子。让我们将这种精神永远记在心中，成为讲诚信、有担当的人，能够追求卓越，为社会的发展尽一份责任。

最后，再一次向活动主办方、向所有为此次活动付出努力的立信家人们表示衷心感谢。祝愿潘老创办的立信会计事业在追求卓越的道路上勇毅前行，为我们国家和社会的发展做出更大的贡献！

谢谢大家！

（本文系作者于 2023 年 7 月 14 日在潘序伦先生诞辰 130 周年纪念展开幕式上的发言稿，题目和部分内容经作者同意有所修改。）

赓续先贤遗志　传承立信精神

陈星辉[①]

2012 年和 2022 年，是两个极具意义的时间节点。从党的十八大到二十大，党和国家事业取得历史性成就、发生历史性变革，中国实现了第一个百年奋斗目标，开启全面建设社会主义现代化国家、向第二个百年奋斗目标进军的新征程。

2012—2022 年，也是立信会计师事务所（以下简称"立信"）央企事业总部团队拼搏奋进、砥砺前行，不断取得新成就、展现新气象的十年。我们将 3 600 多个日夜压缩成团队发展史上浓墨重彩的一页，书写了团队初心如磐、风雨同舟、奋楫笃行、勇毅前行的华丽篇章。

十年间，我们与社会经济发展同频共振，扎实推进"一主两翼两副"和"一元多极"发展战略，着力打好"审计＋"和"一体化"协同战，转型发展持续推进，多元化发展成为高质量发展最鲜明的底色。

十年间，我们坚持不懈强品牌、促发展，坚定不移维护立信声誉，持续优化业务结构，不断增强发展活力，不断推动创新发展，业务综合实力显著增强，高质量发展成为最鲜明的导向。

十年间，我们始终坚持以人才集聚助推事业发展，深入实施人才培养计划，逐步改善福利待遇，不断优化办公环境，持续增强员工幸福感，全体员工共享发展成果成为最鲜明的目标。

十年征程，步步精彩。过去的十年，立信央企事业总部为扬帆远航打下了坚实基

---

① 作者系立信会计师事务所管理合伙人。

础，蓄积了澎湃动能。

潘序伦先生提出的"信以立志，信以守身，信以处事，信以待人，毋忘'立信'，当必有成"的二十四字立信准则，是一代代立信人传承的会计诚信文化。潘序伦先生一心为公，一心为国，一心为民。在迈入2023年新发展阶段的时刻，我们纪念潘序伦先生诞辰130周年，更要以先贤为榜样，以楷模为标杆，从中汲取精神动力，矢志不渝推进自身的高质量发展，全力锻造有品质、有精神、有内涵的立信金字招牌。

一、以高质量党建引领高质量发展

2012年，习近平总书记作出重要批示，提出注册会计师行业要"紧紧抓住服务国家建设这个主题和诚信建设这条主线"，对行业发展提出新期望和新要求，为行业科学发展指明了方向。党的十八大以来，党中央、国务院高度重视和关心注册会计师行业发展。2021年，国务院办公厅印发《关于进一步规范财务审计秩序 促进注册会计师行业健康发展的意见》（国办发〔2021〕30号），要求加强党的全面领导，充分发挥行业基层党组织的战斗堡垒作用和党员先锋模范作用，为注册会计师行业健康发展提供坚强的政治保证。奋进新征程，我们必须加强党的建设，以高质量党建为引领，推进团队高质量发展。一是要加强政治建设。坚持以习近平新时代中国特色社会主义思想为指导，忠诚拥护"两个确立"，坚决做到"两个维护"，不断提高政治判断力、政治领悟力、政治执行力，增强全局意识，强化系统观念，用好统筹方法，促进党建与业务融合发展。二是要牢记初心使命。立信自1927年创办以来，始终与党和国家同呼吸、共命运。从立信走出的革命先驱，如顾准、李建模等先辈的光辉事迹一直激励着一代代立信人，鞭策我们要不忘初心听党话，担当实干感党恩，牢记使命跟党走。三是要充分发挥"两个作用"和"三个优势"。按照"双向进入、交叉任职"原则抓党组织机构设置，充分发挥党组织战斗堡垒作用和党员诚信执业模范带头作用，以及党建工作的政治优势、组织优势和群众优势。紧紧围绕各项审计工作项目，创建党员服务示范岗，设立重大项目党小组。"落其实者思其树，饮其流者怀其源"，在以专业服务经济社会发展的同时，积极发扬人道主义精神，弘扬中华民族尊老爱幼、扶贫济困的传统美德，传承立信精神，弘扬立信文化，积极开展安老、扶幼、助学、济困、环保等多种形式的公益慈善活动，积极履行社会责任。

二、以高质量人才队伍建设引领高质量发展

我们行业是以智力服务为特征的高端服务业，人才是我们事业发展的基石。我们必须把高质量人才队伍建设摆在高质量发展的战略位置和日常管理的关键位置。"盖有非常之功，必待非常之人。"因事择人才能干其事、成其事，以事用人才能有所用、有所成。一是要不断提升自身识变的洞察力、应变的决策力、求变的创新力。"打铁还需自身硬"，不论形势怎么复杂、挑战怎么艰巨，只要我们不断提升自身素质，团队整体素质也会不断提升，高质量发展之路就会越走越通畅。二是要从发掘人才、吸引人才、培养人才、留住人才四个层次上下功夫、出实招、求实效。从 2018 年开始，我们实施了"栋梁人才培养计划""长期伙伴计划"，计划投入 4 000 万元，目前已经累计投入近 2 600 万元。我们通过建立"后备部门经理人才选拔库"，开展"审计总监、部门副经理岗位选拔竞聘和考核述职""栋梁人才考核述职"工作，实施新员工督导师制度、分层分班培训制度、CPA 考试假制度等，对稳定和培养人才队伍、储备优秀人才发挥了重要作用。三是要按照"扩基、稳中、强高"的原则，加强各层级员工建设。在新人招聘方面，广纳贤才。在中层业务人员留任方面，进一步完善政策措施，提高对骨干员工或核心员工的发展支持；在高级别业务人员培养方面，提供平台，鼓励"走出去"，开阔视野，积极参与立信精英人才计划、注册会计师行业高端人才培养计划、财政部领军人才计划等人才培养工程，提升综合素质。我们充分认识 90 后、95 后员工的优点与特点，为他们打造更细、更全面、更具有个性化的管理方法。我们正在摸索"女性为主"团队的管理之路，为其创造干事创业的舞台，不断提升其自信心、安全感和幸福感。

三、以高质量服务引领高质量发展

提供高质量的服务始终是我们的第一生命线。从国内外经济发展、行业监管、市场竞争和行业发展来看，行业当前面临着"四"期叠加的外部形势，即经济增速换档期、行业从严监管阵痛期、市场激烈竞争加速期和行业高质量发展的转换期。以信息技术为代表的新一轮科技革命和产业变革深入发展，互联网、大数据、人工智能等信息技术同各产业深度融合，经济社会数字化转型深入推进，为新时期注册会计师行业

发展带来拓展业务的机遇，同时也带来了外部的竞争与挑战。这些都要求我们不断改进服务举措，创新服务理念，提升服务质效。一是坚持创新驱动，增强发展动能。创新，是一个团队发展进步的动力和源泉。只有勇于开拓、善于创新，才能有效解决前进道路上遇到的各种新问题。我们在理念创新、制度创新、机制创新、服务创新、技术创新和业务创新等方面积极探索和实践，实现了自身的快速发展。我们要继续紧跟时代步伐，通过创新服务理念、方法、技术与工具，实现团队持续稳定发展。二是坚持以客户为根、服务为本。我们要充分挖掘市场需求，深化专业服务供给，深入研究洞悉客户在发展过程中的难点和痛点，深度分析挖掘客户的服务需求，拓展延伸服务链。三是坚持"量质并举、以质为先"的原则。资本市场是市场经济的重要基础，保障资本市场健康稳定发展一直是注册会计师行业的着力点。我们要认真贯彻落实监管部门及总所的精神和要求，牢固树立"质量是生命线，底稿是护身符"的理念和"以质量为导向"的文化，牢牢把控审计风险，像鸟儿爱惜羽毛一样爱惜立信品牌声誉，守护立信品牌生命线。

  时间见证奋斗的足迹。"坚守诚信之本、擦亮立信品牌、迈向百年辉煌"的责任使命言犹在耳。躬逢伟大新时代，踔厉奋发正当时。征程万里风正劲，重任千钧再奋蹄！让我们共同眺望远方、重整衣冠、背上行囊、赓续前行在百年立信的发展大道上，为实现团队和行业的高质量发展而不懈奋斗！

勿忘立信　生生不息

朱　颖[①]

2023年是潘序伦先生诞辰130周年，无数立信人怀着崇敬的心情缅怀一代宗师。光阴似箭，一转眼我和立信会计师事务所（以下简称"立信"）结缘也快30年了。能加入立信团队，成为立信的一分子是多么令人自豪的一件事。

30年，对于人的一生的意义不言而喻，更何况这几乎是我们的整个青春。回顾1994年毕业刚到立信，在高安路的原办公地，开始自己的会计师职业生涯，到2000年搬到南京东路外滩，虽然两个办公地点的距离不到10千米，但这一"搬迁"折射的是立信事业已迈上一个新台阶，历历往事，犹在眼前。

我脑中记忆里闪现的是在立信原办公地的片段：由于是与徐汇区少年宫合用办公场所，曾记得：我们一边埋头编制审计工作底稿，一边不时传来儿童银铃般的笑声；中午就餐时间一到，老式的铁皮饭盒里盛满热气腾腾的可口饭菜；有时晚上加班加点，朱总不忘鼓励我们劳逸结合，还和一起辛勤加班的同事玩上两把军棋。在我印象中，在立信工作虽然非常辛苦，但总是充满了朗朗的笑声和浓浓的情谊。

30年，办公的环境在变、身边的同事在变、市场的规模在变、肩负的责任在变，但始终不变的是立信创始人潘序伦老先生的24字所训，以及心底的那股劲头。今天回想起来，仍然觉得振奋人心。

潘老是立信的奠基人，而朱总是立信的接棒人、掌舵人和领路人。他带领大家稳中求进，扩大了立信的规模，壮大了立信的实力，传承了立信的精神，擦亮了立信的

[①] 作者系立信会计师事务所高级合伙人。

品牌。这一切都来之不易，我作为立信合伙人，回首立信之路，心里充满了欣喜和感激。这些年无数的变化都发生在身边。

（一）综合国力的变革

从这些年立信服务的客户情况来看：原先立信服务的客户集中在帮助那些已经发展非常成熟的跨国型企业走进中国，为他们提供专业服务，以更好地提升国内综合实力。而今，伴随着国家综合实力的加强，越来越多的国内企业与时俱进，不断壮大，在国际资本市场崭露头角，世界500强企业中的中国企业也越来越多。我们有信心和能力，帮助更多国内企业走上国际舞台，一展中国企业的实力。应当说，立信客户定位的转型，正印证了中国这些年来综合国力的迅猛提升。近几年，我们又斩获服务国家开发银行、中国农业发展银行等大型金融机构的机会，承担了更加重要的审计任务。

（二）技术手段的创新

记得我刚到立信之初，立信还是以传统报表审计为主，没有现在的计算机处理手段，审计中还是大量采用手工账和手工底稿。而大数据时代的到来，为立信带来了新的机遇和挑战。我的切身体会是，立信团队正在充分利用好包括大数据信息库、人工智能审计、APT审计技术手段等先进的审计方法，以更便捷、更高效的技术手段开展审计工作，将更多的宝贵时间集中用于分析和识别风险以及提升审计质量上，从而避免了繁重重复的低效劳动。

（三）人才竞争的加剧

回想30年前，我刚毕业来到立信，社会公众似乎对立信会计师事务所的工作性质和内容还不甚了解，甚至更多人认为会计师事务所就只是帮企业记记账的"账房先生"。随着以立信为代表的国内旗舰型会计师事务所在资本市场的迅猛发展和出色表现，社会公众对这个行业的理解也逐渐清晰起来，越来越多的职业人愿意加入立信团队。立信人员规模也从最早的几十人发展到目前过万人的空前规模。

（四）合伙文化的传承

立信从校办企业脱钩改制为有限公司，后又变更为合伙制企业。组织形式的变化，从有限责任变为无限连带责任，意味着责任归位不同。每位合伙人需要面对更大的压力和挑战。在秉承潘序伦老先生24字所训的同时，全体合伙人还要懂得共识、共担、共创、共享，弘扬立信诚信文化。虽然会计师和医生被称为自由职业，但现代的 CPA 越来越不可能"单打独斗"，并肩作战、守望相助、相互成就才能使立信这个民族品牌得到传承，永葆基业长青。

今天还在事务所的立信人中，也有许多老员工和我一样从立信开始，始终追随着立信的脚步。立信的成长也是我们的成长，立信的辉煌时刻也是属于我们的时刻。

我相信未来的立信将是一家更加开放、更加懂得分享、更有社会责任感的专业服务机构，我们要立足国内，稳中求进，也要面向国际，面向更广阔的市场，扬帆启航，乘风破浪，再创佳绩。未来我也将和我的团队继续坚持诚信原则、坚定信念，坚守梦想，为每一位客户提供精益求精的服务，将立信精神传承下去，让诚信文化生生不息！

潘序伦——培育会计人才的楷模

潘莉华[①]

一、会计传薪火，明灯照往来

任何一位立信人谈论到潘序伦先生，都会肃然起敬。他是"中国现代会计之父"，先后创办了立信会计师事务所、立信会计学校与立信会计图书用品社"三位一体"的立信会计事业，推动了我国会计事业的发展与会计人才的培养。这种模式奠定了中国现代会计教育的基础，并对中国会计事业与会计实务发展产生极其深远的影响。

时至今日，"会计新生代人才"的培养体现了潘序伦先生的教育理念，就好像我们穿越百年时空，隐约中看到先生前行的身影，在为会计后人引路。

二、脚步留千秋，后辈受荫庇

我于1991年进入立信会计高等专科学校，1994年毕业后入职立信会计师事务所，现已在立信学习、工作了30余年，是先生开创的立信会计事业的受益者和实践者。

（一）学而时用，渐次实践：立信学校的特色课程

在立信学校，除了专业课，学校每学期还特别安排了各种实操课程，汇编财务一线的真实案例给学生们"练手"，把课本知识与实务密切结合起来。大学的学习生活并不枯燥，学生可以很快地把课堂知识付诸实践，验证自己的学习成果，这是非常有成就感的事情。在学校费心的课程安排与实操验证成功的欣喜之中，我似乎窥见潘序伦

[①] 作者系立信会计师事务所高级合伙人。

先生教育理念与模式的一角。

第一次亲身体验潘序伦先生教育理念与模式是在大学最后一年，机缘巧合之下我在陕西南路一家新开的公司实习，没有专职前辈带教，行政、出纳、财务，甚至还有日本二手设备的进关、报税等各种工作都需要靠自己摸索。但在实习过程中，我发现自己所运用的知识都是在学校里学习过的。教材的实操案例使我的知识并没有与社会脱节，实习的过程仿佛就是一个大型的实操课程，没有初入社会的迷茫感与阻塞感。这让我切身感受到事务所将一线骨干的工作经验整理成案例、编制成教材送到每一位学子手上的现实意义。虽然与潘序伦先生隔着漫长的时空，但他的教育思想，仿佛是跨越时空的荫庇，使每一位立信学子稳稳地踏入社会。

（二）学海经纶，智慧传世：立信会计师事务所的知识接力

1994年，我进入立信会计师事务所工作，这是一个全新的环境，在校是吸收老师传授的知识，但在事务所的专业环境下，大家更加需要主动"奔跑"起来，勤奋学习、融会贯通，并付诸实践检验。为了证明自己的专业能力和取得客户的信任，大家要比客户领先一步，提前了解客户可能会提出的疑问并做好功课；为了把握不断更新的会计准则、政策，我们要提前学习，积极参加所内培训，像海绵吸水一样不断吸取新知识、新事物并化为己用。

在不断地充实自我、提升专业能力的过程中，我一步步向上攀登，有幸在前辈王德霞老师的带领下，加入《审计工作底稿编制案例介绍》一书的编写组。《审计工作底稿编制案例介绍》是由我们首席合伙人朱建弟先生提议编写的属于我们立信人的"审计蓝皮书"。沉甸甸的系列书籍承载着优秀一线经理们在实务工作时或新奇，或典型的案例，通过案例给大家讲述如何完成标准、完整的审计程序，还告诉大家设计审计程序的目的，将审计思路、审计理念通过案例分享给立信后辈。这种学习知识—实操验证—编制教材—学习知识的循环，是立信会计师事务所实现跨越式发展、培养新人的"秘密"武器，又何尝不是潘序伦先生"三位一体"育人模式的缩影呢？

（三）育人育德，润物无声：潘序伦育人精神的传承

在立信学校、立信会计师事务所的发展过程中，我深切地体会到潘序伦先生培养中国现代会计人才的拳拳之心，我相信我的同事们也有如此感受。我们都希望传承、发扬先生的育人精神，并将其贯彻到事务所的管理实践中，重视人才培养与人才留存，

为立信的繁荣贡献自己的力量。

以我管理的审计部门为例，团队成员 150 余人，骨干都是在立信培养了 8 年以上的"老"员工，是一支具备凝聚力与战斗力的团队。在事务所传承教育体系下，我们建立了以诚信奠定服务法则，以专业驱动业务发展的部门管理模式。我们建立了向新员工进行常年客户行业模式、业务特点介绍的"扫盲班"，开展了内部所有员工每年都要进行的结合案例的准则学习分享、底稿分享的内训。大家教学相长，形成学习型的组织文化。我们能够精准研读把握会计准则、严格遵守审计准则，以优秀的专业能力攻克审计时间紧、项目沟通难、会计处理创新等诸多难题。例如，对于上海证券交易所第一例退市"水仙电器"的审计业务，我们对该公司的问题尽早掌握、及时汇报沟通、准确定位并出具符合实际情况的非标报告；我们以权益结合法的会计处理完成了上市公司第一百货吸收合并华联商厦案例；我们承接了立信第一单保险审计客户，为保险审计人员培养、底稿标准制定等方面奠定了基础；我们完成了立信首个 A+H 股上市公司发行项目。我们之所以能够顺利完成这些项目，是因为每一位团队成员拥有过硬的专业能力和诚信为本的自我要求，是因为部门自上而下对专业认真钻研的态度与对审计质量的严格要求，更是因为事务所对于每一位立信人从步入行业开始潜移默化的培育与影响。

百年前，先生开创中国现代会计事业的每一步都迈得稳健扎实；百年后，肩负历史责任的我们，应继往开来、传承创新。

三、继往忆辉煌，开来万木新

时至今日，我已成为立信会计师事务所的高级合伙人，并分管人力资源管理工作，因此我能有更多机会接触即将从大学步入社会的"小朋友们"。我们又该如何实施与时俱进的立信人才培养模式呢？带着这样的思考，近年来我们一直在探索潘序伦先生教育模式的创新形式。

（一）深化知行共进：立信产学研基地成果显著

2007 年，立信会计师事务所、原上海立信会计学院与上海证券交易所公司管理部合作，共同创立了产学研基地。该基地充分发掘和整合社会优质资源，以会计学研究为核心，依托企业管理学科，以上市公司信息披露为主线，以学科交叉资源共享为基础，融合了经济学、管理学、法学、社会学等多个学科，形成一个综合性的研究平台。

2013年，我们的教学成果"提升内涵、创新机制，立信会计产学研基地建设的探索与实践"项目，荣获上海市教学成果奖一等奖。这一教学成果不仅以市场需求为导向，培养多元化的人才，积极拓宽人才培养视野，而且将三家合作伙伴的人力资源、实务资源和研究资源有机结合，为人才培养"常态化"提供了有力支持。此外，这一成果还将产学研合作从学生实习扩展到教师践习，实现了师生共同研究，持续提高应用型人才的培养效果。

立信产学研基地建设至今，已有6 000余名学生、50余名教师在事务所实习、践习，不仅帮助事务所培养更多更具竞争力的会计人才，而且加强了学术界与实务界的联系，促进了学术交流和知识创新，提升了会计职业的声誉和质量。在此基础上，我们还深入地探索学生与企业长远发展的共赢形式。

(二) 前置人才培养：立信校企合作班创新发展

2013年，立信会计师事务所与原上海立信会计学院的第一届校企合作班成功开班。立信校企合作班是以"校企合作、产学结合、定向培养"为方针，以"培养理论基础扎实、实践能力强、通晓会计审计理论与方法、精通会计审计业务的注册会计师行业专门化人才"为目标，实现学生的学习、实习、就业一体化而选拔成立的班级。我们通过科学合理的筛选流程，根据"公开平等、竞争择优、双向选择"的原则，选拔出致力于事务所发展的学子，由校企合作联合培养。

事务所采用集中定期授课的方式，把专业素质教育、专业知识传授与专业能力培养前置到大学教育阶段，为学生开设实务实践课程，向学生提供实践机会和岗位培训，并通过优化实训环节，提高学生综合能力。《新民晚报》在2014年11月19日对立信校企合作班进行了报道："上海立信会计学院校园招聘年年赶早——学生求职早定位，岗前培训进学校。"它对立信校企合作培养人才的模式及其成效予以充分肯定，网易教育、和讯网、凤凰网等网络媒体均进行了报道。

十年耕耘，校企携手前行。2022年，我们的成果"应用型财经人才培养'立信模式'的创新与实践"项目再次获得上海市教学成果奖特等奖，这不仅充分证明了产学研、校企合作人才培养模式的价值，同时也发挥了国家级大学生校外实践教育基地的引领示范作用。

截至 2023 年，我们已培养 300 余名学子，校企合作班将继续举办下去。事务所发挥平台优势帮助学生提升自身素质与能力，为大学生实习、实训和就业提供更多的空间，用较长的时间来培养学生对职业的胜任力，促进学生和事务所的长远发展。

（三）成就未来领袖：立信精英人才培养计划实践

2021 年，在首席合伙人朱建弟先生的倡议下，首届立信精英人才培养计划开启。"立信精英人才培养计划"依托上海国家会计学院的专业能力，围绕"自我管理、管理团队、领导他人和引领变革"四大模块来开展培训课程，注重培养组织领导力、政策理解力以及全球化思维，全力培养能够深刻洞察行业和技术趋势，主动变革引领行业发展潮流，具有强烈的事业心、使命感和责任感的事务所未来领导者，为事务所造就一支具有国际视野和战略思维、知识结构优化、职业道德高尚、精通业务、实践经验丰富、善于经营管理、创新能力突出的高素质复合型精英人才队伍。

"立信精英人才培养计划"是立信实施人才强所战略，培养立信未来领导者和接班人，打造民族立信、诚信立信、国际立信、百年立信的重大举措。

立信产学研基地和校企合作班是潘序伦先生"三位一体"教育理念的最佳实践；立信的精英人才培养计划更是对会计人才全生命周期培养的创新发展。潘序伦先生若能看见此番创新，一定会露出欣慰的笑容。

四、师德永传承，理想沁心田

作为一个从立信学校毕业，在立信会计师事务所工作至今的立信人，潘序伦先生的诚信思想和高尚风格贯穿我的学习和职业生涯，对我产生重大影响。他以信为本、学以致用的教诲一直伴随着我。在潘序伦先生诞辰 130 周年之际，我向先生致以最崇高的敬意和最深切的怀念。我将牢记先生的精神，继承先生的遗志，为推动中国会计教育和会计行业的发展而努力奋斗。

我的立信人生轨迹

戴定毅①

作为一个在立信读书、立信工作并与立信结下不解之缘的会计人,在立信创始人潘序伦先生诞辰130周年之际,以一篇小文缅怀潘老先生是我最大的心愿。

我的立信之缘应该从进入立信会计专科学校夜大学(以下简称"立信夜大学")读书说起,在我考进立信夜大学及在夜大学读书期间,我不过是一名普通工人。1980年4月,在农场干了七年又两个月之后,我"顶替"回沪。在农场时,我已经是负责600多人一日三餐的连队食堂负责人,但回到上海,还得从头做起,成了单位驻外地的采购员兼装卸工。

一、考入立信夜大学,以优秀学员的荣誉毕业

在考入立信夜大学之前,我的读书经历少之又少,小学读了四年书,"文化大革命"开始了。中学满打满算,读了两年书,我就作为"知识青年"下乡了。回沪后,"文化大革命"中的初中文凭都不被认可。为了能取得初中和高中文凭,我利用业余时间,将全套"数理化自学丛书"自学了一遍,有了扎实的数理化基本知识,对初中和高中文凭有了期待,并在1982年先后考出了初中文凭和高中(数理化)文凭。为了能进一步发展,我又开始了成人高考的准备。经过不少时日的学习,我最终在1983年9月,考取了立信会计专科学校夜大学。从此我的命运与立信密不可分。

进入立信夜大学之后,通过阅读纪念潘序伦先生创建立信的刊物,我对立信会计

---

① 作者系立信会计师事务所高级顾问。

专科学校有了全面了解,得知立信会计专科学校是潘序伦先生于1928年创办。1980年潘老等11人倡议复校,获得上海市人民政府批准,复办立信会计专科学校。之后1982年以立信会计专科学校的名义申请设立夜校部,也获得上海市人民政府的批准,1982年起立信夜大学对外招生,我是第二年对外招生中被录取的学生。我们这一届招生录取137人,三年后132人获得了毕业文凭。因为有了这样一个成人高等教育,许多在职的人员有了学习专业的机会,我也是其中的受益者。

在职读书,人的精力被分成两部分,一部分时间在单位工作,另一部分业余时间读书,基本上是白天工作,晚上读书,业余时间还要做功课,非常辛苦。但那时我们都能乐在其中,因为在三年的学习生涯中,给我们上课的大多是老一辈的立信校友和会计专家。他们扎实的理论功底和授课的亲和力,使我们系统地学习了会计专业知识。这些专业知识对我人生的道路起到了非常重要的作用。经过自己的努力,1986年7月,我以"优秀学员"的荣誉从立信夜大学毕业。

毕业文凭由立信会计专科学校校长顾树桢签发,而优秀学员证书颁发也非常简单。为了节约费用,夜大学负责人邀请我们三个班级9位优秀学员来到茂名北路40号新群中学学校广场上,一起拍了一张合影,然后每个班级的3位优秀学员再与负责人合影。当时的奖状是一本5吋的小型照相簿,在照相簿的扉页上写着"奖给戴定毅",在一张集体照的照片背面,写着"赠给优秀学员戴定毅同学",奖状上盖有"立信会计专科学校夜大学"的公章。

二、大学毕业,专业知识学以致用

1987年,我作为立信夜大学的毕业生,被公司调至一个新建的商业单位担任财务负责人,开始了我的第一份企业会计师的工作。1989年年底,我又调至一家国有企业担任财务负责人。1992年秋天,这家国有企业与马来西亚一家公司合资,我去担任合资企业的财务负责人。有了立信夜大学的专业学习,这些工作很快上手,并很快将会计用于管理,迅速成为企业总经理的得力助手。

在此期间,我先后被聘为助理会计师、会计师,还应邀参与了助理会计师、会计师的专业技术资格考试的培训工作,担任会计师实务课程的讲师。凭着在立信夜大学学习时打下的扎实基础,加上自己的用心讲课,我的授课深受学生们的欢迎。

与我有差不多经历的同学，也通过在立信夜大学三年的专业学习，加上正好赶上了改革开放，把学到的会计专业知识都实实在在地用上了，得到了社会的认可，也为立信会计夜大学增添了光彩。2013年9月的一天，我们83届3班同学庆祝入校30周年，我们班级43位同学，有30位同学和1位老师回到母校参加了活动，同学们纷纷介绍了毕业后的工作经历。在这期间，有的同学担任了大公司的财务总监，有的同学在国家审计署上海特派办担任要职，而我和好几个同学成了注册会计师，分别在不同的会计师事务所执业。回顾取得的成绩，饮水思源，我们都非常感恩潘序伦老校长，感恩立信夜大学。在那天活动中，我们特意在潘序伦老校长的雕塑前合影留念，以此来表达我们对潘老先生的崇敬之情。

三、考取注册会计师资格，步入职业会计师之路

1993年，我报名参加了第二次注册会计师考试。这时，我在实务工作方面有了商业企业、工业企业、合资企业的经历；在基础理论方面，因为有了讲授会计师实务课程的经历，我对会计理论等专业知识了解、熟悉程度比之一般人好很多。有了这些基础，我在注册会计师考试时一次全部通过四门课程，取得了全科合格证书。这在当时是一件非常难以完成的事。

取得全科合格证书的第二年年初，我选择会计师事务所作为自己新的职业，当时正是会计师事务所开始发展的阶段，许多事务所开启了抢人的模式。注册会计师协会也组织事务所和我们见面。有三家事务所向我发出了邀请。基于有过在立信读书的经历，有了"立信"情结，我进入了立信会计师事务所（以下简称立信）工作，从此走上了职业注册会计师的道路。

1997年6月21日，国家为严格认证注册会计师审计上市公司的资格，举办了首届注册会计师证券相关业务资格考试，参加考试的资格是执业两年以上的注册会计师。全国1600多名注册会计师参加了在天津举行的考试，438名合格。1997年10月《注册会计师通讯》杂志刊登了所有合格人员的名单，按分数排列，我排在第137名。

经过近20年注册会计师的职业历练，我也因此在2010年10月15日被中国注册会计师协会授予首届中国注册会计师协会资深会员（执业）称号，全国仅有394位注册会计师获此殊荣。我深信，这些成绩的取得，离不开立信会计专科学校的培养，离不

开立信所给我执业的平台，使我自己在注册会计师职业生涯中充分发挥出自己的才能并实现当年考取注册会计师资格的抱负。

四、为做大立信出了一份力

立信所在全国会计师事务所排名中每年都名列前茅，在证券市场上，各项指标尤其突出，例如审计的上市公司数量、IPO的数量等都在全国排名第一或第二。业务收入也从20世纪90年代末的2 000多万元上升到2022年的47亿元。而且事务所在人员规模、执业质量都处于行业领先的地位，同时在证券行业资本市场中，有较大的影响力。我有幸参与并见证了立信所做大做强的风雨历程。从1994年3月算起，在将近30年的从业过程中，我从审计员做起，先后成为部门经理、副主任会计师直至成为立信会计师事务所（特殊普通合伙）的董事、高级合伙人。回望自己的职业生涯，我感到立信会计师事务所做大做强之路不是一帆风顺的，必须经过不断摸索和不断奋发图强的努力才能实现。

1999年10月，立信脱钩改制完成，朱建弟担任董事长、主任会计师。在他的领导下，立信开启了拓展之路。我也参与了其中许多具体工作。具体说来，曾经随同朱建弟主任参与了与长江会计师事务所（以下简称"长江"）的合并谈判工作，这次合并奠定了日后事务所做大做强的基础。立信与长江合并之后，事务所积极拓展事务所规模，吸收合并上海其他一些中小会计师事务所加入立信队伍，使得立信所在短短的几年内迅速成为上海最大的会计师事务所之一。在国内拓展的同时，立信开展国际和境外业务，我参与了立信加入浩华会计师国际集团的工作，是立信与浩华国际和浩华香港会计师事务所的联络人。在这些年中，我参与了辅助浩华香港会计师事务所对B股的审计及AB股接轨的会计处理的特殊案例；参与了许多上市公司的IPO和上市公司的重组；参与了补充审计和上市公司（包括PT农商社）退市的讨论并提供了会计师的专业意见。在此过程中，立信所影响力逐步扩大，成为国内本土所中能与国际四大媲美最具代表性的会计师事务所，而我本人也在上述过程中发挥了一个资深注册会计师应有的作用。

立信做大做强还体现在其与国内所的强强联合方面。2006年，我参与了立信与国内一些知名大所联合做大做强的实际工作；参与了创办立信会计师事务所管理公司的一些具体工作。我还随同朱建弟董事长参与了立信加入 BDO 国际的工作。加入 BDO 国际，使立信在国际化的进程中迈出了坚实的一步。

我与立信结缘已经三十多年，而且我现在仍在为立信工作，想到这一点，我深深感到：是立信夜大学改变了我的人生轨迹，是立信所给了我成长的舞台，当然这一切都与当年潘序伦老校长创办的立信会计师事务所和立信会计学校有着不可分割的关系。我有今天的成绩，特别感恩潘序伦老校长，感谢立信夜大学和立信所。在纪念潘序伦先生诞辰 130 周年之际，以这样一篇小文来作为我对潘序伦先生的敬意，也激励我自己日后为立信做出更多、更大的贡献，为立信更上一层楼添砖加瓦。

记立信复校时的几件事

马 卫[①]

我父亲马钟榆，母亲叶汉英是立信会计专科学校第十六届的学生，他们于 1948 年 9 月入学，1950 年 7 月毕业。受惠于立信学到的专业知识，他们的工作基本上都是与财经、税务相关。

1981 年 7 月，我父亲从上海市财政局调到立信学校工作，是立信复校后最早的 5 名在编干部之一，退休后继续在立信校友会工作。父母去世后，留下了许多与立信学校、立信校友会等有关的照片、资料。

今年是中国现代会计之父，著名的会计学家、教育家、出版家，立信事业创始人潘序伦先生诞辰 130 周年，也是上海立信会计金融学院建校 95 周年。我们整理了父母亲的资料，将其与立信复校有关的几件事记录如下。

1. 1980 年 12 月，立信会计专科学校第十六届同学欢庆毕业 30 周年聚会

1980 年 12 月 7 日，立信会计专科学校第十六届在沪同学假座市政协会议室聚会，欢庆毕业三十周年。同学们特别邀请了潘序伦老校长、李鸿寿代校长等出席。不少同学在工作上、学术上取得了成就，感恩潘老校长和母校的培育。潘老校长在会上讲了话，他告诉大家一个好消息：1980 年 10 月 20 日，上海市人民政府已经发文批复，同意复办立信会计专科学校了。潘序伦老校长、李鸿寿代校长等一些老师还和参加活动的第十六届在沪同学合影留念（图 1）。

[①] 作者工作单位系上海公正会计师事务所。

图 1　立信会计专科学校第十六届在沪同学毕业 30 周年合影

2. 立信复校后的第一届党支部委员的照片

在父亲马钟榆的照相簿里，有一张保管得非常好的照片。照片的背面有父亲马钟榆的笔迹，上面写着"1981.7.13—1983.6，立信党支部"，却没有留下照片上人员的姓名。

在父亲马钟榆的书橱里，我们看到一本上海立信会计学院校志编纂委员会在 2008 年 10 月编纂出版的《上海立信会计学院 80 周年校志》。该书的《大事记》里记载了立信复校过程中的事项。其中复校初期与父亲马钟榆有关的事项有：

"1981 年 7 月 13 日，上海市财政局调派王乾德、金淑娟、马钟榆、汪迪生来校工作，当时包括肖家芳在内共有在编干部 5 人。"这是立信会计学校复校后最早的 5 名在编干部，父亲马钟榆也在其中。

"1981 年 7 月 22 日，中共上海市财政局委员会《关于成立立信会计专科学校党支部的通知》下达：决定由王乾德、马钟榆、金淑娟组成支部委员会，党的组织关系暂受局机关总支领导。"

从上述资料里我们可以推测照片（图 2）中的人员姓名。左起：马钟榆、王乾德、金淑娟。

为纪念潘序伦老校长诞辰 120 周年，迎接建校 85 周年，立信学校组织编写了一本

图 2　立信复校后的第一届党支部委员

《立信往事》。这本书的第 320 页有一篇黄道蕴写的文章《记立信复校后的两位老同志》，特别记录了父亲马钟榆和另外一位老师汪溢中。书中写道：

> 改革开放初期，各行业财务会计人才紧缺。潘老联合社会各界著名学者、有识之士和历届立信校友共同申请复办立信学校。1980 年，上海市人民政府批复，立信学校复办，更名为"立信会计专科学校"。
>
> 复校之后，许多忠诚于立信会计事业、热爱会计教育的人士主动申请到学校工作，先后从各个单位转岗到学校报到任职，其中就有任职于上海市财政局的马钟榆和任职于上海市百货公司的汪溢中两位第 16 届毕业生。两位同志自愿从当时所在单位的领导岗位上改变编制回到学校工作，无条件接受分配。
>
> 母校在复校之后的首个任务就是落实上海市教委的要求，顺利完成 1980 年秋季的招生工作，同时保证学生有固定上课的场所。潘序伦校长在沪上亲自邀请广大教育界人士献计献策，在各方支持下，最终的校址选定在著名教育家段力佩任校长的育才中学。随后马钟榆、汪溢中同志紧扣时间上的要求，迅速在学校内部组织建设各个科室层次的分工队伍，毫不懈怠地开展党政工团妇等各项工作，取得了一系列的成绩，后经上级批准，任命马钟榆为教务处主任，汪溢中为党委办

公室主任。从在立信读书到来立信工作，再到从工作岗位上光荣退休，两位老同志数十年如一日的在各自工作岗位上兢兢业业，为立信教育事业勤奋工作，无私奉献。

3. 建议立信学校单独建制的请示报告

1982年5月31日，父亲马钟榆起草后经上海市财政局领导修改的《关于建议立信会计专科学校仍以单独建制报请国务院批准的请示》。经过上海市财政局领导修改后的文件草稿落款是"上海市财政局"（财政局领导修改后加上落款人），是以上海市财政局名义写给上海市人民政府的。草稿写道：

> 市高教局于1982年5月18日以沪高教教（82）437号文向市府发了《建议市府报请国务院批准本市五所大专院校的请示报告》。在报告中谈到由复旦分校、科大分校、师大分校、机械学院分校、外语分院和立信会计专科学校联合组建上海大学，下设工学院（由科大分校、师大分校合并而成），工商管理学院（由机械学院分校、外语分院与立信合并而成），文学院（即原复旦分校），由教育部门领导。经我们研究认为立信会计专科学校目前领导体制不能变动，仍以单独建制报请国务院批准为好。
>
> 立信会计专科学校是在党的三中全会的方针、路线的指引下，为适应四化建设，培养更多的财会人才的迫切需要，在1980年由会计界老前辈潘序伦和马一行、王眉征、顾树桢等11位同志联合倡议复办的，当年十月经市府（80）135号文批准为地方财经类大专院校。由市财贸办、教卫办共同领导。人事、财务、规划由市财政局负责，教学业务由市高教局负责。现在该校有在校学生525名，其中八〇届359名，八一级166名，今年秋季再招生160名。教职员工共60名，其中退休人员9名，专职教师和班主任24名。最近，经市府批准，又增设了夜校部，并将原市会计学会主办的业余会计专科学校并入，在校学生552名。
>
> 原立信学校是我国历史上创办最早、规模最大的一所会计专业学校，从1928年至1953年曾培养出数以万计的会计人才，在国内外享有一定的声誉。在1980年复校时，国外校友都来电祝贺，香港《大公报》等也都刊登立信复校消息，有的国外校友来信要求回国参观访问或出力资助母校。高教局提出并校报告以后，潘序伦同志获悉此消息深感不安，并说："这样做法，又像1953年一样了"

（1953年院系调整时将立信撤并到上海财经学院）。目前，我国正在走提高经济效益的新路子，搞好财会工作对提高经济效益起重要作用，同时还将建立审计机构和充实财税队伍，迫切需要培养大批具有大专水平的财会人才。为此，我们意见（是）立信会计专科学校不仅不能合并，还要花大力气把它办好。

按照教育部有关规定，立信会计专科学校以单独建制，报国务院审批，目前急需解决下列两个问题。

第一，校舍问题。原立信会计专科学校的校舍是在徐家汇柿子湾。1953年院系调整撤并后，校舍划给交通大学，现在已作为机电一局上海量具刃具厂的厂房，已无法收回。1980年复校时借育才中学教室晚上上课，现在又扩大到借陕西、绍兴、东风、大通、新群中学教室作白天或晚上上课，图书阅览、办公以及学生活动之用。由于没有固定校舍已严重影响教育质量的提高。为了解决校舍问题，该校在1981年8月曾向市教卫办和市高教局报告。市教卫办曾经答复该校校舍问题。经领导研究，由高教局在今年高校分校调整中统一解决，初步决定将新闸路机械学院轻工分院的房子拨给立信使用。另外，潘序伦、李鸿寿同志为立信校舍问题曾在市政协提案，市政协于1981年11月都给两位同志作了同样内容的书面答复。

我们认为，机械学院轻工分院校舍地处市区中心，有利于立信学生走读，请市领导研究决定，使立信早日迁入。

第二，师资问题。要办好学校，提高教学质量，关键是要有一支好的师资队伍。该校由于复校不久，现在仅有专职教师20名，目前极大部分课程是聘请大学老师、在职干部、退休人员兼课，这学期共请了135名兼课教师。该校除继续聘请兼课教师外，必须建立一支专职师资队伍。我们意见，政治理论课、基础课老师请市高教局从大专院校中抽调20名老师充实该校。专业基础课和专业课老师由我局调配20名有经验的财税干部担任师资；聘请10名左右退休人员参加教学研究或编写教材；再请市人事局批准从上海财经学院明年春季的应届毕业生中分配20名。

以上意见如无不当，建议市府将立信会计专科学校仍以单独建制，领导关系不变，报请国务院审批。

上海市财政局

1982年5月31日

4. 1983 年 2 月 14 日，孙庆元先生致信传达潘序伦老校长面见汪市长的消息

父亲马钟榆保存的资料里有一封孙庆元先生于 1983 年 2 月 14 日写给父亲马钟榆的信，告知"潘老初一参加团拜时，见到了汪、忻、裴几位市长，他坐在忻、裴两位中间，信件已面呈汪市长。汪市长仍然表示，校舍问题一定妥为解决。潘老说，'代表立信师生表示感谢。'汪市长说：'不用谢，立信办校，是当前改革的需要，校舍一定要为你们解决。'"。

"潘老又与顾局长谈及此事，顾局长意见是，最好校舍问题有了初步眉目后，再与财政部商谈挂钩之事，这样更容易一些，避免部里认为，还要帮助立信解决校舍问题，又费周折。"

"元旦团拜后，潘老特别兴奋。到家之后，立即打电话给老王和我。但是老王的电话未打通。因而嘱我将此消息告诉老王、老金和您。您若有便，请与老王、老金通个消息。否则，上班后再谈。"

这里的汪市长是汪道涵市长。老王（猜测是王乾德）、老金（猜测是金淑娟）和父亲马钟榆是复校初期立信党支部的三位委员。潘老要孙庆元告诉这三位复校后的学校负责人，汪市长对校舍问题的意见。潘校长知道有这样三位学校领导在做学校的具体工作。

父亲马钟榆一生受惠于在立信学校学到的专业知识，复校后也服务于立信，长期在立信系统内工作。他曾经在立信上海校友会里担任过常务理事，副会长兼秘书长，党组书记等；负责过学校教务处的工作；曾经被聘为立信会计专科学校校务委员；被聘为学校培训中心主任；担任过学校工会主席、立信会计图书用品社社长。1991 年 12 月 23 日，父亲马钟榆光荣离休。

永远的立"信"

顾文贤[1]

今年是中国现代会计之父潘序伦先生诞辰130周年。先生一直致力于会计理论的传播,会计制度的建立与改革,会计师事务所的实践操作,开创了事务所、学校和出版社"三位一体"的立信会计事业,是中国会计学界的泰斗。即便在今天,能够成为一个集行业理论、实践、教育和出版全领域的开拓者和完善者,也属凤毛麟角。

我在立信会计师事务所执业20多年,此刻,缅怀先生的伟大功绩,无限感慨。记得我早年读到先生的生平,有一段非常深刻的记忆。

1927年1月,先生在上海创办了"潘序伦会计师事务所",第二年,就把事务所改名为"立信会计师事务所"。为什么要改名,先生有一个解释:"我认为会计师的信誉很要紧,可以说是会计师业务的生命力,所以我把我的事务所改名为'立信',就是要取得社会的信誉。但是,资本家委托会计师办事,总希望对他们有利。这样,有个别会计师就以造假账或出具不真实的证明书以迎合某些委托人的要求,而取得会计师业务。"对这样的业务,先生表示:"这种业务我所是绝对不接受的,我宁可放弃这种委托。"[2] 先生还特别提出了"立信"的准则,那就是"信以立志,信以守身,信以处事,信以待人,毋忘'立信',当必有成"。这段话后来也成为立信会计学校的校训。

总之,会计师的信誉"很要紧",是会计师的"生命力"。

几十年过去了,每次读起这段话,常读常新,历久弥新。

其实,这段话的主旨是教导我们如何"立人",因此成为立信会计学校的校训。

---

[1] 作者系立信会计师事务所高级顾问。
[2] 潘序伦.潘序伦回忆录[M].北京:中国财政经济出版社,1986:28.

诚实守信，是一个古老又充满生命力的话题。2 000多年前的老子、孔子、墨子等诸子就论及诚与信的重要性，"民无信不立"，"言必信，行必果"等等。即使到了现在，论及诚信的重要性和必要性的论文、金句也汗牛充栋，不胜枚举。就我所知，以诚实守信为主题的研究，就有人获得硕士甚至博士学位。而守信与失信，成功与失败，正反面的案例在各种媒体评论的报道文章数不胜数。但是，无论人们如何从理论上进行探讨，实际的社会活动中，失信的事情却从未停止过。以我们这个行业为例，因为失信，被监管部门处罚的案例每年都会发生。

记得有一次和几个朋友聊天，有企业家、学者和律师。说到守信和失信的话题，有人感叹人心不古，世风日下，笑贫不笑娼，崇拜钱财，不问来路。也有人痛斥法律太宽松，对失信者的惩罚太轻，失信的成本太低，获得的利益却不少。我对这些看法表示赞同，但我认为，仅仅依靠法律，感叹世风还是不够的。就法律层面而言，古往今来，对于失信者造成一定损失的惩戒向来是有明文规定的，从未真正缺失过。道德层面也是如此，失信者从来不敢把自己的失信行为公之于众，明面上还要把自己打扮成诚实守信的君子。

而潘先生所处的时代同样面临这些问题。我认为，潘先生并没有强调时代、环境这些外部因素，而是首先强调"信以立志"和"信以守身"，强调自我修养、自我约束，也就是强调无论外部环境如何，首先要有"信"的志向，守得住"信"的身，我认为就是信仰和初心。志向是一种认识到真理以后，有意识地以真理来主导自己的行为，是行为的精神动力。守身则是始终能够保持自己的志向节操，经得起各种诱惑，古人云，"守身如玉"，用坚韧纯粹的美玉来形容能够"守身"的君子。潘先生不是泛泛而谈做人，而是根据会计的具体特征，把信作为立志守身的出发点。通俗地说，做到了"信以立志""信以守身"的人，一定知道什么是可以做的，什么是不可以做的，什么是别人可以做，而自己是绝对不会去做的。人要有自己的底线。有这样的"志"和"身"，才能在纷繁的环境下做好一个"看门人"。所谓"君子慎独"，大抵如此。潘先生是在传授如何做一个有信的人，也是在谆谆告诫我们，要做个好会计，先要做好一个有"信"的人。不忘"信以立志"的初心，当好"看门人"，就个人而言，信仰、底线、修为可能比法规更重要。

如果说，立志和守身是内功的修炼，那么，"信以处事"和"信以待人"就是内功的外化，是以"信"为准则的具体实践。

失信的背后，往往牵涉到利益。泛泛而谈的"信"，是最容易立得住，也最容易守得住的。有些人，说起诚信，上溯千年，下及未来，大至治国理政，小到教育孩子，洋洋洒洒，头头是道。但是一旦实践处事，遇到利益选择，言行就会不一致，"信"的重要性就会大打折扣。

当然，立信、守信和失信，有时候是一个动态的过程，在不同的情态下会转化。不同的人对不同的利有不同的选择。有些人对蝇头小利不感兴趣，在小利面前守得住"信"，而一旦这个利达到足够大、足够多，他们会经不住诱惑，忘记自己的底线。

所以，处事是立志和守身的试金石。

这里，我特别佩服像先生那样的大师。说到如何处事，就我们这个行业来说，先生说得和风细雨，却中肯而准确："有个别会计师就以造假账或出具不真实的证明书以迎合某些委托人的要求，而取得会计师业务。"或许，这个行业的大部分"猫腻"，未必一定是存心作假作恶，仅仅是为了多一份业务，多一个客户，而这种貌似没有大的"恶"，才是一种温水煮青蛙式的侵蚀我们肌体的慢性毒药。

我认为，"以信处事"，当与"实"紧密联系，所谓"诚实守信"。真诚踏实是立信守信的前提。有时候，做不到立信守信并不是一些人或事件的初衷，只是因为开始的时候，犯了不诚实或不踏实的错，事件演变下来，信立不住、守不住。以会计师或会计师事务所为例，有时候，并不是所有的业务都能够接的，有些业务有明显的风险。一个会计师，或者一个团队，甚至是一个事务所，因为业务量不足，或者在扩张的趋势下，总以为可以依靠业务技能，能够拿下这个难啃的"骨头"，结果事与愿违，处于风险之中。尤其在目前的形势下，踏踏实实地规避风险，提升服务质量才是正道。所谓甲方可以挑选乙方，乙方也应该认真挑选甲方。先生的"这样的业务我是不接的"，正是"以信处事"的真实写照。

作为一名执业会计师，与不同的对象接触交往是一种基本要求。如何接触交往体现了一个人的素养。有时候，它是团队的整体素质，甚至是一个事务所的格调。先生给出的要求是"信以待人"。"信"是一种真诚，也是一种坦荡。

物以类聚，人以群分。我认为，以信待人贯穿于我们和任何人交往的整个过程。我们对待自己的亲人、师长、同仁和朋友应该有信，对待客户和合作方更加要有信。龙生九子尚且不同，三教九流形态纷繁，不同的客户有不同的性格和不同的要求。信就是一种态度、一种尺度。坚持信以待人，假以时日，就一个团队而言，会形成一种文化；而就客户而言，会积累起一批同样有"信"的长期客户，包括合作伙伴，正所谓物以类聚，人以群分。这样的团队、客户和合作伙伴，是一种无形的资源和精神财富，弥足珍贵。更重要的是，长期坚持以信待人，会不断影响周围的人，包括客户。有些人，可能本来未必有自觉的信，行事更多看中短期利益，在交往中，逐步感受到信的重要，潜移默化中改变自己的处事原则。这样的进步范围如果逐步扩大，能够引领行业的风气，善莫大焉。

在待人接物中坚持"信"，不仅仅是个人品格的体现，也是一种筛选，是一种向善的传播。

20世纪30年代，规范和乱象共生，野蛮与文明齐飞。先生把事务所的名字改成了"立信"，进而把学校和出版社，统统以"立信"命名，继而形成立信特有的文化理念。古人云，出淤泥而不染，不能不说是先生给我们树立了一个标杆。其实，我们每一个会计师在学校学习的时候，或者踏进这个行业的初期，我相信绝大多数人是想做一个清清白白的会计师，不会有通过做假账牟取利益的欲念。这应该是进入这个行业的初心。

今天，重温先生的谆谆教诲，固然有对潘先生的敬意，但更重要的是继承和创新。先生留给我们的宝贵精神财富，我们能否发扬光大。当然，现在的立信人，有值得骄傲的，可以告慰先生在天之灵的成绩。三十多年的砥砺前行，立信会计师事务所成为内资事务所的头部所，在行业内居于领先的地位，也是业内公认的可以接近"四大"，具有赶上"四大"潜力的内资事务所。我相信，立信人也有打造百年大所的雄心或愿望，因此，立信人不能懈怠啊，正所谓不进则退。朝前看，任重道远。先生是位有大格局、大智慧的开创者，在一片荒芜上创立了事务所、学校和出版社。我们个人不能望其项背，但立信人、立信团队要有立高山之巅的勇气。我认为，立信首先需要不断完善自身理念和文化，确立发展目标，以理念、文化、目标为旗帜，打造一支具有大格局、高素质、有担当、有能力的骨干队伍。在内部治理上，立信要积极探索和制度创新，形成具有立信特征的技术能力，形成立信的核心竞争力。同时，用高质量的服务，拓展和稳定一批高质量的客户。古往今来，凡是一流的企业，尤其是服务业，一定具有稳定的一流的客户。初创时期，为了生存和发展，以拓展业务为第一选择是一种常态，当发展到一定阶段，提升品质，处理好跑量和保质，中低端和高端的关系，就显得特别重要。我们这个行业始终与国家经济发展紧密相连。当一大批中国的企业进入世界企业前端，我们要有服务这些企业的能力，服务整个中国经济发展的能力。

经过"疫情"，整个世界"百年未有之大变局"态势日益显现。2023年2月，国企的审计业务将由国内的事务所承接这一消息，引起轩然大波。所谓静水深流，变局总是充满了各种博弈。在纪念潘序伦先生诞辰130周年之际，回顾立信的历史，具有重要的现实意义。我认为，技术是会进步的，规则也会改变，但理念和文化是可以传承的，初心不能改变。在挑战和机遇并存，经济发展从追求数量向追求数量和质量并举的转变之际，我们当继承立信的诚信文化，保持立信的初心，既战战兢兢，如履薄冰，又勇于精进，开拓未来。无论形势如何变化，我们应该记住，立"信"是永远的。

BDO 国际双年会的往事回忆

陈　继[①]

2023 年是潘序伦先生诞辰 130 周年。在缅怀先生及其创下的立信伟业时，我们感到立信会计事业在将近百年的发展历程中，总有一些事让我们激动和难以忘怀，而参与 BDO 国际双年会则是众多事件中的一件。

立信会计师事务所（简称立信）在加入全球第五大会计师联盟 BDO 国际数年之后，影响力越来越大，董事长朱建弟被推选为 BDO 国际联盟的董事。2013 年，为了突出 BDO 中国在 BDO 国际联盟中的地位和影响力，BDO 国际准备把 2014 年的双年会放在中国上海举办，这是 BDO 国际成立 50 周年庆的一个重要活动，同时是第一次把双年会放在亚洲国家举办。但如何在中国办好这届具有里程碑意义的双年会，不仅 BDO 国际心里没底，主办方立信也同样没底。虽说立信有不少办会的经验，但毕竟这是一次国际年会，参加会议的代表是来自世界 180 多个国家和地区的数百位外国友人，会议前后持续一周的时间，时间跨度之大、事务之多超出以前任何会议。因此，立信要成功举办这次双年会必须要考虑充分，做到万无一失。

为此，时任 BDO 国际总裁马丁先生多次来上海与立信管理层及相关人员商议，按照 BDO 国际的意愿，此次会议会务由 BDO 国际聘请与 BDO 国际有多年合作经历的一家欧洲会务公司全盘操作。但此方案被立信婉拒。毕竟在上海举办，东道主除了尽地主之谊，还事关主办方荣誉感。况且举办这样一个有影响力的双年会也是展示 BDO 中国能力的一次很好的机会。几经协商，最后决定双年会会务由 BDO 中国即立信会计师

[①] 作者系立信会计师事务所顾问。

事务所全权操办。在决定由立信全面负责会务事宜之后，立信内部也产生了是否由立信自己全权操办或请国内的专业会务公司全面操盘的分歧。外聘专业公司，对立信来说可以省心省力，但专业公司对会议内容和人员情况不熟悉，一旦交由他们操办，有些事往往不能控制，也存在一定风险，不如立信自己做更有把握，而且会务公司收费巨高。因此，在接触、了解一些不同的会务公司之后，董事长朱建弟最后拍板，决定会务由立信人自己全盘操作，若有自己无法解决的事项，再聘请专业公司协助。

双年会筹备期间，BDO 国际人员频繁来上海就会务事宜进行不断的沟通，有相当长的一段时间，BDO 国际从总裁到行政人员每次来上海都是带着怀疑的眼神询问，对立信能否把这次会议开好仍存疑虑。他们的想法也是基于此次会议过于重大，不能有任何差错，不然立信没法向 BDO 国际交代，BDO 国际也无法向全球 180 多家 BDO 国际联盟成员交代。在这样的背景下，立信成立了以董事长为领导的会务组，带着只能办好、不能办坏的信念投入筹备的进程中。

从 2014 年 5 月起，双年会筹办工作进入实质性阶段，经过多次谈判和协商沟通，大会主会场被安排在陆家嘴黄浦江边上的上海国际会议中心。上海国际会议中心是上海举办重大国际会议的场所，曾以举办 APEC 等国际重要会议而受世人瞩目。在上海国际会议中心，根据会议的议程，BDO 国际和立信会务组人员选定一个可以容纳近千人全体代表的大会场，还安排了其他可以召开各类专业会议的中等会场，同时还有可供小组讨论所用的各种小会议室。整个会议期间，会场种类、数量之多，繁杂程度之高，前所未有。同时，还需安排同声传译等专用设施设备。会议代表住宿和部分会议会场安排在香格里拉酒店。香格里拉为外资酒店，对于宾客的接待有许多苛刻的要求，需要与酒店一一落实细节并按要求完成各种人员信息的登记和款项预付。在此过程中，由于参会人员一直处于变动状态，酒店的客房和一些场所的预订存在较大的不确定性，稍有不慎，会造成很大损失。为此，立信会务组人员耐心地与酒店联系沟通，尽可能避免损失或把损失减少到最低程度。在与香格里拉谈判过程中，需要掌握和运用酒店行业的各种明规则、潜规则，以此在谈判中获取较好的条件和资源。

除了会议，会议外的参观游览活动也是双年会的一个重头戏。在开会之余，500 多位参会代表和部分家属需要在上海进行各种观光活动。对此，会务组安排了浦江游览和上海大剧院老上海风情剧演出。这两项活动安排需要联系游轮公司和上海大剧院。黄浦江游轮有大有小，在选用中，要么船太小容纳不下那么多人，要么船太大外观陈旧，观感不好。其中有条载客量最大的游船，船首有龙的造型，在所有的游轮是个庞然大物，很有气势，只是有点破旧不堪。几经考虑与游轮公司协商，由立信出资1万多元对游船外观进行适当修整，特别是在船栏最高处安装了巨大的BDO国际logo，远看像是BDO国际的专享游轮。由于稍做整修，又借着夜色，以前破旧的游船居然光鲜亮丽，完全胜任了浦江夜游需要的各项功能。而在上海大剧院则是把演出与夜宴放在一起，在市中心璀璨夜景映照下，在美轮美奂的大剧院内，参会代表既享用了中国美食，又能通过演出节目和互动节目了解中国和上海本土风情。这些活动安排从事后的反响来看，有着意想不到的收获，特别是游轮装修这一项，几乎没人想到可以这么做，但却实实在在地取得令人惊奇的效果。

2014年10月，BDO国际双年会如期举行。在开会前两天，先期到达上海的BDO国际外方会务人员，对会场设施是否能确保会议如期举行有些担心，特别是在场景布置、灯光要求方面提出许多苛刻的条件，甚至一度要求另外聘请外方熟悉的会务公司来现场指导。在一次协商搭建第二天会议舞台布景时，外方坚持要负责搭建的公司前一天下午4点前将货物运到会议现场，不然搭建时间不够。立信会务组人员解释会场所在的陆家嘴是交通管控区域，白天运货的卡车是无法进入的，只有等到晚上10点之后卡车方能进入，外方很是生气，觉得这样不可能完成搭建任务。当时气氛十分紧张，立信也有人提出是否迁就一下外方，但立信会务组负责人员坚定地对外方说明天早晨肯定能完成搭建，让他不必担心，外方将信将疑。当天晚上，立信安排专业公司的人员通宵搭建会场设备，第二天早晨立信会务组还没有到现场，外方跑进酒店会务组办公室，满脸堆笑地拥抱立信会务组办理此事的当事人说："你们干的活太棒了，你们太厉害了。"其实通宵干活在中国是司空见惯的事，外方不懂中国的"套路"才有点大惊小怪。

参加BDO国际双年会的各国代表来自全球180多个国家和地区，在一周内迎来送往这老些客人也是考验立信会务组的一项艰巨任务。在迎接客人的一两天内，会务组分别在上海浦东国际机场、虹桥国际机场安排接待站，所有到上海的外国代表均由接待人员举牌迎接并安排大巴从机场送至酒店。这些从全世界各地飞来的外国代表，一下飞机就有种宾至如归的感觉，对会务组的热情接待表示了强烈的好感。有些代表直接在机场接待站的展牌前与接待人员拍照留影。短暂的两天，近600名外国参会代表和家属平安到达酒店，在酒店登记处，酒店和会务组人员配合密切，会务组人员甚至

24小时值班看守，全部代表入住无一差错。除了机场接站，部分代表坐火车抵达上海，会务组同样在虹桥火车站和上海火车站安排专人接站并安排车辆送往酒店。会议结束后，会务组安排十多辆上海航空国旅的大巴车等候在香格里拉酒店大门一侧，将会议代表送往机场或火车站。上海航空国旅大巴车中英文标识清楚，车辆整洁，驾驶员服务规范，受到参会代表的一致好评。

在一周的时间内，各种细节都得安排妥当，不能出现任何差错。在用餐时，会务组已考虑到有穆斯林客人，要求酒店安排穆斯林餐食。但有一天，一位穆斯林代表突然提出，要给其安排一份只有荤菜没有素菜的菜单。原来穆斯林餐食中又有不同的细分。有些只吃素不吃荤，有些则只吃荤不吃素。对此，会务组及时与酒店沟通，提供了满足个性化需求的穆斯林餐食。还有一次，一些来自中美洲的客人对于会务安排的宴请吃腻了，要求吃汉堡，会务组安排人员买来汉堡，让客人解馋。

双年会前一天召开了BDO国际董事会，会议在香格里拉酒店特意准备的会议室，会议所需的设施、设备应有尽有。中午用餐时，酒店直接把餐食送到会议现场，参会人员对此感觉十分温馨。第二天全体代表大会在国际会议中心召开，一早，会务组安排志愿人员，在香格里拉至国际会议中心的数百米道路两边做人体指引，确保每位代表都能找到会场。会议期间，BDO国际完成了几项重要的议程，特别是对BDO中国为BDO国际所作贡献的肯定，BDO中国人员获得了BDO国际颁发的特别贡献奖。在此期间，各种大会小会轮番进行，会务组必须根据会议要求安排不同的会场，有时一个会议刚刚结束，下一个会议需要在同一会场进行，但又因会议人员不同，人数不同，需要调整会场的桌椅摆放形式。此时会务人员连同酒店人员及时进行快速有效的调整，同时确保话筒、同声传译等配套设备的跟进，保证了会议准时进行。

黄浦江夜游是双年会开会之余的一次最大规模的观光活动。那晚600多位中外嘉宾齐聚装饰一新的黄浦江游轮。上船前，码头上铺了红地毯，一支礼仪队伍等候欢迎各国嘉宾，嘉宾上船时享受了一次明星待遇。游轮上安排了自助晚餐和演出节目，数百名中外嘉宾，一边观看黄浦江两岸现代与古典的建筑，一边在灯红酒绿中纵情观赏浦江之夜。嘉宾面对风情万种的建筑和璀璨的灯火无比激动，有位代表在船上说，想到上海是一个繁华现代化城市，但没有想到是如此充满活力的一座城市。

在BDO国际年会最后一天的酒宴上，会务组安排了一场大型歌舞晚会，会议的代表边吃边舞，很是热闹。酒过半场，BDO国际人员在舞台音乐响起的同时，把立信会务组的主要成员抛入跳舞的人群。之后，从立信的董事长朱建弟到BDO国际总裁马丁和BDO国际几位董事先后被人拉上舞台抛入人群。BDO国际以这种特殊形式对立信圆满成功举办双年会表示谢意。

双年会落幕之后，BDO国际总裁马丁特意写信向立信表示感谢。在信中他对立信在双年会中所做的工作表达了由衷的赞美，表示立信在此次双年会筹办中，不仅高效合理地组织完成了双年会全部会务，而且让所有参会代表很好地体验到了中国的文化。确实，此次双年会，立信不仅完成了所有的会务工作，而且在成本费用控制方面堪称完美，是BDO国际双年会历史上的一个经典。BDO国际甚至还给立信聘请的文化演出公司写信表示感谢，感谢他们在这一周做了不可思议的工作，是一个值得依赖的服务公司。

时光荏苒，转眼将近十年，双年会的那些情景和那些付出的艰辛并不因为时光的流逝而消失，反而在时间的流淌中，愈加值得回味和珍惜。这也许会给立信后人带来宝贵的经验和智慧，让立信在BDO国际大家庭中更显风采，同时践行潘老先生"信以立志，信以守身，信以处事，信以待人，毋忘'立信'、当必有成"的二十四字箴言。

潘序伦会计诚信思想的形成与当代价值

王卫星[①]

潘序伦的会计诚信思想根植于中国传统文化的土壤,同时也深受西方信用文化、会计法律制度规范以及国内会计改革的影响。从学术研究视角看,潘序伦在其会计理论研究中奉行诚信原则,借鉴西方先进的会计理论,结合中国工商业发展的现实开展研究;从会计教育视角看,将"立信"作为会计学校的校训,大力倡导诚信教育;从会计执业视角看,将诚信思想具化为会计职业道德,深化到对会计执业者的具体要求中,并将会计职业道德概括为"四字""六词""三方面"。

一、引言

潘序伦先生是中国现代会计的奠基人,他一生为会计事业奋斗了60多个春秋,开创了立信会计师事务所、立信会计学校和立信会计图书用品社"三位一体"的立信会计事业,将"信以立志,信以守身,信以处事,信以待人,毋忘'立信',当必有成"作为办学、做实务的信条。潘序伦所建立的以诚信为核心的立信精神是中华会计文化中的瑰宝。

现代社会的各种关系,无论是经济方面的还是社会方面的,无论是物质方面的还是精神方面的,都需要以契约形式建立。会计在现代社会成了维系投资者与经营者、生产者与消费者、市场与企业、政府与企业、企业与客户、管理者与员工等各种契约关系的基础。契约精神之关键在于诚信,会计诚信原则源于会计服务于经济社会中这

---

① 作者系常州大学原副校长。

种契约关系的本质特性。法国著名学者阿兰·佩雷菲特在《论经济"奇迹"：法兰西学院教程》一书中考察了荷兰、英国、美国和日本四个国家经济后，提出竞争和诚信是这些国家出现经济奇迹最为重要的原因之一。他认为，竞争与信用相辅相成，信用的确立是经济发展的一项前提，而会计正是维持信用的主要甚至是唯一工具。由此可见，"会计诚信是会计与生俱来的品质。从根本上说，会计诚信是社会经济文化不断走向文明的内在要求"①。

诚信思想与市场经济的"公开、公平、公正"原则高度匹配。会计诚信是市场经济发展的重要保障。在当今我国正在推进经济高质量发展的形势下，研究潘序伦会计诚信思想的渊源，挖掘先生的会计诚信思想的精髓，传承立信精神，对于完善我国诚信体系建设，更好地服务经济建设，具有重要的现实意义。

二、潘序伦会计诚信思想产生的基础

潘序伦会计诚信思想的形成与传统文化的熏陶、西方信用制度文化的影响和国外准则规范的启示密切相关，也是依据会计审计职业属性并顺应时代要求的产物。

(一) 传统文化的熏陶

潘序伦出身于书香世家，少时接受的是私塾教育，这一阶段，他所读的书，除了论孟诗书传史，还读了不少时文，同时又读《数理精蕴》《瀛寰全志》《万国史纲目》等书。潘序伦说："我国文的小小根底，不能不说是那时候造成的。"② 13岁时他进入学堂学习，学校虽然开设了数学、中外史地、英文等课程，但是"四书""五经"和《史记》等古典文学仍是要学习的主要课业。传统文化中的"信"和"义"，给他的会计思想打下了深深的烙印。中华传统文化的滋养是潘序伦会计诚信思想的重要来源。

潘序伦在上海浦东中学求学遭遇挫折后，转入常州府中学堂就读。该学校建于1907年（清光绪三十三年），而后历经艰难延续至今，现在名为"江苏省常州高级中学"。这所学校历史悠久，颇负盛名，中国共产党早期领导人瞿秋白、张太雷都曾就读于这所学校，著名史学家钱穆、文学家刘半农、语言学家吕叔湘、周有光等皆为该校校友。常州府中学堂具有优良的传统和学风，该校的校训为"存诚、能贱"，至今仍然

---

① 杨雄胜.会计诚信问题的理性思考[J].会计研究,2002(3):6-12,65.
② 潘序伦.求学经过的自述[J].立信会计季刊,1935,2(7):347-359.

沿用。学校希望他们培养的学生对国家忠诚、对他人真诚、对事业坦诚，能够踏实做事。该校打造的"存诚、能贱"校训，对青年时期的潘序伦有着潜移默化的影响。

（二）西方信用文化的影响

20世纪20—30年代，正值西方经济大萧条时期，经济危机引发了世界范围内的信用危机，尤其是人们对会计信用的思考。潘序伦先生在美国求学时期，美国的企业筹集生产经营所用短期资金已经逐渐依赖银行发放的贷款，因此，一方面，企业需要积累良好的信誉；另一方面，因为企业申请银行贷款时需要向银行提供经过注册会计师检查证明的资产负债表，所以会计师进行审计也是为了信用。与此同时，会计师们也要树立自己的信誉。这种环境促使美国的信用文化快速发展。1924年秋，潘序伦先生完成学业后，在回国途中，还去了欧洲许多国家进行了自费考察，对欧洲大陆各个国家的信用制度文化感受良多。西方信用文化的发展对潘序伦的会计诚信思想具有一定的影响。

（三）国外准则规范的影响

1922年前后，美国各大洲相继颁布了会计师法。20世纪30年代，美国先后颁布了《证券法》《证券交易法》，出台了公认会计准则（GAAP），公布了《会计系列公告》等。这些法规制度的实施开启了会计审计接受准则规范的时代。这种通过制定和完善法规制度来规避会计舞弊、通过独立审计提高信用的做法，对潘序伦会计诚信思想的形成具有重要的影响。

（四）国内会计改革的影响

潘序伦学成回国后，正值我国民族资本主义工商业快速发展阶段，传统的中式簿记逐渐暴露出它与机器工业生产及近代商业发展不相适应的种种弊病，会计的改革势在必行。在此环境下，西方的复式簿记方法被介绍和引进到中国。在簿记革新的浪潮中，我国会计制度取得了突破性的发展。当时的政府也对政府会计组织进行了改革，并出台了一系列会计法规制度。如国民政府财政部颁布了《会计师注册章程》，后来会计师划归工商部管辖，继而又颁布实施了《会计师章程》，国民政府立法院先后出台了《会计师条例》《公司法》《会计法》《营业税施行细则》《银行收益税法》《所得税暂行条例及施行细则》等法规条例。[①] 国内民族工商业的发展、会计改革与法律法规逐步健

---

① 陈春华.潘序伦会计诚信思想形成的历史背景分析[J].商业时代,2007,388(21):109-110.

全，为潘序伦会计诚信思想的形成提供了肥沃的土壤。

三、潘序伦会计诚信思想的内涵

（一）诚信的含义

诚信，是中国会计独特而丰富的精神内核和灵魂，也是立信精神的核心。据汉语词典释义，"诚"为真实、实在之意；"信"为信用、相信之意；"诚信"，通常是指真实、诚恳、言行一致，守信用、讲信义、立信誉。中国传统文化中，"诚"与"信"作为伦理规范和道德标准，最初是分开使用的，"诚"是从天道而言，指真实的内在道德品质，即"内诚于心"；"信"是从人道而言，指使人信任，即"外信于人"。随着诚信文化的发展，"诚"与"信"紧密相联，组合了一个内外兼备、具有丰富内涵的词汇："诚信"，即诚实守信，表达以真诚之心，行信义之事。中国传统伦理十分重视对诚信问题的研究，古代文献中，《尚书》最早出现"诚"字，《周易》记载："修辞立其诚，所以居业也。"孔子提出，"民无信不立""人而无信，不知其可也"。孟子曰："诚者，天之道也，思诚者，人之道也，至诚而不动者，未之有也；不诚，未能有动者也。"荀子则说："诚乃政事之本。"千百年来，诚信被中华民族视为自身的行为规范和道德修养。

（二）会计诚信与立信思想

会计诚信表达了会计对社会的一种基本承诺，即客观公正、不偏不倚地把现实经济活动反映出来，并忠实地为会计信息使用者们服务。会计诚信并不是一个抽象的道德问题，而有其十分复杂的社会、经济、文化甚至是政治背景。

潘序伦的会计诚信思想是在其"三位一体"的立信会计事业中形成的以诚信为核心的价值观念，是"立信"思想的核心。潘序伦认为，要开展会计师业务，首先要取信于社会，因之取《论语》中"民无信不立"之意，将潘序伦会计师事务所更名为立信会计师事务所。自此，他将所办会计学校、会计图书用品社皆以"立信"命名，把组织编译出版的图书定为"立信会计丛书"，将创办的期刊定为"立信"会计系列期刊。

潘序伦将"诚信"这一中国传统道德规范融入"三位一体"的立信会计事业之中，一生始终将"诚信"作为其思想追求、实践指南和行动准绳。[①] 潘序伦的诚信思想不仅

---

① 邵勃.论潘序伦会计诚信职业道德思想的内涵[J].中国集体经济，2020，624(4)：125-126.

体现在"立信"这一命名中,也体现在他的演讲、论文与书籍中,更贯穿于他的日常会计审计业务和教育实践中。

(三)潘序伦会计诚信思想的主要内容

潘序伦会计诚信思想的内涵十分丰富,贯穿在他的会计学术研究、会计教育和会计执业等事业发展的全过程。

从学术研究视角看,潘序伦在其会计理论研究中恪守诚信原则,坚持实事求是,既借鉴西方先进的会计理论,又结合中国工商业发展的现实开展研究。与此同时,他从诚信理念出发,研究我国经济中的信用制度等多个与诚信相关的理论问题。

潘序伦早在1928年就撰写了《会计师职业与信用制度之关系》[①]一文,专门研究了在我国建立信用制度的问题。首先,他分析了当时国内信用制度的建设情况:"我国信用制度之设立,虽远在千百年前,但近世纪间,其发达实远逊欧美各国。"其次,他论述了信用制度在我国民族工商业发展中的重要性以及维护社会信用制度的方法,"最近数十年中,银行事业勃兴,大小企业,均逐渐注重利用信用以为筹措短期长期资本之方法",对于各种大小企业,如果没有信用以资周转,绝大多数难以维持营业现状,不得不闭门停业。维护社会信用制度,为全社会提供保障,"惟赖社会各企业,厉行经济公开之法",换言之,经济公开是维护社会信用制度至关重要的方法。潘序伦对诚信有独到的认识与深刻的理解,提出了一个十分新颖的观点:将"信用"列为生产要素之一,甚至认为信用要素从某种意义上讲比资本更重要。"信用为生产要素之一,在近代社会中,其重要且胜于资本,因信用所赋予者无限止,无穷时也""故社会信用制度,亟须确立"。可惜的是,"信用为生产要素之一"这一观点后续没有引起学界的足够重视,也没有被社会广泛接受。尽管如此,这个观点还是让我们领略了潘老的创新性思维。

从会计教育视角看,潘序伦始终是诚信思想的践行者。第一,潘序伦将"立信"作为立信会计学校的校训,将"立信"一词进一步延伸解释为:"信以立志,信以守身,信以处事,信以待人,毋忘'立信',当必有成",并将之作为培养会计人才和办理会计实务的信条。第二,他在60多年的会计教育生涯中,坚持培养人才,不忘初心,以身作则,始终保持"信以立志,信以守身,信以处事,信以待人"的诚信本色。

---

① 潘序伦.会计师职业与信用制度之关系[J].经济汇报,1928,4(1):8-9.

第三，他教育青年学生以诚信为本，将品德教育嵌入职业教育之中。他呼吁"有志于会计职业之青年"，"不可不先在德性学识经验三方面，加以充分而适当的修养"，"会计的人格，即可以信之一字概括之"①。有学者指出，"潘序伦兴办的职业教育，注重德育、智育、体育的全面发展，尤其是大力倡导诚信教育"，"在当时的中国，应该属于新式教育事业"。②

从会计执业视角看，潘序伦将诚信思想具化为会计职业道德，深化到对会计执业者的具体要求中。潘序伦曾多次著书立说，阐发其会计职业道德思想。潘序伦诚信为本的会计职业道德思想，有其深刻的思想根源，更是从其亲身经历的会计实践中总结出来的。

潘序伦关于会计职业道德的论述，在不同阶段针对不同层面的人员有不同的表述，他在1933年、1943年和1984年发表的三篇论文中，比较典型和完整地论述了会计职业道德，其核心内容可概括总结为"四词""六字""三方面"。潘序伦在1933年撰写的《中国之会计师职业》③一文中指出："故'诚信'二字，实为会计师职业成功失败之所系，证著者个人之经验，益深信之而不疑。"该文中，他将会计师职业道德归纳为公正、诚信、廉洁、勤奋四个词。1943年他在《吾国之会计师职业》④一文中进一步将会计师职业道德归纳为公、信、廉、密、勤、敏六个字，强调会计师职业要以第三者之超然地位秉公处理，以建立信用为要件，廉洁自重，注意保密，勤恳及时地办理各项业务。1983年他在《谈谈会计人员的职业道德》⑤一文中从品德、责任和业务技术三个方面进一步阐述了对会计人员的职业道德要求。从品德方面看，会计人员应该"遵纪守法，以身作则"，"坚持原则，廉洁奉公"，"忠诚老实，毋忘立信"。从责任方面看，财会人员要尽职尽责，如实反映会计核算内容，还应该厉行节约、精打细算。从业务技术方面看，会计人员"必须勤学苦练，精通专业"。

尽管上述关于会计职业道德的论述发表在不同时期，所针对的会计人员层次上也有差别，但是他所倡导的关会计职业道德始终以"诚信"二字为中心，"会计师应具美

---

① 潘序伦. 敬告国内有志于会计职业之青年[J]. 立信月报,1940,3(7): 7-8.
② 徐光寿. 论潘序伦诚信教育思想的特点[J]. 思想政治课研究,2015,216(6): 10-14.
③ 潘序伦. 中国之会计师职业[J]. 立信会计季刊,1933,2(1): 1-40.
④ 潘序伦. 吾国之会计师职业[J]. 立信会计月报,1943,2(5): 5-6.
⑤ 潘序伦,丁苏民. 谈谈会计人员职业道德[J]. 财务与会计,1983(4): 5-6.

德,断难缕述,而诚信二字,最为重要,成功失败之机,实可谓全在于此"①。

四、潘序伦会计诚信思想的当代价值

2012年,习近平总书记作出重要批示,要求注册会计师行业要"紧紧抓住服务国家建设这个主题和诚信建设这条主线",将党和国家对会计行业的诚信建设要求提升到了新的高度。2022年,党的二十大报告进一步强调:"弘扬诚信文化,健全诚信建设的长效机制。"在当前我国加快构建以国内大循环为主体、国内国际双循环相互促进的新发展形势下,倡导诚信思想、完善信用制度对于营造"公开、公平、公正"的市场经济环境至关重要。

当今社会,会计诚信的缺失已经成为一个国际性的难题,也是国内外经济发展过程中难以治理的顽症之一。会计诚信的缺失,增加了市场的交易成本,阻碍着市场的正常发育,不仅可能危害投资者的利益,也同样有可能给债权人、企业职工等利益相关者带来极大的损失,制约了经济的发展和社会的进步。

潘序伦的会计诚信思想将我国传统文化的精髓"信义"引入会计,赋予了会计深刻的思想内涵,并借鉴西方先进的信用制度化方法,将西方的契约文明"嫁接"到会计之中,使中国现代会计符合世界工业文明发展的需要。他首倡会计诚信,在开创我国新式簿记之时就将诚信文化与职业道德建设内化于立信会计事业之中,建立了具有诚信思想灵魂的中国近现代会计理论与实践体系。潘序伦的会计诚信思想在当代仍然具有十分重要的价值。古人云,有坐而论道,不如起而行之,潘序伦一生坚持诚信为本,通过多种途径广泛传播会计诚信思想,将道德品质教育贯穿到会计职业教育的全过程、具化到对会计执业者的具体要求中。挖掘潘序伦先生诚信思想的精髓,重塑会计诚信,提升会计职业道德水平,对于优化营商环境,促进新时期我国经济的高质量发展,有着重要的现实意义。

---

① 潘序伦.会计师秘诀[J].生活,1928,3(21).

潘序伦对会计事业的历史性贡献

程瑞川[①]

在近代中国会计的发展历程中,潘序伦作为现代会计的奠基人,为中国会计事业的建立与发展作出了不可磨灭的历史性贡献。他提出的会计诚信思想,是注册会计师行业生存立业的生命基石。他建立的会计实业、会计教育、会计出版产学研三位一体的会计事业发展体系,开创了现代中国会计发展的先河,在世界会计发展史上也是空前的典范。

会计诚信思想是注册会计师行业发展的基石

诚信是中华民族的传统美德,讲求信誉历来是中华民族的优良传统,诚信是我国传统伦理文化的重要范畴。《论语·子路》曰:"言必信,行必果,硁硁然小人哉。"《管子·枢言》曰:"先王贵诚信。诚信者,天下之结也。"诚信作为中华传统美德的重要内容,在社会生活中发挥着巨大作用,历来被人们所肯定和推崇,被视为兴业之基、立身之本。思想是力量,任何组织要走在时代前列,不能没有思想的指引。

诚信是中华文化传统中基本的道德原则,是社会主体在交往活动中所获得的、在社会上公认的信用和声誉。中华民族自古就有"民无信则不立,商无信则不兴,国无信则不威"的传统。儒家文化先祖孔子提出"民无信不立"。诚信是人的观念、意志、品质、修养的综合体现,是人行为的根本准则。诚信是道德规范,要求人们在社会交往中坚持诚实守信。诚信是每个人最基本的行为规范与职业操守,是个人内在的心灵

[①] 作者系《财会论丛》(电子刊)主编。

约束。诚信是一切道德的根基和本原，不仅是个人的美德和品质，而且是社会道德的原则和规范；不仅是内在的精神和价值，而且是外在的声誉和资源，是社会文明的象征，是国家综合实力的表现。诚信是中华精神和民族灵魂的固有内涵，积淀着中华民族最深沉的精神追求，是中华民族生生不息、发展壮大的丰厚滋养，是中华优秀传统文化沉淀的道德精华、突出优势及深厚的软实力。

诚信不仅是道德规范，也是经济活动的基本行为规范。市场经济是信用经济，诚信是市场经济的灵魂，是市场经济正常运行的基础。在经济活动中，若道德缺失，信用遭破坏，会导致市场秩序混乱，阻碍社会经济的发展，坚持诚信理念能有力推动经济发展和社会进步。诚信也是经济资源，在社会经济发展中具有重要的实践价值。随着社会分工的细化和交换方式的变化，诚信被赋予重要的经济价值。诚信有助于业务的开拓，市场占有量的扩大，企业实力的增强，而诚信一旦缺失，就失去走向市场的通行证，企业很可能会被社会所淘汰。诚信是注册会计师行业的灵魂及生存发展的基石。注册会计师作为会计信息的鉴证者，是社会监督体系和社会信用体系的重要组成部分。生存资本就是自身的诚信，离开了诚信，注册会计师行业就失去了生存和发展的根基。

出生于书香世家的潘序伦，深受中华传统文化思想熏陶，接受西方现代科学知识的教育，对注册会计师职业诚信有独到的认识与深刻的理解。他从社会、职业及个人的层面，对诚信进行了深刻的诠释。他指出，信用是生产要素之一，在社会中其重要性胜于资本，社会经济的发展必须建立信用制度，而社会信用制度的保障须经过注册会计师签证，会计诚信是社会信用制度的基础。他认为，诚信是职业道德，在职业道德中处于核心地位，是各行各业所倚赖的道德品质。诚信对会计职业尤其重要，如果会计师本身不能以诚信自期，就谈不上保障社会信用，诚信是会计师职业的关键。他强调，诚信是人格素养，立志和守身是个人修养。立志是起点，守身是延续，"立志"要树立以"信"为基的志向，"守身"则是要把这种志向内化为人生观和价值观，持之以恒地贯穿于人发展的始终。

基于对会计诚信的本质内涵的深刻认知，对会计师信誉重要性的深层思考，潘序伦以中华传统优秀文化精髓的诚信所具有的深刻内涵融入事务所的名称，把成立时以个人命名的"潘序伦会计师事务所"改为"立信会计师事务所"，将诚信作为会计师事务所的初心与使命，让事务所以诚信取得社会的信誉，以诚信生存立业、以诚信求发展。在确立事务所初心使命的基础上，他创造性地提出了"信以立志，信以守身，信以处事，信以待人，毋忘'立信'，当必有成"的会计诚信论说，作为立信会计师事务所必须遵循的执业准则，用以规范从业人员的执业行为。会计诚信不仅为立信会计师事务所发展壮大提供了思想指导与行为规则，经过百年历炼演化成为注册会计师行业的基石，对注册会计行业诚信建设产生了深远的历史影响。

潘序伦将中华优秀传统文化精髓的诚信元素融入品牌建设，作为会计师事务所的品牌定位，不仅充分体现了会计师事务所的本质属性，确立其社会地位、职业理念与形象标志，而且使其能超越时空的局限，彰显经久不衰的强大生命力和与公信力，成为会计师事务所永恒的使命追求与职业精神。将诚信作为会计师事务所品牌定位，是立信历经百年市场锤炼久盛不衰，不断发展壮大，成为中国会计师事务所民族品牌的核心。这是潘序伦对中华优秀传统文化继承弘扬的生动实践，也是他对中国注册会计师行业发展做出的历史性贡献。

会计诚信论说具有重大的现实意义，是注册会计师行业生存发展的根基。注册会计师行业作为资本市场的守门人，是社会监督体系和社会信用体系的重要组成部分，是市场经济体制有效运作的制度基础，是市场经济诚信链条的关键环节。在所有行业中注册会计师行业与诚信之间的关系更为密切，注册会计师行业的诚信不局限于特定的个体或特定领域，而是关系整体社会经济秩序。如果注册会计师守责把关不严，诚信缺失，不仅扰乱社会经济秩序，影响社会经济的健康运行，还会给广大投资者造成严重损失，重创社会公众及投资者的信心。诚信是注册会计师行业安身立命之本，是注册会计师行业服务国家经济社会建设及维护社会稳定的内在要求，是注册会计师的立业之基。一个世纪的锤炼，诚信精神已深深根植于会计执业人的心中，成为忠诚敬业的座右铭，成为注册会计行业的灵魂。

无论是风云变幻的动乱年代，还是金钱物质的诱惑时期，立信会计师事务所始终将诚实守信作为生命线。潘序伦是会计诚信论说的创立者，更是会计诚信实践的带头人。不管是担任部门要职还是从事会计师职业，他以身作则，身体力行，率先垂范，坚持诚信。在担任中国银行高管期间，对银行准备金弄虚作假的行为，面临"破坏抗战"的高压威胁，他也不谋私利而失信于民，拒绝在不真实的财务报表上签名，以辞职予以抵制与反抗，坚守诚信的原则。在会计师执业过程中，他宁可放弃业务收入也不迎合一些委托人的要求而出具虚假审计报告，保持诚信独立公正。

从立信会计师事务所开业之日起，潘序伦就要求会计师事务所的同仁，一定要讲诚信，要坚持诚信执业，取信于社会。承办业务必须在"信"字上多下功夫，对人对事要保持"信誉"，以建立"信用"为首，客观公正、不偏不倚地反映经济活动的真实情况，忠实地为会计信息使用者提供诚信服务。潘序伦对财务造假的业务宁可放弃收入也绝对不接受，针对当时社会财务造假泛滥的不良风气，他宣布不做查账业务，不愿同流合污，玷污自己的神圣职业。他多次谆谆告诫弟子们，必须树立诚信观念、坚守诚信职业道德，严格自律，不要怕丢失业务而不坚持诚信，坚持诚信会吸引更多的客户，要让社会认为"立信"是信得过是可靠的，建立与社会信任关系，以诚信立业，以诚信求生存发展。正是他坚持诚信执业，立信会计师事务所在社会上树立了良好的形象，赢得了客户的广泛认同与一致好评，从而引来大批的业务，不仅促进了事务所的发展，也为立信的品牌注入了诚信基因。

会计产学研发展模式开创会计事业发展的历史先河

在中国会计发展史上，将会计职业上升为会计事业，是立信会计创始人潘序伦的历史性创新。他通过创立立信会计师事务所为会计人才培养提供园地；创办立信会计学校为会计师事务所及社会各界培养所需要的会计专业人才；成立立信会计图书用品社提供理论指导实践。他创造性地建立了立信会计师事务所、立信会计学校、立信会计图书用品社相结合的立信会计事业和综合发展模式，开创了会计事业发展的新天地。

立信会计师事务所诞生于20世纪初的中国。当时是社会经济发生转折的时期，经济发展水平较低，科学技术水平不发达，会计作为社会经济体系的重要组成部分，技术方法同样很落后。事务所成立的初期，技术方法主要是改良中式簿记，学习科学的复式簿记。潘序伦在立信会计师事务所举办不同形式的培训班，传授西方复式簿记的知识、技能与方法，逐步建立了立信会计师事务所的技术体系，为事务所的发展奠定了技术基础。

20世纪30年代，立信会计师事务所以其诚信执业的声誉，迅速在上海站稳市场，服务对象及业务范围快速发展，上海地区著名的企业及组织，如南洋兄弟烟草公司、永安纱厂、大中华火柴厂、邮政汇业总局、黄河水灾救济委员会等，都是其服务的客户对象。服务客户数量也由事务所成立初期的数十家，发展到后来，超过万家，在鼎盛时期几乎垄断了中国所有的会计、审计业务，其业务规模位居国内会计师事务所前列。

在事务所业务规模不断扩大的同时，立信会计师事务所开始扩张服务的领地，将服务地域从上海延伸至全国。从1939年开始，立信会计师事务所先后在桂林、重庆、南京、广州、天津等国内经济发达的重要城市设立分所，其机构布局涉足国内重要地区。新中国成立前夕，立信会计师事务所是中国会计界影响最深、规模最大的会计师事务所，位居当时中国"四大"著名会计师事务所之首。早在70年前，立信会计师事务所已处于中国注册会计师行业的龙头地位。

立信会计师事务所开业于20世纪20年代的中国，时值我国民族工商业快速发展时期。受西方资本主义影响最深的上海，民族资本工商业发展较快，是远东地区金融贸易的枢纽，在中国社会经济生活中的地位逐步提高。工商业的发展推动了贸易活动的增加，为会计师事务所的发展提供了业务市场。立信会计师事务所利用这一有利条件，广泛开展多元化业务。客户中既有新兴民族工商业和中外合办企业，也有政府机构和行业团体组织；既有常规经济活动中会计服务、审计查账、破产清算、税务服务、法律咨询、财务顾问、会计培训等，又有战乱时期的稽核公证、战时服务。新中国成立前夕的首项国外业务波兰轮船公司的审计，是由立信会计师事务所完成。

立信会计师事务所成立伊始，潘序伦特别注重人才建设。事务所成立后招聘社会青年，在事务所设立簿记训练班，由他本人及事务所工作人员，培养事务所需要的专业人才。随着事务所规模的扩大，参加学习人员的增加，事务所陆续举办了"晨校""星期日校""速成班"等多种培训。这些培训为事务所提供了所需的人才，但这些短期的培训方法由于学习时间短，课程单一，内容浅显，难以培养高级会计专业人才，不仅不能满足事务所规模扩大、业务复杂对人才的要求，也不利于事务所的长远发展。潘序伦随后创办立信会计学校，开始系统培养会计专业人才，立信会计学校由此成为立信会计师事务所的人才基地。在自主培养人才的同时，立信会计师事务所成立时还从东南大学和暨南学校毕业学生中选用学员，登报招考录用社会会计人才就业。通过事务所自主培养、高校引入、社会招聘等多种形式，不但扩大了会计人才队伍，而且探索积累了人才培养的经验，有力地促进了会计师事务所的发展。

创立初期立信的人才培养，主要采用事务所内部力量进行培训。以潘序伦为首的事务所工作人员，自编各种讲义教材，利用会计师事务所的自身条件，在事务所内部利用晚上空余时间上课，传授会计知识和专业技能，提高学员的工作能力，培养会计师事务所人才。教师们在教学中不仅传授学生专业知识，而且还十分重视学生的品德教育，对学生进行会计职业道德和纪律教育，以培养好的学风和工作作风。因其治学严谨，重视教育质量，注意教学方法和效果，边学边做，讲究实效，学校培养的学生普遍得到好评，培养了大量的会计人员，学员遍及海内外，为会计师事务所培养了大批合格的人才，有力地推动了立信会计事业的持续健康发展。

潘序伦创立的教学、实践与研究相辅相成、相互促进的产学研"三位一体"模式，具有深远的历史意义与重大的现实价值，对会计发展具有多重的启示效应。建立会计师事务所作为会计实践主体，探索会计师执业方法，积累会计师执业经验，为会计人才培养及会计理论研究提供案例素材；创办会计学校作为人才培养阵地，为会计师事务所发展培养所需的会计专业人才；创建会计出版社作为研究平台，提炼立信会计师事务所实践经验，将会计实践经验上升为理论，为会计师事务所实践提供指导。会计师事务所、会计职业教育、会计图书出版"三位一体"的"实业组合链"是综合发展体系。这一发展模式不仅支撑了战乱年代立信的生存发展，也奠定了当代立信腾飞发展的基础。产学研"三位一体"模式被社会及业界誉为培养中国现代会计人才的摇篮，是会计实务创新与发展的平台，是先进会计理论与方法的孵化器。"产学研"一体化的开拓性、系列性、组合型发展模式，开创了现代中国会计事业发展的先河，在中外会计发展史上也是空前的创新，至今仍值得行业深思与萃取精华。

领略先生学术智慧　坚守会计诚信文化

笑　雪①

潘序伦先生被誉为"中国现代会计之父",是我国著名的会计学家、教育家、企业家和出版家。他一生呕心沥血,不辞艰辛,为开拓我国会计事业作出了卓越贡献。作为一名深受潘先生学术熏陶的会计人、期刊人,在潘先生诞辰130周年暨上海立信会计金融学院建校95周年之际,为传承先生学术精神、弘扬会计诚信文化、促进会计高质量发展,谨以此文表达对潘先生的深切怀念之情。

一、潘序伦先生学术思想与《会计之友》办刊实践

潘先生主张中国会计学和会计人应以弘扬中华优秀传统文化为立足点,在注重原汁原味引进西方会计理论和方法的同时,赋予中国会计更多新的时代和实践内涵,这对于我们厘清当前中国会计发展思路极具启发意义,值得后辈认真研究。我们要继承先生学术遗产,弘扬先生高尚风格,充分体现中国会计学和会计人的文化自觉,积极彰显中国会计学和会计人的创造性和生命力,让中国会计学和会计人的未来呈现勃勃生机。

时代呼唤英雄,英雄造就时代。潘先生曾言,"深知欲谋吾国会计之改良,非注力研究不为功",而编辑书报既是重要的学术传播方式,又能通过会计教育为会计学术研究奠定基础。为传播先进的会计理论和方法,潘先生创办了《会计学报》《立信会计季刊》等杂志和立信会计图书用品社,形成了会计师事务所、会计学校及会计图书用品

---

① 作者系《会计之友》杂志社总编。

社"三位一体"的会计事业发展模式。

《会计之友》自1983年创刊以来,立足会计改革和发展实际,聚焦会计理论和实践前沿问题,秉持"追求卓越,我们全力以赴"的办刊理念,努力引导作者以"大格局"做"大研究",胸怀大德,涵养大爱,写出有思想、有高度、有温度、有厚度的好文章。《会计之友》先后刊登了十余篇传承潘先生学术思想,弘扬潘先生学术精神的好文章。例如,首都经济贸易大学付磊教授的《会计泰斗事业楷模:潘序伦先生》(1999年第8期),首都经济贸易大学马元驹教授和杨世忠教授的《对我国会计职业群体"希波克拉底誓言"的期盼:兼论潘序伦先生的会计职业道德思想》(2009年第4期),西安交通大学城市学院王海民教授的《潘序伦立信会计思想研究》(2011年第1期),南京审计大学李相森博士的《论潘序伦审计思想》(2022年第5期)等。

《会计之友》倡导"大会计""大财务""大审计",坚持突出政治站位、历史方位、学术品位,秉承"以内容为王,为广大读者作者服务"的核心理念,让会计学术思想的种子生根发芽、开花结果,坚持理论研究与服务实践相统一,围绕期刊质量提升、专业学术交流等工作,注重期刊内容和研究方法创新,充分运用各类新媒体,构建良性的融合发展新格局新生态。作为会计人、期刊人,有责任也有义务引导作者和读者突破学术思维局限、打破会计理论研究固有观念,开放包容地吸收更多研究理论成果,拓宽学术研究视角,以全局性的战略眼光分析问题,组织优秀作者、优质资源,深入推进新时代会计研究选题策划工作,为不断增强文化自信、历史自信和增强历史主动,打造更多原创性、时代性的学术精品,切实推进新时代财会监督、会计人才等工作,助力会计事业高质量发展。

二、潘序伦先生学术思想与会计诚信文化

司马光曾说:"唯德才俱者贤士也。"潘先生认为,诚实守信是中国会计精神灵魂的信念,坚持以德立身,以德立学,他是我国会计诚信文化的首倡者,鲜明地提出了"信以立志,信以守身,信以处事,信以待人"的立信准则,旨在传承中华优秀传统文化精髓,学习西方契约文明内核,这一准则是先生一生坚守的思想信条。

"民无信不立"。在潘先生看来,信用无疑是会计工作的根本。以财会工作为职业的会计师更需要在社会上建立起一种"诚实不欺"的信誉。

潘先生在担任银行准备基金的检查员时，曾发现金银准备不足，而以其他银行的本票来抵补，这不符合规定，银行派人以"破坏抗战"的大帽子相压，最终先生不为谋私利而失信于民，坚决辞去银行发行准备金会计师的职务。潘先生一生在会计执业过程中表现出的大公无私和谨慎诚信的操守为会计人树立了光辉的榜样。

《清朝文献通考》记载："山右巨商，所立票号，法至精密，人尤敦朴，信用最著。"

言必信，行必果！晋文公重耳，做公子时曾经逃往楚国，楚国则以国宾之礼相待，宴请期间楚王直言不讳地问重耳将来如何报答我呀？重耳也毫不犹豫地回答，如遇两国交兵，他当"退避三舍"。公元前632年，晋楚军队在城濮相遇，晋文公为了兑现自己的承诺，马上命令自己的军队后撤数十里。

关公文化的核心，忠义神勇，诚信仁义，义薄云天。

一诺千金、立木为信、宋濂借书……

小德川流，大德敦化。"诚信"二字在我国优秀传统文化中体现得淋漓尽致。

古人云："天失信，三光不明；地失信，四时不成；人失信，五德不行。"

德领才、德蕴才、德润才。不养德修身，难以成有用之才。为推进会计诚信体系建设、提高会计人员职业道德水平，2023年1月，财政部制定印发了《会计人员职业道德规范》，提出了"三坚三守"——"坚持诚信，守法奉公""坚持准则，守责敬业""坚持学习，守正创新"的核心内容，强调了新时代会计人员"坚"和"守"的职业特质和价值追求。

2023年4月，习近平总书记在学习贯彻习近平新时代中国特色社会主义思想主题教育工作会议上指出，我们要注重实践，善于观察时代、把握时代、引领时代，积极识变应变求变，解决经济社会发展中存在的各种矛盾问题，防范化解重大风险，推动中国式现代化取得新进展新突破。

会计的发展离不开赖以生存的经济环境，潘先生在特定的时代背景下审时度势，慎思笃行，开创了立信会计事业。

杨纪琬先生在评价潘序伦先生时曾说："潘先生在治学、讲学和做学问上，有一股顽强的精神，锲而不舍，坚韧不拔，终于攀登了会计学术上的高峰。特别是潘先生理论联系实际的学风，是值得赞赏的。"[①]

---

① 杨纪琬.序[M]//潘序伦.潘序伦回忆录北京：中国财政经济出版社，1986：7.

作为新时代的会计人、期刊人，我们要将习近平新时代中国特色社会主义思想作为会计理论研究和实践的根本遵循，坚定鲜明的政治立场，传承先生学术精神，顺应社会之变，破解时代之问，俯下身子做调研，脚踏实地做研究，发扬学术民主，鼓励解放思想、大胆探索，营造积极健康、宽松和谐的氛围，提倡会计界不同观点和学派充分讨论，提倡各类文章体裁、题材、形式、手段充分发展，推动观念、内容、风格、流派切磋互鉴，创新会计理论，丰富会计实践，弘扬会计文化，以文立心，不断焕发会计学术思想和会计文化的生命力和创造力。

会计人·势道术

徐光华[①]

我写下这个题目，还是缘于最近一次拜访著名会计学家、中南财经政法大学教授郭道扬先生时，谈及传统文化"势道术"及"中国现代会计之父"潘序伦先生130周年诞辰，郭老高度评价潘序伦先生对中国会计改革作出的卓越贡献，其"势道术"值得我辈好好学习与领悟。但郭老对"中国现代会计之父"的称号有他自己的观点，因为"现代"尚在进行时，似还不便下定论，若改为"近代"则更为恰当。对此我深表赞同。

长江商学院创始院长、著名会计学教授项兵先生为长江商学院确立的校训为：取势、明道、优术。他对这六字校训的理解如下：

取势——审时度势，把握中国及世界发展大势，具备清醒的自我认识、开放的全球视野、强烈的危机意识和高瞻远瞩的眼光。

明道——结合中国博大精深的管理之"道"及中国企业的发展现状和特殊性，掌握在全球范围内进行资源整合，在全球市场竞争中搏击并胜出的商学新道。

优术——以古鉴今，深刻理解中西方文化内涵，虚心学习并在此基础上创新西方先进的管理之"术"，做到古为今用，洋为中用。

拜见郭道扬先生那天，我带上自己的书法作品——"明道正则"，请先生指正（图1）。

那么，"势道术"滥觞在何处？潘序伦先生之势道术又如何解析？我们当下又该如何学习前人的宝贵财富，运用势道术为当今的中国会计事业贡献绵薄之力？

---

① 作者工作单位系南京理工大学会计学系。

图1 本文作者（右）向郭道扬（中）赠送书法作品（左为《财会通讯》杂志社社长张少堂）

许慎《说文解字》对"势"的解释为：势，古字作"埶"，字形从"坴"从"丸"，"坴"为高土墩，"丸"为圆球，字面意象是圆球处于土墩的斜面即将滚落的情形。《孙子兵法》有云："转圆石于千仞之山者，势也。"《道德经》有云："道生之，德畜之，物形之，势成之。"

综上所述，其一，"势"字通常可以表示静态的或稳恒行进的事物的演变趋向，具体如局势、形势、态势、姿势、情势、国势、火势、风势、时势、走势等。

其二，势又指某种影响力，如权势、地势、山势、势力等。《说文解字》大徐本："势：盛力，权也。""盛"可以理解为该力未被完全抵消。

从古至今，只有顺势而为，方得成功；反之，冥冥中会注定失败。孙中山曾提醒国人："世界潮流，浩浩荡荡，顺之者昌，逆之者亡。"诸葛亮作为杰出的政治家、军事家、外交家，运筹帷幄，不出茅庐知晓天下大"势"，提出与曹、孙成"三足鼎立之势"的战略远景，以此助刘备得三分天下，辅佐其建立蜀汉。

以上是对"势"字滥觞的简单考证，那"道"和"术"又作何理解呢？

许慎在《说文解字》对"道"的解释为："道，所行道也。从辵，从首，一达谓之道。""道"是指人们所走的路,即"行道"之"道",但人们忽略了"道"字的引申意义,即世间万物运行的规律。"道"在本源意义上代表的是"路"。在延伸意义中,"道"是运动的、有规律的。

老子《道德经》有云:"道可道,非常道;名可名,非常名。"其意为:世上可以解释清楚的道,并非真正的道,可以用语言表达的名,同样非永恒之名。英国哲学家本杰明·惠奇科特也有类似观点:"我们比世界渺小,必须遵循它的法则。"

大自然、人生及物质世界的规律都具有客观性,它既不能被人类所创造,也不能被消灭。

《道德经》有云:"道生一,一生二,二生三,三生万物……"这里主要讲述了一、二、三这几个数字,并不把一、二、三看作具体的事物和具体数量。它们只是表示"道"生万物从少到多,从简单到复杂的一个过程。

许慎在《说文解字》中对"术"的解释为:"术,邑中道也。从行、术声。""大道之脉络"是术之范式。术者,技术、技巧,学问之基本层次。达于术者,达下乘也。《道德经注》:以道御术。

孙奕《履斋示儿编·正误·道术》有云:"途之大者谓之道,小者谓之术……"老子《道德经》有云:"有道无术,术尚可求;有术无道,止于术!"关于道与术的哲学,有许多类似于老子的见解,如庄子说:"以道驭术,术必成;离道之术,术必衰。"《孙子兵法》有云:"道为术之灵,术为道之体;以道统术,以术得道。"他们的言论有一共同点,都认为在道与术的关系中,道是本,术是体,道比术更重要。

术,是可以通过不断积累同样性质、同样类别的重复某种行为来达到熟练乃至精通。

道,是通过大量的重复以后,由意识情感引导而出,不断发现事物之间的差异。

道是万物的本源,术是寻道之手段。道是眼光、大局观,是战略;术是手脚、实践论,是战术。

对此,潘序伦先生又是如何运用"势道术"的呢?

潘序伦(1893—1985),宜兴丁蜀镇人,中学毕业于常州府中学堂(现江苏省常州中学)。1912年,入南京法政大学;1914年,入南京海军军官学校(成为中国最早的无线电专业学生);1919年,入圣约翰大学,获文学学士学位;1921年,入哈佛大学,师从会计学教授科尔博士,攻读工商管理硕士(MBA);1923年,入哥伦比亚大学攻读政治经济学博士；1924年，其博士论文题目为"中美贸易论"。

1924年秋，潘序伦回国，任上海商科大学教务主任兼会计系主任、暨南学校（现暨南大学）商学院院长等职，致力于引进并传授西方先进的会计理论，并与我国会计的具体实践相结合，创建了事务所、学校、出版社"三位一体"的中国特色的以诚信为本的立信会计事业，可谓"中国会计改革的总设计师"。这是潘先生顺应当时世界会计发展之大势，以诚信之道，为中国会计改革创新发展作出的巨大贡献。正因如此，他被誉为"中国现代会计之父"。

《尚书》有云："人心惟危，道心惟微，惟精惟一，允执厥中。"舜帝告诫大禹：人心是危险难测的，道心是幽微难明的，只有自己一心一意，精诚恳切秉行中正之道，才能治理好国家。"允"就是诚信的意思。潘先生在91岁高龄时，还挥毫题写了"信以立志，信以守身，信以处事，信以待人，毋忘'立信'，当必有成"。可见"诚信"是潘先生会计思想之魂，也是潘先生会计思想之道。潘序伦先生1983年书立信校训（图2）。

潘先生运用传统文化"势道术"的会计思想给我们留下了宝贵的精神财富，对当下会计人同样具有深刻而广泛的启迪意义。

当今世界经济、管理、科学和技术之大势，与100年前相比，发生了翻天覆地的巨变，经济逆全球化趋势盛行，管理全面智能化趋势显著增强，科学研究各自为战愈演愈烈，技术进步日新月异，与此同时，中国式现代化正扬帆起航。

在大趋势之下，当下会计人同样可以借鉴潘序伦先生之势道术，一方面坚持改革开放的既定理念，继续向西方国家学习先进管理经验和科学技术；另一方面，坚持苦练内功，不断提升自身对"道"与"术"的认知能力和驾驭能力，持续提升"知商"水平。所谓"知商（knowledge quotient）"，即"知识商数"的简称，也就是如何构建

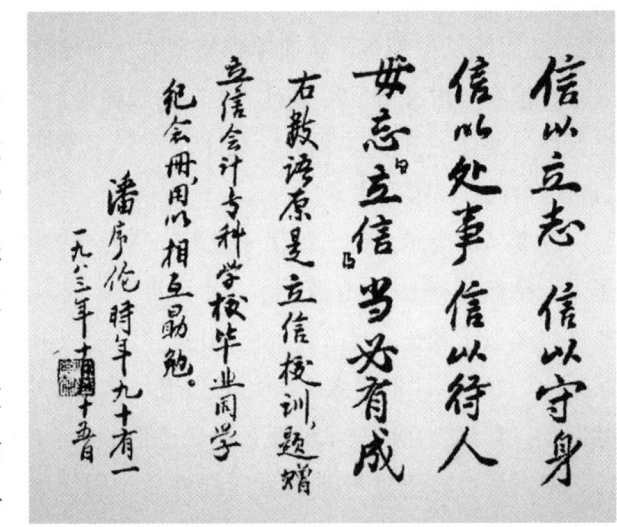

图2　潘序伦先生1983年书立信校训

科学合理的知识体系以及如何科学地吸收、消化和运用知识的能力。

1918年春,蔡元培先生书赠刘海粟先生创办的中国第一所美术高等学校——上海国画美术院"闳约深美"四个字。2011年9月在北京大学新生开学典礼上,时任校长周其凤引用老校长蔡元培所书"闳约深美",鼓励新生培养良好学术境界,追求新知。

其实蔡元培先生之"闳约深美"与哈佛大学一位前任校长的观点所见略同。这位哈佛前任校长在授学位时曾指出:"当一个人觉得什么都知道了的时候就授予他一个学士学位;当觉得有一些知道、有一些不知道的时候就授予他一个硕士学位;当他觉得什么都不知道了的时候就授予他一个博士学位。"①

我认为,在此基础上如果再辅之以"明化格新",即明德明达、消化内化、格物致知、鼎新创新,那就可以构建一个相对科学的"知商(KQ)"体系模型(图3),在"道"与"术"的层面趋向更加完美的境界,也是对潘序伦先生之"势道术"更好的继承和发展。

路漫漫其修远兮,吾将上下而求索。值此潘序伦先生130周年诞辰之际,谨以此短文纪念潘先生为中国会计事业所立下的不朽功勋,同时与广大会计同道共勉之!

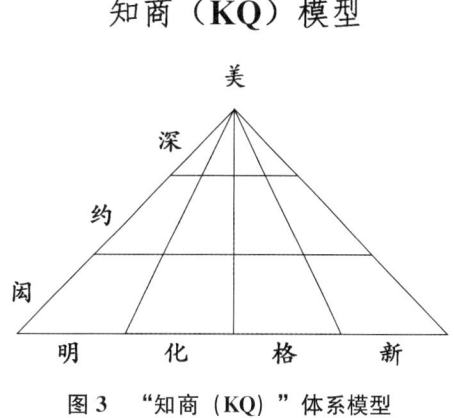

图3 "知商(KQ)"体系模型

---

① 戚业国.民间高等教育投资的跨学科研究[M].上海:复旦大学出版社,2001.

以语言为津梁,推进中国会计的现代化发展
——论外语对潘序伦一生事业的重要作用

宋小明[①]

文明的交流互鉴是人类发展历史上一种重要的趋势,近代以来更是一种不可逆转的必然。掌握不同民族的语言,充分运用好语言这一重要工具,是扩大交流和学习的关键,更是理解不同文明和文化,真正提升文化自信的关键。在这方面,潘序伦先生用自己一生的努力实践和经验为我们提供了极好的实践证明。

潘序伦先生学贯中西,一生翻译、编译著作无数,并终生保持外语阅读的习惯,其外语阅读更是深入宗教、政治、诗歌、戏剧、哲学、技术等诸多方面,其外语水平之高,绝非一般常人可比。对他而言,语言既是一种学习和工作的工具,也是理解不同文化,推动跨文化交流,推进中国会计现代化发展至为重要的工具和手段。

潘序伦先生13岁被选入东坡高等小学正科班,开始学习英文、日文、数学、中外史地等课程。从造币厂回到乡村小学任教时,他曾发愤自修英语,全本背诵商务版《袖珍英华字典》。但当他于蹉跎中醒悟,想要出国留学时,才发现自己的英语程度并不能满足实用的需要。无奈之下,他只好到上海找到时任浦东中学校长的黄炎培先生,请他给予一个入学指导。黄炎培建议潘序伦到大同学院去补习英文和数学。以后在圣约翰大学,因为章程、规则、通告、书信等都是用英文书写,同学间交流及教师讲课全部是用英文,所以潘序伦开始拼命学习英语。从开始时在班里的英语程度很低,惹同学耻笑[②],到毕业考试成绩为全班之冠,并在全校英文作文比赛中获颁唯一的金质奖

[①] 作者系上海立信会计金融学院博物馆原馆长。
[②] 朱坚强,何佩莉.立信往事[M].上海:立信会计出版社,2013:435.

章,潘序伦付出了巨大的努力。1921年潘序伦以选拔考试第一的成绩赴美进入哈佛大学学习,后考入哥伦比亚大学攻读博士,三年苦读,博览群书、废寝忘食。三年之内潘序伦获得两大名校的硕士和博士学位,实非常人能及。多年苦读打下了扎实的外语功底。潘序伦完成了全英文博士论文,并于1924年在美国纽约出版发行。潘序伦先生学成回国后致力于发展会计事业,外语成为他至关重要的工具,也是他开展研究、翻译、编译及会计辞书编写等工作的语言工具。先生在回国初期任教期间,编写完成了两部全英文著作《簿记及会计学》《公司财政》。20世纪50年代初,先生又在近60岁时自学俄文,翻译引进俄文会计文献,编写了《苏联会计述要》《国营企业会计概要》等著作。潘老学习俄文时密密麻麻写满了俄文、中文、英文词汇的10个笔记本。这些笔记本迄今收藏在上海立信会计金融学院档案馆,静静地诉说着那段难忘的历史,也是潘老学习掌握外语工具,致力文化引进和交流的重要历史见证。

潘老在《潘序伦回忆录》中曾详细讲述了他在圣约翰大学的求学经历,特别提道:"圣约翰大学,原是美国教会通过在我国办学的方式,对我中华进行文化侵略的工具。学校原设宗教科目为必修课,所用课本就是《圣经》。每逢星期日,全体在校学生照例都要到学校专门设置的教堂里去'做礼拜'。但是,这种诱惑兼强迫的手段,并未能使我信仰上帝,因我之所以进入圣约翰大学,完全是为了学好英语。"[①] 这段话的潜台词,显然是说他之所以进入圣约翰大学并苦学英语,在内心是以其作为敲门砖,为将来出国留学做准备。

正是因为艰苦的努力,潘老不但顺利通过了南洋兄弟烟草公司组织的极为严苛的赴美留学选拔考试,而且在短短三年时间内顺利完成学业,获得哈佛大学工商管理硕士学位和哥伦比亚大学政治经济学博士学位。与其他一些同期赴美的同学相比,极好的外语能力显然让潘序伦受益良多。潘老成为同一批留学同学中的佼佼者。

综合来看,外语的学习和使用贯穿潘老一生,在他离世后遗留下来的图书中,外文图书资料占比过半,表明外语真正成为他工作、学习和生活中必不可少的一部分。本文不揣浅陋,从几个方面来讨论外语对潘老一生事业的作用,以此作为对潘老诞辰130周年的一种特殊纪念。

---

① 朱坚强,何佩莉.立信往事[M].上海:立信会计出版社,2013:436.

一、作为改革派领袖引进传播西方会计知识

自资本主义萌芽，尤其是工业革命以后，大机器生产导致产业组织结构发生巨大变革，公司制企业的出现，会计行业发生了一系列重要变化。尤其是进入20世纪，随着大学教育的快速发展，学科划分细化，会计学从理论、观念到方法快速发展并体系化，为商业和社会经济发展服务的西方会计学理论和实务迅速发展，领先世界。与科学、技术、管理等其他领域的情况相类似，这一时期的美国会计也成为先进会计学的代表，引领全球会计学发展，也极大地影响世界各国会计的现代化进程。潘序伦此时留学美国，在引领美国管理及会计学发展的哈佛大学攻读MBA，以会计学为专业，通过广泛的学习、阅读及现实的调查研究，习得了西方最新的会计知识，回国后先在大学任职（1924年秋至1926年年底），随后于1927年1月离开高校，创立会计师事务所，开展会计师业务，继而举办会计培训和教育事业，因为需要教材而开启了会计教材的翻译、编译及编写，出版"立信会计丛书"，成为引进西方先进会计理论和方法的急先锋。经过多年酝酿、发酵，在20世纪30年代初，以上海为中心，一场规模宏大、影响深远的中式簿记改良运动爆发。徐永祚先生主导的改良派与潘序伦先生主导的改革派，以徐永祚先生创办的《会计杂志》和潘序伦先生创办的《立信会计季刊》为舞台，展开激烈论战，为推进中国会计的现代化发展及新式会计的传播发挥了极其重要的作用。

第一，归国之初担任上海商科大学教务主任兼会计系主任、暨南学校商学院院长之职，引领大学商科和会计专业建设，同时担任会计学教授，传授西方会计知识。其间，潘老应商务印书馆之约，编写英文版《簿记及会计学》和《公司财政》，纳入由该馆主编的"商业科讲义"，分别于1926年6月和1928年5月出版发行。

第二，利用英语作为工具，充分发挥专业优势，翻译和编译大量会计专业书籍，编辑出版"立信会计丛书""立信财经丛书"等，满足不同时代的需求。

为了解决开办簿记训练班，继而开设夜校、会计补习学校，以及后来创办立信会计学校的教材需要，同时也是为了满足国内大专院校及职业教育中对会计专业及相关教材的巨大需求，潘序伦"在会计师事务所内设置了一个编辑科，由我亲自领导，配备了一批专职人员，开始编译簿记、会计、审计书籍，出版了一套立信会计丛书"[①]。

[①] 朱坚强，何佩莉.立信往事[M].上海：立信会计出版社，2013：443.

这一时期的立信会计丛书由商务印书馆出版发行，至 1936 年年底，编译的各类簿记、会计和审计书籍达到 50 余种。

1940 年，因为抗战，商务印书馆已经迁到了香港。为了满足抗战时期大后方社会经济发展中对会计教材的需求，经过生活书店总经理徐伯昕同意，潘老从商务印书馆收回了"立信会计丛书"的版权和纸型，与生活书店合作筹资，于 1941 年 6 月成立立信会计图书用品社，除了出版发行"立信会计丛书"，还印刷账簿表单，满足工商业之急需。"抗战期间，各地大专院校和自修会计的学生，十有八九是采用我们编的教科书；中专学校几乎无一不是采用立信会计丛书做教材。为了满足社会的需要，接下来我们又编印了一套财政、金融、保险、贸易、统计、计算技术、企业管理等立信财经丛书。"①

1949 年，为了集中精力研究一些会计新理论，潘老专门派人远赴海外搜购最新会计图书资料，又成立"立信会计编译社"（后更名为"立信会计研究编译社"），编译出版了一些会计新著作，包括由潘老亲自翻译的《公司会计准则绪论》。

至 1956 年年初，立信会计图书用品社先后共出版发行各种会计书籍 150 多种，其中潘序伦先生亲自撰写、翻译、主编的就有三四十种。一贯谦逊的潘老对此也不由自豪地说："如果说我对我国会计学术有所贡献的话，当以编辑出版立信会计丛书为最。"② 潘老的这个评价，应该说是十分允当的。在 20 世纪中国会计发展的历史中，就"立信会计丛书"的编辑出版时间之长、数量之巨、水平之高而言，无其他丛书可出其右。而潘老自身极高的英语水平，他手下人员的能力，以及借助外语对世界会计理论和实务最新发展的了解，起到了举足轻重的作用。

二、编辑出版《会计名辞汇译》，统一、规范会计专业词汇，促进会计学术发展和法律制度建设

自鸦片战争后，西方资本开始进入中国，西方会计相关知识就开始通过各种途径进入中国，对中国会计实务产生影响。然而，直至 20 世纪 20 年代末，会计专业词汇的规范和统一化问题依然未曾引起人们足够的重视。在此期间，以潘序伦为首的立信

---

① 朱坚强，何佩莉.立信往事[M].上海：立信会计出版社，2013：444.
② 朱坚强，何佩莉.立信往事[M].上海：立信会计出版社，2013：444.

会计编译团队，在翻译和编写簿记、会计及审计教材的过程中，深刻地感受到会计词汇翻译不统一所带来的严重弊端，开始尝试用编制专业辞典的方式实施会计专业词汇翻译的统一规范。

1934年12月，《会计名辞汇译》出版发行，作为中国第一部英汉对照会计辞书，打破了中国会计向来没有统一辞书的局面，使中国会计在专业词汇统一规范的道路上迈出了一大步。其后，该书经过1938年、1941年两次再版修订，为全国会计名词的统一做出了不可磨灭的贡献。后来，国民政府在制定相关法律制度时，也采用了该书所定的名称，极大地推进了专业词汇的规范化。

三、关注和追赶西方会计理论最新发展

20世纪20年代潘序伦先生在美留学时所学的会计专业知识，属于20世纪初期美国大学初步设立会计专业院系时最早开始会计理论体系化和学科建设的成果。20世纪三四十年代，随着社会经济的发展及管理学理论及实务的进步，尤其是经济大萧条之后开始的会计准则体系的建设，推动了美国乃至世界会计理论及专业知识的快速发展。在此期间的中国虽然正在经受战火的考验，潘序伦和他的团队却依然在尽最大的努力关注西方会计的最新进展。

1940年，美国会计学家威廉·安德鲁·佩顿（William Andrew Paton）和阿纳尼亚斯·查尔斯·利特尔顿（Ananias Charles Littleton）的经典著作，也是现代会计理论体系构建的开山之作——《公司会计准则导论》在美国出版发行，很快引起全球会计学界的普遍关注。潘老20世纪40年代在重庆期间，就已经注意到了这些发展变革，并拟定了重新整理和编写《基本会计学》的计划，确定了书名，编定了目录，且已着手拟稿。待战事结束之后，潘老便派人赴香港等地搜集最新的英文原版会计著作，并组建会计编译所，拟定了"述而不作"的三年计划，准备把西方最新的会计专业著作，迻译二三十种，以缩小过去因战争导致我国会计与西方会计最新发展之间的差距。

1949年8月，由潘序伦先生亲自翻译的《公司会计准则绪论》在上海出版。潘序伦先生在为该书撰写的《译者序言》中详细阐述了翻译该书的缘起及目的。其中写道："我国会计学术之研究及会计书籍之编著，十五年前，颇多进步，而译者亦为其中共同努力之一人。十数年来，世事动荡，国内经济，亦形纷乱，学术研究之风，荡然无存，

益以币值迅速变动,出人意表,以'币值不变'为基本假设之会计理论及实务,自不免随之而崩溃也。会计学者,于兹虽欲有所述作,实苦无从下笔。因之新的会计理论,尚少为我国会计学子所研习,其有待于吾人之继续努力,自不待言。译者兹以闲散之身,拟作三年之计,已集合同志三数人,将现代会计学中最主要之新文献,陆续迻译,以飨读者,但暂秉述而不作之志,以事从于此。盖非待吾国经济及货币情形已臻稳定,有关工商事业各项法令,重行订颁,则虽欲为我国会计有所著作,恐亦无从着手也。兹所译者,为会计基本原理之第一册,希望为我国消沉已久的会计学术界,稍添研究资料。"①

这篇《译者序言》深刻体现了潘老对西方会计理论发展最新状况的准确把握,以及奋起直追的决心。这种决心进一步体现在潘老随后于1949年8月所撰的《立信会计译丛总序》中。这篇见载于潘葆墀译《会计原则述要》(1950年5月初版)中的《总序》,堪可称为潘老三年迻译计划的总宣言。在这篇序言中,潘老十分真切地表达了对中国会计界奋起直追,学习西方会计理论最新发展的急迫心情:

> 其后抗战军兴,同人等分赴内地,在困难环境下,国内学术研究工作,不免遭受顿挫,固不仅会计一科为然也。在(民国)二十六年至(民国)三十四年间,同人等在大后方,对于会计教育及出版事业,仍继续致其全力;原著会计丛书,亦多勉予修改,以适应当时法令及环境。惟因币值变动甚速,一切会计记录及报表,多丧失其意义,因而会计原理及实务,均成为纸上空谈,不着实际。不过十余年来,西方各国会计理论及实务,已多进化,新著迭出,迥异曩时,我国学者允宜急起直追,予以研究,以资攻错。因复集合同人,再度致力于会计编辑工作。……爰将他国会计新著之有重大贡献者,先为迻译付印,以飨国内读者,不论篇幅之大小,惟择内容之精新,私拟在二三年内,秉述而不作之志,选译二三十种,使我国会计学子,多得新颖读物,总名之曰立信会计译丛,作为立信会计丛书之新篇。俟至相当阶段,再将前著立信会计丛书继续改编,以适应我国新的环境及需要。谨略叙缘起,藉作嘤鸣之求,所望国内会计学者,多予指正及协助云。②

---

① Paton W A, Littleton A C. 公司会计准则绪论[M]. 潘序伦,译. 上海:立信会计图书用品社,1949.
② Sanders T H, Hatfield H R, Moore U. 会计原则述要[M]. 潘葆墀,译. 上海:立信会计图书用品社,1949.

20世纪50年代初期"立信会计丛书"之多种书目的修订再版,证明潘老"再将前著立信会计丛书继续改编,以适应我国新的环境及需要"的计划,确实在一定程度上得到了实施。遗憾的是,关于在二三年内,秉述而不作之志,选译二三十种,使我国会计学子,多得新颖读物,总名之曰"立信会计译丛"的计划,却因为时局的变化而未能实现。考各种史料,在20世纪50年代,标志为"立信会计译丛"的立信会计书目,仅见潘葆墀译《会计原则述要》一种。更为特别的是,与之前"立信会计丛书"大多属于翻译或编译会计教材不同,这本《会计原则述要》和潘老所译《公司会计准则绪论》,属于真正最新的会计理论名著。这一事实表明,潘老引进西方会计的努力,于此时开始由早期的专业教育和知识普及,开始转向理论研究方面。这是一种具有十分重要意义的转向和提升。遗憾的是,这一计划刚刚启动,便在不久之后夭折,中国会计学界错失了一次极为难得的与国际会计学界共舞的机会。

四、花甲之年学俄语介绍苏联会计

当岁月的年轮推进到1952年,在潘序伦著作年谱上,我们看到两本有别于之前所有著述的新著:《苏联会计述要》《国营企业会计概要》。这两本著作表明,一贯以英语见长,着力引进西方英语世界会计著作的潘序伦,随着新时代的到来,开始了自己的学术转向,从学习引进西方资本主义会计,转向了学习介绍苏联社会主义会计。

我们十分好奇,一直以来以英语占优的潘序伦先生,如何会研究起了苏联会计,而且短时间内就有两本著作出版?这背后究竟有什么故事?

带着这些问题,我们进行了相关资料的搜索和研究。在《潘序伦回忆录》中,我们找到了这样一项记录:"解放后,我又自学了俄文,并努力学习苏联会计理论和实务经验,翻译了一些苏联的会计书籍,还编写了《苏联会计述要》等普及读物。"[①]

在杨纪琬先生为中国财政经济出版社1986年出版的《潘序伦回忆录》所作的序中,也提到了潘老学习俄语一事:"解放初期,我们学习引进了苏联的一些会计制度,潘老先生为了推动我国会计事业的发展,年逾半百自学俄文,而且学得非常好,还编写了《苏联会计述要》一书,向中国会计界介绍苏联会计理论和实务。"[②]

---

① 朱坚强,何佩莉.立信往事[M].上海:立信会计出版社,2013:440.
② 潘序伦.潘序伦回忆录[M].北京:中国财政经济出版社,1986:7.

在上海立信会计金融学院档案馆，我们查到了潘老 20 世纪 50 年代学习俄语的笔记本（图 1）。整整 10 本笔记本，每一页都密密麻麻写满了俄文单词。每个单词后面，是其意思的汉字解释，有些地方还会加入一些英文解释。

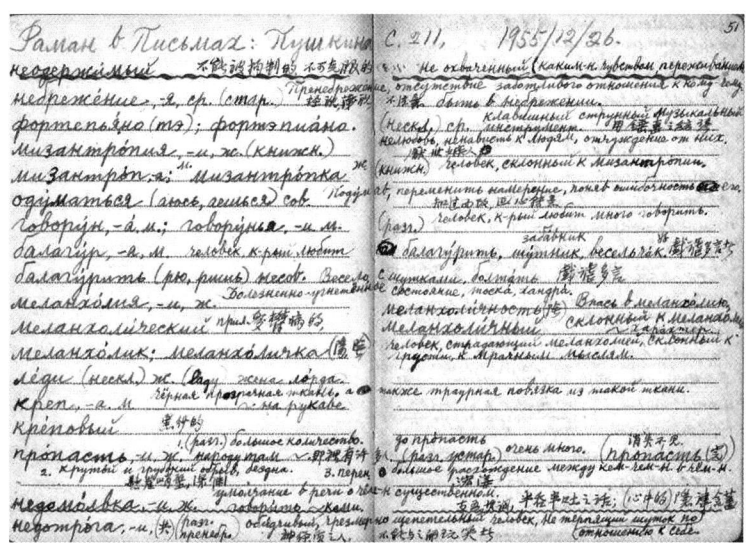

图 1　潘序伦先生学习俄语的笔记

在这些笔记的页面顶端，标注着学习的日期，图 1 这一页上标注的是 1955 年 12 月 26 日，表明直到 1955 年年底，潘老依然在坚持学习俄语。

五、与时俱进，指导中国会计的现代化发展

在之前的研究中，我们分析考察了青年时期的潘序伦是如何在职业选择的挫折和迷茫中，最终选择以会计作为终生的事业。在随后的工作和生活中，怀揣"实业救国""教育救国"梦想的潘序伦，时时以学习引进西方最新会计知识和理论，推动中国会计的现代化发展为己任。为此，他一生保持对外部世界快速发展的敏感度，时时关注着国外会计理论、实务及制度的最新发展。

在一直关注会计历史文化收藏的张辉先生的收藏品中，有一件抗战时期重庆立信会计师事务所的国际实寄封。它证明即便在抗战烽火正炽，与世界的联系极为不便的情况下，潘老和立信人依然在克服困难，保持与国际的联系。正是这种联系，让潘老

能时时把握西方会计的最新发展。

潘老对西方会计的这种关注和联系是持续性的。在《批判右派分子潘序伦在会计方面的反动言行》中，我们找到了潘老保持对外联系，时时关注国外会计发展的又一证据资料："在上海解放前夕，潘序伦就托人去香港等地搜罗大批所谓'最新'，也就是最反动的资本主义会计书籍。"[①] 这种联系在中断二十年后，又于20世纪70年代末得到了恢复。

诸尚一[②]先生在一篇名为《潘序伦风采依旧》的文章中回忆潘老1979年1月18日在上海陕西北路市社联会堂举行的上海市会计学会成立大会上发表讲话的风采，其中提及：

轮到潘先生讲话了。他带着家乡口音的普通话，谈起了他正在阅读的新从国外寄来的会计、系统工程等方面的书籍，随即用英语介绍了这几本书的原名，发音咬字还是那么清晰确切，完全不像是高龄而又荒废了多年的样子。

……在出席成立会的二百七八十位会员面前，他侃侃而谈，提出了那么几个问题：会计学术应该如何为实现我国的四个现代化服务？如何为经济改革和企业管理服务？如何运用电子计算机到生产管理和会计工作上来？等等。老前辈虽然白了须髯，可是宝刀不老，壮志未已，精神反而有胜于当年了！[③]

如果我们注意到，在刚刚改革开放的初期，绝大多数人的脑筋和思维还停留在过去的时代，还对改革开放心存疑虑，根本不知道系统工程、电子计算机为何物时，潘老已经在研究系统工程，考虑如何运用电子计算机到生产管理和会计工作上来，考虑会计学术如何为经济改革和企业管理服务，这是何等的高瞻远瞩。而更重要的问题则是，他这种见识究竟由何而来？其实，诸尚一先生在文章中已经给出了答案："完全不像是高龄而又荒废了多年的样子。"因为在过去的几十年，居家的潘序伦何曾有过一天的荒废？

---

① 本书编写组.批判右派分子潘序伦在会计方面的反动言行[M].上海财政经济出版社,1958：11.
② 诸尚一,1913年1月出生于上海,1997年去世。曾任《上海商报》经理,而后历任上海市税务局特约查账员、市私营工商业所得税民主评议委员会委员兼办公室副主任等公职。改革开放后,历任上海市会计学会副会长兼《上海会计》月刊主编、市注册会计师协会常务理事、市特约监察员、市住房委员会委员等社会职务。先后担任第一、第二、第三、第五、第六、第七届市政协委员,第六、第七、第八届民革上海市委副主委。
③ 诸尚一.潘序伦风采依旧[M]//诸尚一.尚公杂议.百家出版社,1999：81-83.

六、从"有用之用"上升到"无用之用"

以上分析和列举了许多潘老一生中对外语及所学西方知识的实际和具体的应用。在此将进一步说明,潘老的西学为用,并不只是将所学的西方会计专业知识用在了自己的教育办学和会计实践中,用在翻译引进西方会计教材和学术著作方面,而是在发展会计事业的过程中全方位地借鉴学习他所学来的方法和经验,用融合了中西哲学观念和思维方法的全新理念,规划和指导中国现代会计的改革与发展,从有用之用上升到了无用之用。

第一,潘老在很早以前就开始国际化办学,除函授、夜校外,更有别人可能想都没想到的日班、晨班、星期日班、速成班等,并先后在北京、天津、重庆、桂林、兰州、衡阳、广州、香港等地广设分校。事务所、学校、出版社三部分互为依托。事务所的会计师全部在自办的学校里分任教职员,还到东吴大学、暨南大学、复旦大学、大夏大学等高校兼课。三者构成一个门类齐全、结构完整、设计合理科学的庞大的会计事业集团,一个完整的生态体系,一个产业链。李文杰先生在《潘序伦与立信会计事业:悼念老会计师潘序伦博士》[1]一文中,曾详细列示立信会计事业的各种基本数据,每一项数据拿出来都是十分惊人甚至不可思议的。通常我们只是惊叹这些数字之巨,实际上,我们更感到惊讶的,潘老指导中国会计改革和规划事业发展背后所隐含的观念和逻辑,即便放在当下,也是完全不过时的,仍值得我们好好学习。

第二,在当下的中国,许多高校都在大力建设和发展校友会、同学会。而在立信,校友会、同学会之类的组织,早在办学初期就已经存在。《潘序伦回忆录》专门有一章讨论"立信同学会",其中提道:"1931 年,由顾准发起,创立了以'敦睦友谊,切磋学术'为宗旨的立信同学会,他组织了 30 多位同学,推举李建模同学为主要负责人,主持会务……立信同学会从成立到上海解放的近 20 年中,吸引团结了大批的校友、同学和教师,做了大量有益的工作。"[2] 20 世纪 80 年代立信复校后,各地就普遍成立立信校友会。这些做法都是十分超前的。

第三,在学术方面,潘序伦也能时时把握时代的脉搏,走在时代的前沿,与时俱

---

[1] 朱坚强,何佩莉.立信往事[M].上海:立信会计出版社,2013:20-23.
[2] 朱坚强,何佩莉.立信往事[M].上海:立信会计出版社,2013:441.

进，甚至引领时代。概而言之，他并不是一个简单的西方会计的搬运工，而是一个伟大的创造者。他总是能够在及时关注和发现外部世界的变化和最新发展的同时，密切注意国内现实发展及其需要，把西方先进会计学术成果的引进与中国社会实际相结合，找到切实合理的解决问题的方案和方法。在20世纪30年代所得税法颁布之后，他及时地调整和修改教材，积极推进税法的实施，从会计业务的角度解决相关问题；20世纪40年代末，他认识到西方会计的发展和国内的差距，派人搜集最新著作，开始翻译引进，同时也密切关注和考虑因为通货膨胀对会计带来的影响；改革开放后，他因时应势，大力推动成立会计学会，促进会计研究，并提出了许多具有重大划时代意义的问题，包括：

（1）发展中国自己的管理会计；

（2）人才会计和计算人才成本；

（3）重视农业会计和乡镇企业会计；

（4）电子计算机在会计和管理中的应用，以及应对新技术对会计的冲击问题。

后来的发展和许多事实证明，潘老所提出和关注的这些问题，每一个问题都具有重要的划时代意义，而且是切中时弊、引领时代的。他作为一个一般人眼中的会计老人，之所以能够始终站在时代的前列，为别人所不能为，想别人所不能想，是因为他长期不懈地坚持读书学习，深刻认识和领会了人类社会发展的许多实质性方面，通达透彻，高瞻远瞩。

何以"成人"？
——立信校训浅释

吴大新[①]

2023年是潘序伦先生诞辰130周年。这位学贯中西的会计学宗师为我国现代会计事业的发展作出了不朽贡献。他开创了产学研"三位一体"的立信会计事业，取得了彪炳史册的历史成就。早在1993年先生100周年诞辰暨立信会计高等专科学校建校65周年之际，时任国务院副总理的李岚清同志就专门题写了"现代会计学宗师，职业教育之楷模"，高度概括了先生的杰出贡献。为纪念这位伟大的会计专家和教育家，笔者不揣浅陋，尝试对立信校训作一粗浅的释读。

"立信"是潘先生一生恪守的信念。1940年，在《敬告国内有志于会计职业之青年》一文中，潘先生指出："信为吾人立身之要件，尤为吾会计从业员之要件……故凡会计员必先养成其会计的人格，所谓会计的人格，即可以信之一字概括之。"对"立信"的最完整的阐释，体现在立信校训——"信以立志，信以守身，信以处事，信以待人，毋忘'立信'，当必有成"中。尽管校训只有短短二十四个字，却构成了一个逻辑自洽的教育思想体系。这一体系就是德才并育、重视过程、以"成人"为指向的教育思想体系。

一、"信以立志，信以守身"——"成人"的内在要求

人之所以为人，在于人能够自主地安顿人生。而要实现这一点，就不能不始于立志。"立志"在中国传统文化中有着特别重要的意义，甚至有学者将其视为儒家的灵

---

① 作者系山东财经大学会计学院副院长。

魂。《论语》有云，"志于道，据于德，依于仁，游于艺""三军可夺帅也，匹夫不可夺志也"，都强调了远大志向对于成学、成人的重要意义。然而，对"志士"而言，其抱负的实现"任重而道远"，这就需要顽强的毅力和持久的修身功夫，因此有了"吾日三省吾身"，"自天子以至庶人，壹是皆以修身为本"等说法。

"信以立志，信以守身"，强调是人的道德自觉。无论是"立志"还是"守身"，都是个人在"成人"之路上所必须做出的自主选择。在这个问题上，西哲也有类似的看法。比如，在康德看来，"自律性就是任何人和任何理性本性的尊严的根据"。康德把意志自律视为道德的最高原则，这一点并不难理解。因为如果没有把外在的强制性的制度安排转化为内在的意志自律，如果不能为人的自主性的发展留下充分的空间，也就根本谈不上什么"成人"了。

二、"信以处事，信以待人"——"成人"的外在约束

人是社会的动物，必须在与他人的合作中求得生存，而一个人之所以能够与他人进行合作，是因为他能够为他人提供所需的服务。这就是亚当·斯密所说的"交易的通义"——"请给我以我所要的东西吧，同时，你也可以获得你所要的东西"。在亚当·斯密看来，这样一种社会性的交易，会"鼓励大家各自委身于一种特定业务，使他们在各自的业务上，磨炼和发挥各自的天赋资质或才能"。

"信以处事，信以待人"，强调的是以精湛的专业技术服务他人，以立足于社会。1983年，潘先生在《谈谈会计人员的职业道德》一文中指出："会计人员要为人民服务得好，就得有过硬的本领。"立信会计事业之所以能够不断壮大，最关键的还是靠精湛的专业技术获得社会大众的信任。实际上，会计在提供专业服务的同时，也在接受一种严格的他律——来自社会的、涉及生死存亡的他律。需要特别指出的是，在潘先生的教育理念中，精通业务不仅是会计人员立足社会的必然要求，还被赋予了一种道德含义，即先生所说的"消极方面之职业道德"。潘先生给"才"赋予重要的道德价值，同时又强调"德才并育"。潘先生近一个世纪前的教育观可以说是一种超越其时代、适合当今市场经济的理论创见。

三、"毋忘'立信'，当必有成"——"成人"的过程与归宿

子曰："学不可以已。"这是先哲对过程性这一教育基本属性的独到理解。潘序伦

先生强调，会计人员应该"在技术上精益求精，既要有基本功，又要勤奋学习新知识"，这正是过程性教育理念的体现。会计技术、会计制度不断发生变革，会计人员当然应先树立终身学习的理念。然而，"毋忘'立信'"所指向的，并不仅仅局限于知识的学习，更贯穿于"成德"的全过程。因为教育过程首先是一个精神生长的过程，然后才成为科学获知过程的一部分（雅斯贝尔斯语）。这个过程不仅体现于学校教育，更体现在个人进入社会后的更长的人生历程，尤其是在社会这所"大学"里，如果失去了价值的引领，个人就更有可能迷失方向。

有学者指出，教育最根本的目的就是培养人不断地领悟世界的意义和人本身存在的意义。人的能力如果没有德性的引导，就必然把人异化为赤裸裸的逐利工具；而缺乏职业能力的德又是空洞的，必然流于虚妄。"毋忘'立信'，当必有成"，意味着当个人长期坚持"德才兼修"，就自然会有所成就；这个成就，就是人成长为一个能够把握生命意义的人。可见，立信即立人；"成人"就意味着，一个人不仅能够以精湛的职业能力服务于社会，更能够在服务社会的过程中做到无愧于良心，从而傲然挺立天地间。

四、学以"成人"，成己达人——立信校训的当代启示

立信会计专科学校《迁川第五届毕业同学录》中的"董事长序"云："今诸生离校之后，应如何用其学问，以报国家，方不负时代赋予之责任。又如坚其操守，以树风气，方不负师长平日之训诲，而司会之制与新式簿记允宜融会贯通，发扬光大，以弼成旧邦新命之盛事。"[①] 这是对学生提出的殷切期望。然而，当前似乎更有必要重视教育工作者本身的"德才并育"。实际上，立信事业的发展，除了一代代立信人的锐意进取，在很大程度上还应归因于潘序伦先生的人格所焕发出的强大感召力。这也是对"身正为范"最鲜明的解释。

"己欲立而立人，己欲达而达人。"立信校训不仅体现了对受教育者的殷切期望，也对今天的会计教育工作者提出了更高的要求。在工具理性泛滥的今天，重温潘先生题写的二十四字校训，继承和发扬"立信"精神，无疑有着紧迫的现实意义。

---

① 感谢宋小明教授提供这一宝贵资料。感谢宋小明教授、张辉先生、孙勇先生对本文提出的宝贵意见。

变革自强 矢志不移

宋丽梦[①]

经济世界有多大,会计世界便有多大。浩瀚的会计世界之中,随波逐流者众,先行开拓者寡。聪慧敏锐、长于创新的先行开拓者们,若还能信念坚定、讷言敏行,乃至除旧布新、泽被大众,则可谓凤毛麟角,世间罕有。这样的先行者在会计世界中,才有可能被后世尊称为"会计之父",而潘序伦先生正是这样的一位会计改革先行者,世人尊称其为"中国现代会计之父"。

漫长的会计历史长河之中,留名者众。5 000 年前,乌鲁克(Uruk)的苏美尔人"库辛"在泥板上以楔形文字写就人类已知最早书面会计记录;4 000 年前,埃及中王国时期的书记员在莎草纸上记录差额工资的分配;2 000 年前,秦国令吏"喜"用篆隶抄录秦严密的会计法律。但他们只是支撑庞大国家机器运转的芸芸众生之一员,仅能随时代潮流而起落沉浮而已。

而先行开拓者也极有可能遭受事后高谈阔论之辈的偏见和质疑。1494 年,卢卡·帕乔利(下称"帕乔利")在威尼斯出版了《数学大全》(*Summa de Arithmetica*),其中包含"复式簿记专论"(中译名《簿记论》)——这是大部分人所知的史实。看起来帕乔利只是"偶然"地将复式簿记方法收录于一本数学的专著之中,可能大部分人也认为就是如此,其"现代会计之父"的尊称似乎"得来全不费功夫"。这样的偏见使得 500 年来,质疑者将其描述为四处游荡、不务正业的修道士、他人工作的总结者甚至是抄袭者等。但事实上,帕乔利促成了人类今天所使用的会计系统的发展,"对人类

---

① 作者系中南财经政法大学会计学院中国会计史研究院副院长,中国会计史文博馆执行馆长。

生活的影响比但丁或米开朗基罗大得多"（穆勒，1952）；"使会计系统化……并发挥了巨大的文化作用，超越了纯粹的语言意义……帕乔利稳定了主要会计规则……'前科学'时期的经济语言"（Sosnowski，2006）；《数学大全》是文艺复兴时期最全面、最优雅的商学院教科书（Maccagni 和 Giusti，1994；Rowland，1995；Burton，2011）。

帕乔利之所以是"现代会计之父"，在于他首先是一名教育家，其创新的教学法彻底改变了应用数学的教学方式，他摒弃精英主义使用拉丁文写作的传统，坚决使用口头语言面向大众进行写作和教学。如果仔细翻阅《会计原典》（*Tractatus Mathematicus ad Discipulos Perusinos*），这部共 792 页的鸿篇巨著是帕乔利在佩鲁贾大学任教期间，仅花费 139 天，于 1478 年 4 月 29 日完成。我们必然能体会这位圣方济各会修士，是如何满怀巨大的热情，废寝忘食、离经叛道地投入数学、商业和簿记的写作和教学之中的；也必然能发现，《会计原典》以及 16 年后几乎相同内容的《数学大全》，完完全全是一部数学应用于商业的案例化教科书，因为帕乔利希望，不仅是王公贵胄，而且是尽可能多的人能够在没有教师指导的情况下，也能掌握和应用这些知识和方法。帕乔利通过他"平凡但伟大的辛勤工作"，改变了会计发展的轨迹，缔造了会计演进的"帕乔利时刻"。

同样，潘序伦被誉为"中国现代会计之父"，绝不是因为他获得了哈佛大学工商管理硕士和哥伦比亚大学政治经济学博士学位，亦非他曾任国民政府主计处会计局副局长，也不是因为他创办的立信会计师事务所时至今日仍执业界牛耳，而是在于他不断挑战自我，坚韧不拔，心怀天下，60 年如一日地投身于中式会计的改革发展和新式会计的教育普及之中，改变和塑造了近现代中国会计的演进轨迹。

1924 年，31 岁的潘序伦从美国学成归国，先后担任上海商科大学教务主任兼会计系主任和暨南学校商学院院长之职，可谓是鲜衣怒马、春风得意。但 1927 年 1 月，潘序伦决定辞去教职，自行创业。校方屡次挽留，于《申报》刊登"暨南商大挽留潘序伦""暨南商大挽留潘序伦续闻"等新闻。在这样的盛情挽留之下，潘序伦毅然决然地选择了另外一条道路，并"决心以会计师业务作为我的终身事业，一心一意为发展我国会计事业奋斗终身"，其原因在于"采用新式簿记和会计制度的工商企业为数极少，而且会计界的许多人士都有改革旧式账簿的要求"。

放弃精英教育而走向社会普罗大众，离开高薪安稳的象牙塔拥抱动荡起伏的竞争市场，犹如帕乔利修士离经叛道地使用口头语言写作商业教科书一样，皆因胸怀宽广，心系苍生。帕乔利所处的时代，是"（意大利）纷争不断的时代……权贵家族力图稳固立足之地，家族与城邦之间的斗争随时可能颠覆安宁的局面。主要家族、公国和城市之间不断变化的联盟……。法国人……曾经占领过北方，尤其是……米兰，而西班牙人……占领过南方。土耳其人……已经……控制了许多贸易路线（泰勒，1956）"。潘序伦所处的时代，北洋政府期间军阀混战，国民政府时期内忧外患，身在乱世却择善固执，这便是"中国现代会计之父"必须走出的第一步。

潘序伦开办事务所的同年便创办了簿记训练班，以私营工商企业工作的青年小职员和练习生为培训对象，第1期仅有28个学生，从第2期开始改为立信会计补习学校，学生人数大增，除继续吸收在业青年，还录取失学、失业青年入学，学校信誉日隆，发展迅速。从1927年到1947年的20年间，立信会计学校共计举办了40届，前十年入学学生4 783人，后十年发展到30 746人，最盛时仅上海一地就设有11所分校，每学期招生都在2 000人以上。此外，从1930年起，潘序伦设立函授学校，以解决外埠学生无力来上海求学的困难。至1947年年底，参加函授的学生有7 063人。

坚持坚持再坚持，虽乱世动荡而不退缩，虽辗转流离而不放弃，虽万般诱惑而不抛弃，这便是"中国现代会计之父"必然要走出的第二步。1931年冬，潘序伦应邀到国民政府担任主计处筹备委员，不久被提升为主计处会计局副局长，不足半年，他就辞职回沪；因出版而相识相知的王云五于1946年5月、1947年秋和1948年三次邀请潘序伦到国民政府任职，皆短暂任职或婉拒，回归立信。1937年7月筹办良久的立信会计专科学校开始招生，旋即抗日战争全面爆发，暂行停办，1940年7月，潘序伦从香港到重庆，立即将重庆立信会计分校改组为专科学校，继续招生，抗日战争胜利后又回到上海，1947年2月，耗资10.25亿法币的新校舍落成，至1952年院系调整入上海财经学院为止，立信会计专科学校共毕业1 500余人。

心怀天下，意志坚定，虽道路漫长但殚精竭虑，虽蒙冤受屈但仍怀初心，虽时代变迁但不离不弃，这便是造就"中国现代会计之父"的终极考验。潘序伦归国初期便编写了《公司财政》《簿记及会计学》两本书，开办事务所后，在所内设置编辑科，亲自领导，开始编译簿记、会计、审计等书籍，出版"立信会计丛书"。至1936年年底，编译的各类簿记、会计和审计书籍共有50余种。1937年以后商务印书馆迁到香港，潘序伦到重庆继续办校，于1941年6月成立立信会计图书用品社，并自任主编出版了一套通俗易懂的7部立信会计教科书：《高级商业簿记教科书》《初级会计学》《会计学》

《成本会计》《银行会计》《政府会计》《审计学》。抗战期间，各地大专院校和中专学校几乎无一不是用"立信会计丛书"作教材。至1956年年初，立信会计图书用品社先后共出版发行各种会计书籍约160种，其中潘序伦亲自撰写、翻译和主编的图书约有40种。帕乔利139天写就《会计原典》，而潘序伦时间更紧任务更重，只能通宵达旦，甚至是边写边铅字排版。1941年的7部教材就是在这样的状态下，于立信会计图书用品社成立的当年完成的。1949年成立"立信会计编译社"，潘序伦自学俄文，引进苏联会计理论和实务经验，翻译苏联会计书籍，编写《苏联会计述要》。

1958年，潘序伦被划为"右派"，同时被撤销了上海市政协委员，被开除民盟盟籍。20世纪70年代末，潘序伦的上海市政协委员身份得到恢复。旋即他倡议在上海成立中国的第一个会计学会。1980年上海市会计学会成立，他担任顾问并捐资4万元。1980年7月，潘序伦提出复校申请，10月得到批准复校，潘序伦担任名誉校长。在随后的岁月里，他将所有的资财和关注都投向了立信会计专科学校，这个让他历经磨难，散尽家财，魂牵梦绕，实现初心的地方。

自"禹会诸侯江南"以来，中国固有会计延绵不绝4 000年。农业社会中，始终是官厅会计占据主导地位。到明代，商业繁盛，中国固有复式簿记已然萌芽，至清代，龙门账、四脚账双轨计算盈亏的方法业已成熟，然时代洪流中，中国的"会计先行开拓者"并未出现，新的会计方法和思想在茧房中艰难生长，无人总结、凝练、发扬与传播，错过了会计发展道路上的"帕乔利时刻"。而工业革命以后，随着工业企业、公司制度和资本市场的发展，会计演进与变革加速前行，其门类、方法和技术相较农业社会和商业时代已判若云泥。1840年是中国历史的转折点，政治经济环境剧变，迫使中国固有会计不得不进行改良改革，在这样的道路上，蔡锡勇、陈焕章、谢霖、孟森、徐永祚都摇旗呐喊、身体力行致力于此。而时代足足等了87年，才迎来了"中国现代会计之父"潘序伦投身于会计改革事业，他又足足花了一个甲子，才完成了他也许是与生俱来的使命。

民国时期立信会计师事务所史事考略

张 辉[①]

每当我们回顾中国注册会计师行业的发展历史时，谈及民国时期的会计师事务所，大多数人首先想到的是潘序伦会计师创办的立信会计师事务所（简称立信）。立信与谢霖会计师创办的正则、徐永祚会计师创办的正明、奚玉书会计师重组的公信，被当代学者并称为民国"四大"会计师事务所。作为民国时期中国注册会计师行业的代表，立信会计师事务所规模有多大？有多少执业会计师及从业人员？有多少家分所？相信大多人并不了解。由于民国时期并没有相关机构对会计师事务所开展类似于今天中注协"百强"的排名，没有直观数据可以让我们一目了然。然而，我们通过对历史文献档案的梳理，还是可以管中窥豹来了解民国时期立信会计师事务所的发展情况。

一、以"立信"为名

1924年秋潘序伦留美学成归来，最初在高校从事会计教学工作，担任上海商科大学教务主任兼会计系主任，暨南学校商学院院长。1925年2月，他向北洋政府农商部申领取得会计师证书，证书编号为第123号，并于次月参与发起成立上海会计师公会，开始兼职从事会计师业务。1927年1月，"潘序伦会计师事务所"正式挂牌，潘序伦也由此开启了以会计师为主业的专职执业生涯。他在回忆录中记述了创办事务所的初衷："鉴于当时国内除大型银行外，采用新式簿记和会计制度的工商企业为数极少，而且会计界的许多人士都有改革旧式账簿的要求。我辞退了一切职务，于1927年1月在上海

---

① 作者系中国会计博物馆研究员。

爱多亚路（即今延安东路）39号设立了'潘序伦会计师事务所'，决心以会计师业务作为我的终身职业，一心一意为发展我国会计事业奋斗终身。实践中，我深深感到，要开展会计师业务，首先要取信于社会。因之第二年我取了《论语》中'民无信不立'之意，将'潘序伦会计师所'改名为'立信会计师事务所'，并以建立信用，争取他人对我们的信任为事务所的第一主旨。后来，我又把它引申为'信以立志，信以守身，信以处事，信以待人，毋忘'立信'，当必有成'，把它作为我们办理各项会计事业的训条，要求立信会计同仁共勉。"

关于潘序伦会计师事务所更名为"立信"的时间，很多文章都依据这段回忆认为是在1928年。本人经查阅民国时期《申报》等资料进行考证，可以确认事务所更名为"立信"的准确时间是1930年9月（图1）。

二、事务所的人员规模

会计师事务所是以"人"为最核心要素的组织，事务所的会计师数量以及从业人员多少是一家会计师事务所规模的最直接体现。潘序伦先生在立信会计师事务所成立五周年时，撰写《本所五周纪略》中回忆事务所初创情景："最初事务甚简，仅在本埠爱多亚路三十九号分赁某律师办公室之半间，雇佣计核员一人，以资助理而已。隔二月，自赁一室于原址，添聘职员三人。至（民国）十六年冬间，事务逐繁，原址狭小，不敷布展，因改在江西路四五二号赁屋三间，其时职员已增至十余人。"从这段回忆我们可以看到，潘序伦创设会计师事务所初期发展还是很快的，不到一年的时间就从仅1位助理人员发展到10余人。1929年12月，潘序伦编著的《公司会计》出版，书后附有潘序伦会计师事务所业务介绍及人员名单，当时事务所共有15名职员，其中会计师有潘序伦、顾询、钱迺澂三位。

1932年事务所成立五周年时，共有6位会计师：潘序伦、顾询、钱迺澂、许敦楷、王澹如、郭驹。除执业会计师外，计核科还有计核员7人，助理4人；文书科7人；总务科、法律科、学校部合计7人，全所共31人。

抗战时期，1940年初潘序伦未离开上海前，事务所共有8位会计师：潘序伦、顾询、钱迺澂、许敦楷、李鸿寿、唐文瑞、李文杰、陈文麟，其他人员21人，共计29人。由于环境发生变化，潘序伦等分批从上海转移至重庆。1940年10月，立信会计

图1 1930年9月4日《申报》刊登事务所更名为"立信"的公告

师重庆分事务所在林森路 16 号重组挂牌。当时事务所共有潘序伦、陈文麟、王逢辛、顾咸曾 4 位会计师，其中潘序伦、陈文麟来自上海总所，王逢辛、顾咸曾为当地会计师。除会计师外，重庆所还有计核科副主任 2 人，计核员 3 人，计核助理员 8 人，其他工作人员 6 人，共计 23 人。

抗日战争胜利后，1945 年 9 月潘序伦离渝返沪重新主持立信总所工作。陈文麟等会计师也相继回到上海，重庆分事务所由王逢辛会计师主持。1947 年立信会计师事务所成立 20 周年时，上海立信总所有潘序伦、陈文麟、李鸿寿、顾询、叶朝钧、王庭桂、钱素钧、甘允寿、王成杰 9 位会计师，各业务单元中计核组共有 16 人，文书组 5 人，外商组 3 人，信托组 4 人，总务组 10 人，其中有些人员在多个业务组担任职务，实际全员共 41 人。此时，除上海总所外，立信南京分所有张蕙生、陈永林 2 位会计师，计核员及助理各 1 人，共 4 人。重庆分所有王逢辛、连铸九 2 位会计师，计核股 4 人，文书股 2 人，总务股 4 人，共计 12 人。立信会计师事务所总分所职员合计 57 人，其中会计师 13 人。

上述各时期立信会计师事务所人员规模统计数据中，事务所初期包含附设会计学校专职人员，后立信会计学校系列等独立运营，统计数据已剔除非会计师事务所工作的人员。当然一些会计师事务所职员也在会计学校、会计图书用品社等立信关联单位兼职，仍按归属事务所人员统计。从上述数据可以看出，民国时期立信会计师事务所鼎盛时期执业会计师 10 余人，从业人员 30～50 人。

三、事务所的机构设置

会计师事务所内部机构设置与分所数量也是其规模的重要体现。民国时期很多会计师事务所都是会计师个人独立执业，有的配有 1～2 名助理人员，这种情况下就无所谓的机构设置。而立信发展规模较大，开展业务种类较多，就需要按业务类型进行分部门管理。

1927 年事务所成立当年人员稍多时，分设会计、文书、庶务三个科，每科设主任 1 人。后会计科更名为计核科，庶务科更名为总务科。事务所分设计核、文书、总务三个部门，是立信也是规模稍大的会计师事务所最基本的机构设置。计核部门主要负责审计业务以及会计事项咨询业务。文书部门主要负责为客户代办工商注册、商标注册、涉税等商事文书服务业务。总务部门就是事务所日常内部管理部门，负责人事、财务、档案等。1927年8月，立信又增设地产经租科，地产经租业务与今天房产中介业务类似，主要是代理业主招租，收取租金，代办保险、维修等业务。当时外国会计师在上海开设的会计师事务所很多都经营此类地产经租业务，如法国达理会计师事务所。立信早期从事地产经租时间并不长。随着业务发展，有律师加入事务所，便新设法律科。公司破产清算业务逐渐增多，为此又专门增设信托科，信托科还负责遗产管理和房产经纪业务。由于潘序伦会计师有美国留学背景，立信的外商客户也较多，特别是外商在华办理工商登记、商标注册等与政府部门对接业务，很多都交由立信代理，立信为此特别设立了外商组。

立信会计学校、立信会计图书用品社都是独立运营实体，不属于立信会计师事务所下属机构，但编辑《立信月报》和"立信会计丛书"的编辑部一直都是事务所下的一个部门。1944年李文杰等离开立信，立信裁撤了法律科，不再开展法律业务。1947年立信会计师事务所成立20周年时，事务所下设有总务、计核、文书、外商、信托五个组以及编辑部。同时计核、文书、外商三个组又构成一个虚拟机构——顾问股，负责咨询业务。具体组织机构及职责如图2所示：

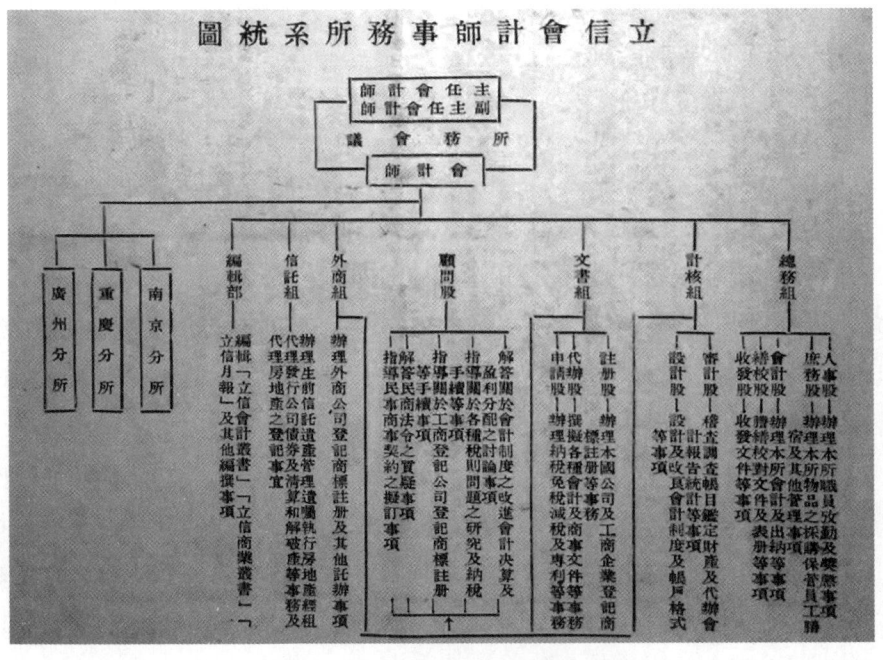

图2 立信会计师事务所组织机构图

从图 2 我们可以看到，1947 年时立信下设有南京、重庆、广州三个分所。1948 年 6 月 25 日，管锦康会计师在天津杜鲁门路 1 号（今建设路）主持成立了立信天津分所，新中国成立前立信最多时下设有四个分所。其实立信最早设立的分所是 1930 年的杭州分所，位于杭州青年路尚农里八号，由于怀仁会计师主持。1939 年蔡经济会计师曾主持设立了立信桂林分所，但这两处分所未能延续。

四、事务所的业务范围及开展情况

从前面介绍的立信机构设置中，我们已经可以基本了解事务所的主要业务范围。民国时期立信对外公布有《本所承办业务项目》，将事务所业务分为十个大类，每一大类又分为若干明细项目，内容总体有上千字。现简单概述一下这十大类业务：

1. 会计组织及改良事项

该项业务主要是指导客户建账，确定会计科目，拟定记账规程，编制预算，成本会计规划等会计咨询服务。

2. 会计管理及整理事项

该项业务主要指代理记账及相关业务。

3. 会计之稽核调查证明事项

该项业务为各类审计鉴证类业务。

4. 会计之鉴定事项

该项业务主要是资产评估相关业务，以及鉴定账簿表单是否涂改等。

5. 会计之清算及信托事项

该项业务主要指受法院委托担任清算人、破产管理人、遗嘱执行人等。

6. 代办纳税免税减税专利事务

7. 代办注册登记及其他呈请事项

8. 会计及商事问题之咨询事项

该项业务主要指担任客户常年会计顾问，以及临时会计、商事问题咨询等。

9. 会计财政指导事项

该项业务是指为公司等客户提供设立前期手续、公司章程、合伙协议、募集公司债、解散清算等事项的咨询服务。

10. 商业文件之代撰事项

该项业务指为客户代为撰写公司章程、营业概算书、合同等事项。

1937年立信成立十周年时,事务所出版的《立信月报》刊布有《本所历年经办事务统计表》,将立信会计师事务所从1927—1936年十年间各年各业务办理数目全部进行了公布(表1)。

表1 立信会计师事务所历年经办事务统计表(1927—1936年)

项目/年	1927	1928	1929	1930	1931	1932	1933	1934	1935	1936
定期查账出具证明书及报告书	4	7	13	16	17	21	25	22	34	42
临时查账出具证明书及报告书	18	24	47	54	58	56	62	67	88	84
受官厅委托充任检查人		5	8	12	17	22	25	24	20	22
受公司委托充任检查人	1	10	15	22	25	30	28	33	31	34
清算	2	3	4	7	5	10	8	11	9	5
各种资产价值之鉴定及公断	2	2	4	5	7	8	5	8	4	11
会计组织及改良	5	11	15	28	27	29	24	30	28	32
代办记账	1	3	5	6	6	9	7	7	8	9
其他各种信托	2	4	6	10	11	9	14	12	10	15
代编业务统计表		1	2	3	5	4	6	9	7	7
公司商店设立变更等法律手续之指导	5	8	18	32	42	45	52	48	26	57
公司商店各项规约之指导	1	2	5	5	6	15	9	8	6	8
纳税事务	1	9	21	32	15	12	22	18	15	20
代撰会计及商事之文件	17	20	33	42	51	72	50	76	58	62
商号设立注册补行注册及变更注册等	7	24	51	55	50	42	40	57	54	52
公司设立注册补行注册查验及变更注册等	8	18	36	44	56	61	58	74	68	76
商标创设注册补行注册查验补行公告变更注册提出异议请求评定等	42	124	254	227	235	208	239	212	130	210
呈请专利			1	2	1		3		2	4	7

五、事务所办公地点的变迁

如潘序伦先生的自述,1927年1月最初成立事务所位于爱多亚路(今延安东路)39号,刚成立时带1名助理与律师合用一间办公室办公。隔两个月后,潘序伦便在原址独立租赁了一间办公室。1927年6月,事务所搬迁至江西路62号正义银行二楼。1930年9~10月事务所第三次迁址至江西路452号。随着业务发展,1932年7月事务所第四次搬迁至宁波路190号三楼,此时事务所办公室已达十间左右。

1936年3月,事务所最终迁址至江西路406号兴业大楼四层,并在此办公十余年,直到新中国成立后迁址江西中路391号。图3为抗日战争胜利后立信会计师事务所在兴业大楼四层办公室平面图,图中立信占据三块办公区共8个房间。此外,图中正信会计师律师事务所和民信法律事务所的创办人也均为原立信事务所法律科律师。兴业大楼今天已被认定为优秀历史建筑、不可移动文物进行保护,官方名称为浙江兴业银行旧址,位于江西中路与北京东路交叉口,现在的门牌号是北京东路230号。

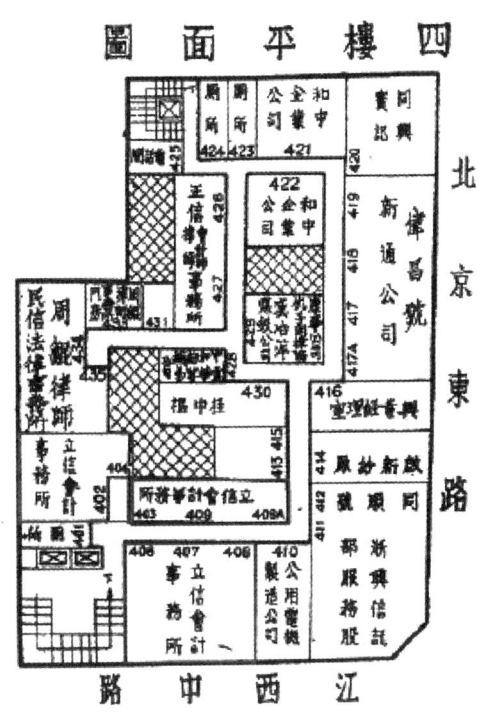

图3 1945年立信会计师事务所办公室平面图

六、总结

综上所述,我们对民国时期立信会计师事务所的人员规模、内部机构设置及分所开设情况、业务范围等多个维度进行了梳理,基本可以还原出民国时期立信会计师事务所的发展情况。虽然以我们今天的标准十余名注册会计师,三五十人的团队也就是一家中型会计师事务所的规模。但毕竟今天与近百年前的经济环境和商业活动有着天壤之别。在会计记账方法和规则都没有统一，大多数人都不知会计师事务所是做什么的时代，能将立信会计师事务所发展到如此规模，潘序伦带领团队一定是付出了极大的努力。即使在今天的商业环境下，从零开始将事务所做到三五十人的规模也是相当不容易的。

潘序伦先生不但将立信发展成为民国时期全国规模最大的会计师事务所，并且以会计师事务所为基础发展出立信会计学校、立信会计图书用品社形成"三位一体"的立信会计事业，还曾与王海帆会计师成立过联合保险公正事务所，开设过为会计人员介绍工作的咨询所等。这种持续努力拓宽会计业务领域，不断扩展会计事业边界的精神，仅此一点就是我们今天会计师事务所领导人学习的榜样。

潘序伦——中国近代会计的改革者

文 硕[①]

当20世纪初现代会计开始迎合国家现代化,便是人类福祉的梦想邂逅了绮丽奇瑰的变革,算珠轻舞,指尖跳跃,如沐春风,壮丽颖灿,意大利式簿记和欧美现代会计,犹如滚烫沸水的救世良方,纵横捭阖,雄浑瑰玮,涤荡着革新鼎制的理念,醒了神州企业,醉了中国经济,惊了中华文明。

20世纪前后,中国会计同为企业和政府的理财翘楚,但服务之对象,却大异其趣,各有不同的走向:王权之下的封建会计不断结算朝代更替,以官厅会计驾驭民间会计的业态构成,尽显为皇权而理财的妙厨饕餮,况似暮光冲天;而民权之下的现代会计与现代企业之间,绝非仅限于记账、算账、报账和查账时的默契,而是深深根植于对现代民主自由精神的执着。在王权会计向民权会计转变的十字路口,现代会计,无论是企业会计还是政府会计,都坚如磐石,坚持人类体面而尊严的生活权利。在最平常也最伟大的日记账、分类账和财务报表中,他们一次又一次不厌其烦地重申着这样的职业信仰、民权证言与民主告白,犹如《诗经》所言:高山仰止,景行行止,虽不能至,心向往之。

正是在中国会计大变革、大转折的关键时刻,潘序伦以审计问责皆啸成剑气、恬处校园且墨香飘逸的姿态,登上了历史舞台。这种探索性无不深藏先锋性奥秘,并感味、涉猎了前所未有的会计产业尝试,或基于传统会计审计思想与理念的更新,在深不可测中奋力潜行,在牢不可破中破土而出,缔结出事务所、学校和出版社三位一体

---

① 作者系北京百小汇文化传播公司董事长、上海文硕浩月文化传播公司董事长。

的"立信"会计传奇,最终奠定中国现代会计意义上遒劲的基石与途径……

潘序伦的会计生涯充满跌宕起伏,悲喜交加,剧情涉猎赌博困顿,学梦上海滩,求职南京城,后来成为美国哈佛大学和哥伦比亚大学的青年才俊,归国以后,先后任上海商科大学教务主任兼会计系主任、暨南学校(现暨南大学)商学院院长和重庆大学兼职教授等职。作为名牌大学的海归,潘序伦深知,世界会计发展的大势已经由政府会计主导,转向民间会计主导,而且几乎所有冲突,都是文化与文明的冲突,要突破条条框框、学派纷争、文化上的差异,只有皈依民间会计审计领域,用现代文明的精神牧歌宣召建设现代中华文明。于是,这位旷世之才,由借用《论语》中"民无信不立"之意,将1927年创办的"潘序伦会计师事务所"更名为"立信会计师事务所",到1937年创建立信会计专科学校,1941年成立立信会计图书用品社,由其专门出版"立信会计丛书"和印制发行会计账册报表。

一部世界会计史告诉我们,会计是有史以来推动全球进步的重要行业,但它不仅仅是一台数字搅拌机,对于世界经济的良好运转,也发挥着至关重要的作用。如果没有准确的核算方法来跟踪投资、支出、折旧、未实现收入以及企业的无数经济活动,就无法了解公司的真实财务状况,也无法对其前景充满信心,从而使商业、贸易、投资和其他保持经济运行的经济活动停滞不前。如果您是在充满各种科技发明的当今经济世界中工作的会计师,请记住,您使用的大多数会计方法、年终决算、试算表、成本会计、会计道德与会计原则实际上可以追溯到生活在15—16世纪的方济各会修道士卢卡·帕乔利甚至更早时期的佛罗伦萨式簿记、热那亚式簿记和威尼斯式簿记,而这样的意大利复式簿记及其衍生出来的欧美现代会计是在沐浴着限制王权、张扬民权的政治新潮思想中,由不同国家的先知先觉者接力、传播、成长并成熟起来的。一旦具有了现代文明意识,复式簿记法与资本主义经济之间的关系就会发生质的改变,双方相互尊重、互相聆听,由此共同成长。或者说,意大利式簿记之所以能最终转化为西式现代会计,是因为通过分享资本主义经济的先进理财经验,来表明自己的独特专业意义,并通过对现代文明想象力的呈现,来阐明现代会计作为文明社会所蕴含的管理秘密。

进入20世纪,中国被迫更加深入地融入现代文明的大潮之中。由于现代文明是一种无限扩张的、无比强大的政治与经济秩序,如果固守中国传统文化,不作出迎合之举,势必死路一条,这是因为"文明"更强调共性、普遍性、普世性,而"文化"则更强调特殊性、辨识度与民族性。正如哈耶克所言,长远而言,是观念,因而也正是传播新观念的人,主宰着历史发展的进程。转折时期的中国会计审计界也是如此。1905 年蔡锡勇编著并出版《连环账谱》,第一个引进西方复式簿记之后,中国会计生命开始呈现出传统与现代等各种不确定因素。我们发现,在中国近代会计史的长河中,正是潘序伦这种"竹外桃花三两枝,春江水暖鸭先知"的觉悟和独立的人格与思想的尊严,才使得他如此特立独行,奇妙坚毅,卓尔不凡,功泽万世。品味潘序伦的近代会计功绩,如阅览一部近代中国会计画卷,聪慧、果断、荏苒、飞动、灵异、营造、恢弘。他将中国近代会计思想进程的视野,联结上壮丽颖灿的古代希腊罗马和现代欧美会计的景框,跻身于意大利帕乔利开辟的宏大辉煌的意境,再生万象簇拥、恢弘卓越、惊涛骇浪的国际化情怀,思想的脉络格外有序而清晰:他上下求索,犹如一个拾星星的人,将欧美会计数百年千头万绪、纵横交织的最优秀成果与最杰出智力,化成点点繁星,如数家珍地装进藏宝箱,最终收敛为注册会计师审计、会计培训教育与会计新知出版传播这三条清晰的主线。中国近代会计、近代经济与现代文明,就在这三条线上不断交叉、跳跃、融合,构成了中国近代会计流变的主脉。数以百万计的会计、企业、经济和法律从业者从中获得的不仅是全面、系统的现代会计知识体系,更是培养现代文明意识所不可或缺的思想支柱。这样二十年的辛勤耕耘下来,作为现代会计的使者,潘序伦对中国近代会计的思考之深入、涉猎之广泛、实践水准之高,已经无人能出其右。

音声相和以洽于品德,懿范同举以契于立信。民之所欲、长在我心的会计责任新理念、西方现代会计理念,重视"accountability"的理念,乃是在国际贸易中心不断移位的过程中,与会计和审计命运与共的现代经济与政治文明所不可或缺的。潘序伦及其"立信"会计品牌始终坚守内心的理性初心,为新型会计责任开辟出一方全新的施展空间,现代会计审计的诸多知识,都是会计审计专业人士崇高的追求,足以支撑我们的一生,但是,道德、品行、信用,乃至会计责任意识、刚正不阿秉性、独立思考人格,才是我们从业者生命的意义和最不可缺少的童真。正值潘序伦诞辰 130 周年之际,回望他在会计变革时期的宏图大展,作为在场人、见证者、亲历人,无疑所形成架构的是一部以 CPA 审计、会计教育和会计知识传播为主题的连城璧般的回旋曲,三足鼎立、精邃妙义,与风华正茂、青春焕发的中华文明的现代化进程同步,一路质朴,一路欢欣。这是潘序伦老先生以葡萄粒般的践行步伐,终生苦恋而留下的无比珍贵的中国会计资产，景添丽显，千锤百炼，惊天动地，我们至今沐浴其魅力，感受其恩泽，代代传颂。可以毫不过分地说，改革开放以来，这份无形资产正在向一个新的向度转换，这是新旧立信人的交替，是中国会计血脉的传承，是现代文明的接力棒，是薪火相传最好的证明。至今，"立信"品牌已经成为当今中国会计界、资本界人杰地灵的守望之所，势掘亘古未有之气度，血液涌动，奔流不止，尽显一种壮骨雄风。

兼收并蓄　有容乃大

——潘序伦先生引进和传播国外会计思想的主要贡献

刘常青①

20世纪20—50年代，中外文化的冲撞引发了人们对中国会计的思考。面对这种状况，潘序伦及其同仁采取多种方式持续引进和传播国外先进的会计思想。他们的举动极大地影响了中国会计的学术和实务，对于当代会计同样具有启示意义。

一、引言

潘序伦（1893—1985），1921年毕业于上海圣约翰大学；同年赴美国留学，1923年获哈佛大学工商管理硕士学位，1924年获哥伦比亚大学政治经济学博士学位；同年回国后先后在上海商科大学、暨南学校任教；1927年创办潘序伦会计师事务所，次年更名为立信会计师事务所，从事会计师业务；同时创设多种形式的会计培训学校和立信会计图书用品社等。潘序伦先生历任上海市政协委员、中国会计学会顾问、中国审计学会顾问、"立信会计丛书"编辑委员会主任、上海会计师事务所董事长等职，为中国会计事业做出了突出贡献。其中潘序伦先生在引进和传播国外会计思想方面的贡献很值得专门讨论。

对上述议题进行梳理，发现主要有两方面的文献：第一，罗银胜（1990，2009）、王海民（2011）、李湖生（2014）、任武和李湖生（2016）、朱鸿翔（2020）、彭秋龙（2023）等在研究其他议题的同时，介绍了潘序伦先生及其同仁对于国外会计著作的翻

---

① 作者工作单位系郑州航空工业管理学院商学院。

译和引进。第二,郭道扬(1999)、刘常青(2005,2009)等专篇研究了潘序伦先生引进西方会计思想,对中国会计进行改革的思想。从上述研究现状来看,尚未发现对于潘序伦先生引进国外会计思想的贡献进行专门讨论的文献,因此本文拟从基础条件、主要引进方式、重要意义等方面讨论潘序伦先生在引进和传播国外会计思想方面的主要贡献。

二、潘序伦先生引进和传播国外会计思想的基础条件

1. 留学经历

(1)学习会计。1921年潘序伦先生考取并获南洋兄弟烟草公司的资助赴美国留学,就读于美国哈佛大学,开始系统学习了有关会计课程,1923年获哈佛大学工商管理硕士学位。据潘序伦(1986)回忆,以商科之中,我国学生选读银行系理财系的,已经很多,选读会计的,倒还很少,因之便决定选读会计,决定把会计来做我终身的职业,他在哈佛大学除了选学经济学、商品学、销售学、市场预测等,尽量选学有关会计的课程,如初级会计学、高级会计学、成本会计、银行会计、政府会计、会计制度设计等。当然这只是20世纪30年代的会计学科目。20世纪50年代以后,"会计学的分科更多,我只是跟随时代的需要,继续不断地学习,才免于落后。这是后话。当时,哈佛企业管理学院会计学系的主任教授,是年过七旬的科尔博士。他的会计学识虽比较守旧,但讲解得很透彻,习题也非常多。我一生会计学的基础,就是在这里奠定的。"[1]

(2)继续学习会计和经济。1923年潘序伦进入哥伦比亚大学政治经济学院攻读博士学位,广泛阅读了英、美、德、奥等国的经济书籍,撰写了博士论文《中美贸易论》,并顺利通过答辩,1924年获得政治经济学博士学位。根据《申报》的记载:"潘君初入哈佛大学专攻工商业会计一门,两年卒业,得会计科硕士学位,继入哥伦比亚大学,继续研究银行会计、成本会计兼攻商业经济,到各处工厂行肆调查考察其会计制度。"[2]

2. 游学经历

1924年潘序伦在学成归国途中,绕经欧洲多国进行实地考察,加深了对于西方经

---

[1] 潘序伦. 潘序伦回忆录[M]. 北京:中国财政经济出版社,1986:30.

[2] 宋雅仙. 潘序伦与近代会计师职业的演进[D]. 武汉:华中师范大学,2008:12.

济发展情况的了解。当时的《申报》有专门记载:"宜兴潘序伦君,前在本埠圣约翰大学毕业,由南洋兄弟烟草公司派赴美国留学……去年夏,中国留美学生中之专习会计学者,在美组织会计学会,潘君被举为会长。今年五月,哥伦比亚大学授潘君以博士学位,潘君随赴欧洲各国游历,行经英、法、德、意、瑞、比诸国,旋乘法国邮船返国,业于前日抵沪。"①

总之,潘序伦先生先赴美国求学,毕业后远赴欧洲游历。这些经历为其日后引进和传播国外会计知识创造了会计理论和实务方面的基础条件。

三、潘序伦先生采用多种方式引进和传播国外会计思想

1. 潘序伦先生亲自撰写著作引进和传播国外会计思想

(1) 独著形式。①早年在美国留学期间就陆续撰写过经济、会计方面的论文,发表在当时上海出版的英文报纸《大陆周报》上(潘序伦,1984)。②1924 年开始编译簿记、会计方面的书籍,比如英文版的《公司财政》《簿记及会计学》,1925 年由商务印书馆作为"大学丛书"出版。③1949 年潘序伦翻译出版《公司会计准则绪论》(潘序伦,1949)。

(2) 合著形式。①1936 年与顾询合作出版《审计学》,介绍了美国的资产负债表审计,同时指出美国企业组织规模较大,会计师费用高昂,因而详细审计的成本太高,当然由于美国企业内部牵制组织比较发达,即使不进行详细审计也不会有太大的危险。②1937 年与李文杰合作出版《所得税原理及实务》。该书第三章至第七章依次介绍了英、美、法、意、日、德、苏等国的所得税发展史、征税范围、征税组织、税种特质等内容,篇幅占全书的四分之一。③1952 年与徐可南合作编写《苏联会计述要》等著作。

下面着重介绍潘序伦先生与其同仁们在《会计名辞汇译》《劳氏成本会计》《裴氏高等会计学》等著作上倾注的心血。

(1)《会计名辞汇译》。①1931 年与朱祖晦、顾谘博合作发表《会计中西名词对照表》,介绍了朱祖晦先生所搜译名词中"普通常用者约合原稿三分之二"。②1934 年与顾准合作出版了《会计名辞汇译》单行本的初版,共收录会计名词 2 400 余条,每条先把国内会计书刊原有翻译名词开列出来,从中挑出适当的译名或者暂时拟定一个统一

---

① 宋雅仙.潘序伦与近代会计师职业的演进[D].武汉:华中师范大学,2008:12.

的名词。③1939年与顾询合作发表《常用会计名词之改正及其说明》（潘序伦和顾询，1939），将"译名有与原来习用名辞不同者"，加以订正。④《会计名辞汇译》经1940年第二次改订后，日渐成熟，于1941年正式出版（潘序伦，1941）。⑤1949年该书再次出版发行。

(2)《劳氏成本会计》。①1930年美国著名会计学家W. B. Lawrence出版第一次修订本Cost Accounting（当时译称《劳氏成本会计》）。潘序伦认为，该书"说理透彻，举例详明"，便邀请施仁夫、莫启欧等人参与翻译或者担任校对，并由施仁夫、唐文瑞两人翻译习题的详解部分，1934年正式出版。②1937年劳伦斯出版第二次修订本，潘序伦根据这一新版本于1939年重新改译出版。③1946年劳伦斯出版第三次修订本，潘序伦根据这一新版本于1950年重新改译出版《劳氏成本会计》《劳氏成本会计习题》，使劳氏成本会计的中文版内容及时得到更新。

(3)《斐氏高等会计学》。美国会计学家佩顿所著《高等会计学》（Advanced Accounting）由于篇幅较大，在短时间内难以全书翻译出版，所以潘序伦决定由其本人及编译所同仁将书中重要部分先行译出。从1949年9月起，将该书译稿以分单元形式由立信会计图书用品社陆续出版发行，其中潘序伦独译出版《无形资产》《收益之决定》《决算表之分析及解释》《合并决算表》等。他与夫人张蕙生、弟子萧克木等人合译部分章节，以《决算表之编制》《存货之管理与计价》等名称出版。1950年，该书全部翻译完毕，以《高等会计学》之名正式出版（李湖生，2014）。

2. 潘序伦先生通过其他形式引进和传播国外会计思想

(1)应聘大学教授。根据《申报》（本报记者，1924）的记载："潘君现已应上海商科大学之聘，担任会计学系职务云。"1924年潘序伦先生学成归国以后，先后任教于上海商科大学、暨南学校商学院，1927年春辞去两所大学的教授职务。在这期间，潘序伦先生致力于引进和传授西方新式会计学的理论与技术，特别在担任暨南学校商学院院长以后，立即着手对暨南学校商科专业进行改革，提出一揽子《改进暨南学校商科大学旧制高中计划书》（潘序伦，1925），阐述了学年编制、学科分系、学程改进、学分选读、学校设备等五个方面的改进措施。值得一提的是：①在学科分系方面，潘序伦先生提出设立普通商业系、银行理财系、会计统计系、国际贸易系和工商管理系，以使学生"各就其性之所近，选习一科，专精一艺，将来服务社会，较易有效"，其中会计统计系的专设可谓创新之举。②在学分选读方面，潘序伦拟定了《选科学分制草订办法》，除列出各级学生必修学程共计 109 学分，还规定会计统计系必修学程 21 学分（其中 9 学分可以在商业理财、银行会计、会计问题、铁路会计、投资会计等课程中任选），银行理财系必修学程 24 学分（其中 6 学分可以在投资学、票据法、银行会计等课程中任选），工商管理系必修学程 24 学分（其中 6 学分可以在工业会计、市场学、海陆运输等课程中任选），明显加大了会计课程的比例。

（2）创办刊物。1931 年立信会计学校同学会（上海）创办《会计季刊》，并于当年 7 月 20 日出版创刊号，在出版 4 期后于 1932 年停刊。1933 年 7 月，潘序伦将其复刊，自任编辑主任，由立信会计师事务所接办，并改名为《立信会计季刊》。潘序伦在《立信会计季刊》第二卷第一期弁言中提出，"惟念周官司会，实开计政之端倪，欧美成规，尤待吾人之绅绎"，明确表达了引进与编译国外会计名著，积极吸收与借鉴世界文明成果的决心。①《立信会计季刊》《立信月报》《立信会计月报》《立信月刊》等刊物及时介绍了许多国外会计名著。比如美国会计理论家佩顿和利特尔顿撰写的《公司会计准则绪论》，以及美国会计学家凯斯特、斐尼等人编写的《会计原理》等著作。②1951 年 6 月出版的《立信会计季刊》第十七期，第一篇文章是钟文所著《苏联工业企业固定资产之计算》，体现了建国初期鲜明的时代特色。

（3）成立出版机构。1941 年 6 月，立信会计图书用品社成立，除了出版潘序伦先生独著和合著的译作，也出版了许多会计界同仁的译作。比如：①1934 年潘序伦编译出版《劳氏成本会计》后，因感于《陀氏成本会计》与《劳氏成本会计》同为国外会计名著，而且各有特色，本着使读者可以比较，而不致为一家之言所囿的原则，邀请施仁夫担任《陀氏成本会计》译述工作，并为之作序，1938 年《陀氏成本会计》出版第一版，1944 年出版第二版。②新中国成立后出版了许多介绍苏联会计知识的译著，比如《厂内经济核算》《苏联会计学基本教程》等。

四、潘序伦先生引进和传播国外会计思想的重要意义

在组织编译国外簿记、会计著作中，潘序伦先生采取了审慎的态度，有选择、有比较地加以编译，采取的指导思想是"对引进的国外先进学术，我们不是照抄照搬，而是结合我国国情，在现行法规和工商惯例的基础上，适当采用"①。正确的指导思想，

---

① 潘序伦.潘序伦回忆录——六、编辑出版立信会计丛书[J].财务与会计，1984(6)：35.

加上潘序伦先生在20世纪二三十年代创立并延续下来的立信会计师事务所、立信会计学校和立信会计图书用品社"三位一体"模式，极大地推动了国外会计思想在中国的引进和传播。

1. 推动了国外会计著作在中国的引进和传播

在潘序伦及其同仁们的努力下，《劳氏成本会计》《斐氏高等会计学》《陀氏成本会计》等许多会计名著被介绍进来，这不仅推动了国外会计思想在中国的引进和传播，而且建立了中国会计与世界会计之间的联系。

2. 促进了会计名词在中国的统一

根据潘序伦先生的回忆，"鉴于当时我国会计名词极不统一，各种书刊的译法都不一样，给编译工作、读者和实务工作者都带来不少困难。于是我组织编译工作同仁，不时探讨，收集了会计名词2 400余条，每条先把国内会计书刊原有的翻译名词开列出来，然后从中选定一个适当的译名或者由我们暂时拟定一个统一的译名，并加以注释。用词力求言简意赅，适合我国习惯用语。"① 在上述基础上，潘序伦先生撰写成《会计名辞汇译》一书，该书出版后，曾修订过两次，对统一我国会计名词起到了一定的推动作用。

3. 推动了新式会计技术和实务的发展

根据潘序伦先生的回忆，"鉴于当时国内除大型银行外，采用新式簿记和会计制度的工商企业为数极少，而且会计界的许多人士都有改革旧式账簿的要求，我辞退了一切职务，于1927年1月在上海爱多亚路（即今延安东路）39号设立了'潘序伦会计师事务所'"，② 后改为"立信会计师事务所"。在业务办理过程中，潘序伦先生率先改革旧式账簿，采用西方新式簿记和会计制度，一批有名望的会计师、律师先后来立信会计师事务所工作，当时的业务范围非常广泛，接受委托的业务来自全国各地。从1927年建所到1935年，就承办了4 600多个案件；其后更有数以千计的企业、机关、团体委托立信会计师事务所办理了数以万计的案件；数以十万计的工商企业使用立信会计账簿；在抗日烽火燃遍的动乱年代，以及在抗战胜利后的几年中，立信还在桂林、重庆、南京、广州、天津等国内一些重要城市开设了分所。立信会计师事务所通过开

---

① 潘序伦.潘序伦回忆录——六、编辑出版立信会计丛书[J].财务与会计，1984(6)：35.
② 潘序伦.潘序伦回忆录——四、设立立信会计师事务所[J].财务与会计，1984(4)：30.

展承办会计业务活动,极大地推动了西方新式会计技术和实务在大中型新式企业的应用。

4. 培养了许多新式会计人才

为了培养新式会计人才,潘序伦先生创办了立信会计学校。立信会计学校的历史开始于1927年"潘序伦会计师事务所"设立的簿记训练班;1928年秋立信会计补习学校创办;1937年立信会计专科学校成立,之后立信学校在许多地方建立了分校。根据潘序伦先生的回忆,当时的"教育方针,在于改良旧式'账房先生'的上收下付记账方法,传授西方复式簿记的技能和知识。""由于讲求实效,符合社会需要,学生人数逐年增加,班级、课程也逐年增多,除原设的簿记班外,还陆续添设了英文簿记、会计学、银行会计、政府会计、公司会计、成本会计、所得税会计和审计等课程,任凭学生选修。"[①]"在这种情况下,立信会计补习学校的信誉日隆,发展迅速,"培养了大批新式人才。"从1927年到1947年的20年间,共计举办了40届,前十年入学学生达4 783人,后十年入校学生为30 746人,"[②] 另据1947年年底的统计,先后报名参加函授的学生有7 063人,遍及20个省市,还有许多的海外学生。[③] 新中国成立后,立信学校欣逢盛世,比如1951年仅上海一地,立信各类学制学校(包括函授学校在内)的学生就达19 000人,各类学校中仅补习学校就设有10所分校。1952年以后,立信各类学校陆续移交当地人民政府管理。

---

① 潘序伦.潘序伦回忆录——五、创办私立立信会计学校[J].财务与会计,1984(5):38.
② 潘序伦.潘序伦回忆录——五、创办私立立信会计学校[J].财务与会计,1984(5):38.
③ 潘序伦.潘序伦回忆录——五、创办私立立信会计学校[J].财务与会计,1984(5):38.

从"东坡书院"到"潘序伦纪念馆"

徐友麟[①]

烟波浩渺的太湖西岸,有座历史文化名城——这里是"洞的世界、茶的绿洲、竹之海洋、陶的故都"。这里还是人文荟萃、江南名流神往之风水宝地,它的名字叫宜兴!

北宋元丰七年(公元 1084 年)初夏,文坛顶流苏轼,结束了湖北黄州四年的谪居生活,举家二十多口移居于宜兴南部一丘陵山地之南坡,修筑"东坡草堂",登高命名:"此山似蜀!"并赋诗"买田阳羡吾将老,从初只为溪山好"。

明朝中期,宜兴籍进士南京工部侍郎沈晖捐资修建"东坡书院",江南名士前来瞻仰东坡遗风,络绎不绝!清光绪八年(1882 年),当地二十四家望族,重修"东坡书院",其中潘氏一族,出资最多!揽请乡贤举子教授儒家私塾,1906 年改为"东坡高等小学堂",为宜兴培养了各个时期的有志才俊:如电化专家、中科院院士吴浩青,古文专家、上海圣约翰大学教授潘伯彦,音乐家词作家倪维德,金石家潘稚亮,京剧表演艺术家阿甲,紫砂大师顾景舟等。其中最知名的是被誉为"中国现代会计之父"、立信会计事业创始人——潘序伦先生。

2012 年秋,经潘曾锡先生(原中国船舶工业总公司党组副书记、副总经理,新华社香港分社副社长,潘序伦先生的侄孙)提议,召集了上海立信会计学院、立信会计出版社、立信会计师事务所、无锡立信会计中等职业学校和宜兴丁蜀镇文化站的有关领导同志,大家商议,在现有的蜀山潘氏宗祠(江苏省文物保护建筑)内筹建潘序伦

---

① 作者系东坡文化传播协会会长。

纪念馆的事宜。其间还多次得到任无锡市委宣传部负责同志的关心与指导。纪念馆馆名，邀请由著名书法家、郑州大学教授齐冲天先生题写——"潘序伦先生纪念馆"，牌匾制作完成后挂牌开馆。

2013年10月，我受宜兴市丁蜀镇文化站之邀，协助管理"东坡书院西院——潘家祠堂"，并在潘家祠堂举行"纪念潘序伦先生诞辰120周年纪念展"。其间接待了各级财政部门、无锡会计师学会、上海立信会计学院、宜兴市政府、厦门大学江苏校友会等诸多单位的来访。

令人难忘的是，我曾多次接待潘曾锡先生。潘曾锡先生于1930年出生在蜀山古镇，与胞弟潘曾鸿先生（已故著名空气动力专家）同在"东坡小学"接受启蒙教育，系潘序伦先生嫡系侄孙，是宜兴籍知名乡贤。

民国时期，潘氏三兄弟：潘伯彦、潘稚亮、潘序伦共同出资设立潘氏教育基金，以资助族中品学兼优的学子完成学业，潘曾锡与潘曾鸿二兄弟即荣获此奖学金。直至他们高中毕业，正好时值解放，此后基金会也就停了。

潘曾锡每次见我，总是亲切地叫我小徐，他说："听说你也是东坡小学和东坡中学考出去的本地学生啊?! 了不起啊! 回到家乡有何感触？"他每次回乡的第一站必到"潘家祠堂"，也总是回忆起，自幼穿梭玩耍在古木参天、庭院深深的"东坡书院"与"潘家祠堂"。我们祠堂里有祖训——"勤于耕读、不谋仕途!"后又有潘序伦先生提倡的"信以立志"等励志墨宝，至今记忆犹新!

通过对潘序伦先生生平的研究，以及与潘曾锡先生的多次交流，我这位"土归才子"逐渐清晰地勾画出——蜀山潘家的"家风"与"家国情怀"!

潘序伦先生一生致力于中国的会计事业，晚年更是不顾年迈，联系了当年的立信同仁奔走呼吁，使得立信会计专科学校在1980年得以复校。当年的立信专科学校现已升格为多种学科综合的本科财经院校。潘序伦先生身在上海，始终不忘家乡的会计教育，在他的关心和引导下，无锡和宜兴也先后成立了会计专科学校。

潘曾锡先生生前受他的叔祖影响较多，退休后也热心于家乡的教育事业。他捐出自己翻译俄语资料所得的报酬20万美元在家乡宜兴设立了"潘序伦兴豪教育基金会"，奖励和资助家乡（丁蜀地区）品学兼优的学子，影响颇大，大有潘氏先贤的遗风。

2014—2017年，我协助丁蜀镇文化馆和文保部门管理"潘序伦先生纪念馆"期间，曾获得原上海立信会计学院、立信会计出版社的大力的无偿资助，为纪念馆添置了会议桌椅、办公家具、电脑，大屏幕电视机等，提高了纪念馆的接待规格与档次。值得钦佩的是，立信会计出版社向"潘序伦纪念馆"无偿捐赠了多部会计类专业著作。立信会计师事务所、原上海立信会计学院捐"立信青铜鼎"等多项宝贵资料，极大地丰富了馆藏展品，带来了很好的社会影响。

为弘扬潘序伦先生毕生致力于祖国教育事业的精神，原上海立信会计学院和立信会计出版社出资在丁蜀镇文化站建立了"潘序伦电子阅览室"，计有20台电脑，在东坡中学建立了"潘序伦电子教研室"，计有20台电脑。

潘序伦先生一生的贡献，不仅仅是在会计领域，在人格上也是一座丰碑，不仅仅影响了潘曾锡、潘曾鸿等杰出人物，同样也影响了整个潘氏宗亲、宜兴民间与教育界。

近期，本人用业余时间，帮助潘氏家族建成一处"潘序伦红色事迹馆"，协助当地中学生、潘氏后裔学生，进行家风文化研学活动；同时协助东坡中学，每周举办"少年苏东坡"讲演团活动——"立信人格塑造"，向孩子们传播、模仿潘序伦先生！

值此潘序伦先生诞辰130周年、潘曾锡先生仙逝2周年之际，我特别缅怀与感恩！

希望能够将"立信"文化，作为一种精神力量，接过潘曾锡先生的接力棒，立足潘序伦故里，为"东坡书院""潘序伦纪念馆"继续站岗，当好解说员……

欢迎立信同仁们，前来宜兴"潘序伦纪念馆"、蜀山千年古镇研学观摩！

永远的凝视
——参与潘序伦老校长塑像工作有感

钟陵强①

每当从立信校园内潘序伦老校长的铜像边走过，望着他那凝视的目光，我心里总有股特别的亲切感，因为这里有我一段特殊的经历。

1985年深秋，原立信会计专科学校校长办公室主任陈顺沐同志找到我，告知我校领导决定在将要建成的立信徐汇新校区内为立信事业的奠基者潘序伦老校长塑一尊半身铜像，委托我全权负责塑像的具体组织工作。接到这项任务，我十分兴奋。我是1982年3月从商业一局调入立信的，在校办工作期间，耳闻目睹，深为这位老校长的人格魅力所感动，能为塑造会计界的泰斗铜像做些事情是很有意义的，我决心尽心尽力完成好这个光荣任务。

我首先着手物色雕塑家。经多方介绍比较，我找到了龙华烈士陵园巨型群雕《且为忠魂舞》的作者、著名青年雕塑家刘翼发先生，他是位很有艺术才华和创作激情的艺术家（现为上海油画雕塑院高级美术师）。他听了我对潘老生平事迹的介绍，并研究了我提供的书面材料后，对塑造好这位杰出会计大师的形象表示出极大的热情和信心。当时潘老已经重病住院，为了及时取得雕塑的第一手素材，经与家属联系，我们特意赶到医院看望潘老。那天守在病床边的潘老女儿潘屺瞻女士已事先知道我们的来意，很有礼貌地招呼我们后，就附在潘老耳边说："领导请来了雕塑家，要为您塑铜像。"满脸病容的潘老听见女儿的声音，慢慢睁开双眼，似听清非听清地轻轻"嗯"了一声，

---

① 作者系原上海立信会计学院保卫处处长、党委武装部部长。

并对我们微微点点头。刘先生在一边,从不同角度观察潘老的头部骨骼和五官位置,并掏出速写簿画了好几张头像速写。之后,我们怀着十分沉重的心情道别了潘老。没想到两天后,就传来了潘老与世长辞的噩耗。

潘老校长的追悼活动结束后,我怀着崇敬和缅怀的心情配合雕塑家投入了铜像创作的筹备工作。首先在塑像的主体形象上,我建议雕塑家着重从纪念性上考虑,不采用惯常较呆板的半胸像形式,而要使塑造的潘老半身形象带有故事情节,以留给后人更多的思考。刘先生对此极为赞同。在雕塑创作过程中,遇到采用哪个年龄段问题。第一稿泥塑为体现潘老骥伏枥、志在千里,为会计事业奋斗不息的精神,把年龄段定在70岁左右,服装上着中式长衫,这样与潘老晚年的形象较为接近。泥稿出来后,根据顾树桢校长关于塑像问题主要听取家属意见的指示,我们特邀了在沪的潘老亲属和同仁前来提提修改意见。结果多数意见认为,还是把年龄段放在抗日战争胜利后潘老50多岁时着西装的形象为好(有照片参考),这个年龄段既能体现成熟性,更能显现旺盛的精神状态。我们采纳了这个建议。于是雕塑家对塑像作了大幅度修改,并将泥塑翻成石膏,作了第三次修改。第三稿设计的情景是这样的:一位闪烁着智慧目光的学者,将右手臂自然地依靠在书桌上一叠会计专著上,目光凝视前方,像是正在专注地倾听来访的立信学子汇报自己的成长经历和收获。第三稿泥塑得到有关方面的基本认可后,学校特意把寓居天津的潘屺瞻女士请到上海,直接听取意见。60多岁的潘屺瞻女士,以体弱多病之身,风尘仆仆来到上海,顾不上休息,立即赶到雕塑现场,仔细从各个角度对雕像观察,提出了一些重要的修改意见,为完善潘老雕塑形象提供了重要帮助。

在为潘老雕像的过程中,我是第一次接触雕塑创作,目睹雕塑家的辛勤劳作,包括运材料、搭木架、堆泥巴、定轮廓、塑形象,从前后左右各个角度刻画细部,再糊石膏、制模、翻模,工序一道接一道。我深感,在所有的造型艺术的创作中雕塑也许是最脏最累的,特别是塑人物像,必须以立体形象准确为前提,做到形神皆备。为此,雕塑家付出了极大的努力,他反复听取各方面的意见,并与我共同探讨,把合理的意见改到雕塑稿上,并让我从各个角度拍照,将照片寄给回天津的潘老家属。潘屺瞻女士和管锦康教授为雕像倾注了很大心血,在一年左右的时间里为雕像修改事宜,曾跟我先后通过六七封信,在信中及时反馈意见,肯定成绩。在雕像大样基本定稿后,他们来信鼓励我:"你为先父塑像之事尽心尽力,不厌其烦,我们家属对你表示衷心的感谢。"他们的肯定使我深受鼓舞和感动。还有许多与潘老校长共事多年的老立信人,都已年过花甲,有的还拄着拐杖,不辞辛劳,到雕塑工作室为塑好潘老雕像献计献策。他们认真严谨的态度使我至今难忘。

当潘老石膏像运到上海造船厂铸造车间进行翻制浇注时,车间里的许多工人都好奇地围上前来,询问塑像的主人是谁,在听了有关潘老的介绍后都肃然起敬。在铸铜翻模的过程中工人们格外仔细,严格把好质量关。铜像铸成后要用化学液体染色,车间工人听说我对色调不够满意,连夜加班,用喷沙枪将整座铜像表面重新喷磨干净,然后重新上色,直至我们满意为止。

雕像完成后,我们郑重地将潘老雕像安放在立信徐汇新校区广场预先定制好的基座上,并包裹好红绸布,等待揭幕的那一天。

1987年11月18日,立信迁入新校舍及潘序伦铜像揭幕仪式隆重举行。当财政部副部长陈如龙和叶公琦副市长揭开红绸露出闪着铜光的潘老塑像,全场爆发出热烈的掌声时,我的内心非常激动,思绪万千。

面对潘老塑像,我最有感触的一句话就是:功名身后事,事业伴终生。是啊,当潘老得知后人要为他塑像时,已是在他辞世的前两天,功名确实是身后事了。但他立意发展祖国会计事业的宏图大志,却激励他殚精竭虑,贡献出毕生的精力。

从大量的回忆材料中,我知道潘老的大半生是在战乱频频、灾难深重的岁月中度过的,在当时要坚持创办一项事业是何等的坎坷艰难,但他不屈不挠地走过来了。历经"反右""文化大革命"的冲击后,他又在艰难困苦中挺了过来。在党的十一届三中全会精神的感召下,已是耄耋之年的潘老牵头向市政府发出复办立信的倡议书,这是何等的气概。为发展祖国的会计事业,他向上海市会计学会和立信会计专科学校捐出了8万元积蓄,其精神感人至深。早年,我因送文件,到过潘老住家,简朴的陈设,令人唏嘘不已。在纪念潘老从事会计事业60年之际,我特意与董剑香老师合画了一幅桃李报春图,并撰写了一副对联:披肝沥胆搏六十春秋,春风化雨育千万专才。

潘老铜塑像是一尊永驻我心田的伟岸形象,他永远亲切地凝视着我们,他和老一辈立信人所形成的立信精神,也在启示我们走好人生路。

我常想,人生的经历往往会有许多偶然性,潘老走上会计事业的道路,也有偶然因素。他在回忆录中说:"30岁前我还不知道'会计'是什么样的学科呢"。但是他一旦选定会计作为终身职业,就"咬定青山不放松"。从20世纪20年代起,他带领立信人以诚信、严谨、务实、创新、奉献的精神，在中国会计舞台上导演出立信会计事业蓬勃发展的壮丽诗篇。

我调入立信时，正是立信复办的初创阶段，条件艰苦可想而知：无校舍，缺师资、缺经费。但重重困难，都在实践中一一克服了。从潘老以及立信弟子们的言传身教中，我感受到立信精神的力量。立信精神对我的一生都有着积极的影响。我感到立信精神的内涵很丰富，其中诚信是立信精神的底色，而强烈的责任意识是立信精神的重要组成部分，有了责任意识才会想方设法办好每一件事。责任意识应该融进自己的血液中。回想自己在立信因工作需要，被组织调动过许多基层部门，有工会、校办、图书馆、后勤保障处、保卫处和武装部等，工作岗位在变，但尽心尽力做好本职工作的责任心没变。记得有位学校领导曾对我评价：干一行，钻一行，工作追求卓越，为此，我也曾获得过不少奖状（其中一部分已捐给校档案馆）。

2009年11月退休后，我又被学校回聘，作为主要骨干全程参与中国会计博物馆的筹建工作。从藏品采购到施工招标，以及展馆设计、展品陈列各个环节，我们都力求一丝不苟，体现了强烈的责任意识。博物馆建成开放后，受到广泛好评。我还被会计博物馆聘为终身艺术顾问。以后又经校领导推荐，我全程参与筹建北京的中国注册会计师行业史料陈列馆的工作。展馆建成后，受到中国注册会计师协会领导的一致好评，他们还特意为我制作了奖牌。

在纪念潘序伦先生诞辰130周年之际，党的二十大已经吹响建设中国式现代化的号角，中华大地改革奋进的大潮澎湃，我们的民族乃至每一个人都遇到了难得的发展机遇。让我们每个立信人都珍惜这个机遇，抓住这个机遇，干一番利国利民的事业，为立信增光添彩！

立信·情缘

黄疆新[①]

1958年的一天，我们家的弄堂里忽然来了一支锣鼓队，叮咚锵、叮咚锵！好不热闹，我赶紧出门看，原来是邻居荣获劳动模范的光荣称号，有人送来了喜报，锣鼓队的人将大红喜报贴在邻居家的门上，门洞生辉，煞是羡慕。以前只知道邻居是一个知识分子家庭，其孩子是我小学同学。几天后在弄堂纳凉时，我问这位同学，你爸是哪所学校毕业的？这位同学答道，是立信会计学校毕业的。

我父亲在一旁说，立信会计学校是潘序伦先生创办的，潘序伦在上海很有名望！我问父亲是怎么知道的，父亲告诉我说，他们厂里有几位会计就是立信会计学校毕业的，很受领导的器重和赏识。

坐在一旁的一位邻居讲，立信是上海的名牌，坊间都讲，"看书要看商务的，账册要买立信的，买布要买瀛洲的"。

立信会计学校和立信的声誉由此深深地印入我的记忆之中。

时过二十多年，我经历了上山下乡，回到上海。在上海师范大学学习期间，我的同桌邀我一起去立信会计专科学校应聘，我一听到立信，记忆深处的立信会计立即显现，它是我很早以前的一个向往。来到了当时没有自己校舍，没有自己完整教学机构的立信会计专科学校教学，过了两年，学校终于在中山西路有了自己的校舍。我在新校舍中见到了尊敬的"中国现代会计之父"潘序伦先生，为他将自己的积蓄十万元捐赠给立信，以充实"潘序伦奖学金"而感动。我在教授政治理论课的过程中，都加入

[①] 作者系原上海立信会计学院高等职业技术学院常务副院长。

了对潘序伦先生治学思想的介绍，以及潘老建立"三位一体"立信会计事业的创新精神的解读，在讲"立信"校训时，必讲潘老的"信以立志，信以守身，信以处事，信以待人，毋忘'立信'，当必有成"的二十四字训言，努力传承潘序伦的教育思想，并在每一个班级中鼓励学生努力学习，争取获得"潘序伦奖学金"，为进一步提高自身的学识和能力奠定基础。

在立信的教学过程中，我经历了社会上种种诱惑和风浪，仍守在三尺讲台。世纪之交，我在乐业的基础上实现了安居，还获得了"潘序伦奖教金"。学校升本以后，2007年，我曾任立信会计学校（中专）校长。

现在虽然已经退休，但对上海立信会计金融学院的一份感情依然浓浓存续，因为有许多人生的重要节点在立信会计学校中完成，寄希望于我们曾长期工作的学校有更大的发展，培养更多更优秀的毕业生，为国家的经济建设做出更大的贡献，拥有更好的社会声誉。

以此小文纪念中国现代会计之父，尊敬的潘序伦先生诞辰130周年暨上海立信会计金融学院建校95周年。

践行潘老诚信思想　画好诚信同心圆

陈力生①

2023年是"中国现代会计之父"、著名的会计学家、教育家、出版家潘序伦先生诞辰130周年，也是上海立信会计金融学院建校95周年。

抚今追昔，重读潘老的著作，我始终都在践行潘老诚信思想，努力承担好大学老师、出版社作者、事务所注册会计师三个角色，突出会计诚信思想，实现人生价值。

潘序伦先生一生经历坎坷，尤其潘老的求学之路更富有传奇色彩。1924年，留美回国后，受过先进会计教育的潘老目睹当时我国旧式账簿的落后，于1927年创办了"潘序伦会计师事务所"，并附设会计补习夜校。从此，潘老决心以会计师业务作为终身职业，立志引进新式簿记和会计制度，改革我国的旧式账簿，一心一意为发展我国会计事业奋斗终生。

潘老提出"信以立志，信以守身，信以处事，信以待人，毋忘'立信'，当必有成"的"立信"准则，毅然把事务所更名为"立信会计师事务所"。1941年他设立信会计图书用品社，亲任社长，"三位一体"的立信会计事业正式形成。

诚信是"三位一体"立信会计事业的"标签"，也是我校追求的一个办学特色，更是事务所、学校和出版社三个同心圆的圆心。本文拟通过对潘老"诚信会计思想"的解读和提炼，使我们立信人更好地传承和发扬潘老的这一宝贵精神财富。

一、诚信：会计职业的核心道德

诚信即诚实守信，诚实即实事求是，守信即信守诺言或约定。诚实本身是对整个

---

① 作者系原上海立信会计学院审计系主任。

社会的守信,而社会公众利益高于一切。如注册会计师的职业道德中,会计师对客户负有保守商业秘密的义务,也是对客户的承诺,但如果委托事项涉及公共利益,对于公检法机关的调查,会计师不能以保守商业秘密来搪塞,而应全面配合相关调查。"不过倘有公务机关如行政主管官署或法院等之命令,则其事必与公共利害有关,会计师自当从直报告,不应为委托人有所隐匿,盖会计师对于国家社会之责任重,对于委托人之责任轻也。"

1983年,潘老在《会计研究》发表的《谈谈会计人员的职业道德》一文中指出:我们认为会计人员职业道德应该包括品德、责任和业务技术三方面内容。其中品德方面包括遵纪守法,以身作则;廉洁奉公;忠诚老实,毋忘立信等内容。在这些会计职业道德中,"诚信"是最核心和最根本的道德原则。

"民无信不立",诚实守信本是所有普通人做人处事都应具有的道德。潘老给立信所题的二十四字校训充分说明了这点。各行各业也都应遵守诚信的职业道德,但诚信对会计职业尤为重要。"是以诚信一端,实为各业所倚赖,岂独会计师职业为然哉。虽然,会计师职业之发展,其有赖于诚信一端,实较其他百业为尤要。盖本身不能以绝对诚信自期,更焉能为他人之信用做证明耶?故诚信两字,实为会计师职业成功失败之所系,证以笔者个人之经验,益深信之而不疑。"

二、公正:会计诚信的内在要求

"夫会计师职业之作用,小而言之,则为各个企业信用之凭借,大而言之,则为整个社会信用之保障,初非为保全个人私立之计也。是以执行职务时,应公平处理,不得稍存偏私,致失社会公正之地位。"公平处理,不存偏私就是"公正"的内涵。这点通过潘老对会计师与律师的区别得到充分体现。"普通社会人士,不明会计师职业之性质,以为会计师之为委托人办事,亦如律师之为当事人辩护,以故两方对于账目,发生纠葛,常见原告委托会计师查账,同时被告亦常另行委托他会计师复查,此实为我国会计界信用未孚之明证。其实会计师对于账目之查核证明鉴定,只有根据账簿内容及实际情况,为公正之报告,决不顾及其报告是否与委托人有利或有害,苟能如此,则原告所委托之会计师,当为被告所信任,被告所委托之会计师,亦当为原告所信任矣。"律师接受委托帮人打官司,总是从委托人的角度,提供对委托人有利的证据和辩论，他可能提供真实的证据，有理地辩论，但他肯定不做一个公正不偏，于原告和被告间中立的人。律师只要不违背法律，他看中的是委托人的信任，而无须诉讼对方的信任。而会计师就不同了，他既要对委托者负责，也要对所有利益相关者负责，要对社会负责。

三、廉洁：会计诚信对会计执业者人生观的要求

一个人的行为是其人生观的具体表现。一个追求名利、利欲熏心的会计人员很难不为利益所动；而一个淡泊名利、追求社会奉献的会计人员决然不为利益所动，践行会计诚信。

会计诚信作为一个道德范畴，在很大程度上要靠会计人员自觉践行，而不能完全靠法律的维护。首先，在现实中不是做了假账的会计人员就一定会受到起诉、制裁。资本市场上顺从委托者，损害公众利益的会计作假者逍遥法外的现象有之，个中原因复杂，如对会计做假的定性与定量都十分困难。其次，面对巨大的经济诱惑，相对低的犯罪成本，一个追求经济利益至上的会计师仍然会选择造假。一个惨淡经营的小事务所，往往会对业务委托者委曲求全，因为即使撤销了事务所的执照，取消了注册会计师的执照，他们的违法成本相对其获得的经济利益也是低廉的。这是有限理性经济人的必然选择。所以会计诚信不能完全靠法律来维护（他律），主要是靠具有正确人生观的会计人员自我约束（自律），对社会负责的会计人员应该具有更高的思想境界。

潘老在其回忆录中说道："我国古代相传，有这样一句名言：ّ贤而多财，则损其志。愚而多财，则益其过。'把它译成白话文，就是说，品行端正的人，如有过多的财富，他就会想到一生衣食无忧，因之可能耽于逸乐，不思进取。至于品行不端之人，有了过多的财富，就很容易犯衣食住行的浪费，甚至犯嫖赌等触及刑律的罪恶行为。我认为，多财总是一件好事，但一个人多了财富，首先应当考虑用财之道，应当把多余之财，用于有益于人民大众的事业上。我一生聚财，用财之道，就是遵循这一主旨的。"我们从中可以看到潘老人生观中对金钱的淡泊。

四、勤奋：会计诚信的必要保障

会计人员要做到诚信，不仅主观上要有诚信的品德，而且客观上要有能力不做错

账,愿意付出辛勤劳动不做糊涂账,要有能力查出错弊,愿意付出辛勤劳动,自愿加班加点查清账目,决不草草了事走过场。因此,会计人员主观上想要遵循会计诚信,在客观上就必须具备相应的专业胜任能力和应有的关注。专业胜任能力是指具有专业知识、技能和经验,能够经济、有效地完成客户委托的业务。应有的关注是指应当保持职业怀疑态度,勤勉尽责,认真、全面、及时地完成工作任务。

潘老对合格会计师应具有的学识、经验和才能都有论述。他指出,优良的会计师应具备经济学识、各种商业常识以及相关法律等;丰富的执业经验与精细敏捷的观察判断力。而这些都要通过勤奋学习和努力工作获得。他常说,作为会计人员,得99分也不算合格,只有100分才算合格,原因在于财务会计账目容不得半点差错和缺点。总之,会计从业者知识与经验的积累,才能的锻炼,按时按质量完成委托业务,都需要会计人员的勤奋学习和努力工作。因此,会计执业者的勤奋精神是会计诚信的一个重要的保障。

五、会计诚信的目的不是更好地经营赚钱,而是更好地服务社会

在一般人的眼里,践行潘老的会计诚信,可以使自己的会计事业长盛不衰,开百年老店,使长期经济利益最大化。对遵循会计诚信的目的,潘老给出了明确的答案:"取之于社会,用之于社会;取之于会计,用之于会计。""我认为,多财总是一件好事,但一个人多了财富,首先应当考虑用财之道,应当把多余之财,用于有益于人民大众的事业上。我一生聚财、用财之道,就是遵循这一主旨的。"20世纪20年代,会计师还是一个收入微薄的行业,不少会计师都是兼职从事会计师业务。当时潘老决心从事会计事业,纯粹是为了改革我国旧式簿记,引进西方新式簿记,改进工商会计制度,以更好地服务我国民族工业的发展。潘老一生生活俭朴,用积聚的资财奉献社会、奉献会计事业。潘老一生对社会与会计事业捐献丰厚,用出书的版税设立"思源助学基金",以会计实业资助会计教育。1980年,立信会计专科学校重新复办,潘老献出一生积蓄,设立潘序伦奖学金,将存书2 000余册捐赠给立信图书馆,将事务所所的收入和立信编译所出版的"立信会计丛书"的版税,全部投入会计教育,作为购置校具、扩充校舍等基本建设费用。

潘老会计诚信的目的是为工商企业保障信用,在会计行业树立诚信之风,使会计

能够更好地服务社会。而对于诚信经营获得的财富，再回报社会，反哺会计教育事业。

六、结束语

潘老首推的诚信思想作为会计职业道德的核心原则，既是会计的本质所决定的，更是潘老以会计服务社会、奉献社会的无私精神的体现。我们纪念潘老就是要继承潘老的无私奉献精神，勤奋工作，为立信的教育事业奉献自己的聪明才智。1937年在立信创办10周年之际，潘老在《告立信会计补习学校全体同学书》一文中写道："诸位同学不仅在物质上应随时随地予同人等以协助，尤望在精神方面互相团结，以共维立信之光荣，他日在我校成为吾国会计学术之中心，岂仅序伦个人之荣誉，岂仅本所全体同人之荣誉而已哉。"对于潘老的这一将"立信"创办成全国会计学术中心的夙愿，值得我们一代又一代的立信人努力奋斗，实现这一宏伟目标。

为国竭智尽忠效力

罗银胜[①]

潘序伦，江苏宜兴人，生于1893年7月14日，故于1985年11月8日。他是中国现代杰出的会计学家、教育家和出版家。潘序伦生前历任立信会计师事务所主任会计师，立信会计专科学校校长、名誉校长，立信会计图书用品社社长，中国会计学会和上海市会计学会顾问，上海市社联顾问，上海市审计学会名誉会长，上海公正会计师事务所董事长，立信会计编译所主任和上海市高级会计技术职称评定委员会副主任等职。他是发展我国会计事业和培养我国会计人才的先驱。

1985年10月25日，中华人民共和国财政部为表彰杰出的会计专家、教育家潘序伦先生从事会计工作和教育工作六十周年，以及对我国的会计事业作出的卓越贡献，特向他颁发了荣誉证书。

2018年，上海市社会科学界联合会公布了首批"上海社科大师"人选名单，潘序伦、陈望道、贺绿汀等已故六十八位著名学者当选。

在中国当代学术界，能称为学科之父的，潘序伦先生是其中之一。他被誉为"现代会计学宗师，职业教育之楷模"，他将现代会计理论传入中国，告诫学生"夫学识经验及才能，在会计师固无一项可缺，然根本上终究不若道德之重要"。终其一生，恐怕没有比立"信"更重要的事业了。

1993年，上海市原市长、海峡两岸关系协会首任会长汪道涵先生为纪念潘序伦先生诞辰100周年，欣然题写"经世济民"。

---

① 作者工作单位系上海立信会计金融学院人文艺术学院。

"经济"一词的出处就是"经世济民"。《抱朴子·审举》谓:"故披洪范而知箕子有经世之器,览九术而见范生怀治国之略。"《晋书·殷浩传简文(司马昱)答书》:"足下沈识淹长,思综通练,起而明之,足以经济。"

可见,"经纶济世,强国富民"是历代中国有志向、有作为的知识分子的崇高思想境界。经济学应该是"经世济民"之学,充分体现经济学厚生、惠民的人文主义思想。"经世济民",正是潘序伦先生的人格信念与人生追求,是他一生富民强国、无私奉献的绝佳写照。

潘序伦毕生服膺爱国主义精神,具有强烈的报国强国之志,爱国主义精神融于潘序伦毕生之中。学生时代的潘序伦先后在美国取得哈佛大学工商管理硕士学位和哥伦比亚大学政治经济学博士学位,于1924年毅然决然回到祖国的怀抱。他肩负着"教育救国""实业救国"的使命,于1927年1月设立"潘序伦会计师事务所"。为了赢得社会信誉,体现诚信思想,次年更名为"立信会计师事务所",同年设立立信会计学校,开始了我国现代会计教育的大胆探索,并将会计诚信教育融入其会计教育始终。潘序伦先生的办学宗旨是:适应社会需要,培养财会人才,重在务实,振兴中华。

"为国竭智尽忠效力",潘序伦先生在垂暮之年,曾经大声疾呼:"我今天要求我所训练出来的成千上万同学和同事们一起和我高喊口号:我们有生之日,都是为国竭智尽忠效力之年,这是我们最最幸福之时!中华人民共和国万岁!"[①]

"为国竭智尽忠效力",是对潘序伦先生家国情怀的完美诠释,是他始终胸怀"国之大者"的生命之呼,"为国竭智尽忠效力",是他报国强国的初心所在,是他一生的真实写照。

潘序伦九十多年的漫长人生经历,充满艰辛与曲折,但他始终信守爱国之志,无怨无悔,踔厉奋发,竭尽全力,真正做到了鞠躬尽瘁,死而后已!

潘序伦以"立信"精神自警自律,一生牢记使命,践行初心,完美地演绎了"信以立志,信以守身,信以处事,信以待人,毋忘'立信',当必有成"的"立信"精神,为世人所敬仰。

潘序伦秉承报国强国初心,倡导"信以立志"。志,是人生观问题,意谓人生志向,即理想、抱负、人生坐标,或者说是心中拥有的孜孜以求而非虚幻的梦。它是人

---

① 潘序伦.热烈庆祝国庆三十周年[M]//潘序伦.潘序伦文集.上海:立信会计出版社,2008:529.

生目的的体现,是由各自的人生观决定的。

解读"信以立志",就是要明确目标,脚踏实地;坚忍不拔,矢志不渝。

人活着是有目的的。人生目的是人生观的核心。人生的目的是多层次的,人生目的不同,人生观也各异。人来到世上,究竟为什么活着,持什么样的人生观,是否有志,又立什么样的志,这是人生的根本问题,对人生旅程的影响至关重要,决定着每个人的人生价值。

潘序伦的人生经历,为我们最好地诠释了立志对于人生的重要意义。有的人小时既已明志,其人生坐标非常清晰,其人生历程大体没有脱离当初设计的轨道。而有的人却经历曲折,误入歧途,但若能幡然醒悟,立志自强,仍能使人生出现转机,扬帆远航。潘序伦即是如此。

潘序伦一开始以读书来解决人生的出路问题。他青年时代求学求业,有过轻率、盲目、任性的经历,因而曲折坎坷,陷入危机。

志是人生旅途的精神支柱和指路明灯。志能专一自然会影响到气,气能专一持久自然也会影响到志。气,即精气神,精神状态,用我们今天时尚的话来说,即"激情燃烧"。有志,才能有激情;有激情,才能体现其志,有利于实现其志。

潘序伦要出国留学深造,必须冲破三关:拿到学士学位,掌握外语和取得资助。这三者对于他来说,均非轻而易举。但其宏志激发了他无穷的毅力,使他发奋到了极限。

潘序伦在圣约翰大学求学中,"有两点较深刻的体会:一是要在逆境中善于忍耐,如果我不咬紧牙关,忍受任何同学对我的种种刺激,而贸然辍学返乡的话,我将有可能终生堕落下去,沉浮于泥淖之中而不能自拔;二是要有勤学苦读的毅力。如果我不能日以继夜地勤学苦读,我就不会获得圣约翰大学文学士的学位,更不可能获得留学美国的机会。"[①]

从潘序伦高效高速并取得优异成绩的求学过程,可以清楚地看出,是以他的宏志所激发的无坚不摧的精神力量为支撑的。正如俄罗斯的伟大诗人、剧作家托尔斯泰说过:"理想是指路明灯,没有理想就没有坚定的方向,没有方向就没有生活。"[②] 这也是

---

① 潘序伦.潘序伦回忆录[M].北京:中国财政经济出版社,1986:19.
② 姜韵宜,董乃祥.潘序伦与立信文化知行教程[M].北京:经济科学出版社,2006:24.

托尔斯泰从人民群众的生活实践中总结出来的人生感悟。

潘序伦在会计和教育事业中，遇到的困难也是层出不穷的。

潘序伦刚迁川时，生活上无亲人照顾，住宿在望龙门的江边，从住地到办公地点光走山路就160个台阶。这段时间，"生活艰苦，身体疲劳，以致随时有生命的危险，都没有使我在事业上松劲。我的脑子里只有六个字：'立信会计事业'，首先是忙着开办立信会计学校"。①

这六个字就是潘序伦志之所系。脑子里闪出这六个字，工作就有了方向，那就是买地、盖教学楼、重新凝聚师资队伍、解决教材供应渠道、筹措资金、招生等等。这一切工作落实之后，重庆立信会计专科学校就诞生了。

综观历史，从古至今，举凡事业上有辉煌成就的人，胸中都有大志，尽管征途艰难险阻，其志也能照亮其前进方向，指引其阔步前行。

志是创造人生价值的原动力。志，反映着人的价值取向，即人生目的。

科学大师爱因斯坦说过："一个人的价值，应当看他贡献什么，而不应该看他取得什么。"

在《热烈庆祝国庆三十周年》一文中，潘序伦号召："为国竭智尽忠效力之年，这是我们最最幸福之时！"可见，对于一个人来说，人生观、价值观、幸福观是一脉相承的。实现其志，自然与成就感俱来的就是幸福感。

潘序伦的教育思想倡导无私奉献精神。潘序伦的一生都无私奉献给祖国的会计事业和会计教育事业。他创办会计事业和会计教育事业的目标是："取之于社会，用之于社会；取之于会计，用之于会计，取之于学生，用之于学生"。伴随着立信事业半个多世纪的风雨路程，潘序伦全身心地投入会计事业和会计教育事业。潘序伦生活非常朴素，从不奢侈浪费，从不肯轻易购买新家具和新衣服。1980年立信会计专科学校复办，潘序伦献出一生积蓄，设立潘序伦奖学金，将存书2 000余册捐赠给立信图书馆，将事务所挣得的钱和立信编译所出版的"立信会计丛书"的版税，全部投入会计教育事业，作为购置校具、扩充校舍等基本建设费用。

我们应该向潘序伦学习，始终牢记"为国竭智尽忠效力"的嘱托，树立正确的世界观、人生观、价值观，努力实现人生价值，为社会多做贡献。这样的人生才是丰富

---

① 潘序伦.创业散记[M]//潘序伦.潘序伦文集.上海:立信会计出版社,2008:564.

和充实的；这样的人生才是幸福和圆满的。

在潘序伦先生诞辰130周年之际，我回首从事潘序伦研究的经历，别有一番滋味。

作为立信大家庭中的一名成员，我对潘序伦老先生仰慕已久。我从上海市政府财办调至立信学校工作不久，看到《光明日报》上刊登征稿启事，约请教育界选择五四运动的中国现代著名教育家，将其业绩撰写成传，汇集出版。得知这一信息，当时的校领导顾树桢先生等经过慎重研究，认为潘序伦老先生虽已作古，但作为一代会计泰斗、杰出的会计教育家，在中国现代教育史、会计史上留下了光辉的一页，理应为他编写传记。

由于各种原因，当时没有合适的人选来写传，校领导决定由我来承担。本人勉为其难，为完成好这一任务，克服种种困难，终于完成初稿。

潘老传记初稿完成以后，几经修改讨论定稿，交付编委会。潘序伦的传记，经编委会审阅通过，收入《中国现代教育家传》第八卷，于1988年7月由湖南育出版社出版，赶在当年10月的立信60年校庆与大家见面。这部传记由老一辈革命家陈云同志题字，周谷城先生作序。周先生在序言中说道："现在，在选择一批教育实践和教育理论上有重要贡献的教育家，搜集整理他们的事迹和教育理论观点，编成他们的传记，这一工作，对于研究、建立我国现代教育科学理论体系，是不可缺少的。"周先生所言诚哉。

这篇传记出版以后，《立信》校报和《立信校友通讯》每期以一定篇幅加以连载，由龙一圆主编、张立年为责任编辑的《立信史话》一书，也收录了潘老传记（立信会计出版社1993年11月出版）。

1989年春天，由知名经济学家许涤新主编的《中国企业家列传》欲收录潘序伦传，副主编谢牧（曾任《经济日报》副总编辑）先生向立信元老、全国政协法制委员会副主任李文杰先生约稿。承蒙李老推荐，我承担了为潘序伦作传的任务。我着重刻画潘序伦的企业家风采，以及立信创业、敬业的企业文化、企业精神，比较成功地完成了这一传记，也于1990年5月编入《中国企业家列传》第四册，由经济日报出版社出版。

由此开始，我对潘序伦先生生平业绩、学术思想、道德文章的研究从未间断，这方面的点滴成果有：《潘序伦会计教育思想及其办学实践散议》（《上海会计》1988年第11期），《潘序伦学术思想及活动述评》（《上海会计》1990年第7—8期），《"信"就是责任感》(1989年1月14日《新闻报》),《邹韬奋与潘序伦》(1990年7月12日《解放日报》),《"中国现代会计之父"轶事》(《联合时报》1991年2月1日),《中国现代会计之父——潘序伦》(《财会月刊》1997年第1期),《潘序伦教育思想和办学实践研究》(立信会计出版社1998年11月出版),《潘序伦先生与几位经济学家的交往》(《立信学刊》1998年第6期),《潘序伦教育思想的渊源探索》(《立信会计高等专科学校学报》1999年第4期),《潘序伦先生教育观刍议》(《上海青年管理干部学院学报》2007年第1期),《潘序伦会计学术思想述评》(《云梦学刊》2009年第2期),《他被誉为"中国现代会计之父"》(2018年6月11日《文汇报》),《大师情缘:潘序伦与他的知交们》(2018年7月12日《解放日报》)等。此外,我还在《立信》校报开设专栏,连载《潘序伦校长轶闻录》,从1989年10月起开始,共近百期,未曾中断。

记得梁漱溟先生曾说:"自己愈认真,从外面收来的东西就愈多,思想就一步一步地变,愈收愈多,不能自休,就成今日这样子。"我从事潘序伦研究的艰辛历程,使我深为服膺梁先生所说的话。

为了全面完整地再现潘序伦先生生平业绩及其所处的时代,准确反映潘序伦先生身上的爱国主义精神与深深的家国情怀,我上下求索,其中的酸甜苦辣不足与外人道:且算是为自己的潘序伦研究作了一个交代,且算是自己已经尽力而为。

为了写好潘老传记,我历经数载,在浩如烟海的图书文件、回忆文字、档案资料、人物谈话以及潘序伦先生的著述中,寻寻觅觅,悉心剔爬,并赴各地采访有关人士。我从学校档案馆、上海市图书馆、国家图书馆、重庆市档案馆等查考档案卷宗。至于中国第二历史档案馆,我先后三次涉足。为了掌握大量的可贵的第一手感性材料,在有关领导的指点下,我先后拜访了许多立信老校友,如商业部原副部长张世尧,财政部原副部长陈如龙,全国政协原常委、著名会计学家杨纪琬,财政部原财政科学研究所所长、博士生导师许毅,全国工商联原副主席黄凉尘,原中国民主建国会中央咨议委员会副主任李文杰,原冶金部财务司司长钟礼华,原上海财经学院副院长李鸿寿,国务院原经济研究中心高级研究员吴敬琏等,获得了不少珍贵的有关潘老、校史的口碑资料。经过努力,我创作的《潘序伦传》,由上海人民出版社2007年5月出版;《中国现代会计之父——潘序伦传》,由立信会计出版社2017年12月出版。

虽然,现在一个人去做潘序伦是不可能的,但是,在读潘序伦事迹的时候,整个人的道德经验与心灵历程就得到延展了。

近年来，我在认真学习习近平新时代中国特色社会主义思想的过程中，对一代宗师潘序伦先生浓烈的爱国情怀及其浸润的红色情缘，有所发现、有所感悟，不禁援笔而书，诉诸文字。

2023年是潘序伦先生诞辰130周年，积极传承潘老留下的宝贵精神财富，是十分重要的任务。拙著《经世济民——中国现代会计之父潘序伦的家国情怀》付梓出版，恰逢其时。

值此潘序伦先生诞辰130周年之际，我们倍加尊崇潘序伦先生伟大的爱国情怀、非凡的献身精神、杰出的会计成就；我们要高举习近平新时代中国特色社会主义思想的伟大旗帜，为全面建设社会主义现代化国家而不懈奋斗！

高山仰止　景行行止

解丹阳①

潘序伦先生是中国近代教育事业的先驱。他毕生致力于教育事业的发展，积极探索教育发展之路，为中国教育事业的发展作出了卓越贡献。今天，我们怀着崇敬的心情，纪念潘序伦先生诞辰130周年，缅怀他的丰功伟绩。

我从在立信学习到留校任教是一段漫长而艰辛的学习之旅。立信校园是我热爱的家，就像一座永远伫立在我心中的城堡；立信学子是我情深意切的亲人，就像一颗颗遍布五湖四海的珍珠。即立信的"三位一体""校训"和"校歌"就像三根红线，将这些珍珠穿在一起，熠熠生辉。近30年的立信生涯里，我越来越多地感慨和感激潘序伦先生教育理念背后所传递出来的积极向上的精神——不断向上、向善、向美的方向追求，为学生构建更加综合、完善的教育体系，使学生在学业、实践和人格等各方面都得到全面提升。

潘序伦先生主张构建事务所、学校和出版社"三位一体"的教育模式，可以充分利用各种教育资源，具有很强的创新性和实用性。他认为，教育不仅仅是在教室里向学生讲授知识，更要让学生在实践中得到锻炼和提高，将实践、教育、科研和出版有机结合在一起。这样一种教育理念在当时是非常先进的，为当时的中国教育事业注入了新的思想和活力。

学校在教学方面非常注重实践教学，在财经类人才培养方面，立信有着非常出色的表现。尤其是职业化教育，为同学们提供大量的实习和实践机会，帮助学生更好地掌握和应用所学知识。学校注重培养学生的职业素养和实践能力，帮助他们更好地适应社会发展的需要。当年的很多老师都在社会兼职，或是实务经验丰富的专家在学校

---

① 作者系上海立信会计金融学院招生与就业处处长。

兼课，充分发挥教学、科研和实践相结合的优势。

事务所为学生提供了很多实习实践的机会，这对于他们的职业发展具有非常积极的意义和影响。学生通过参与事务所的实习项目，能够接触真实的工作环境，了解会计实务操作和行业规范，掌握会计专业知识和技能。同时，学生还可以通过实习积累实战经验，提升自我认知和职业素养。这些经验和技能将会给学生在未来的求职和事业发展中很大的帮助和支持。事务所老师们的成功经验和管理理念对于学生而言也是一个很好的榜样和启示，为他们提供职业发展的方向和思路。

出版社出版的大量优质教材、辅导书籍和专著，为学生、从业人员和企业提供了良好的教学和学习参考工具。对于实践教学，出版社出版的教材和辅导书籍是教师们在课堂上依据教学大纲的重要教材，也是学生在课余时间自主学习的重要资料。这些教材和书籍为学生提供了系统、全面、丰富的具有导向性的学习方案和知识框架，支持学生在学术能力和专业技能上有更全面、更系统、更深入的发展；同时也为国内外各行各业从业者和学者提供了许多重要的理论和实践参考，促进了学术研究的发展。

记得当年我刚进校门不久，师兄师姐们谈论的关于学校的话题最多的就是"信以立志，信以守身，信以处事，信以待人，毋忘'立信'，当必有成"，几乎人人都能够背诵，毕业多年后相见，还是记忆犹新。它体现了潘老对于人生态度和行为准则的深刻思考和理解，更是对于学校教育使命的明确阐述，如基因一般刻在立信学子的灵魂深处。

第一，"信以立志"，强调了每个人需要立下自己的志向和目标，坚信自己能够实现，并为之奋斗。这一点对于学生的成长至关重要，教育不能仅仅是知识的传授，更需要引导学生树立正确的人生观和价值观，让学生找到自己的人生方向。第二，"信以守身"，指出了做人的底线和原则，要坚持做到自律和自我约束。作为一名学生或者一名职场人士，必须要有自律的精神和品德修养，时刻保持良好的行为习惯和言行举止，以身作则、树立榜样，才能得到他人的尊重和信任。第三，"信以处事"，强调了处理问题的方法和态度，尤其是在面对复杂的情境和压力时，应该保持清醒的头脑和正确的思考方式。这一点在现代社会中尤为重要。我们需要从容应对各种变化和挑战，理性地解决问题。第四，"信以待人"，强调了人际关系的重要性和处理方式，要真诚、友善、包容，建立良好的人际关系。无论是在学校还是职场，一个人的成功往往与他的人脉和合作能力有着密不可分的关系。第五，"毋忘'立信'，当必有成"，强调了诚实和诚信的重要性。我们只有重视诚信和信誉，才能够赢得别人的信任和支持，从而获得更大的成功。在现代社会，诚信意味着履行承诺、遵守契约、尊重知识产权等等。总之，立信校训具有深刻的现实意义，对于学生们的成长和职业生涯都具有重要的指导作用。

属于立信教育的浪漫还有学校的校歌，"美哉校之名，大哉校之训，立信立信正其本，学万千，此则一，会计当而已……"这首校歌创作于那个正处在水深火热、风起云涌、救国图强的20世纪20年代的中国。这首歌曲代表着立信学校的精神、特色和价值观念，激发学生为实现国家富强、民族独立而奋斗的热情和信念，是一种文化传承和文化积淀的方式，是一种精神激励和动员的工具，鼓励学生们在实现个人价值的同时，也要为国家和社会作出贡献。

其一，这首歌曲强调了"信"的重要性。这种传统的价值观念有助于财经人才提升品德修养。在现代工业化社会，财务人员责任重大，处理数额巨大的资金需要极高的职业道德和责任心，而这种价值观能够帮助学生塑造正确的道德观念和职业操守。其二，这首歌曲提到了"学万千，此则一，会计当而已"，这反映了学校对于学生的期望。学校强调学科知识和专业技能的重要性，同时也强调了个人的责任和担当。这种精神在职场中得到了广泛的认同。它有助于培养学生积极向上、勤奋学习的良好习惯。也使得学生们明确了自己要成为有社会责任感的人才。其三，这首歌曲也强调了爱国情怀，这是现代职业教育理念的体现。在当今社会，人才的职业教育不仅要重视个人的发展，更要注重爱国情怀的培养。这种情怀的培养是个人价值观的内化，也是财经人才学科知识和专业技能外化的重要体现。立信校歌传达的这种情怀，启示学生们明确自己的职业定位和责任，为国家和社会贡献自己的光和热。

总之，立信校歌是一首富有深意的歌曲。它体现了传统的价值观念和现代职业教育理念的结合，同时也激发了学生们的爱国热情。这首歌曲启示学生们把握好自己的职业方向和价值观，为成为财经人才打下坚实的基础。

如今，我们应该尊重并发扬潘序伦先生的教育理念，应该心怀敬畏"高山仰止"，学习潘序伦先生的教育思想，不断推动教育事业的发展和进步。同时，也要"景行行止"，用实际行动释放正能量，弘扬主旋律。我们应该积极推进德育素质教育，注重学生的综合素质培养，提高学生的创新能力和实践能力。我们也应该加强师德建设，让每个教师都成为学生的良师益友，为建设中国教育事业而努力，为推动中国经济的高质量发展作出更大的贡献！

守正创新　续立信精神

李培功[①]

20世纪30年代，民国时期两位著名的会计学家徐永祚和潘序伦在上海展开的一场关于如何改进会计体系的争论，这场针对中国会计发展的"改良"与"改革"之争推进了中国会计理论的发展。最终，以立信创始人潘序伦为代表的改革派，将单式记账改为借贷复式记账，不但使企业的财务管理更加科学，而且实现了记账方法上的"国际接轨"，使中国经济不再孤立于世界经济之外。中国的会计历史中，潘序伦先生是中国现代会计事业的开拓者之一。

然而，作为1924年毕业的哥伦比亚大学博士，持报国之心而归的潘序伦先生不仅仅在会计领域作出了开创性的贡献，更是与同时代的志同道合者一起，成立中国经济学社，倡导"经济学精深之研究"，探索中国经济发展之路。社刊第一卷《中国经济问题》刊出了土地经济、财政、金融货币、地方经济、交通经济、会计、国际贸易、经济汛论、经济原理、经济思想史十类问题的专业论文。该刊最后的社员表中，潘序伦先生是执行委员、总社理事会理事、上海分社理事会理事、编辑委员会委员、常务委员，见图1至图3。

可见，潘序伦先生在归国创建会计师事务所、会计学校、会计图书用品社之初，就清晰地认识到，会计问题不可孤立于中国经济环境之外，需与经济学界各领域专家携手奋斗。立信的金字招牌，是在国家经济发展过程中逐步擦亮的。

[①] 作者系上海立信会计金融学院会计学院院长。

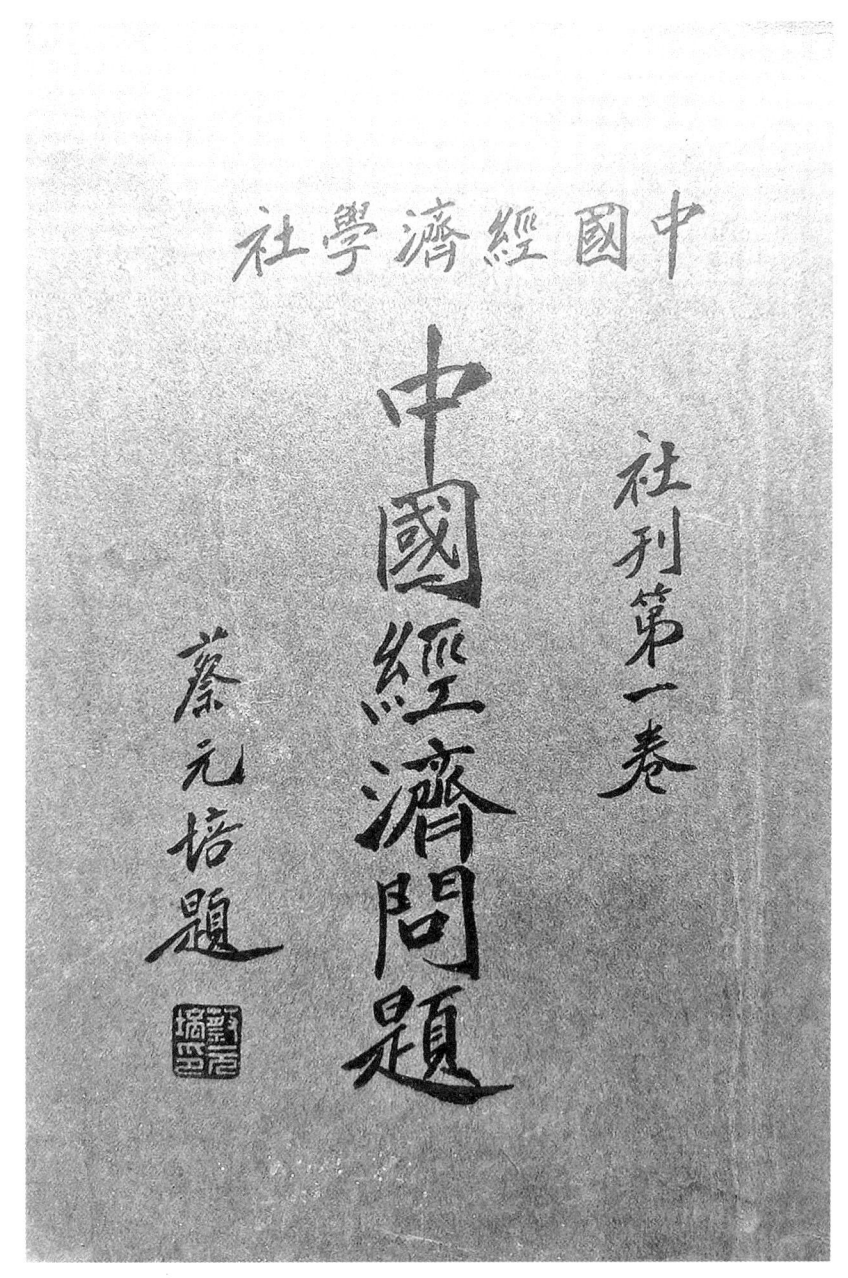

图 1　中国经济学社社刊封面（商务印书馆，1929 年）（供图：郭昱）

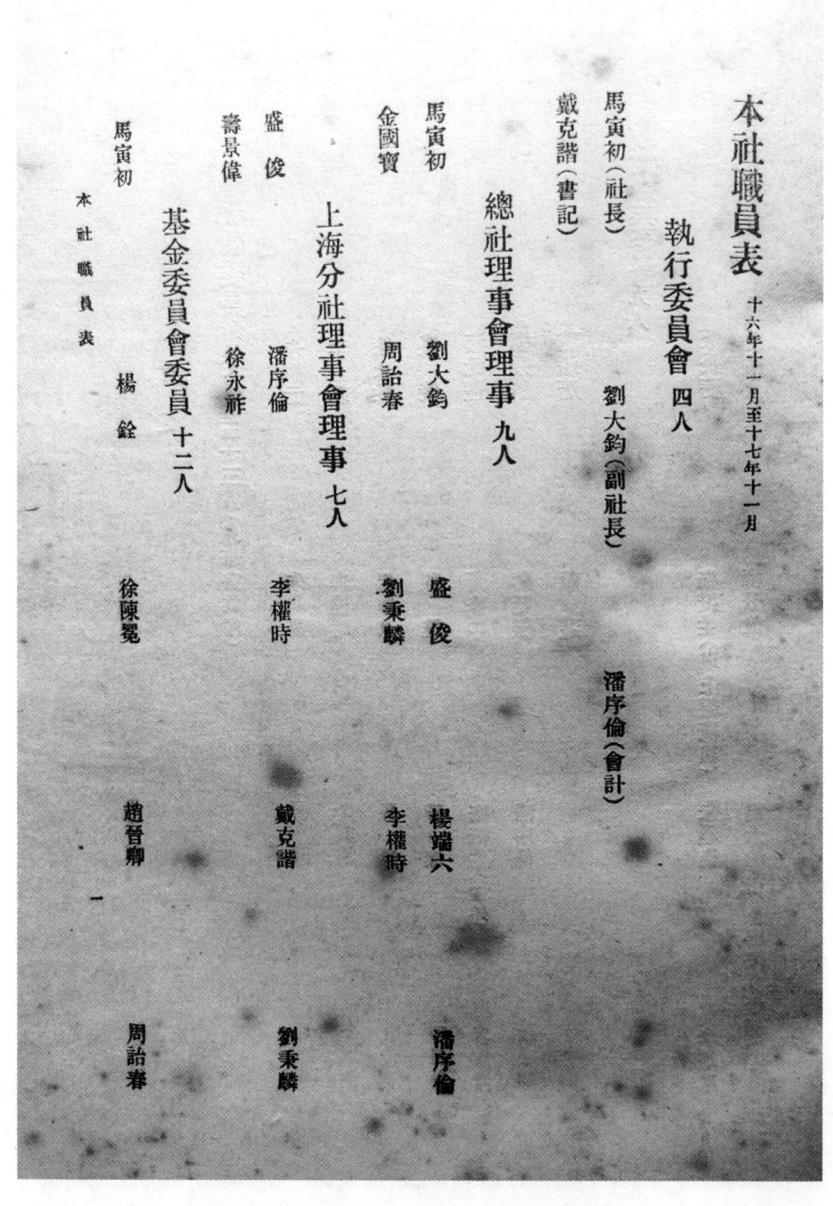

图 2　中国经济学社社员表一（供图：郭昱）

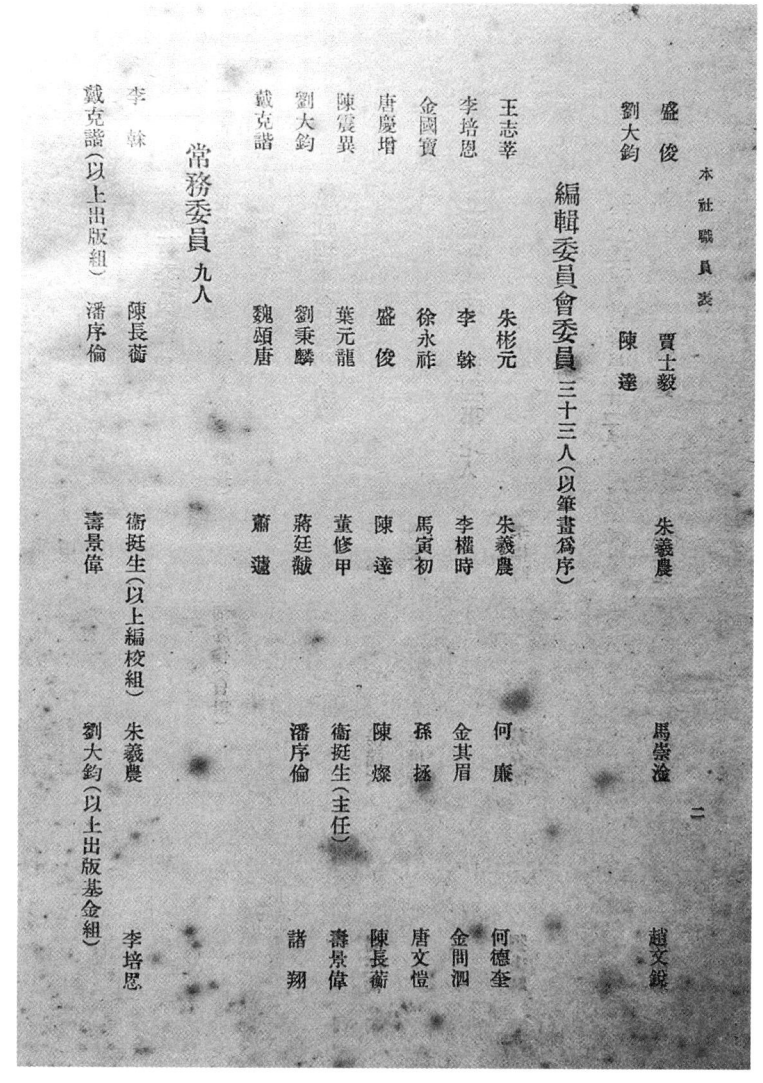

图 3　中国经济学社社员表二（供图：郭昱）

2023 年是潘序伦先生诞辰 130 周年。此时，中国已迈入全面建设社会主义现代化国家新征程，以信息技术、数字技术、人工智能为代表的新一轮技术革命，对会计理论发展和会计人才培养提出了新的挑战。如何在新时代背景下继续擦亮立信的金字招牌，党的二十大报告提出的"守正创新"是最好的答案。守正才能不迷失方向、不犯颠覆性错误，创新才能把握时代、引领时代。

何为守正？

会计学科的"正"乃诚信。诚信是会计职业道德的重要内容，也是对会计行业的最基本要求。《会计改革与发展"十四五"规划纲要》明确指出，将持续推进会计诚信建设。新时代的行业人才培养应坚持以德为先，始终把推动诚信建设作为行业人才工作的核心价值导向，坚持诚信为本、诚以力行、信以修身，将诚信建设贯穿行业人才工作的各环节，完善行业诚信建设体系，夯实行业诚信文化基础，健全以诚信评价、专业评价、能力评价为维度的会计人才综合评价体系。

如何创新？

党的二十大报告提出构建高水平社会主义市场经济体制，指出将构建全国统一大市场，深化要素市场化改革，建设高标准市场体系，作为宏观经济管理和市场资源配置的基础性工作。会计在构建高标准市场体系中的重要性正日益凸显。传统的会计理论研究聚焦的是经济的效率与效益，缺乏对高质量发展相关问题进行深入研究的内在动力。新发展理念的提出和高质量发展目标的确定，则对会计理论研究提出更高的创新要求。在技术领域，"大智移云物区"在会计审计领域得到广泛应用，以财务云、电子发票、电子档案、RPA（机器人流程自动化）、在线审计为代表的会计信息技术快步发展。

在政策和技术的双重影响下，新时代的会计理论需要直面时代要求和实践难题，探索重构相应的会计理论和方法体系，系统严谨地阐释会计服务高质量发展的作用原理、机制机理、方式方法，具体表现等，为实现高质量发展目标提供政策制定、实务工作方面的指导和参考依据。

立信的"守正创新"

党的二十大报告在"实施科教兴国战略，强化现代化建设人才支撑"中指出，教育是国之大计、党之大计。培养什么人、怎样培养人、为谁培养人是教育的根本问题。育人的根本在于立德。

立信精神始终将立德树人作为人才教育培养的根本任务，弘扬社会主义核心价值观，加强会计法治教育、诚信自律教育、职业精神培育和专业能力建设，增强责任意识，提高担当本领，打造德才兼备、以德为先的会计人才队伍。

百余年来风云变幻，但《论语》中"民无信不立"已传承千年，潘序伦先生取其"立信"二字，奠定了会计学科发展之精神。在技术剧变的时代洪流中，会计学科将在更宏观的经济视角下，在中国经济发展的过程中，探索守正创新之路，续立信百年精神。

我是立信人
——一首歌的故事

窦瀚修[①]

歌曲来源于人们对生活的体验,是民族文化持久延续的最佳途径,具有文化属性。歌曲能在特定环境和特定区域内唤起人心、鼓舞士气,把人的精神力量转化为无穷的物质力量。歌里有故事,故事诉歌魂。

那是在2016年学期末,学校一年一度的校级春节联欢会将如期举行。2016年联欢会的主题是"中国梦·立信情",演出形式是合唱。学校各二级单位接到通知后都高度重视,积极响应,接下来要做的事情很多:选歌曲、定人员、挑服装、找编排和指挥,大家都忙得不亦乐乎。的确,联欢会展现了一个单位的精神面貌,每个参演单位都想唱出特色、唱出水平、唱出精气神。

我当时负责张罗出版社的献演节目,深知选唱什么类型的歌曲很关键。因为时间紧、工作忙,我们不可能花太多时间排练。选唱的歌曲应立足出版社的演唱实力,最好是难易适度,不能太难,太难了学起来慢、唱不到位,演唱效果不佳;也不能太容易,因为难度系数太低,观众听后没感觉,留不下记忆,也不好。后来我们专门召开由工会同志参加的社班子会议,决定选一首歌曲的旋律,改编歌词,由我来完成选歌和填词工作。

2016年是我来立信工作的第16个年头。立信会计事业创始人潘序伦先生的大师风范、崇高品格以及诚信文化深深地感染着我,是激励我前行的源泉动力。作为立信人,

---

[①] 作者系立信会计出版社原社长、党总支书记、董事长。

应继承先贤的光辉思想，传播立信诚信文化，把立信品牌越擦越亮。再三考虑之后，我先尝试用《我是一个兵》歌曲的旋律，默默哼唱着，仿佛感受到一种力量，确定下歌名叫"我是立信人"，同时开始改编歌词。我将填好歌词的歌曲（附后）提交社班子研究并得到社班子的一致同意。大家有信心唱好这首歌，用这首歌赞美尊敬的潘老，赞美可爱的立信人，赞美声名远播的"三位一体"立信会计事业，赞美历史悠久的立信诚信文化。

歌词是这样写的："（第一遍）我是立信人，就是爱立信，创建了百年老字号，培育了会计人；我是立信人，处事讲诚信，依法依规做会计，规范又认真，嘿嘿嘿准则握得紧，眼睛看得清，谁敢随便乱动，严肃批评不留情。（第二遍）我是立信人，不忘潘序伦，'三位一体'就是好啊，传承到如今，我是立信人，感谢潘序伦，教我会计ABC，又教我做人，嘿嘿嘿一心为国家，一切为人民，为人为师楷模，还数立信潘序伦。（第三遍）我是立信人，永远爱立信，不论我们走到哪儿，都是一家人，我是立信人，永远不忘本，金字招牌维护好，你我要同心，嘿嘿嘿立信同仁们，诚信最要紧，试问谁最诚信，还数我们立信人。"

大家一试唱，很容易就唱了下来，对唱好这首歌充满了信心。在2016年学校的联欢会上，出版社演唱队的队员们精神抖擞，闪亮登场。男士们身着灰色的立领唐装，端庄大方；女士们一袭浅蓝色绣花旗袍，高贵典雅。由于这首歌铿锵有力，曲调质朴，歌词简练易记，朗朗上口，队员们越唱越投入，越唱越提劲，抒发了对潘老的缅怀和敬仰之情，也唱出了立信人的使命感和自豪感，取得了良好的演出效果。

2023年是潘序伦先生诞辰130周年暨上海立信会计金融学院建校95周年，学校开展了一系列纪念活动，旨在赓续立信精神，砥砺奋进力量。先生开创的立信会计事业靠一代又一代立信人继往开来，不断前行。

立信是近百年的老字号。作为立信人，从事出版工作，我感到责任重大，使命光荣。这话听起来有点大，但在工作中深有体会：作者对我们越信任，我们的压力就会越大。诚信是社会主义核心价值观的重要组成部分，国家高度重视全社会诚信体系建设。2016年春，中国注册会计师协会（简称"中注协"）为了总结30多年来行业诚信建设的经验与成就，拟策划一部以诚信建设为主题的书稿，书名为《诚信之路》，委托立信会计出版社出版。我们接到这项任务后，既兴奋又感到压力很大。全国的出版社有500多家，唯独立信会计出版社被选中，这说明中注协对我们的高度信任，我们必须倾全社之力把这部书做好，使之成为一部依靠专业特色弘扬时代主旋律的好书。为了把书写好、出好，出版社派赵新民、方士华两位年富力强的副编审亲赴北京，在中注协一住就是一周。其间，中注协的领导和同志们给予我们很大帮助，尤其是中注协原秘书长陈毓圭先生在百忙之中对该书的体例结构、重点章节和创新之处等都给予具体指导。

功夫不负有心人。经过大家的共同努力，历时三个月的编辑加工，《诚信之路》初稿形成。恰逢原国家新闻出版总署组织的社会主义核心价值体系建设的"双百工程"重点出版物的申报，《诚信之路》选题申报成功，后又获批国家出版基金资助项目。该书上市后一个月就销售10 000多册。当我在一家权威报纸上看到时任财政部副部长余蔚平先生作报告的一幅照片，非常激动，因为《诚信之路》一书就放在麦克风的左边。这部书深受广大读者尤其是注册会计师人员的青睐，也得到了财政部领导的肯定。该书被评为上海市优秀图书二等奖，叫好又叫座，获得了良好的社会效益和经济效益。

潘老20世纪30年代主持编写的"立信会计丛书"，堪称会计学的扛鼎之作，享誉海内外，影响了一代又一代会计人。2011年5月底，立信会计出版社特邀中国台湾政治大学原校长、著名会计学家郑丁旺教授参加建社70周年庆典活动并为立信师生作学术报告。郑丁旺教授那场学术报告的第一句话给我留下了深刻印象，至今难以忘怀。他一上讲台，就满怀喜悦地说道："我是读潘序伦先生编写的'立信会计丛书'成长起来的。"作为一名立信出版工作者，听完这番话，我感到非常自豪，但更多的是责任。潘老在那军阀混战、社会动荡、新旧思想交替的战乱年代，亲自主持编辑出版了大量会计学著作，使1949年之前的中国大学会计教育变得规范化、系统化和现代化。作为新时代的立信出版工作者，应牢记使命，沿着先辈的足迹，传承立信出版文化，书写新时代立信出版新篇章。近年来，立信社出版了《会计经典》《世界会计史》《中国会计准则的国际趋同效果研究》等图书。其中，《中国会计准则的国际趋同效果研究》被列为"十三五"国家重点出版物出版规划项目和2011年国家出版基金资助，在国家出版基金资助项目绩效考评中被评为优秀等级。该书同时获4项奖励：第四届中华优秀出版物（图书）奖提名奖、教育部第七届高等学校科学研究优秀成果奖（人文社会科学）著作类三等奖、上海图书奖一等奖、福建省优秀成果奖（著作类）一等奖。

20世纪上半叶，为了满足民族工商业发展的需要，潘老主持编辑出版的会计类图书50多部，图书品种很多，如《各业会计制度》就出版了2辑。作为新时代的立信出版人，肩负很多责任，其中以读者为中心，为读者服务，为读者着想是出版工作的重中之重。有的读者直接对我说，立信社应该是会计人的"百货商店"，什么类型的会计书都应该有，随要随有。为此我们开发了许多冷门的会计领域选题，满足读者的个性化需求，例如，《拍卖会计》《领导干部会计学》《中小学校长财务管理培训教程》《原来会计可以这么学》，等等。有的冷门会计书"沉睡"多年，我们也不敢轻易全部作报废处理，为的是满足个别读者的不确定性需求。

潘老谦虚好学，踏实做事，真诚待人，广交天下朋友，彰显了先生的博大胸怀。从 20 世纪 20—30 年代潘序伦先生与徐永祚先生关于中国会计是要改革还是改良的大讨论，我们可以看出潘老的大师风范。通过这场学术讨论，潘序伦和徐永祚增进了相互了解和友谊，实现了"双赢"。1948 年 1 月，潘序伦聘请徐永祚担任立信会计专科学校的董事。著名会计史学家郭道扬教授评价这场讨论"是我国老一辈会计学家、学者为振兴中国实业，改进中国会计落后状况而作的重要努力，也是我国会计学术初步取得进展的重要标志"。最近，郭道扬先生对这场讨论又有了新的注解。《潘序伦创新思想研究》一书作者王卫星教授于 2023 年 9 月下旬专程去武汉拜访了著名会计史学家郭道扬教授，并请郭老写序。郭老语重心长地告诉王卫星教授，潘序伦先生与徐永祚先生关于中国会计是要改革还是改良开展的是一场"讨论"而不应表述为"争论"，不要定性为"改革派"或"改良派"，而应当表述为"改革方"或"改良方"。这样的表述是后人对历史的尊重、对会计前辈们治学品格的尊重、对会计大师崇高人格的尊重。

与作者交朋友，虚心拜作者为师，是立信出版人的必修课。我们常把作者比作出版社的"衣食父母"。好的选题来自优秀的作者，没有好的选题，出版社就会面临"无米之炊"。与作者交朋友，不仅要找知名作者交朋友，还要重视与初出茅庐的青年学者交朋友，青年作者更需要出版社的帮助。记得在 2005 年前后，一位深圳作者第一次编书，写了一部《小企业会计》，交到出版社后，预审的结论是体例结构不合理、逻辑层次不清。对于这部选题挺好，但是内容质量不达标的稿件，出版社没有作退稿处理，而是由资深编辑洪梅春老师帮助作者从头到尾整理了一遍。该书成为立信社《小企业会计》类的第一部专著，非常畅销。

在徐汇校区上班，每天都要从潘老塑像前走过，仰望这位世纪伟人，不禁肃然起敬，浮想联翩。是啊，潘老为了中国会计教育事业殚精竭虑，献出了毕生精力，是我们心中永远的丰碑。没有潘老当年高瞻远瞩，意气风发，挥斥方遒，主持和推动中国企业会计改革，开辟中国会计现代化之路，很难想象中国会计会有今天如此壮丽的画卷。作为立信人，我深感无比自豪、无限荣光，也深感责任在肩，任重道远，更要奋发有为，创造无愧于先辈的业绩，把《我是立信人》唱得更响、把立信品牌擦得更亮。

正是：

诚信有加立信人，

百年承继铸诗魂。

中西交会擎大纛，

三位一体潘序伦。

我 是 立 信 人

$1=\flat B$ $\frac{2}{4}$

窦瀚修 词
岳 仑 曲

干脆有力

| 5·1 1 6 | 5 0 | 5·3 3 1 | 2 0 | 5 5 5 5 3 |

我 是 立 信 人　　就 是 爱 立 信　　创 建 了 百 年
我 是 立 信 人　　不 忘 潘 序 伦　　"三 位 一 体"
我 是 立 信 人　　永 远 爱 立 信　　不 论 我 们 走

| 3 2 1 6 | 5 5 5 6 3 | 5 0 | 5·1 1 6 | 5 0 |

老 字 号　培 育 了 会 计 人　　我 是 立 信 人
就 是 好 啊　传 承 到 如 今　　我 是 立 信 人
到 哪 儿　都 是 一 家 人　　我 是 立 信 人

| 5·3 3 1 | 2 0 | 5 5 1 1 | 3 3 3 5 3 | 2 2 3 2 |

处 事 讲 诚 信　　依 法 依 规 做 会 计　　规 范 又 认
感 谢 潘 序 伦　　教 我 会 计 A B C　　又 教 我 做
永 远 不 忘 本　　金 字 招 牌 维 护 好　　你 我 要 同

| 1 0 5 | 3 0 3 0 | 2 3 | 3 2 1 6 1 | 1 6 5 |

真　嘿 嘿 嘿　准 则　握 得 紧　眼 睛　看 得 清
人　嘿 嘿 嘿　一 心　为 国 家　一 心　为 人 民
心　嘿 嘿 嘿　立 信　同 仁 们　诚 信　最 要 紧

| 5 5 1 1 | 3 3 0 | 5·3 2 2 | 3 0 2 0 | 1 0 ‖

谁 敢 随 便 乱 动　　严 肃 批 评 不 留 情
为 人 为 师 楷 模　　还 数 立 信 潘 序 伦
试 问 谁 最 诚 信　　还 数 我 们 立 信 人

注：《我是立信人》中的歌词是根据《我是一个兵》歌曲的歌词改写而成。

潘序伦师资队伍建设思想的当代价值

孔晨旭[①]

习近平总书记在党的二十大报告中提出,"实施科教兴国战略,强化现代化建设人才支撑"[②]。要培养卓越工程师、大国工匠和高技能人才等高质量人才,需要加强高质量师资队伍建设。潘序伦先生,开创了"三位一体"的立信会计事业。始终将师资队伍质量视作培养高质量会计人才的生命线。本文通过探讨潘序伦先生建设高质量师资队伍以揭示其蕴含的当代价值。

一、校企互聘:解决双师型教师不足之困

双师型教师队伍建设直接决定了立信人才培养的质量。就潘序伦先生解决师资问题而言,他是通过推动立信会计师事务所与立信会计学校之间校企融合、校企互聘实现的。当然,那时还没有双师型教师这一称谓。潘序伦先生曾称这样的教师能"理论结合实际"[③]。立信校友李文杰回忆说:"事务所的会计师,全部在自办的学校里分任教职员……这样不仅解决师资问题,使他们边教边学,也起到培训干部的作用。"[④] 潘序伦先生就此评价说:"采取事务所、学校、图书社三位一体,密切配合,协同办学,也是一个成功的经验。事务所可以为学校提供师资。"[⑤] 因此,事务所与学校之间的关系,

---

① 作者工作单位系上海电机学院马克思主义学院。
② 习近平.高举中国特色社会主义伟大旗帜 为全面建设社会主义现代化国家而团结奋斗——在中国共产党第二十次全国代表大会上的报告[M].北京:人民出版社,2022:33-36.
③ 潘序伦.潘序伦回忆录[M].北京:中国财政经济出版社,1986:35.
④ 潘序伦.潘序伦回忆录[M].北京:中国财政经济出版社 1986:60-70.
⑤ 潘序伦.潘序伦回忆录[M].北京:中国财政经济出版社 1986:33.

使得立信会计学校就拥有获得既懂理论又懂实务的双师型教师的独特优势。与当时上海正则、正明、公信等几家著名的事务所相比,立信会计师事务所的客户最多,业务最广。这些客户包括:南洋兄弟烟草公司、申新纱厂、永安纱厂、大中华火柴厂、信宜药厂等民族工商业,中国银行、邮政汇业总局等著名金融企业;中国红十字总会、中英庚款董事会等著名团体;北极冰箱公司、派拉蒙影片公司等外商企业等。[①] 一流的事务所,一流的业务水平,决定了一流的师资水平。潘序伦先生拥有一支高质量双师型教师队伍。他们在课堂上讲授的会计知识也是当时市场上最需要的,也是最先进的。避免了课堂教学与市场需求相脱节的问题。

对潘序伦先生这支双师型教师队伍的理论和实务水平,立信校友多年后仍给予了高度评价。潘序伦先生作为留美博士,是现代会计理论与实务一流专家。他讲解的会计理论非常清楚,而且举例很多。学生学后获益良多。他特别强调理论和实务结合。每教一课书,必有相当多的习题,要求学生在课外去完成。假定学生偷懒而不做习题的话,则第二课习题又来了。所以,学生绝不能偷懒,否则习题愈积愈多,非但习题无法理清,而且连下一课的理论恐怕也听不明白了。[②] 顾准出版了我国第一部《银行会计》。顾准教课善于理论联系实际,深受同学们的欢迎。原中国社会科学院副院长李慎之回忆说,最早听说顾准的名字是在 20 世纪 30 年代末的上海。当时他有亲戚在立信会计学校上学,说起那里有一位杰出的老师,年龄只有 20 岁上下,却已当上了教授,而且最得学生的崇敬。立信并不是北大、清华那样的"最高学府",但是其专业训练之严格却是全国闻名的,等闲之辈是上不了讲台的。大概就因为这一点吧,这个名字从此就永远地印在我这个中学生的脑子里。[③] 黎照寰教授曾任上海交通大学校长,在立信讲授工商管理、经济学和财政学等课程,讲课内容深入浅出,娓娓动听。学生们反映,听他的课,时间过得最快,而且获益良多。他学问博大精深,讲授经济学时,不仅列举李嘉图、亚当·斯密等各派学说,也介绍马克思的剩余价值学说。此外,还有讲授公司会计的钱素君、讲授成本会计的唐文瑞、讲授商法概论的李文杰等,他们无不是一流的会计师、审计师,更是授课严谨认真,循循善诱地教学引导,得到同学们的一

---

① 罗银胜.潘序伦传[M].上海:上海人民出版社,2007:101.
② 罗银胜.潘序伦传:中国会计之父潘序伦的坎坷人生[M].上海:上海人民出版社,2007:22.
③ 罗银胜.顾准传[M].北京:团结出版社,1999:26.

致好评。[1]

二、名师加盟：解决办学层次不同之忧

潘序伦先生曾聘许多校外名师及专家学者为立信会计学校兼职教师。当然他聘请校外力量办学，不是自愧立信是私立专科学校，就不如当时的国立名校，而是为培养更优秀的经世致用的会计人才。潘序伦先生始终不认为会计仅仅是计算和记录数字，"一面算盘一支笔，算来算去没出息"。他认为，会计是一门经济管理科学，非有高度文化知识的人，是不能胜任的。[2] 然而培养懂经济管理科学的高素质会计师，仅仅依靠立信自身的师资是远远不够的。为此，潘序伦先生聘请的校外教师有教育家黄炎培、经济学家马寅初、经济学家章乃器、财政税务专家崔敬伯、清华大学教授林和成、会计专家张尧禹，统计专家邓静华，金融专家钱新之，著名作家胡翠青，编译专家夏贯中等大师名家。[3] 当然，聘校外名师大家兼职立信授课，一可缓解自有师资的不足问题。二可拓展学生学术视野和知识范围。三可确保立信的教育教学质量。

对于外聘名师大家来立信授课，立信学子受益匪浅并评价很高。黄炎培教授在立信主讲国文和中国文学史等课程，立信校友温以仁回忆说，蛰伏于黄先生敢于对旧社会一针见血大胆批判的风骨。[4] 马寅初教授在立信主讲经济与哲学等课程，立信校友向江南回忆说，马老用启发式教育方式把经济与哲学联系，别开生面，受益匪浅。[5] 章乃器教授在立信主讲商业通论等课，立信校友姜新洋回忆说，章老师说"要做一个有良心的中国人！"，这句话让立信校友"至今言犹在耳"[6]！曾任新中国成立后复旦大学首任党委书记李正文教授在立信主讲工商管理等课程，立信校友陆伯钊回忆在当时政治背景下，不畏强权敢为人先，介绍过当时苏联计划经济管理及工商管理制度。[7] 留学德国的林和成教授（通晓英文德文和法文）在立信边教边著企业管理等课程。立信校友

---

[1] 温以仁.立信培育我成长[M]//龙一圆.立信史话.上海:立信会计出版社,1993:120-121.
[2] 赵友良.中国近代会计审计史[M].上海:上海财经大学出版社,1997:309.
[3] 向江南.善教善导的林和成教授[N].立信校友通讯,1991-5-5.
[4] 吴元简.立信是我的指路明灯[N].立信校友通讯,1988-8-28.
[5] 向江南.马寅初别开生面讲经济[N].立信校友通讯录,1990-11-15.
[6] 姜新祥.章乃器老师[N].立信校友通讯,2005-10-20.
[7] 陆伯钊.难忘名师授课的风采[N].立信校友通讯,2005-7-27.

向江南回忆说："他曾拿几种不同的工业管理外文原著给我看。难忘他常鼓励同学们善于学习，笔记要钩玄提要，看书要多思勤练，要善于总结分析。感叹于他治学谨严，诲人不倦，言必有衷，所谈虽系片言只语，却能启迪后进，勉人向善。"① 交大王思立教授主讲的统计学课程条理清晰，中英对照，图文并茂深受同学欢迎，祝百英教授主讲的货币银行学，一口宁波话生动幽默，时不时引起同学笑声，还未听过瘾下课铃声就响了，大家都依依不舍。"②

潘序伦先生聘请校外名师兼职，还增强了立信学子爱校荣校的认同感。多年后潘序伦先生曾与师生旧友回忆说，听到我国经济学界巨星马老的讲演和授课，引以为终生莫大的荣幸，并认为立信作为大专院校里的小卒，能与全国第一学府北京大学同样亲身受到马老的教诲，是终生的荣幸！③ 如果在办学中确实需要校外名家大师来提升自己的师资队伍质量，帮助学校打造高质量的师资队伍。我们可以学习潘序伦先生聘用校外名师兼职，不求所有，但求所用，但实际上承担教学的做法。当然，这需要高校要结合自身实力，要结合自身人事管理制度。

三、助教辅学：解决学生所学不牢之陋

在培养学生实务能力上，潘序伦先生侧重以下三个方面：一是模拟实践训练，这主要由学生通过做实习题完成。立信各项课程除讲授课本，特别重视练习题，平时有习题，最后有整套的实习题，印成"实习题应用文件"，使学生通过实习，对整个会计过程有一个模拟实践的机会。④ 二是到工商企业单位实习。潘序伦先生认为，会计理论教育虽重要，但没有实践知识，理论就成为"空"的东西。在学期中和学业结束时，学校组织学生到工矿企业和商店、银行、立信会计师事务所实习，以丰富感性知识。⑤ 在立信会计师事务所和同学会的配合下，学校经常组织学生去工商企业和政府机关参观、实习，派成绩优良的学生参加查账实习，后期还让学生参加立信会计师事务所附设"会计职业咨询所"工作。通过这些实践活动，不但使学生加深了对课本知识的理

---

① 朱坚强,何佩莉.立信往事[M].上海:立信会计出版社,2013:314.
② 罗银胜.潘序伦传[M].上海:上海人民出版社,2007:96.
③ 潘序伦.潘序伦文集[M].上海:立信会计出版社,2008:533-534.
④ 李鸿寿.立信会计 永展光辉[N].立信校友通讯,1988-12-10.
⑤ 郭松林.发扬潘序伦会计教育思想:怀念我的老师[N].立信校友通讯,2004-6-30.

解，有利于实际运用，而且为他们增加了就业的机会，使许多实习生和查账员被机关、企业留用。① 三是通过竞赛巩固学生的技能。簿记竞赛、增加习字课程，加强珠算练习等办法，使基础技能训练得到可靠保证。②

潘序伦先生训练学生实务能力的可贵之处在于给学生们配有专门的助教老师。"潘氏对助教制度很关注，要求他们跟班听课，及时批改好作业发还学生，并作必要辅导。"③ 配备助教除能帮助主讲教师进行理论教学，主要任务就是督促学生加强实操训练及提升实务能力，并及时解决其中遇到的各种问题。如训练学生技能的习题，各习题也都编有详解，由助教批阅学生习题，让学生反复看自己的演习题，并知如何纠正。④ 这些助教一般也都有立信会计师事务所的实务经历或者是在立信所办各类学校学习过并且是优秀毕业生。顾准先生在立信会计师事务所实习时，也做过助教。正是这种注重学生实操训练和实务能力提升并配备助教指导的做法，使立信学生的实操能力要胜于其他商科学校学生。潘序伦先生说："且商科大学学生与会计实务界之接触，虽亦密切，然本校添设会计日校，则学员之实习机会，必较一般商科大学学员为多，从而其适应企业界之需要亦强。"⑤ 因此，立信毕业生往往比较容易找到工作。

从学生入校到毕业一直配备助教督促、指导学生进行实操训练并解决实务能力提升中的问题，至今仍是高校高质量人才培养的重要工作之一。学生的实务技能、实务能力是检验办学效果的试金石。黄炎培先生曾说："此等人受了教育以后，即须干他的职业。干得好，共见共闻；干得不好，也是共见共闻：俗所谓'当场出彩'。比不得预备升学的，升学即算完了；更比不得无目的的教育，修毕课程即算完了，他的知识和技能，有用和没用，都可以不问。"⑥ 而潘序伦先生不仅不怕"当场出彩"的检验，而且谨记黄炎培先生的教导"勿好高，勿沽名，勿投机，勿避难就易"⑦，知难而上，越战越勇，把别人的短板办成了自己的长项。

---

① 龙一圆.立信史话[M].上海:立信会计出版社,1993:89.
② 龙一圆.立信史话[M].上海:立信会计出版社,1993:89.
③ 赵友良.中国近代会计审计史[M].上海:上海财经大学出版社,1997:308.
④ 朱坚强,何佩莉.立信往事[M].上海:立信会计出版社,2013:85-94.
⑤ 潘序伦.潘序伦文集[M].上海:立信会计出版社,2008:347.
⑥ 黄炎培.办职业教育须下三大决心[M]//黄炎培.职业教育论.北京:商务印书馆,2019.
⑦ 黄炎培.办职业教育须下三大决心[M]//黄炎培.职业教育论.北京:商务印书馆,2019.

四、结语

综上所述，潘序伦先生关于高质量师资队伍建设思想，对打造新时代高质量师资队伍建设具有重要意义。在新时代，高校拥有的人力、物力、财力条件及现代技术条件为建设高质量师资队伍创造了条件。在建设高质量师资队伍建设的多措并举中，我们应找到适合自己办学的关键一招。潘序伦先生关于培养高质量师资队伍的思想，坚持校企互聘可帮我们解决双师型教师不足之困，坚持外聘名师加盟可解决办学层次不同之忧，坚持助教辅学可解决学生所学技能不牢之陋，这是潘序伦先生留给我们的新时代办学的宝贵财富。

（本文转自《新会计》2023年第5期，个别内容有修改。）

立信保险的历史实践与教育薪火相传
——记我国民族保险公估业的奠基人、立信事业创始人潘序伦先生

万晴瑶①

在立信事业创始人潘序伦先生诞辰130周年之际,我们将潘序伦先生在我国保险业发展过程中,开创民族保险公估业与他倡导的立信精神这段鲜为人知的历史作一介绍,牢记前辈的光辉业绩,弘扬立信精神,完成保险学国家级一流专业点建设与人才培养的各项工作任务。

一、保险公估人与近代保险公估业的发展

(一) 保险公估人

保险公估人是指依照法律规定设立,受保险公司、投保人或被保险人委托办理保险标的的查勘、鉴定、估损以及赔款的理算,并向委托人收取酬金的公司。保险公估人的主要职能是按照委托人的委托要求,对保险标的进行检验、鉴定和理算,并出具保险公估报告,其地位超然,不代表任何一方的利益,使保险赔付趋于公平、合理,有利于调停保险当事人之间关于保险理赔方面的矛盾。

(二) 保险公估人的起源

保险公估人最早起源于英国,1666年伦敦大火之后,伴随着建筑物火灾保险的出现而兴起,之后由英国逐渐传播到欧洲、北美洲、大洋洲、亚洲等国家和地区。

在长达几个世纪的发展过程中,保险公估业务规模从小到大,业务方式从兼业经

---

① 作者系上海立信会计金融学院保险学院副院长。

营到专业经营，业务领域从火险、海险、车险、财险逐渐延伸到巨灾保险，且从初期的估算发展到今天的理算、评估、鉴定、服务等专业领域，最终形成了一套完整的公估人制度。

保险公估制度的主要意义在于估算和赔付分离。估赔分离后，保险公估人的专业技能及其公平公正的中立地位，既有利于减少保险公司与消费者的矛盾，也有利于保险公司降低经营成本。

（三）我国早期的民族保险公估业

我国的保险公估业是伴随着西方各国对我国开展通商贸易和经济掠夺而逐渐移植过来的。早期的保险市场主要由国外保险公司把持，起初也只有外商设立并经营的公估人，国人涉及保险理赔，自然也只能求助于外国人办的公估行审核估算灾害原因及损失。最早的保险公估机构称为"公证行"，当时，外商公证行有鲁意斯摩洋行、三义洋行、远东公证行、保险审估公司、博录公证行、瑞和公证行等，整个保险公证业务基本上被外商设立的公估行垄断。

1. 潘序伦先生创立国内首家民族保险公估机构——上海益中公证拍卖行股份有限公司

由于外商开办的公估行往往处理业务不公，激起了国人的怨愤，后经国内各地的商业公会、保险业同业公会等民间组织不断抗争，1927年，我国民族保险公估业的奠基人潘序伦先生向国民政府呈请创立"上海益中公证拍卖行股份有限公司"并获得批准。该公司主办公证、鉴估、拍卖三项业务。公估业务主要是接受保险人与被保险人的委托，进行保险查验、鉴定、证明损失程度、确定赔款核算。上海益中公证拍卖行是我国第一家由国人开办的民族公估行。1933年上海商会曾制订并通过了《限制洋商行使公证人办法》，并上报国民政府备案，从而促进了华商公估行的建立。此后，天津等地也陆续出现了国人开办的保险公估机构。

2. 潘序伦先生创立专业保险公估机构——上海联合保险公证事务所

1935年8月，为适应华商保险公司发展业务的需要，潘序伦先生继设立上海益中公证拍卖行之后，与会计师王海帆合作成立了专业保险公估机构——潘序伦会计师、王海帆会计师联合保险公证事务所，简称"上海联合保险公证事务所"。图1为上海联合保险公证事务所股东大楼。

上海联合保险公证事务所是国人主办最早的、专业从事保险公估业务的机构。与此前上海益中公证拍卖行把公证和拍卖业务混合经营的模式不同，其专注于保险公证业务，宗旨是坚持以公平公正的态度为被保险人普及防火设备知识，提供保险事宜咨询，办理领取赔款手续等；同时，为保险公司担任出险前的勘察，审估出险后的损失；作为第三方，公正地为双方评估、鉴定财产价值，编定财产账目清单，判断解决双方争议；对一切关于保险及财产估价问题，均可为保户详细解答。上海联合保险公证事务所收据如图2所示。该所公证案例之一：永兴绸厂失火后情况如图3所示。上海联合保险公证事务所的专业服务水平获得了市场的认可。

上海联合保险公证事务所的建立，打破了外国公证行垄断市场的局面，推动了民族保险公证业的发展。此后，在国内相继出现了天津永平公证行、商联公证行、汉口市商会组织的汉口市保险赔案公断委员会。中国公证行、华商公估拍卖行在上海。

图1　上海联合保险公证事务所股东大楼
（上海国华银行）

1937年，抗日战争全面爆发，大批工商企业内迁，促使大后方的经济空前活跃。保险公证业的发展重心随之转向内地，民族保险业也顺势在内地得到更快发展。由于上海的沦陷，潘序伦先生领衔主办的上海益中公证拍卖行总部先迁至武汉，后迁至重庆。1943年年初，国民政府先后颁布了《战时保险业管理办法》及其实施细则，制定了火险、水险、人寿保险单基本条款，以及《保险代理人经纪人公证人登记领证办法》

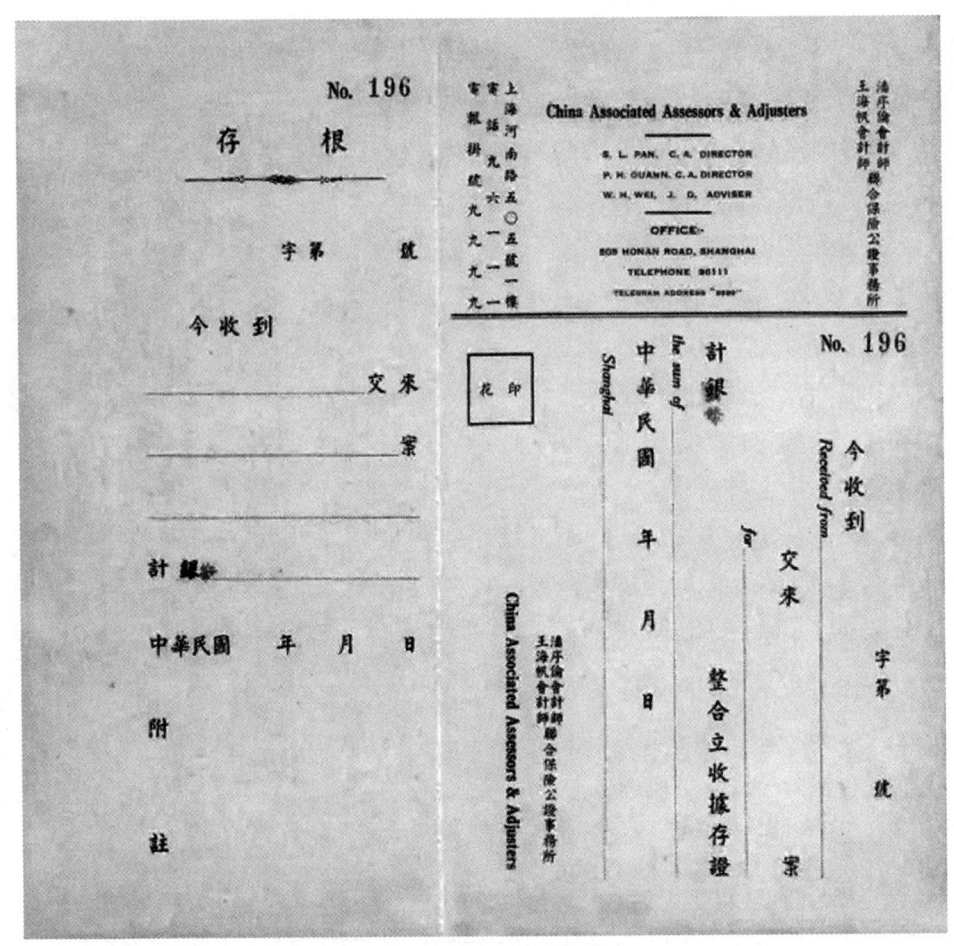

图 2 上海联合保险公证事务所收据

等保险法规,对保险代理人、经纪人和公证人这三类人的资格及登记、执业均作了一定限制。这在一定程度上规范了保险公证人的行为,为保险公估业的持续健康发展提供了必要的保证。

当时,公估业发展最快、最引人瞩目的莫过于潘序伦先生创办的上海益中公证拍卖行,其率先在重庆设立分行,后来基本上承揽了除盐运保险损案外的各家保险公司和航运业的查证、估损和共同海损理算业务,1944年还承办了大宗出口的商检业务,其公估业务延伸到西南各省和西安、兰州等地。

图 3　上海联合保险公证事务所公证案例之一：永兴绸厂失火后的情况

　　抗日战争胜利后，经济渐渐复苏，保险业日渐发达，上海等沿海地区又成为贸易及工商业的发展中枢。一些公证机构开始将总部迁移至上海。当时，中华海事公证事务所、益中公证拍卖行、中国公估行等公证机构影响较大，承办了多种保额大、损失大、情况复杂的保险案件。

　　1945 年 11 月，上海联合保险公证事务所汇集了各个行业的优秀人才。事务所聘请建筑师、土木工程师、机械工程师、电机工程师、工程技术专家、卫生设备专家及自动防火设备专家等组建评估专家顾问智库。上海联合保险公证事务所智库的建立，保障了其勘查、鉴定、评估、理算的专业性，得到了国内多家民族保险公司和广大被保险人的信赖和好评，也吸引了不少外资保险公司寻求其办理业务。

历史实践表明，潘序伦先生以实际行动开创民族保险公估业，促进专业保险公证机构的建立与发展，宣传普及保险知识，科学规范审估流程，在中国民族保险业的发展史上写下了浓墨重彩的一笔，为中国民族保险公估业的发展作出了重要的贡献。

二、立信会计的由来与立信精神

（一）立信的由来

历史告诉我们，20世纪初，我国会计界就倡导会计诚信，而大规模推动诚信教育并付诸实施的首推著名教育家、会计学家、"中国现代会计之父"潘序伦先生。潘序伦先生于1928年创办立信教育事业，这也是上海立信会计金融学院的起源。

潘序伦先生（1893—1985），江苏宜兴人。1921年获圣约翰大学文学学士学位，后赴美留学，分别获得美国哈佛大学的工商管理硕士及哥伦比亚大学的政治经济学博士学位。1924年回国后应聘于上海商科大学任教务主任兼会计系主任，随后又担任暨南学校商学院院长。1927—1941年先后创办了立信会计师事务所、立信会计学校、立信会计图书用品社等，是发展我国会计事业和培养会计人才的先驱，被誉为"现代会计学宗师，职业教育之楷模"。

20世纪30年代，随着我国民族工商业的快速发展，独立注册会计师职业应运而生。1927年1月，潘序伦先生在上海创办益中公证拍卖行的同时，还创办了潘序伦会计师事务所。在实践中，他深感开展会计业务必须首先取信于社会、取信于民，故在我国会计界，潘先生最早倡导诚信思想，广泛开展诚信教育，他把立信定为做人的重要准则，会计的职业道德，明确提出：忠于会计事业必须"立信"，并进一步提出"信以立志，信以守身，信以处事，信以待人，毋忘'立信'，当必有成"的24字诚信准则。1928年，潘序伦先生将潘序伦会计师事务所更名为"立信会计师事务所"，寓取《论语》"民无信不立"之意，用以建立信用，并将立信作为办理各项会计实务的训条。同时，他还将立信会计师事务所附设的会计补习学校更名为"立信会计补习学校"。

潘序伦先生常说，作为会计人员，得99分也不算合格，只有100分才算合格，原因在于财务会计账目容不得半点差错。潘序伦先生还说,当一个人真正相信诚实是一种美德时,做了诚实的事,就会觉得内心愉快和满足;凡是做了虚伪的事,就会感到极大的痛苦和不安。作为校长,潘序伦先生在给立信学校毕业生的纪念册题词写道:"若孔圣有言:去食去兵,无信不立,则因以立信为建国之首务矣。若退而言会计,则立信为尤要。信苟不立,虽良法美意,必基石稳固而后可以尽其功能;此虽常言,实为先圣之所昭示,昭并日月,愿与请同学拳拳服膺而信守也。"

(二)立信会计与金融保险教育

成立立信会计补习班之初,为适应教学需要,潘序伦先生组织有学识和经验的同仁编写了"立信会计丛书",委托商务印书馆出版发行。抗日战争期间,他在重庆从商务印书馆收回了版权和纸型,与生活书店合资,于1941年6月成立了立信会计图书用品社,并将会计、保险及公估等知识巧妙地结合在一起,编写了一套包含有财政、金融、保险、贸易、统计、计算技术、企业管理等内容的"立信会计丛书"。其中,1942年出版的《各业会计制度》(第一集)(图4),第六章就保险基本常识、火险审估方法、火险业会计专业知识等作了详细的介绍,并对审估流程中所需表单、收据模板进行了科学的规范。火险业会计章节目录见图5。

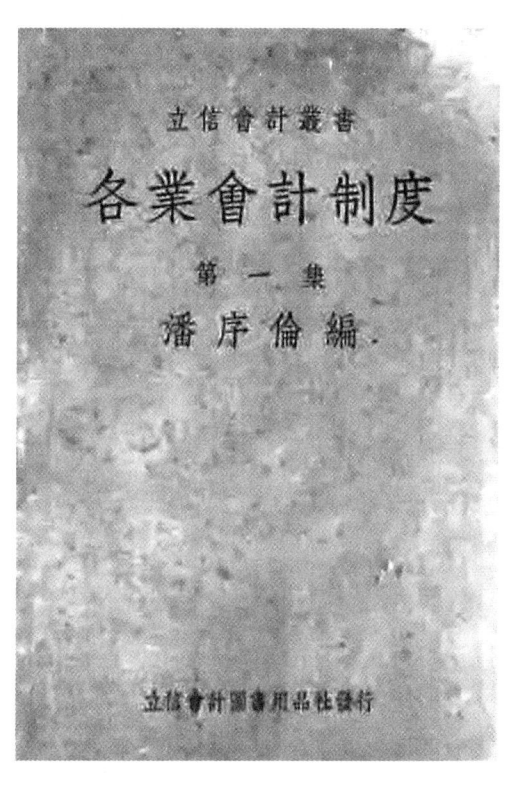

图4 《各业会计制度》(第一集)

抗日战争胜利后,潘序伦先生返沪,主持恢复立信会计学校并任校长。1952年秋,全国高等学校院系调整,学校并入上海财经学院。潘序伦先生此后专注编译工作。"文化大革命"期间,潘先生遭受迫害。拨乱反正后,1978年潘先生任上海市会计学会顾问。1980年立信会计专科学校复校,潘序伦先生任名誉校长。

图 5　火险业会计章节目录

三、传承立信精神，加强保险学国家级一流专业点建设

潘序伦先生是我国民族保险公估业的创始人，也是上海立信会计金融学院的创始人。潘序伦先生是立信精神的发起者和倡导者，他一生看重真诚与信用，几十年如一日，身体力行，率先垂范，将立信精神贯穿于他所从事的保险公估业和为会计行业培养人才的教育事业的始终。

我校 1952 年开设保险专业，是国内首批开设保险专业的学校。70 多年来，我校为国家培养了一大批保险专业人才。我校于 2003 年升本，2005 年增设保险精算方向，并成为上海金融保险教育高地；2009 年组建保险学院，是国内第四家独立设置保险学院的学校；2017 年成为市属高校应用型本科试点专业，2018 年入选上海高校一流本科建设引领计划，2019年所属的"金融会计学科群"成为上海市高水平地方应用型高校试点；2019年加入北美精算师协会高校精算教育计划，并通过3门VEE课程认证；2020年保险学专业入选上海一流本科专业建设点，并在2021年成功升级为国家级一流本科专业建设点，实现专业建设的重大突破。

在保险学专业建设与应用型高质量财经人才的培养过程中，我们将老校长潘序伦先生倡导的立信精神与社会主义核心价值观中的敬业、诚信、公正等紧密结合在一起，作为全体师生的行为规范，继承和发扬立信精神，擦亮立信品牌。

见物·见人·见精神
——说说档案里的会计大师

李 益[①]

时光荏苒,岁月如梭,一眨眼我与立信档案结缘近 20 个年头。打开记忆的匣子,时光倒流到刚进立信之初,满脸青涩的我并未感知在立信校园"诚信"二字何等厚重,对享誉海内外的会计大师"潘序伦"这个名字也知之甚少。我和从事档案工作的小伙伴们只是默默地触摸着岁月留给立信的印记,努力让波澜壮阔的立信历史长河奔腾不息。那个时候,档案工作很纯粹,不曾想到档案里的故事是如此精彩。

有人说,学校档案工作的尽头是校史文化。十几年来,我从基础的档案收集利用工作做起,在档案实践和服务中逐渐积累专业知识和工作经验。几次岗位变动,也让我从单纯的档案管理,站到了档案文化发展的新高度。我领悟到档案人的使命不仅是要做好基础业务工作,还要学会讲好立信档案故事。每五年的校庆纪念和潘序伦先生诞辰纪念及其他重大纪念活动,都会让我接触大量珍贵的潘序伦人物档案和校史资料。在整理和发掘史料的过程中,我对潘老校长的非凡经历和会计人生的脉络逐渐熟悉,档案里的潘老人物形象越来越立体和丰满,"诚信"也不仅仅是校训的精髓和价值观,更是流淌在立信人血液中的核心基因。随着校史文化的挖掘、整理和发展,件件人物档案史料无不反映潘老校长崇高的精神境界和精彩人生故事,折射出代代相传的立信诚信文化之光。

---

① 作者系上海立信会计金融学院文博中心副主任。

遇见大师潘序伦

人物档案史料的整理就是和会计大师心灵对话的过程，而我确有幸成为能与会计大师对话的人。在我的记忆中，从 2006 年设立潘序伦人物档案门类并在之后多次丰富内容，到 2018 年捐赠档案系统整理和建设潘序伦人物专题网页，2020 年在党史学习教育活动中深化校史学习，2021 年红色档案资源挖掘，2022 年珍贵史料征集再到 2023 年全面服务潘序伦纪念馆建设，在一桩桩看似不起眼的档案工作中，我逐渐被充满智慧和力量的校史文化所吸引，被校史文化宝藏资源所滋养。一次次的整理也好、挖掘也好、保护也好，无不被会计大师的高尚精神和人格魅力所感动。那些与故纸相伴的日子，便是我在卷帙浩繁的珍贵史料中与会计大师跨越时空的遇见。在众多的译著著作、手札书信、题词贺信、遗存实物、相册照片、纪念物品等史料中，我见到了著作里的潘序伦智慧博学、书信里的潘序伦文采斐然、题词里的潘序伦嘱托殷切、笔记里的潘序伦勤勉好学、实物里的潘序伦朴素淡泊、照片里的潘序伦可亲可敬……

名人故事感怀深

在潘老校长一摞摞的学习笔记中，最让我感慨的是他学习简体字的笔记。潘老先生早年入私塾学习，读的是四书五经，写的是毛笔繁体，国学功底在私塾时期悄然凝成了。步入老年，潘老为了能与时代并行，注重知识更新，开始学习简体字，留下的笔记堪称那个年代的学霸笔记，对我有非常大的激励。当我在挖掘新中国成立前的历史档案的时候，特别看到那些自上而下从右往左书写的毛笔繁体时就犯愁，因为书写和阅读习惯的不同以及对繁体毛笔字的认读困难常常使我的工作陷入困境。当我偶然间发现潘老的学习笔记时，我感到一种特殊的力量在催人奋进，让迷失在繁体字中的我豁然开朗。"世上无难事，只要肯登攀"，整理史料时我便拿出珍藏多年的《古汉语词典》放在手边随时查阅。在坚持不懈的学习中，我慢慢适应了以往的阅读书写格式，对于繁体字的抵触情绪明显改善，校史档案资源挖掘也渐入佳境。

在潘老校长一封封亲笔书信中，最让我感叹的是他的谦逊友善和文学底蕴。或给学生或给同仁的信，无不展示潘老校长的虚怀若谷和谦恭自守。潘老校长 1942 年在重庆期间给迁川第三届毕业生李宗光写信时，称呼语为"宗光学弟"，落款是"小兄潘序伦”；当和会计领域成就卓著的后辈交流时，他尊称后辈为“兄”，他给会计史学家郭道扬的信件中多次使用称呼“道扬仁兄”，而落款自谦“愚弟潘序伦”，见图 1，事实上潘老要比郭先生年长 47 岁。此外，书信中还展示潘老校长深厚的文学底蕴。在他给王云五九十寿辰贺信中，写到“伦以垂暮之年，处昌明之世，每当燕乐，海上旧友毕集，远怀风范，倍增停云落月之思，困缀短章，为我兄寿”“嗟夫我兄，我等相别之时，犹当盛年，今则垂垂老矣。三十年来，虽一水非遥，鱼雁鲜通”，信中文字简洁却韵意深刻，让人沉醉于古汉语之美，惊叹中华文化之深厚。

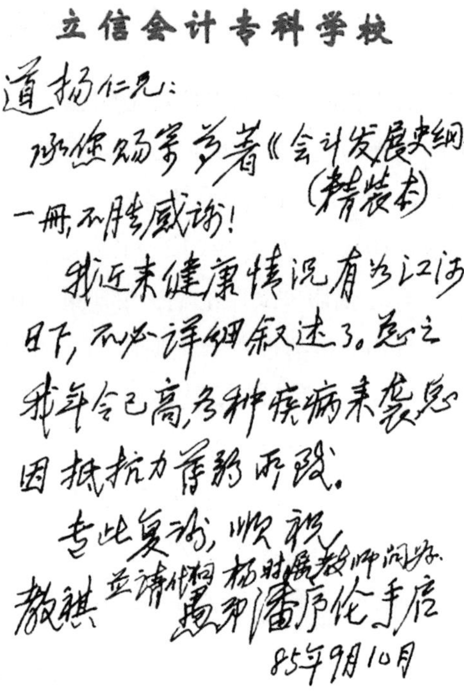
立信会计专科学校

道扬仁兄：

承您赐寄大著《会计发展史纲》(精装本)一册，不胜感谢！

我近来健康情况有如江河日下，不必详细叙述了。总之我年令已高，各种疾病来袭，总因抵抗力薄弱所致。

专此复谢，顺祝

教祺 并请代向杨时展教师问好

愚弟潘序伦手启

85年9月10日

图 1　潘序伦致郭道扬的信

在潘老校长一张张泛黄照片中，最让人感佩的是他成名之后依旧生活俭朴，这在他的晚年尤为突出。蓄须明志的他、老骥伏枥的他、殷殷寄语的他、闲坐庭院的他，都是老式对襟衣衫，平底布鞋，俨然是一副乡村私塾教师模样，这已与他留洋博士、社会贤达的身份有些格格不入。更让人难以想象的是，潘老校长还要在这样的粗布麻衣上打上补丁，那是何等的省俭。有一个冬日，潘老到一家高级饭店会见外宾，饭店里暖气开得很足，他穿着棉袄，里面是补丁加补丁的衬衫，他怕脱了棉袄丢人，硬着头皮，汗流浃背，坚持到用餐完毕。潘老校长自己在衣食住行各方面都奉行节约，不舍得浪费一丝一毫，“四让住房品格高”的故事更是传为美谈，但是他对立信事业和立信学子却是慷慨解囊、倾尽所有，捐房捐资捐书，办学助学兴学，把自己的毕生精力财力都奉献给了立信事业。

立信精神永传承

“诚信”是立信事业中最鲜亮的底色。“以诚铸魂，以信立校”是潘序伦先生兴学办校的永恒初衷。潘老校长一生都在口授言传、躬行书写诚信之道。1927 年潘序伦先生创立会计师事务所，不久他便感悟到开展会计业务，一定要取信于社会，翌年他取《论语》中“民无信不立”之意，将事务所改名为“立信会计师事务所”。以后学校和出版社也以“立信”冠名，并把“立信”作为校训，后又引申出“信以立志，信以守身，信以处事，信以待人，毋忘‘立信’，当必有成”作为立信人的信条，要求立信会计同仁共策共勉。潘老校长多次在开学典礼、毕业典礼等重要场合都会以校训为内容对学生进行职业道德教育。1980 年他出席复校后首届开学典礼并发表讲话，强调立信优良办学传统，以“建立信用”为目标；1983 年他寄语首届毕业生，“愿你们今后牢记‘立信’校名，做老实人，办老实事，讲老实话，实事求是全心全意为社会主义建设服务”，见图 2；在立信会专上海第五届毕业班纪念会刊题写了 24 字校训。1982 年 2 月，

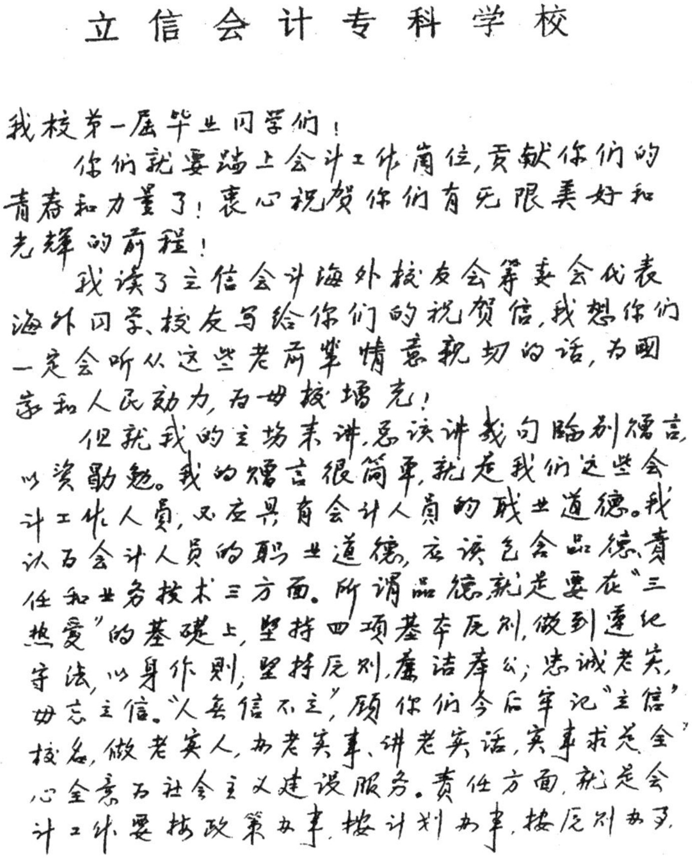
立信会计专科学校

我校第一届毕业同学们！

你们就要踏上会计工作岗位，贡献你们的青春和力量了！衷心祝贺你们有无限美好和光辉的前程！

我读了立信会计海外校友会筹委会代表海外同学、校友写给你们的祝贺信，我想你们一定会听从这些老前辈情意亲切的话，为国家和人民效力，为母校增光！

但就我的立场来讲，总该讲几句临别赠言，以资勖勉。我的赠言很简单，就是我们这些会计工作人员，必须具有会计人员的职业道德。我认为会计人员的职业道德，应该包含品德、责任和业务技术三方面。所谓品德，就是要在“三热爱”的基础上，坚持四项基本原则，做到遵纪守法，以身作则，坚持原则，廉洁奉公；忠诚老实，毋忘立信。“人无信不立”，愿你们今后牢记“立信”校名，做老实人，办老实事，讲老实话，实事求是全心全意为社会主义建设服务。责任方面，就是会计工作要按政策办事，按计划办事，按原则办事，

图 2　潘序伦寄语首届毕业生

九十多岁高龄的他把校训题赠天津立信会计学校复校纪念,与全体师生共勉;同年10月,他又把校训题赠复校后首届毕业生同学纪念册相互勖勉。先生以诚信为魂用心用情上好"毕业最后一课",把诚信的种子从立信校园撒向世界各地,激励一代代立信学子携带"诚信"精神基因在各自的岗位上建功立业,实现人生价值。

1982年,立信海外同学会给潘老的信中说到"立信是我们的第二生命,是我们立身处世工作为人的指南针",校友把"诚信"品格当作生命一般来珍爱惜护;2008年校友孙仁同以耄耋之手题写校训庆贺母校80周年,书表对母校感恩之情:"谆谆校训,时刻铭心,修身洁行,受益无尽",见图3。在浩如烟海的校史中,校友们用自己的方式,秉持诚信品格、弘扬立信精神的事例不胜枚举。作为立信的一分子,珍贵的校史资料是我汲取诚信精神养分的重要来源。每一次校史档案资源整理实践,我都被潘序伦老校长大师风范和人格魅力的滋养润泽。我在实践中增长校史文化知识、砥砺诚信精神品格,在充满诚信元素的校徽、校歌、校训、校史中摸索与探寻弘扬诚信精神的新赛道。

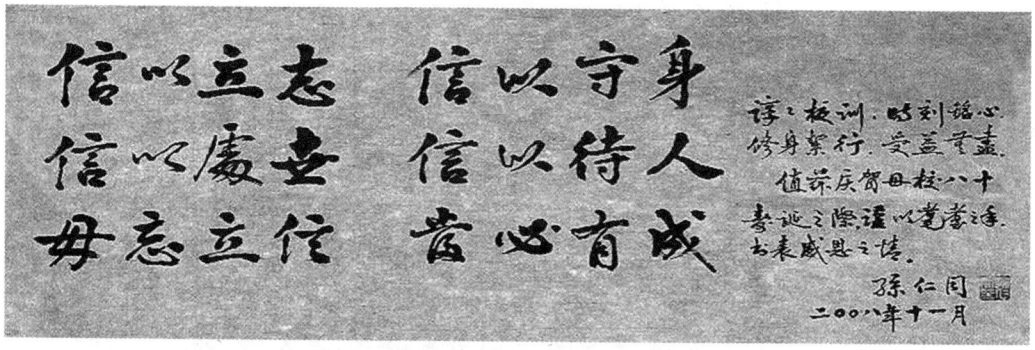

图3 孙仁同题写校训庆贺母校80周年

"只问耕耘,不问收获,尽其在我,听其在人。"这是1948年潘老校长为第二十届毕业刊书勉毕业同学的题词,亦是我们立信师生脚踏实地、默默奉献的价值追求。大师的期许和嘱托,我们当谨记于心,笃之于行。我们将继续谨志座右铭、永志不忘,躬行践履,用实际行动让诚信之花历久弥香,让立信精神永放光芒。

潘序伦教育思想探微

张颖香①

潘序伦是中国现代杰出的会计专家、教育家和出版家,立信品牌的创始人,被誉为"中国现代会计之父"。他创建了事务所、学校、出版社"三位一体"的立信会计事业,认为"立信,乃会计之本。没有信用,也就没有会计"。在潘序伦60多年的教育生涯中,他坚持诚信教育理念,为社会培养了数以十万计的会计专业人才。当年立信培养的学生能力强、信誉好,市场供不应求,堪称中国教育史上的奇迹。回顾、梳理潘序伦先生教育思想内涵,对于今天高校人才培养亦具有重要意义。

一、教育理念:家国情怀,服务社会

纵观潘序伦先生一生,我们能够深刻感受到他的责任与担当。无论是个人专业选择还是事业发展,他都以国家、社会发展为第一要义,体现了深厚的家国情怀。

潘序伦先生一直秉承教育服务社会,立德树人,为社会培养优秀人才的理念。立信文化是一种德性文化,无论是在半殖民地半封建社会的旧中国,还是在社会主义新中国,潘序伦先生始终强调教育要服务社会,学生要秉承家国情怀。

在教学中,潘序伦先生要求无论是教师还是学生,严格践行"信以立志,信以守身,信以处事,信以待人"。他处处以身作则,教育学生,学会计不是为了个人升官发财,而是为了促进社会经济的发展和国家的需要,要维护社会公平正义,不得个人贪污舞弊。在立信文化的感召下,立信学生综合素质高,特别是在自律慎独方面,得到

---

① 作者工作单位系上海立信会计金融学院马克思主义学院。

了社会的肯定。立信学生就业供不应求,为我国经济的发展作出了重要贡献。

潘序伦先生在人生许多次重大选择时,都以社会发展需要为前提,服务社会,报效祖国,体现了知识分子的职业操守和爱国情怀。当年潘序伦先生在美国读硕士时,面临着专业的选择。当时旧中国银行业刚刚兴起,选择银行货币专业有很好的就业前景,薪资也高。但潘序伦先生综合考虑个人发展和祖国的需要。他认为,中国正处于新旧转型期,急需要大批懂得现代会计知识的人才。社会的需求是他着重要思考的,因此,他选择了当时相对冷门的会计专业,并且自始至终,精益求精,在长达六十多年的职业生涯中一直在会计行业勤奋耕耘,为我国会计事业的发展作出了突出贡献。

潘序伦回国后,在暨南商科大学任部主任等职。其间,他关注社会对会计人才的需求。当时中国民族工商业发展很快,与国外资本市场经济上的联系越来越广,因此,当时工商界通用的旧式簿记亟待改良,需要大批会计人才。对中外会计理论和实务都精通的潘序伦感到一种深深的责任,于是他辞去了待遇优厚的教授职务,成立了会计师事务所。潘序伦先生在会计师事务所办理业务中,深感我国会计业务水平太低,不能适应民族工商业发展的需要。"鉴于当时国内除大型银行,采用新式簿记和会计制度的工商企业为数极少,而且会计界的许多人士都有改革旧式账簿的要求。我辞退了一切职务,于1927年1月在上海爱多亚路(即今延安东路)39号设立了'潘序伦会计师事务所',决心以会计师业务作为我的终身职业,一心一意为发展我国会计事业奋斗终身。"①

为了满足社会对会计人才的需求,潘序伦先生又创办了立信会计补习学校,为社会培养了大批会计人才。"从1927年到1947年的20年间,共计举办了40届,前十年入学学生4 783人,后十年发展到30 476人,最盛时仅上海一地就设有11所分校,每学期招生都在2 000人以上。此外,我们从1930年起,还设立了函授学校,以解决外埠学生无力来上海求学的困难。据1947年年底的统计,先后报名参加函校的学生有7 063人,遍及20个省市"②,还有海外学生。

新中国成立后,为了满足我国社会主义经济建设的需要,潘序伦先生50多岁开始自学俄语,翻译了苏联一些会计学书籍,以满足我国社会发展需要。潘序伦先生耄耋

---

① 潘序伦.潘序伦回忆录[M].北京:中国财政经济出版社,1986:25.
② 潘序伦.潘序伦回忆录[M].北京:中国财政经济出版社,1986:31.

之年仍然关注我国会计事业的发展。改革开放初期,我国企事业各界会计人员量少质差、青黄不接,他创议并资助在上海成立了全国第一个会计学会——上海市会计学会,并展开学术讨论,出版了《上海会计》杂志,倡议主导立信复校。他对我国会计工作也经常提出建议,如"在做好传统记账、算账、报账等工作的基础上,充分发挥会计信息的控制和反馈作用,逐步开展经营分析、前景预测、方案比较、预算控制等项工作。反对只算本单位的小账,不算全国一盘棋的大账的倾向"[①]。他提出,财务会计工作要正确处理宏观经济效益与微观经济效益的关系,要加强农业会计研究等。1979 年,潘序伦先生在《热烈庆祝国庆 30 周年》一文中写道:"我今天要求我所训练出来的成千上万的同学和同事一起和我高喊口号:我们有生之日,都是为国竭智尽忠效力之年,这是我们最幸福之时。"

可见,为了我国会计事业发展,潘序伦先生一生兢兢业业,身体力行,体现了强烈的家国情怀和责任担当。

二、育人为本:会计专业教育与课程思政有机融合

潘序伦先生建校之初,就把学生的品德教育放在首位。学知识先学做人。"信"文化贯穿始终,无论是会计师事务所、学校还是出版社,都是以"立信"冠名。潘序伦先生深谙中国传统文化,在创立事务所、学校时,引用孔子名言"民无信不立",将校名取为"立信"。后来,他又把"立信"引申为"信以立志,信以守身,信以处事,信以待人,毋忘'立信',当必有成",并将其作为立信学校校训。立信校歌中唱到"愿吾同学努力迈前程,矢艰贞翊赞建国大功成,昭其信,正其名"。这些都体现了潘序伦先生教育思想中注重道德品性,教书育人,立德树人,把道德操守放在首位。

潘序伦先生在《敬告国内有志于会计职业之青年》一文中提出,"有志于会计职业之青年,苟欲于会计界中,求乐业进业之道,不可不先在德性学识经验三方面,加以充分而适当的修养"。在此文中,他指出,会计员德性上应有之修养,守信放在首位。"凡会计员必先养成会计的人格,所谓会计的人格,既可以信之一字概括之。"

在教学中,潘序伦先生更是强调诚信,在会计专业教育中,无时不在强调诚信的重要性。他教诲学生,在立志、守身、处事、待人等方面要信字当头,在专业教育中

---

① 潘序伦.潘序伦回忆录[M].北京:中国财政经济出版社,1986:62.

融入育人环节。可以说，潘序伦先生很早就进行了课程思政实践。

1933年，潘序伦先生在《中国之会计师职业》一文中提出："夫学识经验及才能，在会计师故无一项可缺，然根本上终究不若道德之重要。"据立信校友唐文瑞在《潘老的言传与身教》一文中回忆，潘序伦先生处处以身作则，夜间他除了在补校授课，还经常利用老师授课后的间歇时间，对学生训话，鼓励学生勤奋学习、发愤图强。

立信学校早期的校规文件明确要求，学生除了要有专业素养，对学生品格素养也有具体要求。1946年，在学校制定的《迁沪复校后训育概述》文件中写道："凡会计人员之养，除训练各种学术外，对于其品格的陶镕亦不可忽视。盖会计人员自有其独特的性质，必须在学校时有充分之准备与训练，譬如（1）须有精细清楚之头脑；（2）诚实不欺之人格；（3）耐苦耐劳之精神。"

校友端木和在《亲切教诲，终生难忘》一文中说，正是由于全校师生恪守校训，立志守身，处事待人，立信学生在社会上声誉日隆，不少成为国内外财会战线上的骨干。

潘序伦先生教育学生修身为本，并率先垂范。他多次捐资办学，倾尽家财，多次资助贫困学生。他说："取之于社会，用之于社会；取之于会计，用之于会计。这就是我一生聚财、用财的目的和归宿。"[①] 复校后，他还从政府补发的资金中拿出3.5万元，与其他人的捐资一道成立了"立信奖学金"，奖励品学兼优的学生。

在信以处事方面，潘序伦先生以身作则，从不为私利所动。《潘序伦回忆录》描述了他不畏权势压力、诚信处事的一件事。潘序伦先生曾经担任银行准备基金的检查员。在一次检查中，他发现银行储备金造假，于是他顶着压力坚决不予签字，并愤然辞职。可见，潘序伦先生为人处事，坚决恪守诚信原则，不为名利所动。

潘序伦先生一生节俭，反对浪费，并要求教职工和学生都要养成勤俭节约的习惯。他在最后弥留之际，忍痛写下《最后遗愿》："不发讣告，不收骨灰，不开追悼会，不收任何形式的奠礼，如花圈、花篮之类。我一生最喜欢节约一切物力、人力、财力，为建设新中国服务。"

纵观潘序伦先生一生，诚信为本始终贯穿会计教育事业当中，为人为学为师，诚信为本，堪称我们立信人的楷模。

---

① 潘序伦.潘序伦回忆录[M].北京：中国财政经济出版社，1986：58.

三、开拓创新：中西结合、博采众长的会计发展理念

潘序伦先生从小接受中国传统文化教育，后来在美国攻读硕士、博士学位，能够做到中西结合，非常具有创新意识。潘序伦在暨南学校商学院任职之初，就提出了改革暨南商科教育的《改进暨南学校商科大学、旧制高中计划书》。这份改革书思路开阔，富有前瞻性，其主要内容有增设预课；分设学系，从原来单一的普通商业专业，增设普通商业、银行理财、会计统计、国际贸易和工商管理等五个学系；增设学程（即课程），列出公共必修、各系必修及选修课程表，全部课程学分149分，课程总共36种。

潘序伦先生提出的改革计划得到当时上海商科大学校长的支持并很快在暨南实施，在当时国内尚属首创。潘序伦先生亲任会计统计系主任。西方会计理论的大量引进，即从潘序伦肇始；而潘序伦的立信会计事业，也是从主持商科大学部和创建会计统计系开始的。他在回忆录中写道："1924年，我从美国回到了离别三年多的祖国上海，先后担任了上海商科大学教务主任兼会计系主任和上海国立暨南大学商学院院长之职。我在大学执教的两年中，引进并讲授了西方新式会计，培养了数百名大学生。"[①]

在1928年成立的立信会计补习学校办学模式上，潘序伦先生大胆创新，开创了多渠道办学的先河，"除原设的簿记班外，还陆续添设了英文簿记、会计学、银行会计、政府会计、公司会计、成本会计、所得税会计和审计等课程，任凭学生选修。为了充分利用学员业余时间和学校教室，我们还办了'晨校''星期日校''速成班'等多种教学形式"[②]。

20世纪30年代，上海会计学界展开了中国会计如何与世界接轨，是改革还是改良的争论。潘序伦先生具有与时俱进的创新思维，力主会计改革，他认为，西方新式会计也是一种科学，不分国界，无所谓中西，要引进西方先进的会计理念为我国社会经济发展服务。为此，他组织翻译了大量西方先进会计书籍，将现代会计的复式簿记方式及其理论引入中国，奠定了中国现代会计学的发展基础。他最初创办的会计师事务所和立信会计学校都进行了对中国传统会计的改革，比如改变了传统会计的竖写、上收下支、汉字写数的旧式簿记等，引入了西方会计，以适应中国经济的发展并与世界

---

① 潘序伦.潘序伦回忆录[M].北京:中国财政经济出版社,1986:22.
② 潘序伦.潘序伦回忆录[M].北京:中国财政经济出版社,1986:30-31.

接轨,奠定了我国会计学发展的基础。

潘序伦先生在开办会计师事务所和教学中,深感国内高水平会计教材及理论书籍的缺乏,于是又开始着手翻译、编辑出版会计学书籍。"在会计师事务所业务接触中,我深感我国会计业务水平太低,不能适应民族工商业发展的需要。那时大学里研习会计科学者不多,教科书大都是外文原版;少数译著亦以簿记居多,缺乏高深之作。为解决会计教材,我在会计师事务所内设置了一个编辑科,由我亲自领导,配备了一批专职人员,开始编译簿记、会计、审计等书籍,出版了一套立信会计丛书。"① 截至1936年年底,他们编译的各类簿记、会计和审计书籍共有50余种,立信会计丛书深受社会欢迎。1949年,他为了集中精力研究一些会计新理论,又组织力量成立了"立信会计编译社",编译出版了一些会计新著作,并对一些旧的丛书进行了修订。新中国成立后,为了适应社会主义经济发展的需要,潘序伦先生五十多岁还自学俄语,努力学习苏联会计理论和实务经验,编写了《苏联会计述要》《国营企业会计概要》。至1956年年初,立信会计图书用品社先后共出版发行各种会计书籍一百五六十种,其中由潘序伦先生著作、翻译和主编的有三四十种。潘序伦先生晚年总结道:"如果说我对我国会计学术有所贡献的话,当以编辑出版立信会计丛书为最。"②

党的十一届三中全会后,为适应社会主义现代化建设的需要,潘序伦先生在深入研究会计理论的基础上提出了"培养人才也要考虑成本"的观点。③

同时,面对新兴电子技术的发展,潘序伦先生也非常关注,他提出要加强管理会计、会计电算化的研究实践。他从不因循守旧,非常注重中西结合,优势互补。他提出,"历史的经验告诉我们,引进并认真学习国外的先进经验和先进技术是必要的,无论是自然科学或社会科学都是如此。但必须是实事求是,切合我国国情,才能获得最佳效果。当今,我国正处在经济体制改革,经济振兴时期,又面临世界新的技术革命蓬勃发展时期,在对外开放,对内搞活经济的新形势下,我们决不能因循守旧,故步自封,而要积极引进和学习国外的先进技术,应用微电子技术,加强财会工作在信息、企业管理和宏观经济上的职能作用。"④

---

① 潘序伦.潘序伦回忆录[M].北京:中国财政经济出版社,1986:36.
② 潘序伦.潘序伦回忆录[M].北京:中国财政经济出版社,1986:39.
③ 潘序伦.潘序伦回忆录[M].北京:中国财政经济出版社,1986:60.
④ 潘序伦.潘序伦回忆录[M].北京:中国财政经济出版社,1986:40.

潘序伦先生这种不断学习开拓，博采众长、与时俱进创新的理念堪称大家风范，不愧为"中国现代会计之父"。

四、治学严谨：将教育质量作为办学生命线

潘序伦先生当初创建立信时办学理念很明确：以诚信为核心，培养适应社会需要的会计人才，要求学生学研并重，讲究实效。

潘序伦先生在暨南商科大学任教期间，他大胆进行教学改革，虽然对学生要求非常严格，但他知识渊博，教学严谨，深受学生欢迎。几年后潘序伦先生决定辞职创业，暨南商大师生纷纷挽留。据记载，1927年《申报》曾刊登"暨南商大挽留潘序伦""暨南商大挽留潘序伦续闻"新闻，足见潘序伦先生在教学上的成绩和影响力。

潘序伦先生在成立立信会计补习学校后，更是严抓教学质量，"严格要求，精心培育"。"我凭自己求学的经验，治学素主严谨，重视教育质量，注意教学方法和效果。我亲自主持校务，一切坚持'认真'二字，对师生都是高标准、严要求。对教师要求认真备课，认真批改作业；对学生要求认真听讲，认真做练习题。考核也是很严格的，考试成绩以70分为及格，还经常举办簿记、珠算、会计等学习竞赛。考试作弊者要开除学籍；一学期缺课三分之一者，不得参加期终考试；迟到早退三次者，以旷课一次计算，等等。我也十分重视学生的品德教育和体格锻炼，早晨都要带领师生一起做早操，并经常对他们进行会计职业道德和纪律教育，以培养他们有一个好的学风和工作作风。"[①] 潘序伦先生常说，作为会计人员，得99分也不算合格，只有100分才算合格，原因在于财务会计账目容不得半点差错。可见他教学和做会计审计业务都很严谨。

潘序伦先生主张会计学习要理论和实务相结合，会计学科除平时有相当多的习作，还专门设有一科即"会计实习"。"边学边做，讲究实效。要掌握会计这门科学，如同医师一样，必须亲自动手实践，才能真正学到手。因此，我校非常重视实习，每节课都备有习题，并配备一位辅导助教，认真批改学生作业和解答疑难问题。对夜校学生，主要是帮助他们解决实际工作中的困难和问题；对正规日校学生，要求他们苦练珠算、书法和应用文等基本功，并利用会计师事务所与工商企业接触较多的有利条件，经常组织学生到工矿企业和商店参观实习。因此，我校的毕业生一到工作岗位便能马上从

---

① 潘序伦.潘序伦回忆录[M].北京:中国财政经济出版社,1986:34.

事实实际工作。"①

此后,沪上各大学对于会计学科的教学,也采用潘序伦的方法。所以,潘序伦既是中国会计的改革者,也是先进会计教学方法的倡导者。

立信校友蔡经济在回忆中曾说,当时潘序伦教他们的学科,是簿记(即初级会计学)和成本会计两科。潘序伦对于会计理论的讲解非常清楚,而且举例很多。因此,学生学后相当得益。他特别强调理论和实务结合,每教一课书,必有相当多的习题,要学生在课外去完成。可见潘序伦先生教学之严谨,对学生要求非常严格,强调教学质量是第一位的。

校友端木和在《亲切教诲,终生难忘》一文中,对潘校长严谨的治学态度和学以致用的教学方法印象深刻。学校不仅要求学生在听课、复习时严肃认真、一丝不苟,而且写小楷字、练习珠算也成为每天课余的"必修课"。

潘序伦先生办学除了狠抓教学质量,师资也是一流的,都是请有理论水平及实务经验的老师授课。虽说是私立学校,但立信学校的教育质量可与国内著名大学相媲美,并且规定,老师课讲得好不好,由学生鉴定。如果学生们对老师教学有意见,可以向校方提意见,教学效果不好的老师给予调换。这样严格的管理,使立信的教学水平一直很高,深受学生欢迎,教学质量也得到了保证。"在校舍问题解决以后,为了保证教育质量,我聘请了一些著名学者、专家来校任教。如黄炎培、马寅初、黎照寰、黄逸峰、章乃器等都先后在我校担任过教职。我虽业务繁忙,亦要抽空上一些课。"② 正是因为潘序伦先生办学严谨,教与学皆追求优秀,在当时毕业即失业的旧中国,立信毕业的学生就业情况良好,深受各界欢迎。如 1948 年,重庆永利银行招收练习生,当时规定只有高级职业学校毕业生才能报考,但立信会计师培训班的学生可以以同等学历参加考试。当时被录取的 10 名练习生中,有 6 人是立信的学生,当时立信被社会的认同及教育品牌的优势可见一斑。"我校因为有一套严谨的教育制度,有一支理论结合实际的师资队伍,有一套完整系统的自编教材,有一批热爱母校的历届同学支持,使立信会计专科学校迅速发展壮大,为培养我国财会专业人才,促进我国会计事业的发展

---

① 潘序伦.潘序伦回忆录[M].北京:中国财政经济出版社,1986:34.
② 潘序伦.潘序伦回忆录[M].北京:中国财政经济出版社,1986:33.

作出微薄的贡献。"① 在 20 世纪三四十年代的中国，立信会计学校作为一所私立学校异军突起，毕业生深受欢迎，这与潘序伦先生非常重视教育质量是分不开的。

潘序伦先生办学思路开阔，开拓了服务社会与自身增效的双赢机制。潘序伦先生有很强的经济头脑和非凡的社会交往能力，善于利用社会力量办学，还有着敏锐的市场洞悉力，出版社、事务所也有着很好的经济效益。因此，短短几年，立信靠自身的努力积累了一定的资金，为自身的更大规模的发展提供了重要的物质保证。潘序伦先生这种讲求服务社会与自身增效的双赢机制对今天我们办学也有很好的借鉴作用。

五、三位一体：打造立信"产学研"一体化事业发展模式

今天，我们回顾潘序伦先生的会计事业发展之路时，会为他严谨的治学态度和高屋建瓴之大格局所折服。无论是事务所、学校还是出版社，能做到仅此一项就非常不易，潘序伦先生却开拓性地实现了三者有机结合，形成了事务所、学校和出版社"三位一体"的产学研相结合的运作机制。这种运作机制在中国高等教育史上应该是先河之举，堪称奇迹，也是今天我们高校一直在努力实践的"产学研"一体化育人模式。

1927 年 1 月，潘序伦成立了"潘序伦会计师事务所"，后改为"立信会计师事务所"。潘序伦先生在创办会计师事务所不久，深感社会会计人员的缺乏，于是着手创办会计补习学校。1928 年，潘序伦先生开设了"立信会计补习学校"，经过不断摸索，不断扩大办学规模。他先后办了函授学校、晨班、星期日班、日校、短训班等，鼎盛时期，仅上海就有 11 所分校，北京、广州、桂林、衡阳、重庆、南京、天津、兰州以及香港等地也有分校。立信学校遍地开花，为社会培养了大量会计人才。

1937 年，潘序伦先生提出倡议创立大学，成立了立信会计专科学校。潘序伦先生将办学方针归纳为"管教务期严格，学生学验并重，出路必予保障"。淞沪会战后，在炮火硝烟中，立信学校迁往重庆，成立了北碚校区，继续为社会培养会计人才。抗日战争胜利后，立信学校重新迁回上海，继续办学。几次迁校、建校，潘序伦先生都倾囊捐款，建造校舍，为立信事业倾注了他毕生心血。

在创办学校及事务所过程中，为解决教材缺乏的问题，潘序伦先生组织人力，编

---

① 潘序伦.潘序伦回忆录[M].北京:中国财政经济出版社,1986:35.

辑翻译西方新式会计理论书籍。1941年6月,潘序伦先生成立了立信会计图书用品社,他出任社长,继续出版"立信会计丛书""立信财经丛书"。至此,产学研"三位一体"的立信事业版图形成,真正实现了良性循环。

潘序伦先生创立了"立信"品牌。品牌属于一种无形资产,是一种商誉。经过多年的发展,形成的立信品牌包括立信教育资源、立信会计师事务所、立信会计出版社、立信账册等。时至今日,立信品牌历经风雨,勇立潮头,社会上有"要会计找立信"的说法。品牌就是生产力,这对立信事业的发展无疑是一笔巨大的资源和财富。

岁月沉浮,时代变迁,今年是潘序伦先生诞辰130周年暨上海立信会计金融学院建校95周年,潘序伦先生开创的会计师事务所、学校和出版社延续至今。立信会计师事务所是国内最有影响力的会计师事务所之一;立信会计出版社是全国唯一的一家以"会计"命名的专业出版社,出版了大量深受大众欢迎的财经类图书,声誉名扬海内外;1928年潘序伦先生创办的立信会计补习学校发展至今成为上海立信会计金融学院,是一所会计、金融特色鲜明的公办全日制普通高等学校。"立信"已经成为一块金字招牌,立信事业在无数立信人的努力下,焕发着勃勃生机,正以崭新的面貌继续发展壮大。

回顾潘序伦先生的创业历程,高山仰止,景行行止。立信的发展倾注了潘序伦先生毕生心血。饮水思源,我们要讲好立信故事,薪火相传。激情与信心同在,担当与梦想并存,让我们乘风破浪,砥砺前行,共同开拓立信更加美好的未来。

浅析潘序伦教育思想的传承与发展

贾莉莉①

潘序伦先生是我国著名的会计专家、教育家、出版家和思想家。他在中国现代教育史上留下了浓墨重彩的一笔,被誉为"中国现代会计之父"。潘序伦先生通过对教育的深入研究,深刻而全面地把握了教育的本质特征和重要作用,提出了全面系统和具有可操作性的教育观念和实践措施,给中国教育留下了深刻的启示,对今天的教育工作者仍具有很强的借鉴意义和指导作用。

一、潘序伦教育思想的基本内涵

潘序伦教育思想带有浓重的"实业救国""教育救国"色彩。强烈的爱国主义精神贯穿于他教育活动的始终。潘先生积极倡导会计教育应当适应社会经济发展要求,在系统研究会计职业、会计教育和会计出版的基础上,开创了"三位一体"的办学模式,形成了以"诚信为本"和"学验并重"为主要特征的教育思想体系。

1. 诚信为本

"立信"是潘序伦先生会计思想和教育思想的核心,贯穿于他所创办的立信会计事业的实践中。潘先生取孔子《论语》中"民无信不立"之意,将事务所、学校和出版社均以"立信"冠名。而后,他以"信以立志,信以守身,信以处事,信以待人,毋忘'立信',当必有成"的二十四字校训精辟阐述了他的"立信"思想,融合会计职业和会计教育的基本要求,旗帜鲜明地标识出会计职业群体的价值追求。潘先生指出,

---

① 作者系上海立信会计金融学院发展规划处副处长、高教研究所副所长。

"立信，乃会计之本。没有信用，也就没有会计"①，这是他对"立信"思想的深刻表达。这包含两个层面的意义：一方面，"立信"是做人的重要准则；另一方面，"立信"是会计职业群体的道德规范，会计人员必须树立职业道德。因此，潘先生的"立信"不仅是指人格的诚实守信，而且包括了公正、廉洁等职业操守。"公正诚信为主，廉洁勤奋为归"② 是潘先生一生践行和大力弘扬的会计职业群体的道德规范，这也成为中国会计职业群体的"希波克拉底誓言"③，会计诚信文化由此开启。

2. 学验并重

受实用主义教育哲学思想的影响，在恩师黄炎培先生"教育必须与职业沟通"④ 的职业教育思想的熏陶下，潘先生指出，会计是一门应用性很强的学科，应当理论与实务并重，在人才培养的过程中，必须重视学生实践能力的培养，重视学生学以致用能力的培养。潘先生充分考虑学生生源，运用多样化的教学方式满足培养人才的需要，重视实习，每节课都有习题，并配备一位辅导助教，认真批改学生作业和解答疑难问题。学校对夜校学生，主要是帮助他们解决实际工作中的困难和问题；对正规日校学生，要求他们苦练珠算、书法和应用文等基本功，并利用会计师事务所与工商企业接触较多的有利条件，经常组织学生到工矿企业和商店参观实习。因此，立信的学生毕业后一到工作岗位便能马上从事实际工作。学校对学生学以致用能力的培养和重视，大大提高了人才对社会的适应性。潘先生注重学生素质的全面提高，深刻研究教育与经济的关系，以利职业竞争和有效地从事财会工作。他认为，要把学生培养成为社会所需的、全面发展的专门人才，而不是只会拨拨算盘、写写阿拉伯数字的"账房先生"。唯有这样，才能真正做到教育与职业的沟通。

自建校之初，潘先生就创建了会计师事务所、会计职业教育、会计图书出版"三位一体"的办学模式⑤。学校是教育和科研的基地，培养会计、审计等专业人才，为企事业单位、政府部门提供决策咨询服务；事务所承接各类审计及咨询业务，为教师、学生提供践习场所、实务指导和教学案例；出版社编辑出版财经书籍和教材，对接学

---

① 潘序伦.潘序伦文集[M].上海:立信会计出版社,2008:553.
② 邵瑞庆.潘序伦纪念文集[M].上海:立信会计出版社,2009:27.
③ 邵瑞庆.潘序伦纪念文集[M].上海:立信会计出版社,2009:27.
④ 潘序伦.立信会计学校的创办和发展[M].上海:立信会计出版社,1993:13.
⑤ 罗银胜.潘序伦传[M].上海:上海人民出版社,2007:77.

校教学科研，助力学科、专业发展。"三位一体"的办学模式使事务所、学校和出版社三者的资源得以有效配置，实现了优势互补，共同发展，成为我国现代会计教育产学研结合的范本。

二、新时代潘序伦教育思想的新内涵

随着学校办学规模和办学层次的提升，在专科教育时期形成的这种教育思想体系，需要在新的历史时期进行传承、发展和创新。唯有此，才能真正成为立信改革与发展的宝贵精神财富。所以，升本以后，学校首先在全校范围内展开了特色大讨论，首次对潘序伦教育思想进行了系统梳理和研究，全校师生达成共识：特色乃立校之本。我们不能仅仅从形式上对潘先生教育思想的传承与发展，而是要对潘先生教育思想的精髓和实质进行研究、传承、发展和创新。学校赋予了"诚信为本、学验并重"办学特色新的内涵，为新时代贯彻落实立德树人根本任务找准了着力点，为新起点上秉持以学生发展为中心的育人理念注入了新动能，充分激发了应用型财经人才培养模式持续创新的生命力。

1. 诚信为本：以浸润式教育塑造学生人格与信仰

"诚信"可以理解为"诚"与"信"的结合。"诚"是一般所讲的"诚实、守信"之意，"信"则可以理解为"信仰、信念"之意。从这个意义上说，"诚信"的养成已不仅仅是传统意义上的诚信品格修养和财经行业人员诚信操守，而是已经升华成为学生内心追求的理想信念。因为只有具有正确的理想信念，学生才会有正确的"三观"，也才能真正成为社会主义的合格建设者和可靠接班人。"诚信为本"就是将诚信教育贯穿于人才培养全过程，实现诚信从道德素质和职业操守培养到理想信念的升华，塑造学生的品格和人格，培育学生的信仰和信念。

2. 学验并重：以知识与实践的双向互动实现人才培养的动态适应性

"学验并重"是"实用教育"的基本思想内核，它强调理论学习与实践活动相结合。这里的"学"，主要是指课堂理论学习；这里的"验"主要是指学生的情境体验、认知实验和实践检验；所谓"并重"，是强调学生的个体认知与情境体验的互动建构性。因此，增强财经人才培养满足经济社会变化的动态适应性，学校不仅需要及时了解学生的主体学习需求，为其创设实现个体认知主动建构的环境，提升学生的知识建构能力，而且还需要增强其与社会的互动性，及时根据经济社会的变化发展趋势对培养模式进行动态改造，实现人才的开放性培养，提升学生的岗位胜任力。

三、新时代潘序伦教育思想的新发展

90余年的历史变迁，成就了上海立信会计金融学院厚重的文化积淀。在新的历史时期，学校确立的"诚信、实用、开放"的办学理念，既是传承潘序伦先生教育思想的生动写照，也是遵循高等教育发展规律、与时俱进发展的现实见证，是学校内在生命力的精神建构。

1. "诚信"：实现文化育人与文化引领的统一

文化是大学赖以生存和发展的根基。没有文化的大学，一定不是一所真正意义上的大学。以人为本是大学教育的出发点，作为群体认同的一种社会规范，大学文化的本体功能是育人。同时，作为发现、传播、创造知识的重要场所，大学具有天然的文化强势，对社会具有强烈的文化辐射和示范功能。

立信今日之"诚信"文化既继承了潘序伦先生二十四字校训的精髓和实质，又在新时代得到了新发展。"诚信"不仅要成为个体的人格特质、职业道德素养的基本要求，而且要成为社会公共道德的价值诉求，是个体道德素养与社会公共道德素养的共同价值追求。因此，关怀人的道德生命的自由成长，在社会公共价值体系中发挥文化引领功能，是立信"诚信"文化的应有之义。作为育人启智、传承文明、教化社会的重要机构，现代大学"诚信"文化的育人功能与社会引领功能必须相得益彰。

大学精神是大学文化的核心和精髓，是一所大学的灵魂所在。"诚信"是立信精神和文化特色的集中体现。所以，学校要以高度的文化自觉，打好"诚信"文化的精神底色，形成以诚信为基石的大学文化，构建"诚信"的校园文化、学术文化、制度文化、组织文化，有意识地形成学校的"文化生长圈"，从而为办好学校提供强大的凝聚效应以及抵御困难的精神动力，真正实现大学以人为本的文化关怀和示范辐射的文化引领功能。

2. "实用"：促进大学、人与社会三者关系的和谐

从教育哲学的视野看，"实用"是对教育与社会生活关系的进一步发展和阐释，尤其是对教育如何推动适合生产力发展问题的深刻认识和深层解读。它要求个体必须具备适应环境的能力，这种适应能力是个体在急剧变化的社会中生存下去的必要条件。所以，作为一种哲学观念，"实用"反映了主体在适应客观环境的过程中的价值选择，

蕴含着人与外在社会环境之间的协调性指向。与潘先生"学验并重"的"实用"教育思想相比，两者并行不悖，今日之"实用"思想是对潘先生昔日之"实用"思想的升华和发展，反映了大学人才培养的特殊指向性。

因此，大学教育的"实用"理念旨在实现大学与人、大学与社会的和谐发展，最终实现人与社会的和谐发展。从大学与人的关系来看，其一，"实用"关注人才培养的社会适应性，强调理论知识与实践能力不可偏废，要求大学的人才培养必须扬弃知识本位与能力本位两种教学观念的不合理成分，实现知识传授与能力培养的统一。其二，"实用"蕴含了在"学以致用"的过程中学会创新发展的内在价值取向，强调实践与理论的双向互动关系，既要将所学知识和技能运用于实践，用于改变现实社会和生活，又要在不断创新发展的"致用"过程中，学会反思和积累，将可能的新思想、新知识、新技能升华为理论，促进理论知识的传承与发展，形成实践与理论、教育与生活之间良性的互动循环机制，实现人与社会的和谐发展。

3. "开放"：达到守成能力与创新能力的结合

大学的守成能力与大学的创新能力同等重要。有无守成能力，是一所大学能否形成传统与特色、价值与精神的关键，也是其能否受人尊重的决定性因素。所以，大学必须具备守成能力。无论大学的组织形式和外在的发展环境和条件如何变化，大学都必须坚守其精神内核和内在价值，包括共同的大学理念、特色大学文化和独特大学精神，这是大学保持特色、保有个性的前提。

同时，作为孕育人类理想与传承文化的殿堂，大学也必须具备创新能力。没有创新，守成就会变成因循守旧，保守僵化，大学就会失去生机与活力。中世纪大学、近代大学到现代大学的变迁史，其实是大学守成与大学创新的变迁史。因此，大学的守成是对大学之"魂"的坚守，是大学创新的精神根基；大学创新是大学守成的有力支撑，是为了更好地坚守大学的"魂"。

优质教育资源的有限性，决定了开放办学是大学守成能力与大学创新能力结合的必由之路。在高等教育国际化的大背景下，"他山之石，可以攻玉"。立信亟需通过加强大学与社会的融合，实现大学与社会其他子系统之间在能量、信息、物质等方面的交流和交换；通过加强国际交流与合作，以多元视野学习借鉴国内外其他院校的成功办学经验，最终内化实现国际视野下本土教育模式的创新，更好地守护优良的办学传统、独特的大学精神和特色的大学文化，形成大学持续而强大的发展动力。

纪念潘序伦先生

周静虹[①]

在中国会计的历史长河中,有一位伟大的先驱——潘序伦先生。潘序伦先生被誉为"中国现代会计之父",是著名的会计专家、教育家、出版家。他的名字如同一盏明灯,在中国会计界闪耀着永恒的光芒。

潘序伦先生不断追求知识,创新理念,不畏艰险,不惧挑战,坚定地奋斗在会计事业的前沿,为我国会计教育的发展作出了杰出的贡献。

尽管他已经离开我们,但他的声音在新时代依然回响,他的智慧、成就和精神将激励我们继续前行,为会计事业作出更大的贡献。在纪念潘先生诞辰130周年暨上海立信会计金融学院建校95周年之际,我们更应珍视并传承他所倡导的立信精神。

一、为人正直、兢兢业业、胸怀天下

潘序伦先生,是一位以正直著称的会计专家。他的一生都在坚守正义和诚信的原则,从未妥协。无论是在他的教育、出版还是企业经营中,他始终秉持着高尚的品德和坚定的信念。他深知诚信和道德的重要性,明白只有追求正道才能在人生中获得更多的尊重和荣誉。他的操守和风范不仅深深地感染着每一个跟随他的人,也树立了一个高尚的榜样,为这个时代留下了一笔宝贵的财富。在他的一生中,他深信道德的力量,始终如一地坚持着自己的信念。他的高尚品格和正直操守成为他最鲜明的个人特征。他的道德风范不仅影响了他的学生、家人和朋友,也深深地影响着他所处的时代。

[①] 作者工作单位系上海立信会计金融学院财税与公共管理学院。

他的一生，是一部正义和诚信的传奇，他为我们展示了什么是真正的品德和人格魅力。

潘序伦先生一生都在用自己的责任心和使命感，诠释什么是真正的担当。他把培养会计人才和推动会计事业的发展，作为自己的使命和责任，始终以高度的责任感和使命感对待自己的事业和生命。在创建和发展立信会计学校的过程中，他不断强调会计人应该具备的高度诚信意识和责任感，要为社会和国家的发展贡献出自己的力量。他坚信"知行合一"的教育理念，不断培养出大批优秀的会计人才，为中国会计事业的发展贡献力量。即使在晚年患病期间，他仍然坚持工作，将自己的经验和智慧传授给后人。他的强烈责任感和使命感，成为他生命的最后一个注脚，展现出他对中国会计事业的无限关怀和担当。潘序伦先生用自己的行动，证明了责任和使命是一份无尽的担当和奉献。

潘序伦先生是一位卓越的会计专家，同时也是一位胸怀天下的学者和企业家。他始终关注国家大事和社会发展。在他所从事的会计领域中，他发挥了巨大的作用。他是一位具有强烈社会责任感和使命感的人。他胸怀天下、忠诚为民的精神，让他时刻准备着关注社会的变化和需求。例如，他曾关注灾情并立即采取行动。他的精神体现了他作为会计专家的责任担当，也展现了他作为一名中国公民的责任担当。他深刻认识到，作为一名会计师，应该遵循职业道德，秉持诚信正直、勤勉尽责的精神，为企业的发展和社会的稳定尽心尽力。

二、会计学的探索者、教育改革的领航员

潘序伦先生致力于改革会计教育。他深知我国在会计领域的人才匮乏，因此在上海创立了簿记训练班。然而，他深刻认识到补习学校无法取得正式学历，毕业生也难以被社会所认可。为了解决这一问题，他毅然决定创建中国第一所独立的会计学校，并亲自担任了校长。他提出了许多现代化教育理念，如"专业本科、通识教育、双语教学"等，为我国会计教育的革新奠定了坚实基础。

潘序伦先生屡次远赴异国他乡，深入学习国外先进的会计理论和实践经验，将其巧妙地引入中国。他深谙会计领域的现代化之道，深知要实现中国会计理论的现代化进程，必须融合国际先进的会计理论和实践。他花费大量时间研究国际会计准则，亲自编写了《会计学》等重要著作，使中国的会计教育实现了重大的飞跃。著名会计学

家管锦康在 1947 年留学美国时,在华盛顿国会图书馆浏览到潘先生所著中文版《会计学》。这位学术巨匠的著作和"立信会计丛书"的学术影响可谓不言而喻。潘先生所倡导的会计理论现代化和国际化,使中国的会计行业得以与全球接轨,并在全球化的大背景下获得了更加广阔的发展前景。

潘序伦先生开创会计出版之先河。他创建了立信会计图书用品社,编辑了《立信会计季刊》等刊物,出版了一系列会计学的扛鼎之作。这些努力使中国的会计事业能够逐渐与世界接轨,为中国会计理论和实践的发展奠定了坚实基础。此外,他还倡议创建上海市会计学会,积极推动了中国会计事业的学术研究和发展。同时,潘序伦先生也是中国民主建国会地下组织的成员,在上海组织了"聚餐会",倡导争取民主和反对内战的革命活动。这些成果对中国会计事业的发展和中国民主运动的推进产生了深远影响。

三、回望潘序伦先生

潘序伦先生是中国会计界的一位杰出人物,他一生致力于培养会计人才和推动会计事业的发展。作为立信会计学校的创始人,他始终把为国家培养优秀的会计人才和推动会计事业的发展作为自己的使命和责任。他不断地提倡并实践"知行合一"的教育理念,培养出大批优秀的会计人才,为中国会计事业的发展做出了巨大贡献。

潘序伦先生深刻认识到自己作为一名会计师,应当秉持诚信正直、勤勉尽责的职业道德,为企业的发展和社会的稳定贡献力量。同时,他也清楚地认识到自己作为一名中国人,应当为国家的发展和人民的福祉尽心竭力。他始终坚持以自己的专业和智慧服务国家和人民,以实际行动践行着责任和使命。

潘序伦先生的生平和贡献,对中国会计事业的发展产生了深远的影响。他的教育理念、职业道德和责任担当,为中国会计人才的培养提供了有力的支持和指导,为中国会计事业的发展注入了强大的动力。他的事迹不仅是一面镜子,更是一种精神力量,激励着我们坚定信念,迎接新时代的挑战。

展望未来,数字技术和人工智能的迅速发展已经成为当今社会中不可避免的趋势,会计事业将不断变革和创新,需要有更多像潘序伦先生一样具有强烈责任感和使命感的人才投身其中。同时,我们也需要继续秉持潘序伦先生的教育理念,注重知识的学习与实践的结合,培养出更多优秀的会计人才,为中国会计事业的发展注入新的活力。

潘序伦先生的思想和行为将继续激励和影响后人。我们要铭记他的贡献,传承他的精神,为实现中华民族的伟大复兴而不懈努力。

我们永远缅怀"中国现代会计之父"——潘序伦先生。

无问西东 与时俱进
——潘序伦书信中的立信会计学科发展史

虞晨阳[①]

1928年,潘序伦在立信会计师事务所附设补习班的基础上正式开办立信会计补习学校。立信会计教育事业由此开始,至今为社会培养二十余万财会人才。正如潘序伦所言,"居常以为会计师事务所之业务,对于社会各界,虽有其重大之价值,然提倡学术,培育人才,则为百年树人之计,其意义更为远大。唯有优越之会计人才,庶政府与企业之会计能日臻于完善,间接足以促进国家社会之进步,收效迅速而宏大"[②]。提倡学术、培育人才是百年之计,对促进国家社会进步有着深远的意义。潘序伦从留美回国之初直至晚年,始终关心会计学科的发展,晚年与郭道扬的几十封书信集中反映了他关心后学、关注会计史研究与会计学科发展的殷切之情。

潘序伦与郭道扬的通信源于郭道扬当时正在撰写的《中国会计史稿》。郭道扬在撰写过程中希望得到潘序伦的批评指正,还约请其撰写序言、书评等。潘序伦在回信中协助查找资料,提供史实回忆等,并向会计学界大力推荐郭道扬这部填补空白之作。这些潘序伦晚年亲笔起草的回信中涉及立信会计学科发展的诸多细节,有着丰富的史料价值,同时也是中国现代会计史的一个缩影,足见潘序伦和立信在中国现代会计史上的地位与影响力。

[①] 作者工作单位系上海立信会计金融学院发展规划处。
[②] 潘序伦.潘序伦文集[M].上海:立信会计出版社,2008:345.

"会计学之发达其来有自"①

潘、郭通信讨论的主题即会计发展史,而潘序伦早在1933年就于《立信会计季刊》第2卷第1期发表《会计学发达史》一文,介绍会计学如何从意大利自由都市之账簿发展而来,又分述英国、美国、德国的会计学发展史。他认为"会计学之发达……其来有自",实"因社会经济生活之发达而递相演进"。② 该文末列参考文献10种,涉及英语、德语、日语等多语种,可见潘序伦会计学术涉猎之广。晚年重读此文,潘序伦对郭氏谦称该文"定有不少错误、缺点",希望郭氏"不吝指正,切勿文过饰非",③ 足见其虚怀若谷,实际上该文应为国内介绍现代会计史的开山之作。

对于中国会计史,潘序伦也有专文简述,他在1939年发表于《日用经济》第1卷第10期的《我国会计学术之追溯》中从《周礼·天官·司会》、四柱清册谈起,重点叙述晚清《连环账谱》刊印及辛亥革命之后中国现代会计的逐步推广,对中国现代会计发展史上的重要事件进行了条例简述。晚年与郭氏的通信中,潘序伦专门回忆了第一号会计师执照领取者谢霖、提倡"改良中式簿记"的徐永祚等会计师和我国第一部新式会计译著《连环账谱》,相关内容均可与潘序伦早年发表论文相印证,且提供了不少细节,有资于史实考证。例如关于谢霖,潘序伦提及抗战时期,谢霖迁往成都,立信则迁往重庆,因此成都的会计业务均由谢霖独占,而立信始终未涉足,且潘序伦也因此从未到过天府之国——成都;关于《连环账谱》,潘序伦曾于中华人民共和国成立初期购置两本同治年间木板直行刊印的旧书,后在"文化大革命"中散失。据他回忆,此书就是《连环账谱》。这些都是中国现代会计史上的重要史料,对会计史研究有很高的价值。

立信会计学科在中国现代会计学科发展史中占有重要地位,虽然第一部新式会计译著《连环账谱》晚清就已刻印于武昌,但因其所列记账方法过于复杂,不易通行,所以在当时影响不大;而第一号会计师执照领取者谢霖受聘于中国银行,主要影响限于银行会计;1927年以前,国内学校使用的会计教材全为英美原版,与我国会计实务并不完全相符,因此在1928年立信会计补习学校创立后,立信会计学校因其严谨的教

---

① 潘序伦.潘序伦文集[M].上海:立信会计出版社,2008:11.
② 潘序伦.潘序伦文集[M].上海:立信会计出版社,2008:11.
③ 潘序伦致郭道扬,1982年5月25日,上海立信会计金融学院校史馆。

育制度、理论实际结合的师资队伍、完整系统的自编教材逐渐扩大影响,成为国内会计人才培养的引领者,培养了数万会计人才。此后为提升办学层次,培养高等会计人才,潘序伦又于1937年创办了立信会计专科学校,立信会计自此进入加速发展期。

"引进国外先进学术必须切合实际需要"①

潘序伦在随信寄给郭道扬的《潘序伦简历》中提及编辑发行《立信会计季刊》的初衷,那时徐永祚会计师虽为私立神州大学毕业生,但其编辑的《会计杂志》很受会计界称道,自己以留美博士身份断不可荒废学术、耽于玩乐,因此接手立信同学会编辑的《会计季刊》,从第2卷起更名《立信会计季刊》,隐然有与徐永祚一争高下之势。

此后该刊物成为立信同仁翻译国外会计新文献,介绍国内行业会计制度和政府财会法令规章的学术平台,颇受读者欢迎。潘序伦与徐永祚在主办学术刊物上的良性竞争为中国现代会计的发展提供了很好的学术平台,营造了良好的学术氛围。

潘序伦还十分重视会计教材的编译工作,其主持编译的"立信会计丛书"曾风靡全国,影响巨大。20世纪80年代,他又组织力量成立立信会计编译所,出版"新编立信会计丛书""立信财经丛书"。这些丛书的编译出版大大提高了"立信"在会计界的地位和影响力,也为现代会计在中国的推广普及奠定了坚实基础。

立信会计学科在中国的影响力不仅在于培养了大批会计人才,还在于其编译出版的会计教材和刊物发行量大、影响范围广、实用性强。截至1936年年底,立信编译的各类簿记、会计和审计书籍共50余种;抗日战争期间,全国各地大专院校和自修会计的学生十之八九采用了"立信会计丛书"为教材;至1956年年初,立信共出版发行各类会计书籍不下150种;20世纪80年代,"新编立信会计丛书"和"立信财经丛书"也出版了数十种。

"科学上之原理原则,不应有中西之别"②

在回忆徐永祚的书信中,潘序伦谈到了"改良中式簿记"之争,提及当时编写过一本小册子(即《"改良中式簿记"之讨论》,立信会计师事务所,1935年),与徐永祚

---

① 潘序伦.潘序伦回忆录[M].北京:中国财政经济出版社,1986:36.
② 潘序伦.潘序伦文集[M].上海:立信会计出版社,2008:204.

展开讨论。实际上，与当时其他革新运动一样，会计革新运动中也因对所谓"中式簿记"的不同态度而发生论争。1934年潘序伦在《立信会计季刊》第2卷第5期发表《为讨论"改良中式簿记"致徐永祚君书》，对徐永祚《改良中式簿记概说》标举中西之别，保留直写、现款收付记账法和四柱结算法等观点进行商榷，认为"风俗习惯固有所谓中西之分，而科学上之原理原则，则不应有中西之别"[①]。

潘序伦指出，簿记理论无所谓中西之别，而是是否符合科学原理之别。这一观点跳脱当时普遍存在的中西文化、西化和复古之争的泥淖，站在科学的立场审视不同的簿记方法，主张无论中西，会计理论和实践都经历了一个从粗疏到精密、从单式到复式的演进过程。潘序伦既不抱残守缺，也不崇洋媚外，对于英国式资产负债表负债列左而资产列右的独异做法也持批评态度。这种通达科学的态度和国际化的视野，充分显示其学贯中西的深厚学养。

《"改良中式簿记"之讨论》中还收录《评徐永祚氏"改良中式簿记"》《对于改良中式簿记之管见》《对于徐永祚君"改良中式簿记"之批评》《四柱结算表与铁路总原簿之异同》《中西会计沟通问题》等文章。这些文章多由立信同仁撰写，对"改良中式簿记"持否定态度。可以说，立信同仁是推广新式簿记方法的旗手。

以今人的后见之明，这场论战当时虽然旗鼓相当、纷纷扰扰，但最终无论工商界还是学术界都选择了新式的借贷复式簿记，科学原理最终取得了胜利。由此也可看出，彼时的立信会计同仁确实代表先进的会计理论与会计实践，对新式簿记的推广应用起到了引领作用。

"'教育经济学'已成为一门新兴的学科"[②]

潘序伦在商请郭道扬寄送后学殷延卓《中国会计史稿》一书的信中谈及他于1980年12月19日在《文汇报》发表《开展"人才会计"的研究》一文，并随信附寄了《文汇报》《光明日报》剪报两张，供其参考。

在这篇文章中，潘序伦从会计学术的角度思考人才培养的投入产出、绩效考核，阐述了对"人才会计"的初步设想。他举某校资深老教授当时月领薪金300多元却只

---

① 潘序伦.潘序伦文集[M].上海：立信会计出版社，2008：204.
② 潘序伦致郭道扬，1982年8月19日，上海立信会计金融学院校史馆。

有两位研究生，投入不可谓不高，假使学生毕业后学非所用，国家的人力、财力的浪费将十分严重。因此，他提出，人才的培养投资也应使用固定资产折旧的方法，按期加以摊提和调整，列入会计记录，以资考核。人才培养所获成果利益超过培训的费用投资，则为纯收益，否则就是纯损失。

该文当时即引起各界广泛关注，前述殷延卓即在给潘序伦的信中提及多位学界同仁邀请他讨论"人才会计"问题并在"教育经济学学术研讨会"上发表研究成果。

其实，潘序伦在1934年就关注过学校成本会计的研究，他曾于《立信会计季刊》第2卷第7期发表《学校成本会计述要》一文。该文提出，"学校里工作的效能""工作和费用的关系"等都需要通过成本会计来"互相参照和比较"，[①] 从而知道工作的成绩，这实际上就是预算绩效管理的思想。在反驳不同意见时，潘序伦直言不讳地指出，"社会国家造就这班大学毕业生……有他对于国家社会服务效劳的重大使命，但是现在的大学毕业生，又能有几个大有贡献于国家社会的呢？""天天说着教育救国，不知所救的到底是什么？是否值得花这许多钱"，[②] 可见提高人才培养效能十分必要。潘序伦在这篇文章中还编制了一整套会计报表和方案，可见其用力之深。

2018年9月1日，《中共中央 国务院关于全面实施预算绩效管理的意见》发布实施，公立高等学校也纳入了预算绩效管理，绩效目标不仅要包括产出、成本，还要包括经济效益、社会效益、生态效益、可持续影响和服务对象满意度等绩效指标。"人才会计"的设想和学校成本会计方案的提出与此正相呼应，潘序伦"节约一切物力、人力、财力，为建设新中国服务"[③] 的想法也已由财政部门全面实施。

更名"立信会计学院"

潘序伦在与郭道扬的通信中还欣喜地提及立信更名升本的计划：财政部拟将立信改归部属，日后将更名为"立信会计学院"。此事源于《解放日报》关于立信复校后"艰苦创业，广开学路，闯出多快好省培养人才新路子"的报道，后又经《人民日报》全文转载，一时立信获得社会各界广泛赞誉，因此才有财政部上述动议。

---

① 潘序伦.潘序伦文集[M].上海:立信会计出版社,2008:244.
② 潘序伦.潘序伦文集[M].上海:立信会计出版社,2008:246.
③ 潘序伦最后遗愿,1983年4月,上海立信会计金融学院校史馆.

实际上，潘序伦先生早就希望立信可以更名开展本科层次教育，1949年之前，潘序伦曾带领立信董事会三次提出申请，可惜均因种种原因未果。

1947年3月，立信以"立信会计专科学校董事长"名义，以"为呈请于（民国）三十六学年度起由会计专科学校改名商学院"为事由，向教育部门呈交电文，提出"现请改为商学院或会计学院"。国民政府教育部先是4月18日复电立信"俟派员视察后再议"，在派出人员到校视察后，于6月26日正式复电立信，谓改商学院的申请"应暂缓议。"① 此后即不了了之。

1948年1月23日，董事长陈其采、副董事长王云五再次电请国民政府教育部，事由仍"为呈详陈本校从事会计学术之经过及现在设备情形，重申前请特准改设商学院或会计学院以资核准"，详陈校内基础设施情况。然而，直至6月25日国民政府教育部才复信陈其采，答称"目前教育界情形极度不安，如立信改院将引起其他专科学校援例请求，故已由部饬校暂缓办理"②。

1949年4月8日，立信董事会董事长陈其采、副董事长王云五联名致电国民政府教育部，再度"伏祈垂鉴""鉴核赐准"。③ 然而，此时国民政府早已风雨飘摇、朝不保夕，根本无心顾及这类无关军政的小事。不日，人民解放军横渡长江，此事也再无下文。

此后，1952年院系调整，立信停办，直至1980年才复办专科。2003年，"上海立信会计学院"的校名才正式启用，潘序伦先生在20世纪40年代和80年代的设想终于成为现实。

从立信更名的历史来看，一个学校的命运始终要受到国家民族前途的影响，只有与时俱进，在服务社会、响应国家社会需要的前提下才能获得跨越式发展。

立信从会计补习学校起家，先后使用立信会计专科学校、立信会计高等专科学校、上海立信会计学院、上海立信会计金融学院等校名，始终不离"会计"二字，因此，立信的校史主要就是立信会计的发展史，而立信会计的发展又与学校创始人潘序伦先生密不可分。潘序伦晚年的这些书信的字里行间透着他对立信、会计学科、国家民族的深厚感情与殷切期望。

---

① 朱坚强，何佩莉. 立信往事[M]. 上海：立信会计出版社，2013：158.
② 朱坚强，何佩莉. 立信往事[M]. 上海：立信会计出版社，2013：158.
③ 朱坚强，何佩莉. 立信往事[M]. 上海：立信会计出版社，2013：158.

潘序伦等立信先贤始终怀抱"教育救国"的理想投身会计教育事业，服务民族工商业的发展与国内经济建设；始终以符合科学、适应国情为标准，无问西东，大力推广新式簿记和现代会计；始终关怀国家民族前途，与时俱进，为国育才，会计报国。

（本文已收入中共上海市教育卫生工作委员会，上海市教育委员会编．学海博物：上海高校藏品故事［M］．上海：上海教育出版社，2021：257-268．个别内容有修订。）

立信会计出版史事考略

孙 勇[①]

2023年是"中国现代会计之父"潘序伦先生诞辰130周年。潘序伦先生是1949年以前我国少数从美国顶尖大学获得政治经济学博士学位的学者之一。学成归国后，他先后创办立信会计师事务所、立信会计学校和立信会计图书用品社，开创了"三位一体"的立信会计事业，践行了实业救国、教育救国、文化强国的爱国主义理想。立信会计事业以书为媒，以书兴业，以书育人，为近现代我国会计学者和专家研究会计理论、传播会计文化和总结会计实践经验提供了舞台，为近代我国民族工商业的发展，为新中国成立初期国民经济恢复，为改革开放和社会主义市场经济建设培育了一批又一批会计人才。

本文旨在从立信会计编辑科设立和"立信会计丛书"的起源为切入点，梳理潘序伦带领立信学人创办立信会计出版事业的发展历程。

一、立信会计编辑科的设立与"立信会计丛书"

立信会计出版事业发端于"立信会计丛书"。"立信会计丛书"是系统介绍西方会计最早、最完整的系列丛书，曾风靡全国，影响了一代又一代会计人。它是中国人自己编写的第一套比较系统、完整、全面、高水平的会计丛书。"立信会计丛书"在发展我国的会计学理论、推动会计工作、培养会计人才等方面都起到了很好的作用（陈远

[①] 作者工作单位系立信会计出版社。本文是作者"立信会计出版事业的发展历程与历史地位研究——以1930—1957年立信版图书数据为中心"研究项目的部分内容。

驷，1995）。潘序伦（1986）在其回忆录中说："如果说我对我国会计学术有所贡献的话，当以编辑出版立信会计丛书为最。"

"立信会计丛书编纂之始，远在民国十七年。"（潘序伦，1940）立信会计出版社的前身是立信会计师事务所编辑科。潘序伦回国后编写的第一本中文版会计教科书是《公司会计》（世界书局，1929 年 12 月），后《公司会计》修订更名为《股份有限公司会计》；第二本是《高级商业簿记教科书》（商务印书馆，1930 年）。据潘序伦（1940）回忆："先后于民国十八及十九年成书问世。当时因业务栗碌，编辑研究工作旋作旋辍。"因"立信会计丛书"系商务印书馆"大学丛书"之系列，而《高级商业簿记》教科书是潘序伦与商务印书馆合作出版的第一本会计教科书，因此，从形式或者丛书权属的角度讲，《公司会计》并不属于"立信会计丛书"，当然，其更名为《股份有限公司会计》之后便属"立信会计丛书"之列了。同时，从潘序伦回忆的角度，或者就实质重于形式而言，《公司会计》属于"立信会计丛书"。本文将"立信会计丛书"的初始出版年份认定为1930年，在此基础上，将立信会计出版社的发展历程划分为四个阶段：前身（1930—1940 年）、独立法人立信会计图书用品社（1941—1956 年）、公私合营（1956—1985 年）、1986 年复社至今。

二、立信会计出版社的前身（1930—1940 年）——立信会计编辑科

（一）立信会计编辑科的设立

潘序伦创办会计师事务所后在所里设立了编辑科[①]（下文统称"立信会计编辑科"），这是潘序伦及立信学人著书立说的平台，"立信会计丛书"的摇篮，因而也是立信会计出版社的前身。

[①] 关于立信会计事务所内设编辑部门的名称，据笔者考证，有以下几种：第一种是编译科（欧阳仲华，2013），立信会计出版社原总欧阳仲华在回忆时用的是编译科，详见朱坚强、何佩莉主编：《立信往事》，立信会计出版社2013 年版。第二种编辑科（潘序伦，1986），《潘序伦回忆录》用的是编辑科，申报1930 年 9 月 2 日第 20629 号 5/24 刊登的"立信会计师事务所更名公告"中有"至于总务科、计核科、文书科、信托科、编辑科、附设会计夜校及会计函授学校各职员一仍其旧，并无更动"，用的也是编辑科。第三种是编辑部（立信会计师事务所编辑部，1934），《编辑立信会计丛书之经过与现状》一文署名为"立信会计师事务所编辑部"。同时，根据笔者收集立信会计师事务所相关史料，"立信会计师事务所 1933 年职员一览表"中没有编辑科这一部门，仅列示了两名"编译员"，据此观之，编译科有其合理性。"立信会计师事务所 1935 年职员一览表"中亦没有编辑科这一部门，但列示了 4 名"编译员"，这也从侧面说明编译科有其合理性。"立信会计师事务所 1941 年职员一栏表"列示潘序伦为主任会计师兼编辑科主任，同时列示了编辑员和助理编辑员，这一称谓则表明 1941 年时立信会计师事务所内确有编辑部。

立信会计编辑科成立于何时？潘序伦于1927年1月在上海爱多亚路（即今延安东路）39号设立了潘序伦会计师事务所，后于1930年更名为立信会计师事务所①。关于编辑科何时成立，存在多种说法，尚无学者考证过。据笔者观察，有1930说（吴君实，2013）、1932说（上海立信会计金融学院，2018）、1933说（潘序伦，2013）②。本文支持1930说，原因有二：一是潘序伦会计师事务所1930年刊登在《申报》上的更名公告显示事务所内设编辑科，也就是说编辑科的成立不晚于1930年；二是自1930年潘序伦陆续出版了《高级商业簿记教科书》《高级商业簿记教科书习题详解》《高级商业簿记实习题附属文件》《劳氏成本会计》《劳氏成本会计习题解答》《劳氏成本会计习题应用簿册》，出版的图书已初具规模。如此巨大的出版工程，其背后如果没有一个有"名分"的团队或者部门，是难以想象的。综上所述，本文认为，立信会计编辑科设立于1930年。

（二）"立信会计丛书"的起源

"立信会计丛书"这一丛书名起源于何时？目前鲜有文献研究这一问题。本文认为，潘序伦使用"立信会计丛书"这一丛书名的前提有两个：一是立信这一品牌已经创建，即潘序伦已经使用"立信"二字。二是潘序伦计划编写一系列丛书，或者已经出版的会计图书不止一本，已可以称为丛书。

"立信会计丛书"首次出现在图书上应为1933年。首先，潘序伦的代表作《高级商业簿记教科书》首次出版于1930年。关于《高级商业簿记教科书》的第一份广告也出现在《申报》1930年8月24日，但《申报》上《高级商业簿记教科书》的广告上并未出现"立信会计丛书"。其次，《申报》第一次出现"立信会计丛书"是在1933年5月1日③，1933年《申报》共出现有关立信会计丛书的广告9次，分别出现在5月1日、7月1日、8月5日、8月15日、8月24日、9月20日、10月1日、10月6日。"潘序伦主编的'立信会计丛书'由商务印书馆开始陆续出版，先后只见出版了44种"

---

① 关于潘序伦会计师事务所的更名时间,目前大部分回忆文章(包括潘序伦回忆录)认为是1928年,但根据《申报》刊登的更名公告,潘序伦会计师事务所更名为立信会计师事务所并对外公告的时间为1930年9月。
② 吴君实是潘序伦编写《高级商业簿记教科书》的得力助手,其关于《高级商业簿记教科书》编写经过的回忆详见《立信往事》第7页;潘序伦在《立信会计学校的创办和发展》一文中讲到"1933年后,立信会计师事务所设立编辑科",详见《立信往事》第91页,原文为潘序伦1980年所撰回忆稿。
③ 《申报》1933年5月1日第21570号10/32刊登了李鸿寿和莫启欧编著的《会计数学》(立信会计丛书)的广告。

（吴永贵，2015），这段话在著名出版史学家吴永贵教授编写的《民国出版图书出版史编年：1912—1949》一书中被列在1933年，该书的编写也是根据《申报》和《大公报》刊载内容整理的。再次，根据笔者整理的1930—1957年"立信版"图书，1931年和1932年①潘序伦团队并未出版任何新版图书。最后，根据"全国报刊索引"检索结果，"立信会计丛书"最早出现在立信会计师事务所编辑部发表在《商务印书馆出版周刊》1934年新第94号上的《编辑立信会计丛书之经过与现状》一文。综上所述，本文认为，"立信会计丛书"启用于1933年②。

（三）1930—1940年"立信会计丛书"的出版情况

1930—1940年是潘序伦立信会计出版事业处于起步阶段，呈现如下特点：一是写作与出版分离，潘序伦和立信学人是"作者"身份，商务印书馆是"出版者"身份。二是主要出版会计图书，即"立信会计丛书"。三是编写团队以"立信系"为主，开始吸纳非"立信系"学者参与丛书建设，在出版的67种图书中，仅有《铁道会计》作者张心澂、《电业会计》的作者杨涛、《官厅会计》的作者吴蕚为非"立信系"学者。四是以出版服务立信会计学校的会计教科书为主，开始出版少量服务会计实务的行业会计教材，这一点在潘序伦回忆录中亦有相关记载："在会计师事务所业务接触中，我深感我国会计业务水平太低，不能适应民族工商业发展的需要。那时大学里研习会计科学者不多，教科书大都是外文原版；少数译著亦以簿记居多，缺乏高深之作。为解决会计教材，我在会计师事务所内设置了一个编辑科，由我亲自领导，配备了一批专职人员，开始编译簿记、会计、审计等书籍。"

二、独立法人——立信会计图书用品社（1941—1956年）

"立信会计丛书"诞生于抗日烽火中，与中华民族的命运紧密相连。正如前文所述，潘序伦出版"立信会计丛书"的初衷是满足立信会计学校师生教学所需，然而，抗日战争爆发初期，商务印书馆于1932年被日寇炸毁。为避免日本飞机轰炸，商务印

---

① 这可能跟政治形势有关：1931年九一八事变爆发，标志日本帝国主义侵华的开端；1932年一·二八事变后日本帝国主义突袭上海，1月29日，日军飞机轰毁商务印书馆。

② 因此，从严格意义上来说，1933年之前潘序伦出版的会计图书并不属于"立信会计丛书"之列，但由于这些图书不断再版，从广义上讲或者从今天的角度来说，其理所当然属于"立信会计丛书"，因此本文一并视之为"立信会计丛书"，不再严格区分。

书馆将所有书籍的纸型全部运到香港存放。彼时上海沦陷，立信办学主体亦于1942年迁川，招生情况较好，但教材匮乏，而限于物资条件，以及"立信会计丛书"的纸型存放在香港，无法如期印刷供应学生的教科书来解决学校用书问题，以至于学校将教材内容誊写到蜡纸上油印以解燃眉之急。生活书店总经理徐伯昕建议潘序伦从商务印书馆租回纸型并由立信和生活书店合作成立一个专门出版"立信会计丛书"的机构。经过短暂筹备，立信会计图书用品社以（简称用品社）股份有限公司的组织形式于1941年6月1日正式成立，额定资本为10万元，先收6万元，立信和生活书店各出3万元[①]，双方组成董事会，潘序伦任社长，生活书店派徐伯昕任总经理。用品社成立后徐伯昕即离渝赴香港，生活书店另派中共地下党员诸度凝担任经理，主持业务；立信派蒋春牧任副经理，主持内部管理。

从组织形式的角度看，1941—1956年立信会计图书用品社的发展分为两个阶段。创建发展阶段（1941年6月至1945年10月）和沪渝协同发展阶段。

（一）创建发展阶段（1941年6月至1945年10月）

在创建发展阶段，用品社在潘序伦先生直接领导下和生活书店的支持帮助下迅速发展，根据《四川百科全书》（四川百科全书编纂委员会，1997）的记载，4年中出版"立信会计丛书"60余种（包括从商务印书馆收回版权的部分和新出的部分），销售30余万册；设计和印刷会计账册账表60余种，销售25万余册。为民族工商业的发展培育了大批会计人才，促进了民族工商业的发展。用品社在开业不到一年的时间里，在重庆市内七星岗设立一个门市部，先后在成都、西安、贵阳、昆明等大都市设立特约经销处，1941年冬在桂林市环湖东路设立桂林分社，经销"立信会计丛书"。

（二）沪渝协同发展阶段（1945年10月至1956年2月）

1945年8月抗日战争胜利后，潘序伦将立信会计图书用品社总部迁至上海，重庆立信会计图书用品社改为分社，在上海总社领导下负责西南地区的经销业务。立信会计图书用品社的发展进入了第二阶段。

图1是1947年立信会计图书用品社组织系统图。

---

① 双方都以个人名义投资入股。此处立信会计图书用品社简史资料来源于上海立信会计金融学院中国会计博物馆馆藏立信会计图书用品社史料，扫描件备索。

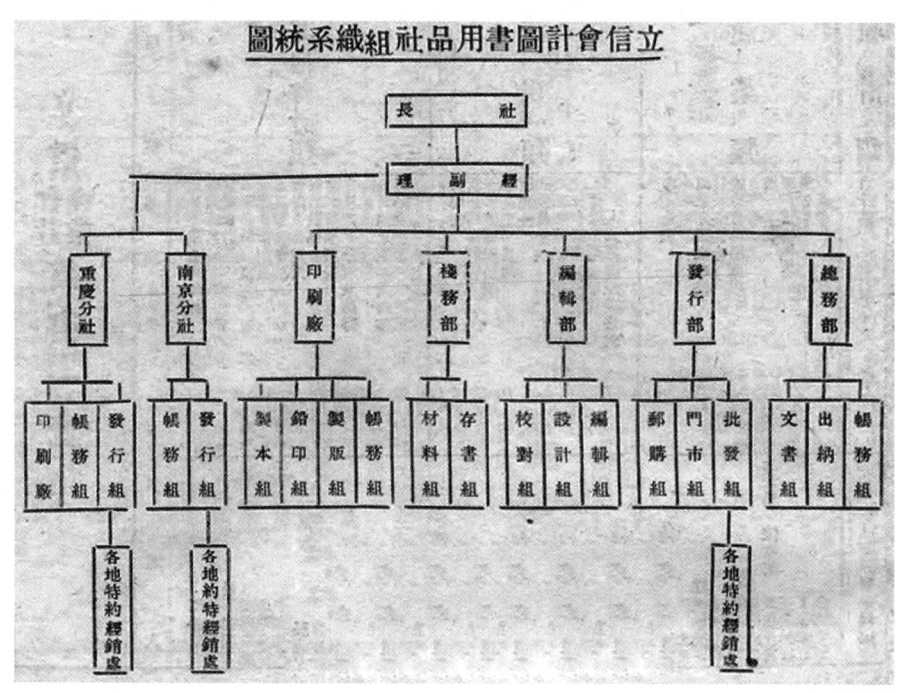

图 1　1947 年立信会计图书用品社组织系统图

资料来源：摘自《立信月报》1947 年第 6 卷第 4 期，第 17 页。图中经副理应为副经理。

立信会计编辑科在立信会计图书用品社成为独立法人之后，身份从"作者"转变为"作者＋出版者"，有了经营自主权。这一阶段潘序伦的立信会计出版事业处于飞速发展阶段，呈现如下特点：一是出版范围从会计扩大为包括财政、金融、统计、经济在内的"大财经"类。二是图书不再限于服务立信会计学校教学，而是面向全国乃至海外销售，服务国家财经人才培养和民族工商业的发展。三是出版了大量行业会计图书和财经法规类图书，大量引进美国和苏联的会计理论著作。

三、公私合营（1956—1985 年）

1956 年 2 月，在社会主义改造和全行业公私合营的背景下，上海的民营出版社合并为新知识出版社。立信会计图书用品社编辑部的人员组成新知识出版社第四编辑室。门市部的人员则分到新华书店；印刷厂在公私合营的浪潮中并入公信会计账簿印刷厂。

1957年整风运动后,新知识出版社改组为上海教育出版社。新知识出版社第四编辑室从新知识出版社划出成立上海财政经济出版社。1958年,上海财政经济出版社在保留社名的情况下并入上海人民出版社。

1980年秋,立信复校,鉴于全国各地会计教材的严重缺乏,以及各方面纷纷来信要求帮助解决会计教材问题。潘序伦组织原立信会计研究编译所部分同志,于1981年2月恢复成立"立信会计编译所"[①]。编译所的主要任务是:编译"新编立信会计丛书""立信财经丛书",设计会计课题用纸、工商企业和事业单位的会计账表格式。在大百科全书出版社上海分社的支持下,"立信会计丛书"以"知识出版社"名义出版。

立信会计编译所于1982年7月31日编写的《立信会计编译所一年半来工作情况汇报》记载:"在这一年半时期中,编译所所务小组共召开小组会议32次,收到各方面来稿共40部,其中由编委会成员自编稿8部,外来稿32部。这些来稿经过审阅,特别在外来稿中,由于:内容一般没有特点,或者专业性过强不适宜出版而退稿的共15部,占外来稿的47%。其余稿件25部的进度情况如下……""现在已经出版的2部书,[②] 各方面反映都比较好,认为内容'简单明了、易学易懂',各地中专或培训班采用材的较多。《会计基础教材》出版不到一年,已再版三次,总印数22万册。《管理会计基础》出版不到半年,也再版三次,总印数12.5万册。这部书的畅销,是恢复出版'立信会计丛书'的一个良好的开端。"

立信会计编译所的恢复和"立信会计丛书""立信财经丛书"的出版,为立信会计图书用品社的复办奠定了人员、业务和市场基础。

四、1986年复社至今

立信会计专科学校复办后,经潘序伦和立信人的奔走努力,在党的关怀下,在社会各界的帮助下,立信会计图书用品社于1986年9月10日获批设立〔(86)出版综字第785号〕,并于1993年4月28日更名为"立信会计出版社"〔新出图〔1993〕441号〕。

---

① 恢复成立是因为上海解放前夕,潘序伦先生组织会计学术界人士已成立了"立信会计编译研究所",专门从事会计理论研究、修订"立信会计丛书"并翻译新著。

② 两本教材是指:黄子仁、沈梦安和林维和编写的《会计基础教材》,知识出版社,1981年版;李天民编著的《管理会计基础》,知识出版社,1982年版。

复社后，立信出版事业在改革开放的浪潮中蒸蒸日上。新一代立信会计出版人秉承潘序伦先生等老一辈立信会计出版人的出版理念，立足"三位一体"立信会计事业，出版了一大批经典会计教科书，引进了一系列国际经典会计教材。尤其是"十二五"以来，立信会计出版社服务国家经济社会发展大局，踔厉奋发，勇毅前行，先后出版了"会计经典丛书""人本会计丛书""中外人文会计丛书""会计工程丛书""会计口述历史文库""智能会计丛书"等影响深远的精品力作，获国家和上海市"十二五""十三五""十四五"重点规划图书立项四十余项，多项出版工程获得国家出版基金资助。

星光不负赶路人，江河眷顾奋楫者。立信版图书屡获"中华优秀出版物"等各类大奖便是立信出版品质的最好诠释。在新时代，立信出版人脚踏实地，深耕会计史学出版和教材建设；仰望星空，笃志智能会计出版，为企业财务数字化转型赋能。

立信出版是与时俱进、艰难而又伟大的事业。它紧紧抓住出版这一核心，为中国会计的现代化发展和现代会计科学知识在中国的传播发挥了无可替代的作用，是推进中国会计现代化的排头兵。民国时期四大会计师事务所，几乎都同时开展了会计实务、教育和出版业务，然而，大浪淘沙，唯有立信会计出版迄今仍屹立潮头，这是潘序伦先生为了立信事业奋斗终身、不懈努力，为国家经济繁荣、教育发达、出版兴盛苦苦求索的强大精神引领的结果，也是一代代立信人以天下为己任，努力耕耘的结果。

大智云移时代会计人才核心素养培育研究
——重温潘序伦会计思想

冀锋昌[①] 陈文芳[②]

在当今大智云移时代,会计人才核心素养的培育已成为会计教育的新课题。《中国学生发展核心素养》(以下简称《核心素养》)将核心素养分为文化基础、自主发展、社会参与三个方面,综合表现为人文底蕴、科学精神、学会学习、健康生活、责任担当、实践创新六大素养。《核心素养》以素质教育为本,融入大智云移时代特征,无疑为会计教育提供了目标框架。潘序伦先生是20世纪杰出的会计专家、教育家和出版家。他促进了现代会计的复式记账理论及方法在中国的广泛传播,指明了我国现代会计学的发展方向,其代表作"立信会计丛书"等对我国会计教育事业影响深远。他创办的立信会计师事务所、立信会计学校和立信会计图书用品社"三位一体"的立信会计事业,开启了我国会计事业"产学研"相结合的先河。

斯人已去,历久弥新,拾忆并研究潘序伦先生的思想,继承并弘扬立信精神,使其能与时代特征相结合,以期为会计人才核心素养的研究提供有益借鉴。

一、潘序伦会计思想对会计人才核心素养培育的启示

(一)培养诚信人才

《核心素养》指出,文化是人存在的根和魂,重在强调培养学生涵养内在精神。"人而

---

① 冀锋昌工作单位系山东建筑大学商学院。
② 陈文芳工作单位系山东省地质科学研究院。

无信,不知其可也。"潘序伦先生一贯坚信培养会计人才首先要培养有道德、讲诚信的人。早在 1928 年他就取"民无信不立"之意将"潘序伦会计师事务所"更名为"立信会计师事务所",要求以"诚信"为旗帜,树立中国会计师事务所的标杆,将"以信立业"思想发扬光大。在立信产、学、研相结合的会计事业中,潘序伦先生始终坚持着诚信立学、诚信立业的原则。

进入 21 世纪以来,国内外上市公司的会计舞弊案件层出不穷,治理会计舞弊已成为"会计第五大难题"。会计人是会计信息的制造者,因此在当今的会计学历和继续教育中,开设会计职业道德与商业伦理方面的课程,强化会计伦理教育和职业道德素养,使会计人的职业精神和道德操守得以升华。我们应学习潘序伦先生以"立信"为核心的思想,倡导诚信道德、追求真理的优秀品质。

(二) 培养创新人才

《核心素养》强调科学精神与实践创新,要求学生不仅能够学习、理解、运用科学知识和技能,还应具有批判质疑、发现问题、勇于探究、解决问题等能力。

潘序伦先生要求学生考试成绩达到 70 分才算及格。他始终坚持让学生明白会计学习的各种原理和方法,以使他们能够有扎实的会计功底。他在《会计修习法》一文中阐明:修习会计的人,不是单纯学习会计这一门学科,与会计相关的学科也要连带学习,以便应用。他在《中国之会计师职业》一文中提出:"因会计师所行使之职务,并不限于会计一部分,实无往而不与商业全体有关也。"

培育会计人才不仅要掌握会计知识,更要了解商业环境和公司运营,熟悉国家法律法规,根据环境变化学习新的知识、掌握新的方法,解决实际问题。人们在储备知识的基础上,把知识真正内化为自己的职业判断,培育会计人才适应新环境的能力、解决新问题的能力、参与管理决策的能力,并将之应用于实际,方能不禁锢于传统的惯性思维。

个别学校和教师过分强调会计准则制度的学习,而不是引导学生研究会计准则背后的内在要求和会计理论,致使学生只会照抄照搬,死记硬背,没有怀疑精神,缺少思辨意识和创新思维,不懂得学以致用、实践创新。随着我国现代经济和商业环境的不断发展,企业对会计人才的能力需求也在逐渐发生变化,照本宣科的会计教学方法会压制学生自由思维和学习的空间,限制学生的创新能力。现今培养会计创新型人才,一方面是培养能够追根溯源、促进会计创新发展的人,为人才提供自由发展的空间,而不是"模块化"制造,培育出墨守成规、缺乏创造力的人。另一方面,人的全面发展是创新人才产生的基础,培养创新人才更要培养综合型人才。我们应当借鉴潘序伦先生"三位一体"实业组合链的会计发展经验,实施"产、学、研"结合,参与创新创业活动,搭建创新创业桥梁,促进会计人才培养模式的创新。

(三) 培养国际化人才

《核心素养》提出的"国际理解"是指要培养学生的全球意识和开放的心态。学生不仅要了解世界的发展动态,也要尊重世界文化的多样性,积极参与跨文化交流。

潘序伦早年海外求学时就接触了先进的会计思想与会计方法,国际化思想日趋成熟。20世纪初,面对民族资本主义经济飞速发展,潘序伦发表了《为讨论"改良中式簿记"致徐永祚君书》,主张全面推行科学性较强的西式簿记,并提出原理相通、适应趋势、世界趋同等真知灼见。改革开放后,经济业务中产生了诸多新问题,潘序伦强调要将"总结经验与学习引进相结合,研究我国自己的管理会计"。踏着第三次科技革命的巨大浪潮,潘序伦前瞻性地提出努力学习、洋为中用的观点。

大智云移时代为我国会计专业人才国际化提供了重要的发展机遇。当前我国会计国际化人才培养暴露出诸多问题。首先是培养目标不够明确。在国际化背景下,掌握国际会计知识与实践技能成为刚需。英国特许公认会计师(ACCA)和美国管理会计师(CMA)等资格证书的含金量越来越高,亦成为学校开班展示教学成果的终极目标。然而,仍有一些学校没有处理好人才培养和应试教育之间的关系,一味追逐分数与通过率,忽视真正国际化人才需要的素养培育。其次是课程设置淡化素养。有些高校基本采取基础会计、中级财务会计、高级财务会计这条主线配以财务管理基础、审计学等方面构成课程体系,过度注重会计人员的专业知识和技能,淡化了国际上所需的职业判断能力和相关专业素质,不利于学生国际视野的培养。培养国际化人才,首先,在教学意识上,不再简单地以分数论、证书论作为培养学生的终极目标,而是将会计人才核心素养的培养由职业导向向能力导向过渡,转变传统的教育理念。其次,在教学载体上,加大教学资源的研究投入,鼓励会计教育界针对性地结合国际形势,开发相应的教学资源,以弥补国际化会计人才培养的空白。再次,在师资建设上,建立具备国际化视野的师资中坚力量,重视增强会计专业教师自身对海外地区会计法律、社会文化、宗教信仰等方面的知识储备。

最后,在课程体系上,构建多样化课程体系。为了培养视野开阔、专业能力突出的高端会计人才,必须着手打造多样化、多层次的课程供学生选择修读。

(四) 培养管理人才

早在1982年,潘序伦已认识到管理会计的重要性。他指出,中国会计的发展不能仅仅依靠过去的经验,虽然像资金定额管理、仓库物资管理经验仍然有效,却不能停滞于此。当下每一个企业都应当根据自己的管理模式,摸索出适合自己的几条经验,"在企业的管理当局制定决策所需借助的信息系统中,'会计'占有极其重要的地位""经营管理亦是生产力,会计人员就是产生生产力的'参谋长'"①。潘序伦的这些思想冲击了传统意义上的会计职能,提出会计亦可通过一系列的程序和方法对经济交易事项进行决策和评估并以此为公司决策者提供有效的管理信息。他先后翻译了"收益论""量本利分析",为以后的管理会计学习和研究提供了宝贵的资料。

随着人工智能、互联网+、云计算、物联网等一系列技术的发展,管理会计的传统模式渐渐脱离了时代发展,如何让管理会计和现代信息技术融合在一起已成为巨大的挑战,先进的管理人才也成为管理会计发展的重点。《核心素养》强调终身学习的能力与理念,并且在信息化时代提出学生应主动适应"互联网+"等社会信息化发展趋势。我国的管理会计和成本管理应从以下几个方面考虑:

首先,管理会计的首要目标是帮助企业实施战略。教学不能脱离企业及其管理活动,必须通过案例教学等方式。教师让学生在掌握学科基础知识后,了解企业管理层对于运营企业的经济战略目标,根据目标对财务进行结构化处理,改善短期绩效、增强长期竞争优势,有效服务内部经营管理。其次,教师要让学生深刻认识管理会计的永恒主题在于价值的创造,以"价值链"全过程精益管控为核心,全面渗透到企业的经营管理过程中,从成本、运营、绩效评估等方面进行全方位的检测管控。同时也要着重于风险监测,任何生产经营活动都是风险与机遇并存,根据内部环境与外部环境适时调整才能实现利益最大化的目标。最后,由于管理会计体系对企业有着重大意义,教师应要求学生学习潘序伦先生勇于创新、敢于实践的精神,学习现代成本管理方法,进而培养出善于学习、善于管理的人才。

---

① 潘序伦.潘序伦回忆录[M].北京:中国财政经济出版社,1986:61.

二、结语

潘序伦老先生离开我们已经三十多年,但其会计教育思想并不过时,对现代会计人才核心素养培育仍具有指导意义。随着人才强国战略的提出与实施,会计人才核心素养的培育已成为教育领域关注的重点。我们要努力培养有能力、敢创新、会管理、国际化的会计人才,为实现中国式现代化而努力奋斗。

潘序伦创新思想初探

王梦雪[①]

潘序伦在办学过程中坚持教育与实践相结合，除了传授基础知识，还十分重视学员的实践能力的训练。他认为，要掌握会计这门科学，如同医师一样，必须亲自动手实践，才能真正学到手。因而，他每节课都备有习题，并配备一位辅导助教，负责答疑解惑。他还将会计师事务所作为学校实习进修的基地。在会计师事务所，学生可以经常参加工商机关查账等活动，事务所还为优秀毕业生介绍工作，使事务所、企业、学校和学生之间的关系日渐密切。此外，潘序伦还组织学生到工矿企业和商店参观实习，增加感性知识。

潘序伦认为，一个合格的人才，不但专业知识扎实，而且身体要健康。因此，他每每到校视事，体育工作是必不可少的一项。他还十分关心学校运动场、馆建设。立信会计专科学校开办之初，借用校舍，没有体育场地，就借用青年会篮球场上体育课。

1927年潘序伦会计师事务所的业务逐渐发展了起来，工作人员也日有所增加。潘序伦深深感到，要开展会计师业务，首先要取信于社会。出于这种认识，他取《论语》中"民无信不立"之意，将"潘序伦会计师事务所"改名为"立信会计师事务所"，并以建立信用，争取他人对自己的信任为事务所的第一主旨。后来，他又把它引申为"信以立志，信以守身，信以处事，信以待人，毋忘'立信'，当必有成"，把它作为办理各项会计事业的训条，要求立信会计同仁共勉。

立信会计师事务所开业后，正值我国民族工商业有所发展的时期。当时国民政府成立了主计处，在监察院设立了审计部，陆续制定和颁布了一些经济法规，如《公司

---

① 作者工作单位系宜兴高等职业技术学校潘序伦学院。

法》《会计法》《营业税施行细则》《银行业收益税法》《所得税暂行条例及施行细则》等等,大大增加了社会上对会计、审计工作的需求,因而促进了会计师业务的发展。

会计师业务复杂多样,要做好这些事情,是不可能一蹴而就的。在实践中,潘序伦常常告诫自己,工商业者在业务经营中,首先要建立起客户对他的信任,而以财会工作为职业的会计师,则更需要在社会上建立起一种"诚实不欺"的信誉,公正地为客户服务。潘序伦在业务活动中讲究信誉和公道的原则,加上他的国学、外语功底扎实,中西学兼擅,无论在承办会计及工商业的申请、咨询还是受托申辩、诉讼时,大都说理详尽,效率高,质量好。因而他的事务所很快声誉鹊起。

潘先生曾说:"当一个人真正相信诚实是一种美德时,做了诚实的事,就会觉得内心的愉快和满足;凡是做了虚伪的事,就会感到极大的痛苦和不安。"

潘序伦先生在给立信学校毕业生的纪念册题词中写道:"若孔圣有言:去食去兵,无信不立,则因以立信为建国之首务矣。若退而言会计,则立信为尤要。信苟不立,虽良法美意;必基石稳固而后可以尽其功能;此虽常言,实为先圣之所昭示,昭并日月,愿与请同学拳拳服膺而信守也。"

1940年12月,经济学家马寅初因抨击当局而被关押,获释后,潘序伦便邀马寅初到立信上课。国民党当局得知后,警告潘序伦,但他一笑置之。对这件事,马寅初非常感谢,他曾对人说:"潘序伦对开拓中国新式会计有功,不要说来教书,就是要我替他倒夜壶,我也愿意。"

潘序伦先生一生看重"真诚"与"信用",几十年来,他始终身体力行、率先垂范,这方面的言行举不胜举,至今读来,仍让我们有振聋发聩之感。

随着国内资本市场的崛起,以立信为代表的本土会计师事务所得到了空前的发展。立信会计师事务所由中国会计泰斗潘序伦先生于1927年在上海设立。在中国资本市场经历了近90年的长足发展,立信在业内各方面均取得了国内领先地位,尤其是在加盟国际会计联盟BDO后,更注重于国际专业服务市场的开拓,业务类型从传统审计向多元化全覆盖。立信从一家上海本土会计师事务所发展到全国旗舰型会计大所,其发展轨迹与成长之路,对整个中国现代服务业的发展,都具有重要的示范意义。

诚实守信是人们在社会上立足的基础,是一笔巨大的财富;是连接友谊的五彩纽带,是一种无形的力量,更是中华民族几千年绵延下来的高尚品质。我们应该守诚立信,为中华文化增添一份活力,将这种高尚的品质传承下去。

瞻仰先生思想 缅怀职教先驱
——潘序伦先生职业教育思想的基本特征

张 茜[①]

潘序伦先生是我国职业教育的先行者,他为我国会计理论发展、会计教育普及倾尽一生之力。当前,学界充分肯定了潘序伦先生为我国会计事业作出的杰出贡献,认为他是发展我国现代会计制度和培养新型会计人才的先驱,其学术思想影响深远。潘序伦先生在他半个多世纪的教育生涯中,形成了富有价值的教育思想。其卓越的办学实践,值得我们认真学习。

一、面向社会的教育观

辛亥革命后,资本主义在中国萌芽,但会计从业人员仍普遍使用传统中式簿记。1920年之后,西式簿记才被引入,并逐渐在工商业中推广,但新型会计从业人员匮乏。潘序伦先生在发展会计教育时,强调只有培养优秀会计人才,政府会计和企业会计才能健全完善,进而推动社会发展。他认识到教育与社会相辅相成,属于一个有机整体,并指出会计研究已成风气,会计学的发展和普及已呈现出前所未有的新气象。

潘序伦先生始终从满足社会实际需求的角度出发,将其作为办学的着眼点和切入点,作为立信学校未来发展的努力方向。他结合实际提出了全新的办学方向,制定了全新的办学举措,这些都使得该学校会计教育从原来的简单项目过渡到系统性工程。在办学方向和规格方面,他强调以社会实际需求为导向,形成了包括多种教育的综合

---

① 作者工作单位系重庆市立信职业教育中心。

体，如职业教育与普通教育相融合、学历教育与非学历教育相融合、岗前教育与在岗教育相融合、长期教育与短期教育相融合。这些举措扩大了毕业生的就业选择范围，也满足了不同求学人士的知识与技能需求。

二、服务经济的职业观

潘序伦先生在发展会计教育事业的过程中，抓住了社会对会计人才需求的增长时机，形成了特色鲜明的立信会计模式。他先成立了立信会计师事务所，提供财务审核服务和专业咨询服务，后来发现培养数量足够多、水平足够高的会计人才是打破我国财会领域落后局面的关键。于是他创建了专门的会计学校，将会计工作与会计教育融合在一起。

潘序伦先生的职业观体现在"使无业者就业，使有业者乐业"中。他认为，无业者缺乏专业知识和能力，需要学习并掌握必需的专业知识与技能；而有业者也需要不断学习并掌握全新的专业知识与技能，以胜任工作并做到乐业。

晚年，潘序伦先生认为，会计在本质上属于社会经济管理的工具和手段，随着国民经济的进一步发展，会计的作用与价值变得愈加重要。他认为，会计职能能够被归纳为计、算、管三大类，记账是为后续算账环节提供必需的资料，算账则服务于后续管理环节。

潘序伦先生用科学的内涵重新定义了会计职业，在属性上将其划归为经济管理的关键工具与手段，将其上升为生产力层面，这也是会计学史上的里程碑事件——管理会计开始逐渐代替成本会计。

三、不断发展的革新观

由前述分析可知，潘序伦先生是当之无愧的会计专家、教育家。从他一生进行的大刀阔斧的改革创新来说，他也是锐意进取的改革家。在会计工作与会计教育方面，他对自己提出了极为严格甚至苛刻的要求——日日新，月月新。他不断推动会计工作与会计教育的改革创新，致力于将西方会计引入中国实务界，并探索产教结合之路。他明确提出了以改革我国旧式会计、建立新式会计为己任的建校宗旨，并一直致力于实现这一目标。

新中国成立后，潘序伦先生将研究方向转向了苏联的经济管理方式，并将苏联会计理论引入中国。到了晚年，他继续钻研计算机科技，探索计算机科技同会计实务的结合。立信开始复校，他提出了直到现在依然具有深刻影响的16字改革措施——收费走读，不包分配，择优推荐，供需见面。这一措施在我国高等教育发展史上具有划时代的重要意义，开创了毕业生就业的风气之先。

1950年后，我国对大学生采取统一分配工作的方式，直到1990年，收费上学、允许自行择业才开始被提倡，而立信会计学校在收费走读、自主择业这条道路上已走了10年之久。

潘序伦先生是一位具有深远影响力的改革家，他的改革创新观念起步于1928年，为会计工作和会计教育做出了巨大的贡献，影响深远。

四、追求卓越的效益观

潘序伦先生办会计教育特别注重提升办学效益。他提出学校成本会计理论和人才会计学说，强调在办学中应当寻求最佳的投入产出比，以构建良性发展模式。他早年在公开演讲中明确表示，学校成本会计实施的初衷在于将费用同工作进行横向对比，对投入产出之间的比值进行估算，以实现学校健康可持续发展。他还强调，学校采用的计划管理，但同时它也是具有一定独立性的实体，在市场经济中也要遵循价值规律。

后来，潘序伦先生的人才会计学说得到了进一步发展。他提出开展人才会计的研究，认为在培养人才方面一直使用的是统包全包的模式，不考虑经济核算的问题。现在由于经济管理的普及，社会上开始有了自行缴费等方式。他认为，自费学生的学习成绩成效不一定弱于公费学生。部分在职人士参加学习的费用是单位负担的，其中少数人因为自身经济并没有受损，所以没有将心思放在学习上。这实际上存在着浪费单位经费以及学校资源的弊端，不利于成熟人才培养模式的构建。

立信会计学校是我国首个采取收费走读方式的财经专业类院校，其办学效益一直遥遥领先，教学质量也有目共睹，充分证明了潘序伦先生提出的人才会计思想高瞻远瞩、切实可行。

五、以信为本的道德观

潘序伦先生的会计职业道德观匠心独运，富有特色，其精神内核是信用。这一道德观始终贯穿于他的会计生涯。他认为，会计与经济息息相关，会计业务要想顺利开展，首先要做的就是获得社会的信任，后来他结合"民无信不立"的丰富内涵，将事务所、学校和出版社均冠以立信之名。

潘序伦先生明确提出了会计师要诚实守信，否则就失去了安身立命之本，并将诚信作为会计职业道德的基础性准则。此外，他还总结了立信会计学校的24字校训，涵盖了做人做事的准则，包括立志守身、待人处事等。

潘序伦先生的职业道德思想在一代代的立信人中得到了充分展现，他们营造了整个会计行业的诚信氛围，使立信会计在行业中具有不可动摇的优势地位和巨大影响。

因此，宣传推广立信精神，构建行业职业道德体系，并健全诚信教育制度是必要的。诚信是会计的灵魂，也是市场经济的必要条件，良好的市场经济必须建立在诚信基础上，所有会计从业者都应该将诚信精神深刻地内化于心、外化于行。

教育，民族之命脉；先生，职教之楷模。让我们继承先生遗志，追随先生足迹，"毋忘'立信'，当必有成"！

发扬立信精神　推进高质量发展

王　娜[①]

2023年是潘序伦先生诞辰130周年。我们纪念先生的丰功伟绩，就是要落实党的二十大精神，发扬立信优良传统，推动高质量发展。

一、高质量发展是行业长远健康发展的迫切需求

2021年7月，《国务院办公厅关于进一步规范财务审计秩序促进注册会计师行业健康发展的意见》（国办发〔2021〕30号）强调，注册会计师行业要以习近平新时代中国特色社会主义思想为指导，按照党中央、国务院决策部署，严肃财经纪律，以全面提升注册会计师行业服务国家建设能力为目标，统筹发展和安全，紧抓质量提升主线，守住诚信操守底线，筑牢法律法规红线；有效解决突出问题，切实加强行政监管，逐步完善行业治理，显著优化执业环境，持续提升审计质量，为维护社会公平正义、规范市场经济秩序、保障国家经济安全提供有力支撑。

2022年6月，财政部发布的《关于加强新时代注册会计师行业人才工作的指导意见》中提出，注册会计师是服务国家建设的一支重要专业力量，人才是行业的第一资源，是行业高质量发展的基础和支撑。坚持党管人才，坚持把服务国家建设作为行业人才工作的根本宗旨，面向经济主战场、面向国家重大需求、面向未来，把行业"两支队伍"聚集到服务"五位一体"总体布局和"四个全面"战略布局的各环节、各领域，以行业的高质量发展服务国家经济社会的高质量发展。

---

① 作者系立信会计师事务所合伙人，工作单位系立信会计师事务所央企事业总部。

2022年9月17日,中国注册会计师协会(以下简称"中注协")赵鸣骥会长在立信会计师事务所成立95周年论坛上,肯定了注册会计行业在服务国家经济、政治、文化、生态文明建设等方面作出的重要贡献,同时指出,行业当前面临发展质量特别是审计质量与公众需要和经济社会高质量发展要求之间的矛盾,明确当前和今后一段时期,行业要全面贯彻落实国办发30号文件,坚持新发展理念,融入新发展格局,进一步推进行业诚信建设,推动行业高质量发展再上新台阶。朱建弟董事长在立信会计师事务所成立95周年论坛上表示,中国特色的会计发展道路,寄托着一代代中国会计先贤的期盼和夙愿。当前,百年未有之大变局加速演进,中国经济正处在新时代、新阶段的起步时刻,我们要紧跟时代做好会计审计创新,为中国经济高质量发展贡献智慧和力量。

2022年11月4日,《人民日报》刊发国务院原副总理刘鹤署名文章《把实施扩大内需战略同深化供给侧结构性改革有机结合起来》,会计审计等高端生产性服务业有需求但未得到有效满足,矛盾的主要方面在供给侧,表现在供给存在卡点、堵点、脆弱点,供给结构不能适应需求结构的变化。

二、对注册会计师行业、会计师事务所高质量发展内涵的理解

1. 健全的法律法规、行业制度体系是注册会计师行业高质量发展的基础和保障

目前,注册会计师行业已经建立了执业准则体系和职业道德守则体系,实现了与国际准则的持续动态趋同。党的十八大以来,《证券法》《会计法》等相关法律法规进行了修订。同时,为贯彻落实国办发30号文件要求,夯实行业高质量发展的法制基础,财政部正抓紧推进《注册会计师法》的修订,并配套出台了一系列行业基础制度,如《会计师事务所监督检查办法》《会计师事务所自查自纠报告管理办法》。健全完善的法律法规和行业制度体系是注册会计师行业高质量发展的基础和保障。

2. 会计师事务所是注册会计师行业高质量发展最重要的主体

中注协赵鸣骥会长指出,会计师事务所是行业发展的主体,会计师事务所内部治理情况和质量管理水平,决定了行业诚信建设持续推进和作用的发挥,要深化会计师事务所管理,加强行业主体建设。会计师事务所的高质量发展是注册会计师行业高质

量发展的主要内容。不论是行业人才队伍建设、风险控制制度落实、内部治理提升、创新业务发展，还是输出高质量会计信息、提供高质量审计服务，都要通过会计师事务所作为主体承载。这就是说会计师事务所的高质量发展水平在一定程度上决定了注册会计师行业的高质量发展水平。

3. 提供高质量服务是注册会计师行业服务国家经济高质量发展的最重要方式

审计机构作为"看门人"，提供高质量的鉴证服务，是提高会计信息质量的重要推动力量，也是注册会计师行业服务国家实体经济最重要的方式。如上海证券交易所董国群副总经理所说，审计机构通过为上市公司提供高质量服务，提高会计信息质量与提高上市公司质量相辅相成，相互促进。高质量的会计信息，可以更好体现公司价值，帮助公司更好借助资本市场实现高质量发展。再如，近几年在不断压实中介机构责任的背景下，非标审计意见的家数明显上升，沪深两市近三年非标意见均在200家以上，比前几年增加了约50%。

4. 高质量发展的人才队伍是行业高质量发展的重要支撑

注册会计师是服务国家建设的一支重要专业力量，人才是行业的第一资源，是行业高质量发展的基础和支撑。2022年6月，财政部发布的《关于加强新时代注册会计师行业人才工作的指导意见》对注册会计师行业的人才队伍建设提出了明确的指导思想和基本原则，就建立健全行业人才工作体制机制、健全完善行业人才工作体系和制度体系、加强行业人才培养载体建设、持续打造行业人才领头羊和生力军、组织保障等方面为注册会计师行业的人才建设提供了全面的指引方向。抓好人才建设工作的落地是行业主管机构、会计师事务所面临的共同课题。

5. 提升创新发展能力是会计师事务所实现高质量发展的必然选择

朱建弟董事长指出，商业模式的创新、信息技术的广泛运用、数字经济的蓬勃发展，改变了传统的审计方式和手段；对注册会计师的胜任能力提出了新要求，也是新的挑战。可以说，如果注册会计师缺乏数字化思维和IT审计能力，就难以适应现代审计发展趋势，因此，提升创新发展能力是会计师事务所面向高质量发展的必然选择。会计师事务所应当积极拓展行业新业务，创新服务品种，转变服务方式，推动行业业务向传统审计鉴证服务和拓展增值服务并重转型，服务不同层级市场主体高质量发展要求，更好服务国家建设。

三、高质量发展需求下的行动方案

1. 提高政治站位，把牢行业高质量发展的正确方向

注册会计师行业服务国家建设各领域，政治责任重大。我们应当提高思想认识水平，加强了解行业主管部门、监管机构等各方对注册会计师行业的定位和期待，紧跟国家、主管部门、监管机构的要求，提升思想引领力，确保事务所的发展要与行业发展，与国家政治经济发展同频共振。

2. 提升自身内部治理水平和质量管理水平

会计师事务所是行业发展的主体，会计师事务所自身内部治理情况和质量管理水平决定了能否按照既定目标实现高质量发展，因此，会计师事务所应当加强自身内部治理水平的建设，包括自身质量管理水平、信息化水平、人力资源水平、后台支持能力等各个方面。

3. 科学培育人才队伍，打造行业人才领头羊和生力军

人才队伍是团队发展的关键支撑。2022年6月财政部发布了《关于加强新时代注册会计师行业人才工作的指导意见》，标志着行业人才培养将进入一个新阶段，人才队伍建设是事务所各项工作的重中之重。2022年12月，中注协修订印发《中国注册会计师行业人才胜任能力指南》，明确了行业人才胜任能力的理论和实践两项标准，构建了符合注册会计师职业发展需要的能力、知识和工作等三大体系，聚焦有意愿进入会计师事务所从业的人员、会计师事务所助理人员、注册会计师、合伙人等四阶段人才的能力建设，对注册会计师行业人才的胜任能力进行了全面系统指导，为全生命周期人才培养工作奠定了基础。

4. 提供高质量服务，助力国家经济建设

高质量服务范围涵盖执行业务的各个方面，比如客户选择、业务执行、提交成果，帮助好的企业利用多样化的融资工具，获得市场参与者更多的信任，助力提升会计信息质量，提供客户满意的服务，对高风险业务敢于说不，都是助力国家经济建设的具体表现。

5. 加大创新发展能力，积极拥抱数字化

接纳市场的新变化、新要求，不断创新，保持活力，是团队的未来成长之路。事务所要积极拥抱新事物，比如数字化。专业技术胜任能力毫无疑问是注册会计师行业

的基本本领，这一能力应当不断得到强化和提升。数字化能力，是新时代高端人才应当着重加强建设的能力。我们国家各行各业的数字化正快速推进，有些企业的数字化建设已经取得了显著的成果。事务所数字化审计的转型是大势所趋。企业的数字化是逐步的，需要一定的时间去完成，而事务所面向的是各行各业不同数字化状态的客户。事务所的数字化转型任务艰巨，任重道远。监管机构和公众也对事务所应用数字化审计提出了明确的期望。数字化转型越早，转型越成功的事务所就拥有了更多的市场机会，掌握更多的主动权。数字化能力有三个层次：第一层次是事务所自身的数字化能力，如项目管理、人员管理、KPI 管理、审计工具等；第二个层次是事务所向客户提供基础的数字化鉴证服务，如 IT 审计、财务共享等；第三个层次是事务所高等数字化能力的专业输出，如数字化咨询、专业咨询服务。在新时代，事务所数字化能力决定了事务所的核心竞争力，关乎事务所的未来。

2023 年正值立信会计事业创始人潘序伦先生诞辰 130 周年。潘老"胸怀天下"的爱国精神、"诚信为本"的立信精神和"敢为人先"的创新精神鼓舞着今天的立信人承继前辈的志愿，踔厉奋发、勇毅前行。

注册会计师行业高质量发展已经进入一个历史性的发展阶段，作为当代注册会计师行业的从业者，面向行业高质量发展的新面貌新格局，我们应当理清这一历史性阶段所带给我们的机遇和挑战，攻坚克难，稳中求进，为百年立信高质量发展贡献自己的力量。

一叠老档案中的师生情
——《慈父一般的潘师》点滴考证

王首一[①]

2023年是潘序伦先生诞辰130周年,是先生创办立信会计师事务所96周年暨上海立信会计金融学院建校95周年也是我加入立信会计师事务所的第11个年头。从一名普通的项目经理成长为权益合伙人,立信的工作经历让我从30岁到40岁的审计人生更加丰富多彩。正如罗银胜老师在《中国现代会计之父——潘序伦传》后记中曾写道:"我承认,我内心有一种难以化解的'潘序伦情结'或者说是'立信情结'。这种近乎顽固的情结,驱使我从事潘序伦研究,从青涩之年一直到现在,历时二十余载。"[②]

我同样能感受到这种"潘序伦情结"或"立信情结"贯穿于我在立信的工作中,促使我不断思考立信能够长盛不衰的原因。究其根源,这与潘老一生所倡导的诚信密不可分,与潘老创立的会计审计职业道德教育思想息息相关。

源于这种情结的强烈驱使,我在收集、整理、研究潘老立信会计事业史料的过程中,珍藏了1980—1985年潘老及钱素君、王澹如、黄子仁、张声和、王庭桂等前辈与立信会计专科学校第十三届毕业生、前杭州立信校友会会长周贯学长信札共计36封,其中包括潘老致周学长9封亲笔书信。这批信札饱含了潘老重振立信所付出的努力和心血,更是立信事业为何能成功的有力佐证。

让我们从这些书信中追溯潘老的足迹,重温他和老一代立信人恢复立信事业的光辉之举。

[①] 作者系立信会计师事务所合伙人,工作单位系立信会计师事务所央企事业总部。
[②] 罗银胜.中国现代会计之父——潘序伦传[M].上海:立信会计出版社,2017:210-211.

一、立信"复校"之艰辛

潘老的助手丁苏民老师曾撰文:"党的十一届三中全会以后,潘老虽已年逾八旬,思想豁然开朗,精神焕发,决心做个'老来红',誓为祖国会计事业的复兴贡献终身。自1978年起,潘老师亲自召集立信老校友陆修渊、陆梓樵、王成杰、顾福佑、凌廷熙、蒋春牧、王庭桂、施明璋、黄子仁、周以箓、周四新等,商讨成立上海市会计学会……这是我国第一家会计学会,于1979年1月18日在上海诞生了……校址暂借山海关路育才中学,于1980年10月20日正式复校。"

这当中的酸甜苦辣只有当事人知道。周贯学长在《慈父一般的潘师》中回忆说:"1982年10月,我偕同丈夫一起去上海探望潘老师。他躺在床上与我们谈话。当他知道我丈夫是浙江省一所著名中学的校长,正在进行教育改革时,他十分兴奋,并风趣地说:'他是浙江的段力佩呀!'"[①] 我珍藏的潘老九封信札中多次提到向周贯学长的丈夫林炜彤校长问好。我一直在想为什么潘老在得知林老师在进行教育改革时十分兴奋,而且称赞林老师是"浙江的段力佩"呢?

在读到1980年8月25日潘老会同顾树桢等11位教育界、经济界知名人士,联名向上海市有关部门发出倡议书中得知段力佩是上海市育才中学校长,再仔细研究倡议书,"立信会计专科学校校址正是设在上海市山海关路育才中学内"。对照2021年《百名校友访谈系列100:王乾德》一书,终于发现了答案,王老回忆说:"立信复校客观上有几个因素,一是社会客观需要,当时财会人员紧缺,会计、财经行业普遍需要,希望恢复立信;二是立信老校友的愿望。当时潘校长有8万块钱,除了自己和家人养老,拿出4万块钱,这不简单,但是恢复立信4万块钱不够,办学校有三个条件不能缺——教师、校舍、教材,而当时立信都没有,是'三无'学校。静安区副区长、育才中学校长段力佩提出个办法,停办育才中学晚上的夜校给立信上课。学生出乎我们意料,一招就爆满。"[②] 都说"巧妇难为无米之炊",立信复校时的窘况拿这个比喻来说很恰当。在立信无立足之地时,是段老提供的校址以及潘序伦先生等发起人的坚持和努力才换来今天立信的荣光,也可以深深地感觉到潘序伦先生对段老的感激之情。我

---

① 朱坚强,何佩莉.立信往事[M].上海:立信会计出版社,2013:50-51.
② 上海立信会计金融学院校友会.百名校友访谈系列100:王乾德[EB/OL].(2021-05-12)[2023-09-15]. https://mp.weixin.qq.com/s/Ajh-yiVaLpUgLJUYegn6HA.

们经常看到的一张立信复校潘序伦先生与部分复校倡议人的合影中,站在"C位"的正是段力佩老校长(图1)。

图1 名誉校长潘序伦与部分复办立信学校倡议人在临时校舍育才中学门口留影
(左起:顾福佑、潘序伦、王眉征、段力佩、顾树桢、胡远声等)

二、编译所复办与《行政事业单位预算会计》出版

丁苏民曾回忆说:"潘老十分重视出版编译工作,在立信会计师事务所和立信补习学校创立不久,潘老就筹划编订会计书籍,事务所设立编辑科;恢复立信会计学校后,潘老念念不忘要恢复立信会计图书用品社。几经磋商,由王澹如、施仁夫、唐文瑞、管锦康、黄子仁等组成了'新编立信会计丛书'编委会,潘老亲自担任主编,与大百科全书出版社上海分社合作出书。"①《行政事业单位预算会计》(图2)就是这一时期出版的"立信会计丛书"之一。在这36封信札中,包括王澹如、施仁夫、黄子仁、王庭桂等致周贯学长的书信往来,讨论该书出版事宜。

预算会计是国家预算管理的一个重要工具,是各级财政部门和行政事业单位核算、反映、监督国家预算正确执行的会计制度。改革开放初期由于财会类教材缺乏,急需

---

① 龙一圆.立信史话[M].上海:立信会计出版社,1993.90-91.

出版同类型教材来满足财会人员学习及实务工作需要。周贯学长1948年毕业于立信会计专科学校。她三十多年来一直从事行政事业单位预算会计工作和教学工作，具有很好的会计专业理论基础和业务知识，积累了非常丰富的经验。为了适应培训会计人员的需要，她编写了这本《行政事业单位预算会计》。该书专门论述行政事业单位会计核算在社会主义现代化建设中所起的作用和如何做好行政事业单位会计核算工作。在记账方法上，除了着重讲清现行的"以资金活动为主体的收付记账法"，还专辟一章，介绍了国际通用的"借贷记账法"原理，并将两种记账方法进行了对照，使读者学到更丰富的知识，培养独立思考的能力。

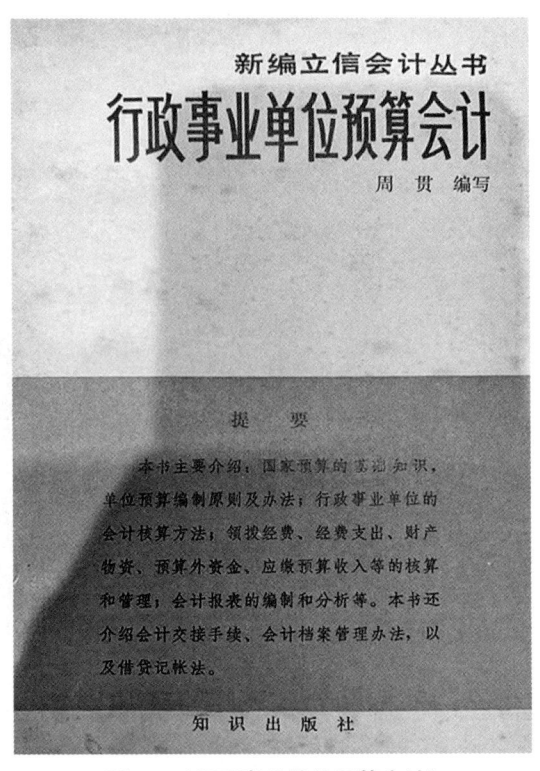

图2　《行政事业单位预算会计》

　　1980年9月23日，潘老得知周贯学长在杭州组织会计夜校并自编《政府会计》教材时，潘老致信周贯"李陈两君带来你参加编写的两本教材，我已翻阅一过，确是当代政府会计的好教材。不日立信复校，可用作编写事业单位预算会计教本的极有帮助的参考资料"。1980年12月18日，黄子仁在致周贯的信中说，"原立信会计研究编译所即将恢复，并准备出版立信会计新丛书，计划在1981年出版新书及改编潘师原著10本，第一批新书将于明年暑假前发行。出版计划中尚缺《预算会计》一书，你如有兴趣出版贵著，希与潘师联系，潘师自任该所所长"。1981年4月10日，王澹如在致周贯的信中说，"昨在潘序伦处谈论立信会计丛书事，他说你编著有关于预算会计方面的教材系用增减法编写的，嘱我写信给你是否可将内容改用借贷法作为立信丛书出版用，特专属奉达，即希酌夺，如果你有意的话，请示如何时可交稿以便列入出版计划"。1981年7月7日，潘老在致周贯的信中说，"7月5日来信收到。知道你已将《行政事业单位预算会计》一书修改完毕，很好"。

　　我仅摘录了部分信札中关于出版《行政事业单位预算会计》的原则、内容的讨论和研讨，但从时间上可以看出一本书的出版倾注了潘老及老一辈立信人的心血，仅用半年时间该书便修改完毕。潘老在该书的序言中评价周贯学长及该书："我审阅了这本书，认为它是一本理论严谨，材料充实，叙述简明，切合实用的教材和自学用书，并适合行政事业单位会计课程的教材和中等会计专业学校教学参考，也适合在职会计人员的自学之用。我因之乐书数语，以当介绍。"① 字里行间透露着潘老培养出周贯学长这样一位立信学生的欣慰。在1981年7月13日的信札中，潘老说道："立信后继有人，所以我的心情特别兴奋。"

三、筹办杭州立信校友会

丁苏民老师在回忆中曾说："立信同学会是立信事业的一支辅助力量。潘老历来十分重视和支持同学会的工作。党的十一届三中全会以后，不少老校友经常聚集在一起，建议恢复校友会。当时，先以同学联谊会的形式，选出陆修渊、陈敏之和丁苏民三人为总干事，待母校复校后，在潘老的亲自指点下，经过多方努力，终于1984年7月14日正式成立立信上海校友会，丁苏民担任了秘书长。后续有十多个立信校友会相继成立，遍布全国各大城市。"

在这叠老档案中，最后一封潘老致周贯学长的信札写于1985年7月8日。潘老在获知杭州立信校友会于1985年7月14日成立并邀请他来担任名誉会长，在身体已经十分虚弱的情况下给周贯学长回信，回信中还附了潘老亲笔书写的贺电："周贯同志、杭州立信校友会成立大会：欣闻杭州立信校友会于7月14日成立，并邀请我担任名誉会长，无任欣慰。谨祝：大会成功并共同发扬立信精神，为社会主义经济建设作出积极贡献。潘序伦　7月8日"

潘老的九封亲笔信以成立杭州立信校友会作为结束，我想这也许是一个偶然，但我更相信这是一个必然，是他对立信事业后继有人的殷殷期望。1985年冬，潘老永远离开了我们。潘老去世一年后，立信会计师事务所复办，在首席合伙人朱建弟董事长带领下越来越强。我想潘老若地下有知，定会含笑九泉。作为新时代立信人，我们都会遵循和继承潘老校长的遗志，发扬立信优良传统，在党的领导下，为发展会计审计事业努力奋斗，为祖国的伟大复兴作出贡献。

---

① 周贯.行政事业单位预算会计[M].上海：知识出版社,1982.

坚持诚信为本，弘扬立信精神

章丽娟[①]

潘序伦先生于民族危难之际创办了事务所、学校和出版社"三位一体"的立信会计事业，经过一代代立信人的不懈努力与传承，立信已成为我国响当当的民族品牌。我有幸于年少时便成为一名立信人，立信精神时刻激励着我追求卓越、勇往直前。

一、披荆斩棘求学路，诚信为本做学问

诚信为本的"信"不应仅局限于做人讲信用，还在于坚持脚踏实地、求真务实。在做学问的过程中坚持诚信为本，就不能闭门造车、人云亦云，而应当深入实务，了解实务、反映实务，才能解决实务难题。

我在2006年成为一名原上海立信会计学院（以下简称"立信学校"）的大学生。立信学校始终坚持"诚信为本、学验并重"的办学特色，为学生提供丰富的教学资源与实践平台。学校不仅为我们搭建了专业的会计理论课程体系，研发了提升学生实践能力的会计模拟实验系统，还为学生们组织各类丰富多彩的社会实践活动。我格外珍惜这良好的学习氛围、优质的实践平台，坚持立信人顽强拼搏的精神，一边努力学习会计学专业知识，提升自己的理论研究水平，一边踊跃参加学校举办的会计案例分析大赛、校内校外实习等活动，力求在实践中历练和成长。

立信学校的老师们在教学中注重培养学生的实践应用能力，擅长利用实验教学和案例教学引导学生理论联系实际。我还要特别感谢我的老师张维宾教授。张老师深入浅

[①] 作者系立信会计师事务所业务合伙人。

出地传授我们专业知识，同时还不断鼓励我们勤于思考、勇于实践。她身上立信人的工匠精神也深深地影响着我们。大四那年，我幸运地被分派到张维宾老师指导的毕业论文小组。为寻求挑战与突破，我特意选择了实务操作性较强的研究方向——合并财务报表不同编制方法。随着社会经济的快速发展，企业股权结构越来越复杂，比如某公司投资子公司，子公司又投资孙公司，企业在这样多层控股关系下编制合并财务报表一般采用一次合并法和分步合并法，这两种方法是否会产生不同的合并结果？当时关于这方面的研究文献和资料很少，张老师将她在实务中搜集的合并底稿交给我，希望我运用所学理论对这些实务资料进行探索研究。我发现实务中的合并底稿比想象中的要复杂得多，面对一页页陌生的表格、一堆堆复杂的数字，我几乎"无从下手"。但想到这个研究方向既有难度又有应用价值，想到张老师教育我们做学问一定要刻苦钻研，我沉下心来，结合所学理论知识一点点分析合并底稿的逻辑结构、查阅相关专业资料，遇到问题及时向老师请教。慢慢地，我发现多层控股关系下采用不同方法编制合并财务报表确实可能会产生不同的结果。经过不断深入探究，利用专业知识多次模拟编制合并财务报表，我逐渐明白因为一次合并法是站在最高层次考虑集团的所有交易，而分步合并法在各层次编制报表时并不能顾及最高层次的合并需求，所以两种编制方法才会产生不同的结果。最终我们提出解决上述问题的方案："无论选择一次合并法还是分步合并法，均应按照拥有股份的比例抵销内部交易未实现损益"，对于部分特殊交易"只有在最高层次合并报表时，才对归属于合并方的留存收益予以回转或将合并差额调整所有者权益项目"[1]。在张老师的指导下，我结合研究成果，一次又一次地修改和完善我的毕业论文。我天生不是一个自信的人，但这篇毕业论文的每个字、每个观点都是经过反复推敲修改的，而且能够切实帮助解决实务问题，具有较高的应用价值，这让我自信从容地面对论文答辩，并获得了优秀的成绩。张老师还指导我对论文进行修改和节选，最终我们的这篇文章发表在了核心期刊《财务与会计》上。这次经历不仅锻炼了我的意志力和能力，也让我深刻体会到，坚持诚信为本，发扬务实求真的精神，才是做好学问的重要基础。

二、扬帆起航执业路，诚信为本防风险

"诚信为本"的"信"不应仅局限于"不做假账"，还在于坚持实事求是、客观呈

---

[1] 张维宾,章丽娟.合并财务报表采用分步合并与一次合并的差异探析[J].财务与会计,2010(10):43-45.

现事实。在审计工作中坚持诚信为本，就不能屈于权威、违背准则，而应当客观公正地反映企业的财务状况、经营成果，才能取信于社会。

我于2010年从立信学校毕业后，便加入了立信会计师事务所（以下简称"立信所"）技术标准部，在这里完成了从大学生到注册会计师的身份转变。技术标准部是立信所的专业技术研究部门，致力于为事务所审计人员提供强大的技术支持，从而提高事务所整体的执业质量和会计信息披露质量。"传帮带"是立信文化的重要组成部分，老一辈立信人总是愿意无私地提携与帮助后辈成长。我十分感谢技术标准部的领导和同事们在工作与学习中对我的帮助与指导，使我原本较为薄弱的技术水平得到了显著提升。

为事务所审计人员解答疑难问题是技术标准部最重要的工作之一。我们接收了大量总所和各分所审计人员提出的实务疑难问题，加之与日俱增的审计风险更无形中增加了我们的压力。技术标准部的工作不仅要求我们要有一定的专业技术水平，还需要我们与项目组进行深入沟通，了解实务交易的真实情况。有一次，某项目组向技术标准部咨询：非同一控制下企业合并中，购买方根据标的公司未来业绩完成情况向原股东支付的对价如何处理？我认为，这显然属于企业合并中的或有对价。技术标准部领导让我不能这么快下结论，应当深入实务进一步了解该交易的背景，必要时应当亲自查看原始合同。于是，我与项目组进行了更为详细的沟通，并且仔细查看了相关合同，发现或有支付还需要以原股东王某在公司任职三年为条件。我国企业会计准则对于这方面的规定较少，部领导指导我查看证监会等监管部门的相关文件，翻阅国际财务报告准则的相关规定，经过部门内部的探讨，最后基本判断其本质属于职工薪酬，而并非企业合并的或有对价。"纸上得来终觉浅，绝知此事要躬行。"这件事情让我明白，实务中的问题往往不能只看表面，应当亲自去实践，了解事实、还原事实才是做出恰当判断的前提。

技术标准部为审计人员解答疑难问题，需要坚守职业道德规范，为事务所防范和降低审计风险。记得有一家立信所审计了多年的大客户，某年由于盈利情况不佳，而想从技术上寻求改善其财务报表的方案。项目组就相关方案与技术标准部的各位老师多次进行深入探讨，但均无法从理论上支持客户的要求。客户见项目组始终无法满足他们的要求，其财务总监便亲自带领团队来到立信所"拜访"朱建弟董事长和杨志国总裁。技术标准部作为技术力量一同接待了客户的财务团队，结合企业会计准则的相关规定为客户详细分析交易情况，充分罗列无法接受客户相关要求的理论依据。然而客户仍然试图从各非技术层面对其要求进行解释，朱董和杨总均坚定地表示支持技术标准部的专业意见。最后，这位大客户提出，若立信所无法接受相关会计处理，他们将更换事务所。但朱董和杨总依然顶住压力，坚持严格遵守企业会计准则的相关规定。由于未按照客户的要求做，后来该客户果然更换了会计师事务所。这件事深深地触动了我，立信所的领导们甘冒失去大客户的风险，也要坚持实事求是，防控审计风险，坚定维护"诚信为本"的立信准则，这大概是"立信"能够成为百年民族品牌的最重要的原因。作为一名立信人，我也应该坚守诚信为本的原则，竭尽全力为维护立信品牌贡献力量！

三、积极投身产学研，诚信为本促传承

"诚信为本"的"信"不应仅局限于敦厚诚实，还在于坚持尊重事实、反映事实。在产学研工作中坚持诚信为本，就不能按部就班、照本宣科，而应当从实务案例出发，用理论联系实际进行教研，才能让学生学以致用。

我的成长与发展均受益于潘序伦先生提出的"三位一体"的育人模式。我深知立信文化的传承不仅是立信学校老师或者前辈们的责任，也是我们立信学子的责任。参加工作以后，我在完成事务所本职工作的同时，也积极利用所积累的实务经验投身于立信产学研工作。

记得刚参加工作时，秉承对合并财务报表研究的热忱，我参与了《企业并购与合并报表实验教程》的编写及相关实验教学软件的开发工作。该实验教程的11个案例均来自实务，我参加了其中8个案例的编写。我们翻阅专业书籍、参考实务资料并与实务专家进行多轮探讨，最终将理论与实践相结合转化为该本书籍的案例。为了方便教学，我们还积极开发实验教学软件，学生通过软件可以直接编制合并财务报表，老师通过软件可以了解学生知识的掌握情况。软件初步开发完成后，我们从2011年9月至2012年8月花了近1年的时间进行测试调整，我全程参与了16次的软件测试，并根据使用情况及时提出修改意见。在本职工作十分繁忙的情况下，我仍挤出时间参与该项目，为此我经常加班到深夜。我始终要求自己不怕困难、克服困难、坚持到底。《企业并购与合并报表实验教程》的编写以及相关实验教学软件开发工作已顺利完成。该软

件是国内高校首个针对财务会计领域的特殊问题和高层次、综合性实战型教学案例和实验教学而开发的，已投入学校教学和事务所培训中使用。

　　后来我还作为副主编参与《财务会计案例分析》的编写。这些案例也都是理论联系实务的成果，其中3个案例由我独立完成，另外3个案例由我与其他实务专家或学校老师合作完成。我还发挥专长，参与《中级财务会计学》《企业并购与重组会计案例》《企业并购与重组会计案例解析》《新编会计模拟实习——股份制企业分册》等书籍的编写或修订，积极参与立信产学研基地的相关工作，并受邀担任校企合作班有关实务课程的授课老师等。我会用实际行动，为立信的文化传承、立信的教育事业添砖加瓦。

　　"立信"二字在我的人生中已打下了深深烙印，我的学习、成长、发展均与立信息息相关、紧密相连。我将不忘立信学校的教诲与栽培，继续以诚信作为立身之本，为弘扬潘序伦先生倡导的立信精神奋发图强，为传承立信文化努力奋斗！

立于历史　信于未来
——由《会计口述历史》(第一辑)引发的思考

吉　佳[①]

上海国家会计学院于 2012 年组建工作团队耗时多年持续开展会计口述历史项目。《会计口述历史》以全景方式收录了数位中国会计大师的人生历程，让我们"身临其境"地领略了会计泰斗背后的人格魅力和会计学术思想。他们为推动中国特色会计事业发展作出了卓越贡献，实现了我国会计改革与发展的理论升华。他们以各自的足迹书写着自己的历史，其蕴藏的磅礴力量给我们会计人留下了宝贵的精神财富。展望未来，我们将不忘初心，秉持信念，不懈努力，实干笃行。

《会计口述历史》中让我印象深刻的是潘屺瞻女士对其父亲潘序伦先生的追忆。她在回忆中语言平淡，细节入微，虽没有个人传记那般宏大的叙事，却通过种种生活细节为我们描绘了更真实、更平易近人的会计学泰斗。潘老立业的艰辛、创业的艰苦、执业的坚持；对行业的理解与热爱；对会计专业精神的传承、坚守与创新，从她的讲述中，我受益颇多。

一、回顾历史，博观而约取——致敬会计大师思想精要

1. 思想的力量

饮其流者思其源，从事会计工作的都知道"中国现代会计之父"潘序伦先生。他是我国会计事业和培养我国会计人才的先驱；他引入复式记账法，奠定了中国会

---

① 作者工作单位系立信会计师事务所上海总所。

计学的基础；他创立了"三位一体"的立信会计事业。陈安怀先生和余盛钧先生早年都在重庆立信学校求学，与潘序伦先生是师生关系。"人无信而不立"，这是他们在学校影响最大，也是他们做人做事所坚持的原则。作为立信人，我深感坚守立信会计思想的责任，逐渐领悟到自己的这份职业不仅仅是一份工作，更是一种信念、一种追求。

2. 向上的力量

在潘圯瞻的印象里，她父亲的顽强毅力与自律高效贯穿于他一生的学习和工作中，要办的事情，必定全力以赴，对会计事业一直满怀激情，执着追求。在学俄语时，潘序伦先生为了克服无锡话没有卷舌音的习惯，每天对着镜子狂练俄语的卷舌音；在筹建学校时遇上柿子湾大片坟地的搬迁，上海沦陷时被迫到重庆重建。不论遇到多大的困难，他从不言退，还是毅然决然地投入十二分的力量，最终将学校建成；即使到晚年，他也从未停止学习，视力不好的时候，使用放大镜也依旧坚持。最让人敬佩的是，他在87岁高龄并且因病住进医院的时候，还念念不忘着复校的事情。

3. 创新的力量

潘序伦先生有着创业者的敏捷思维和全局观。潘先生开始创办了立信会计师事务所，又想到办事务所需要培养现代会计人才，于是着手办学校。创办学校之后，他又想到教学需要现代会计教材，于是又着手出版了"立信会计丛书"、《立信会计季刊》，开辟了会计师事务所、会计学校、会计图书用品社"三位一体"的办学模式，实现了产学研的完美结合；提出了"终身学习"和"社区学习"的概念，这是中国教育改革中一个重要的方向。又因为觉得女性从事会计工作比较合适，立信学校广招女生，为女性参加社会工作开辟了新的道路。

二、展望未来，风物长宜放眼量——对会计人的思考

新监管体系及新技术的应用，对会计的职能与定位都产生了深远的影响。会计工作者存在于第二产业和第三产业的各类企业，既有企业经济活动的记录者，又有为报表使用者承担独立鉴证职责的审计人员，共同活跃在新时代的经济建设中。作为会计人，如何适应变革与监管新趋势，更好助力企业发展，《会计口述历史》一书也给读者诸多思考。

1. 诚信为本优化执业环境

坚持"信以立志，信以守身"诚信思想，撑起企业的脊梁，奠定品牌发展的基石；遵循"信以处事，信以待人"的执业精神，坚信 CPA 的专业使命，为客户提供更优质更高效、更具国际视野的解决方案，与客户共赢。新修订的《证券法》双备案制和事后监督处罚力度的加大，对团队的独立审慎与专业胜任能力提出更高要求。在执业过程中，恪守职业道德规范，严格执行执业准则，不断提升专业性、独立性才能更好地为实体经济中的被审计对象服务，充分发挥"看门人"的持续监督作用。

书中提及采纳新改的超然会计制度的概念，反思当下频发财务造假，具有很强的现实意义。财务造假往往并非 CPA 缺乏专业胜任能力，而更多是与独立性缺失有关。我们应从完善治理结构（如推行举证责任倒置制度）、改革委托制度等方面入手，以确保审计的独立性，从而优化审计工作的软环境。

对待工作，我们应保持应有的职业怀疑和谨慎；对待生活，我们应充满热情和信心。遇到困难时，我们时刻提醒自己多思考，不忘择业时赤诚的初心，不管走多远，都不要忘记诚信为本，不忘来时路。

2. 持续学习提升执业能力

潘老认为，应该树立终身学习的理念，活到老，学到老。

在新经济环境下，我们面临着新业态、新模式、新交易等产生的新的会计审计问题。新收入、新金融工具、新租赁准则在实际应用场景产生的新问题，不仅要求我们具备专业的知识技能，还要求我们必须熟悉客户所处行业的业务流程及盈利模式，进行跨界学习。我们要持续关注市场的热点、难点问题，将自身的专业知识与客户的需求充分结合，实现价值传递，为部门创造价值，也更好地为客户提供核心价值服务。我的会计之路，从立信起步，我学习的步伐从未停歇，对待每一件事情都全力以赴，做好终身学习的准备。因为会计是综合性很强的职业，要懂财税、金融、企业管理、法律等相关知识，同时，会计领域本身的知识更新速度非常快，所以我们要不断与时俱进，拓宽知识领域。

党的十八届五中全会提出把创新摆在国家发展全局的核心位置，并将发展现代服务业作为一项重要措施，此举为注册会计师行业的发展提供了动力引领。经济新常态的环境变化倒逼我们转变角色，沉下心踏踏实实做业务。我们应做到：第一，面对数字化转型，加强信息化平台建设；第二，实现从财务思维到产业思维的转变，了解企业的商业模式赋能业务，从客户的实际需求出发提供解决方案，参与企业的业务构架与流程设计，实现价值传递；第三，把握宏观经济形势，把脉行业发展机遇。我们不要局限于会计问题，应更多地从交易模型搭建的角度考虑，从交易、法律、税务等全方位考虑，关注和把握这些宏观背景下蕴含和催生的市场机遇，站稳脚跟，找准突破口。

3. 以积极的心态面对会计变革

潘序伦先生一生历经磨难，但他都能坦然面对。如今面对金融科技的到来及人工智能、大数据、RPA（机器人流程自动化）等会计数字化对会计审计行业的潜在影响，危机感和使用感也愈加强烈。区块链分布式记账是否还需要审计；审计机器人是否会替代基础审计；被审计单位的财务云、数据中台、BI（商业智能）报表，我们是否有足够技能来支撑实施审计等等。我们与其担心传统的会计职能是否会被机器人取代，不如拥抱变化适应新技术，将新技术转化为新工具，更好地应对大数据时代的审计工作。同时，通过创新审计模式下，依托云计算等技术，我们可以为客户提供管理咨询、投资决策等相关领域的综合服务，实现盈利模式的变革。

今天，我们身处"百年未有之大变局"中，唯有笃志不倦，方能钝学累功。在梳理和总结先贤会计理论思想的过程中，我明白了会计发展的过去、现在、未来，更感觉到有一种无穷的动力鞭策自己，不断前行。我们要持续学习，提升执业能力，传承立信精神，为实现中国式现代化贡献立信会计人的力量，这也是我们新时代会计人的责任。

我的马拉松与立信

曹轶凡[①]

  2023年是立信会计事业创始人潘序伦先生诞辰130周年。作为立信的学子和立信会计师事务所的员工，我觉得有一种使命感，写一写我的马拉松与立信的故事，以作为我对潘老先生的缅怀。

  我从小就是易胖体质，属于"喝凉水都能长肉"的那种。2005年高考后，我的体重达到114千克！就这样，我带着这样的"大吨位"，踏进了上海立信会计学院的大门。当时还不知道，我日后会因为减重去跑马拉松，也因为跑马拉松开始和"立信"有着特别的缘分。

  我在大学毕业后入职立信会计师事务所。为了适应会计师事务所繁重的工作，也为了改变自己的身体状况，在工作之余我开始进行体育锻炼，体重降至80千克左右，减下去容易，保持下去就很难了。有一次偶然的机会，我在电视上收看了上海马拉松的直播，看着数万名选手在外滩、南京路、淮海路、徐汇滨江等景点跑步的身影，瞬间，一个想法闯入我的脑海：什么时候我也能像这数万名选手一样在马路上享受万众瞩目的热闹气氛，又能锻炼一下自己的身体。从此我开始了马拉松的锻炼和比赛，也成就了在马拉松比赛中与立信结缘的有趣故事。

  跑马拉松并非一件一蹴而就的事，需要付出巨大的体力和精力，而且贵在坚持。起步阶段，在耗尽体力、大汗淋漓之时，我也有过打退堂鼓的念头，但想到了潘老先生"信以立志，信以守身，信以处事，信以待人，毋忘'立信'，当必有成"的24字

[①] 作者工作单位系立信会计师事务所上海总所。

所训，这是立信人安身立命的信条，也应当把它体现在跑马拉松上。在这样的信念之下，我重回马拉松赛道。经过几年历练，我从一个马拉松小白逐渐成为马拉松赛场上的老手。偶然的机会，我在某媒介上看到了"世界马拉松大满贯"的有关资讯。所谓"世界马拉松大满贯"是指世界顶级马拉松巡回赛，由每年举办一次的东京、波士顿、伦敦、柏林、芝加哥、纽约马拉松和单数年举办的世界田径锦标赛马拉松及四年举办一次的奥运会马拉松组成，不过对大众跑者来说，世锦赛和奥运会显然无法参赛，所以完成每年都举办的全部六项赛事（俗称完成"六大满贯"或"六大"，完成此成就的跑者就被称为"六星跑者"）成为大众跑者的终极梦想。截至目前，全世界共有12 212人完成，其中中国内地452人，当时国内能完成"六大"的只有几十人，踌躇之余，我决定在2016年启动我的"远大计划"，打算用两年时间完成全部"六大满贯"的比赛，之所以选择在2016年，是因为接下来两年（2017年和2018年），分别是立信会计师事务所（1927年成立）和上海立信会计金融学院（1928年建校）将相继迎来九十华诞，我希望把完成"六大满贯"的荣誉献给母校和事务所。如此，我的马拉松才更有意义。首站选哪里？为稳妥起见，选定当年最晚开赛的纽约马拉松（以下简称"纽马"）。

参加纽马之前，除了参赛名额和签证，最重要的是想在纽马之前能够参加一场全马，这样心里才有底气。很幸运，2016年9月，我得到了被号称"国马"的北京马拉松的参赛机会并成功完成个人的首场全马。于是我带着这份自信，在同年11月初搭上了飞往纽约的班机。纽马是"六大满贯"赛中最难跑的，不过对我而言，兴奋大于跑纽马本身，一开始就全力猛冲，后面就开始渐渐掉速，不过最后还是顺利完赛。赛后我去了哥伦比亚大学，立信的创始人潘序伦先生在1923—1924年曾在此校就读并获得政治经济学博士学位。时隔92年后，我以立信员工的身份，在哥伦比亚大学的讲台上留下了一张珍贵照片，这也成为"追寻潘老足迹"的第一集。

大满贯首战告捷，紧接着我报名参加了2017年波士顿和伦敦的一周双赛，原本计划这两场比赛分开跑（因为一周内连跑两场全马实在是有点冒险），但权衡利弊后，加之有上海+纽约的背靠背均成功完赛的信心储备，于是决定：两场全报！毕竟在四月份比赛对我们这个职业的人来说，真的是很难得，也许就是一生仅此一次的体验。波士顿的景点并不多，不过最著名的莫过于哈佛大学了，1921—1923年，潘老曾经在这里选学会计学科，获得工商管理硕士学位，奠定了一生从事会计事业的基础。94年后，我也在学校最著名的地标——约翰·哈佛铜像的左脚留下了自己的指纹，是为"追寻潘老足迹"的第二集。随后就参加了这场被誉为"世界最古老的城市马拉松"的赛事（创办于1897年，路线从波士顿郊区一直到市区，赛道起伏较大），完赛后喜提梦寐以求的独角兽奖牌一枚。

参加完波士顿马拉松后，隔日我就直飞伦敦去参加伦敦马拉松。没想到，在路上偶然发现BDO（德豪国际，为世界第五大会计师事务所联盟，覆盖了全球160多个国家和地区，立信正是BDO中国成员所）的伦敦办公室，居然和福尔摩斯故居在同一条路（贝克街），于是我就举起自己随身携带的工作证，在门口拍照打卡（这也成为我日后出国的标配）！周日，我就踏上了伦敦马拉松的赛道。这场比赛成为享受之旅，我轻松完成了个人第三场大满贯。

由于已经提前得知上海立信会计金融学院将在2018年10月举行建校90周年庆典大会，所以我就把剩余的三场大满贯都安排在那一年，这样正好可以在大会前最后一场——芝加哥马拉松收官，以跑马拉松的方式向母校献礼，同时庆祝我个人出道十周年（从2008年毕业实习开始算起）。芝加哥的比赛我没有穿组委会发的参赛服（这也是我参加正式比赛以来的第一次），而是穿着带有上海立信会计金融学院Logo的纪念衫并贴上立信会计师事务所的Logo，寓意此次比赛向自己的母校和所在的公司致敬，背面贴上了本场比赛收官六大的专属号码牌。比赛当天，下了场倾盆大雨……在整场比赛中，有不少参赛选手看到我这场准备收官"六大"，纷纷向我表示祝贺。这场我也真的是拼尽全力，最后以六场中的最佳成绩收官，以六场平均5小时内的成绩加冕六星跑者。当工作人员将本场奖牌和六星专属奖牌分别挂到我脖子上的那一刻，我激动的心情溢于言表，千言万语汇集成一句话：立信，This is for you!

成为六星跑者之后，受立信同事陈继老师的《我的地球三级》一书的启发，我把旅游和马拉松结合在一起，一年内先后完成了在格陵兰岛的北极圈马拉松、乔治王岛的南极白色大陆马拉松，最终在青海湖达成了"地球三极"马拉松的梦想。其中的代表作就是南极和南美双赛，那时正好是新冠疫情刚刚发生的时候，除夕当晚，我坐上了去智利的航班，经过两次转机，总耗时36小时，抵达了南极的中转站——世界最南城市之一——智利的蓬塔阿雷纳斯，整个旅程也充满了戏剧性。由于南极地区气候多变，智利—南极航线能否成行成了未知数，第一次尝试起飞由于天气未满足飞行条件而取消，只能24小时后重新再尝试一次，如果累计三次未能成行，我的南极之旅就只能宣布泡汤了。幸好第二次试飞终于成功，经过两个多小时的飞行，我终于抵达了南极乔治王岛。经过前期准备工作，南极白色大陆马拉松于当地时间傍晚约5：40起跑，原本路线是途经中国南极长城科考站的，总共8圈，但由于疫情，赛会临时宣布，去掉从帐篷区到长城站的赛段，圈数增加为10圈。因为气温较低，赛道湿滑且泥泞，所以完全无法放开跑，最后几圈会经历夜赛模式。幸好在经过折返点时赛事方借给我一个顶灯，否则两眼一抹黑，后果不堪设想。结果抵达终点时已经是第二天凌晨约1：15，这样的用时，在大部分主流马拉松比赛中都是要被"关门"（终止比赛）的。幸好这场的时限为12小时。小憩一宿后，自由活动期间，我拿着立信的旗帜在起跑拱门处拍了一张照片，让作为本届赛事的唯一中国选手，在新冠疫情发生的背景下成功完赛的画面在这一刻定格。此后，回到智利蓬塔，除了参观智利著名的百内国家公园，还在那里再完成一个全马（在当地所驻扎的酒店附近的海岸线旁边的人行道跑6圈），达成了在每个大洲都至少完成一个全马的夙愿。

过去十年间，我跑了数十场比赛，足迹遍布七大洲和三极，有很多的感想。首先，跑步锻炼了自己的体魄和意志力，我可以以更加良好的精神状态投入事业；其次，开阔了自己的眼界，体验了不同城市、不同国家的风土人情。最后，我的马拉松跑步始终与立信有着关联，从最初去往哥伦比亚大学和哈佛大学参访潘老先生的母校，以潘老先生的伟业激励自己在马拉松比赛中赛出好成绩，把立信的诚信理念体现在跑马拉松和工作之中。同时，每到全球各地都能看到立信所加盟的BDO国际的标志，感受立信与世界的关联，自己能在立信这个大家庭中健康成长发展，并在马拉松的比赛中取得不凡的成绩感到无限荣光。

潘老开创的立信事业在新时代如日中天、欣欣向荣，我的马拉松与立信一道前行，奔向远方，故事未完待续。

潘序伦诚信文化对事务所品牌建设的启迪

张艳雯[①]

    2023 年是全面落实党的二十大精神的开局之年，是全面建设社会主义现代化国家新征程的起步之年。回顾过往历程，中国人民自力更生、艰苦奋斗，创造了举世瞩目的中国奇迹；放眼神州，我们意气风发正朝着全面建成社会主义现代化强国的第二个百年奋斗目标阔步前进。

    2023 年，是中国杰出的会计学家、教育家和出版家潘序伦先生诞辰 130 周年。潘老先生一生致力于中国现代会计事业的发展：作为会计专家，他引领中国传统会计事业走上了革故鼎新的发展道路；作为教育家，他铸就立信会计教育的金字招牌，创立立信模式；作为出版家，他主持编写的"立信会计丛书"是会计学的经典之作。作为会计伦理学家，他继承东方传统道德文化的精髓，又吸收西方契约文明的内核；作为实业家，事务所、学校、图书用品社"三位一体"推进立信事业，堪称实业报国的典范、创业图强的楷模。

    潘序伦先生创立的立信会计师事务所（以下简称立信）今年也迈入第 96 个年头，作为我国注册会计师行业公认的历史悠久最具影响力的本土民族品牌，立信所聚焦高质量发展、攻坚克难，稳中求进，各项事业全面进步，正向着缔造民族立信、诚信立信、国际立信、百年立信的目标稳步前行。

    96 年前，先生从美国哥伦比亚大学学成回国，决心以所学报效祖国。他取《论语》"民无信不立"之意，创立了"立信会计师事务所"。潘老率先将现代会计理论带回中

[①] 作者工作单位系立信会计师事务所上海总所。

国，书写下现代会计史的第一页。他告诫学生"夫学识经验及才能，在会计师固无一项可缺，然根本上终究不若道德之重要"。所以诚信二字在立信创立的第一天起，就深深刻在立信人的基因里。

追思先贤，我们铭记先生立下的"信以立志，信以守身，信以处事，信以待人，毋忘'立信'，当必有成"二十四字所训，作为事务所市场与品牌部的一员，在事务所的品牌建设中，我也常常感悟先生的诚信文化。它历经近百年仍灼灼生光，承载着几代人的心血和期许，深深刻入每一位立信人的血液中，安身立命，不敢懈怠。

以国家需求为己任，彰显时代担当

先生一生的聚财用财之道就是"取之于社会，用之于社会；取之于会计，用之于会计"。他不仅在会计学领域有着卓越的成就，还将自己的知识和财富无私地回馈社会，以推动社会的进步和发展。

先生所设立的"思源助学基金"，帮助了许多经济困难家庭但成绩优秀的学生，让他们有机会接受良好的教育，为社会培养了更多的人才。此外，先生还将自己的版权和省吃俭用留下的积蓄捐给立信会计专科学校，用于建设学校和资助贫困学生。在重庆时期，先生又将一栋住宅捐出，作为立信高级会计职业学校的校址，同时捐出了一万美元建造体育馆。这些行动充分展现了先生对社会公益事业的热爱和支持。

如今先生所培育的立信精神并未随着时间的推移而黯然失色。相反，它已经从最初的一棵幼苗成长为如今铺满山坡、绵延不绝的巍峨大树。随着社会影响力的不断扩大，立信会计师事务所获邀广泛参与有关法规的起草、修订工作，积极参政议政，为国家经济发展政策、财税制度、行业发展建言献策；先后向中国会计博物馆、潘序伦基金会、上海立信会计金融学院等捐款，表现了立信所的社会责任感，使得立信金字招牌发扬光大，彰显了行业公信力和社会形象。

以诚信文化为基石，完善品牌建设

品牌作为会计师事务所内部治理、专业品质、服务能力、视觉标志、社会评价等因素共同形成的整体形象，蕴含着职业精神和责任承诺，是引领事务所整合资源、塑造专业形象、实现价值提升、有效开拓市场等的重要文化指引。中国注册会计师协会在开展"品牌建设年"主题活动时提出要以习近平新时代中国特色社会主义思想为指导，紧紧围绕服务国家建设这个主题和诚信建设这条主线，大力弘扬和传递注册会计师职业精神，引导相关主体因所、因地构建事务所品牌管理体系，把事务所品牌建设与诚信建设、文化建设、发展战略、人才建设等相融合，实现品牌建设的长效常态化，引领事务所持续提升发展能级和竞争力。

先生信奉"立信"之德，并以此建立"立信"之事业，奠定了中国会计界的"立信"品牌，体现出非凡的人格操守、远见卓识和精神力量，为今天的立信人树立了品牌和榜样。先生在建所之初立下了"信以立志，信以守身，信以处事，信以待人，毋忘'立信'，当必有成"的所训，使事务所从此有了一个以诚信为本的基石。先生不止一次地告诫立信同仁：不要怕因为坚持诚信而丢失客户和订单，相反，大家都知道你坚持诚信，会有更多的客户找上门来，赢得更多的订单。今天重温这段话，我们更加感同身受。特别是在资本市场，一旦出现会计师事务所审计失败事件，将严重损害投资者利益和市场信心，对事务所造成的负面影响将是全方位的。从业人员只有恪守独立、客观、公正的职业操守，坚守诚信底线，才能健康长远发展。

质量是诚信的基础与表现，立信始终围绕这一主线，持之以恒地强化质量管理。在执业过程中，对重大证据要在报告签发前取证完成；对会计报表构成重大影响的审计调整事项必须坚决调整；对特殊行业、特殊业务要特别关注；对新接业务必须加强审核；强化质量控制基础的审计工作底稿的管理。根据财政部发布的质量管理准则和相关政策的要求，从 2022 年到 2023 年年初，立信对事务所质量管理体系进行了全面梳理和分析，制定和修订了数十项质量管理相关制度，体现了设定质量目标、识别和评估质量风险、设计和实施应对措施的风险导向质量管理理念，贯穿了质量管理的全过程和关键领域，形成了一套立体式、多层次、全覆盖的质量管理体系，对降低审计风险发挥重要作用。

在品牌建设的道路上，我们始终以先生的箴言为指导，始终坚守诚信原则，不断提升服务品质，将诚信文化融入品牌建设的每一个环节。我们将诚信文化建设贯穿于事务所品牌管理的全过程。事务所积极培育和践行诚信文化，强化员工的诚信意识，让每一位员工都深刻理解诚信的重要性，并在工作中自觉践行。在服务客户的过程中，立信始终坚持诚信原则，为客户提供高质量的服务；不断提高服务品质，积极改进和创新服务方式和方法，赢得客户的信任和市场的认可，进而推动事务所的可持续发展。

从1986年复办，2000年成立上海立信长江会计师事务所有限公司，2007年更名为现在的立信会计师事务所有限公司，2009年加入全球第五大国际会计网络BDO国际，到2010年获得首批H股审计执业资格，当年年末改制成为国内第一家特殊普通合伙会计师事务所，虽历经艰难曲折，仍不忘初心，新一代立信人奏响了重塑立信民族品牌的新篇章。

近几年，立信狠抓审计质量，以壮士断腕般的气概放掉一些瑕疵客户，赢得了监管机构、公众和市场的良好口碑。立信所在业务规模、执业质量和社会形象方面均位于行业领先地位。从2001年起，立信所在全国会计师事务所签发国内上市公司审计报告数量排行榜上保持第一；同时业务收入逐年递增，2022年度实现业务收入46.14亿元，在中国本土事务所中排名第一，如加上国际"四大"所则排名居全国第三，排名仅次于普华永道和安永，已超过德勤和毕马威。

立信所服务的审计客户超过5 000家。立信所2022年度完成671家上市公司年报审计，占A股资本市场的13%；IPO企业成功过会70家，占IPO市场的17%；服务中央企业客户数量达到38家，占97家中央企业的39%。另外，立信所还有外商投资企业客户2 000余家，并为众多地方大型国有企业集团、银行、证券公司、保险公司、信托公司、基金公司等提供审计及相关服务。2021和2022年，立信所接受委托担任国家开发银行和中国农业发展银行的年报审计机构，在服务大型金融机构方面，领先于本土会计师事务所。

此外，立信所也为一些在境外上市融资的境内企业提供审计等专业服务，包括为一些H股或A＋H股上市公司（如铁建装备、融创中国、泰格医药等）、美国上市公司（如盛美半导体、瑞幸咖啡等）和在英国和瑞士发行全球存托凭证（GDR）的上市公司（如杉杉股份等）提供审计等专业服务。此外，立信所还利用BDO国际平台，积极为中国企业"走出去"和参与"一带一路"建设提供各类专业服务。2023年立信所再度中标中国进出口银行年报审计机构，或将集三大政策性银行于一身。立信所将秉承民族品牌的使命感，竭诚为中国金融机构和企业在境内外资本市场运作过程中贡献力量。

我们更须谨记资本市场守门人的神圣职责和重要使命，以服务国家建设为主题，以潘序伦的诚信文化为执业准绳，秉承"专业报国、服务社会"的宗旨，恪尽职守，勤勉尽责，努力实现会计强国之梦。

弘扬潘序伦诚信思想　实现审计高质量发展

卢佳钰[①]

《论语》中有这样一句话,"人无信不立,业无信不兴",潘序伦先生是"中国现代会计之父",著名的会计专家、教育家、出版家、立信事业创始人,借用此句之意命名立信会计师事务所,并为立信写下箴言:"信以立志,信以守身,信以处事,信以待人,毋忘'立信',当必有成。"先生如此推崇诚信思想,是因为诚信是审计行业健康持续发展的基石。先生对我国会计事业的卓越发展作出了不可磨灭的贡献。

党的二十大报告指出,高质量发展是全面建设社会主义现代化国家的首要任务,要完善产权保护、市场准入、公平竞争、社会信用等市场经济基础制度,优化营商环境,要增强文化自信,提高全社会文明程度,弘扬诚信文化,健全诚信建设长效机制。

一、潘序伦诚信思想建设

1. 会计诚信建设是国家经济社会高质量发展的重要基石

会计诚信是社会信用体系建设的重要组成部分。诚信是公平交易的重要基础,也是降低交易成本的重要手段。从经济法规层面上看,诚实信用原则是会计行业的立业之基础、发展之保障。企业会计是对企业的经济活动进行会计计量和会计确认的一门学问,它的基本职能体现在两个方面,即核算和监督。就"核算"而言,企业可以通过了解现金流向和使用效率等方式,更好地了解财务运行的过程,更好地实现企业目标;但就"监督"而言,会计信息在为利益相关者提供服务的过程中,发挥着监督企

---

① 作者工作单位系立信会计师事务所央企事业总部。

业的作用。企业与利益相关者之间的利益博弈，为企业进行会计造假提供了动力和温床。在现实中，个别企业企图通过对会计审计信息进行造假的方式，实现降低运行成本和扩大公司规模的目的，会计独立性得不到有效保障，使会计诚信危机愈演愈烈，对于经济的稳定运行产生了负面的影响。

2. 会计诚信体系建设为审计行业高质量发展奠定基础

2022年10月29日，北京国家会计学院联合财政部会计司、财政部监督评价局、中国注册会计师协会和中国会计学会在京举办第二届"会计诚信与高质量发展论坛"。财政部副部长朱忠明出席论坛开幕式并致辞。此次论坛学习贯彻党的二十大精神，以"会计诚信体系建设与高质量发展"为主题，特别邀请国家相关政府部门、行业协会、企事业单位、高等院校、中介服务机构、国际相关组织的代表出席。论坛围绕主题开展政策性、学术性和实践应用问题研讨与交流，共同探讨推进会计诚信体系建设、助力经济社会高质量发展。立信会计师事务所首席合伙人朱总听取会议后表示，注册会计师行业要坚决把好上市公司客户入口关，始终保持职业怀疑，恪守职业道德守则，提高专业胜任能力，提供高质量的审计服务，将审计失败的风险降到最低，才能在当前的监管环境和司法环境中生存下去，才能真正实现健康长远发展。由此可见，企业高层管理者都如此重视诚信，我们作为员工一定要坚持诚信第一，以诚信为本，助推事务所高质量发展。

二、潘序伦诚信思想实践

将潘序伦诚信思想应用于实践，是建设会计诚信体系的大势所趋。中国财政杂志社在2022年推出"会计先生风采"专栏，主旨是"勤勉、睿智、诚信、担当"，启事中提道："新时代是逐梦的时代，面对百年变局与世纪疫情的叠加考验，祖国大地上新发展理念拔节生长，高质量发展步伐铿锵有力，踏上全面建设社会主义现代化国家新征程的中国满怀信心向未来。在财会事业改革与实践中上下求索的'会计先生'，他们心中有诗、眼前有光、脚下有远方，以家国天下的情怀、心系苍生的风骨和报效祖国的追求推动经济社会发展巨变。可以说，他们是实现中国持续高质量发展的强大底气，是中国经济韧性的基底所在，也是中华民族无往而不胜精神之源的集中体现。"

近年来，市场需求日渐多元化，法律法规日趋完善，监管力度日益加大，尽管如此，财务舞弊案仍屡禁不止，这为会计师行业转型带来严峻挑战。新形势下，我们更须谨记资本市场"守门人"的神圣职责和重要使命，以服务国家建设为主题，以诚信建设为主线，秉承"专业报国、服务社会"的宗旨，恪尽职守，勤勉尽责，以更开放的姿态，为中国会计人在国际舞台上争光。近年来，中国证监会通过完善制度建设、强化监管协作、培育市场约束机制等方式，基本形成了符合我国资本市场特点的诚信建设体系。会计诚信作为资本市场诚信体系的重要组成部分，也取得了明显进展。一是强化制度约束，建立长效机制。二是强化监管约束，形成有效震慑。三是强化市场约束，培育声誉机制。

三、以潘序伦诚信思想监管

提高打假能力，加大查处力度，拓展多元化监管机制，有助于践行潘序伦诚信思想。资本市场是一个机理复杂的生态系统。要想创造资本市场监管良好生态，让大家对这个市场有信任感，一方面，要继续强化"零容忍"的震慑，让不诚信、做坏事的人付出代价。证监会将继续贯彻"零容忍"要求，多措并举，持续提高全链条造假发现能力，加大立体系统查处力度；与有关各方共同努力，拓展多元化全链条监管，丰富科技工具箱，提升反财务舞弊分析能力；进一步加强跨部门、跨条线、跨领域的信息共享和协同联动，使主体监管与行为监管更好结合，推动违法市场主体和审计机构同步并联查处，提升发现和查处财务舞弊行为的综合效能；充分发挥日常监管发现线索、及时纠偏的功能，对符合立案标准的问题坚决移送稽查调查，对涉嫌犯罪的线索坚决移送公安机关，同时，进一步强化证券违法民事赔偿的重要作用。另一方面，要持续做好引导和服务工作，让诚实守信的老实人有获得感。证监会将持续坚持分类施策、协同发力，打好监管"组合拳"。

四、践行潘序伦诚信思想的现实意义

会计审计工作是企业财务工作的重要组成内容，对于企业而言，会计工作的主要目的在于更好地了解企业的运行过程，更好地实现企业目标；对于政府而言，企业的会计审计账簿是国家实施宏观调控和收取各种税目的重要依据；对于投资者而言，企业的会计审计账簿是其进行会计分析、会计预测、会计决策和会计决定的主要资料。

因此，会计审计的诚信问题关乎多个利益主体的切身利益，确保会计审计信息的真实性、准确性和完整性是保障会计审计工作有效性的重要基础。

在资本市场进一步厚植潘序伦诚信思想，督促并引导各类市场主体诚信经营、守正创新，提升会计专业水平和内部治理机制，真实、准确、完整地披露信息。健全中介机构执业声誉管理机制，弘扬诚信文化，引导中介机构独立、客观、公正执业。加强跨部门跨领域合作，促进证券监管、行业监管、自律管理等方面加强沟通配合，凝聚监管共识，为会计审计行业健康稳定发展提供有力支持。

深入贯彻潘序伦诚信思想，夯实诚信基础，方能实现审计高质量发展！

谨以此文纪念潘序伦先生诞辰130周年，致敬！

潘序伦会计诚信思想的内涵、特征及意义

闪 烁[①]

本文旨在纪念潘序伦先生诞辰130周年,探讨其会计诚信思想的内涵、特征和时代价值,推动会计行业的发展和从业人员职业素养的提高。

一、潘序伦会计诚信思想的内涵及特征

(一)诚信的内涵

诚信是一种重要的道德品质,涵盖了广泛的含义。在商业和职业领域中,诚信被视为一种基本的职业道德准则[②]。它包括以下几个方面的内涵:第一,守信正直。诚信要求个人在交往和行为中保持诚实守信的原则,履行承诺,遵守合同和法律规定。诚实守信是建立信任和良好商业关系的基础。诚实正直意味着不隐瞒事实,不进行虚假陈述,没有欺骗行为。第二,诚信公正。诚信要求个人具备公正和正直的品质。个人应该遵循道德规范,不偏袒任何一方,公正地处理事务。正直意味着坦率和直率,不做虚假陈述或欺骗行为。第三,责任意识。诚信要求个人对自己的行为负责,承担起应尽的责任。个人应该理解自己的职责和义务,并尽力履行,不推卸责任或逃避责任。责任意识体现了对他人和社会的尊重和关心。第四,谦虚谨慎。诚信要求个人具备谦虚和谨慎的态度。谦虚意味着不骄傲,虚心听取他人的意见和建议。谨慎意味着慎重思考和决策,不轻率行事,避免造成不必要的风险或损失。

---

① 作者工作单位系立信会计师事务所北京分所。
② 李相森.论潘序伦审计思想[J].会计之友,2022(5):54-59.

诚信是商业和职业道德的基石，对于建立良好的商业关系和社会信任至关重要。在会计领域，诚信更是必不可少的品质。会计人员必须遵循诚信原则，保持诚实、公正和透明的态度，以确保财务信息的准确性和可靠性，维护公众利益。

（二）潘序伦会计诚信思想的内涵

潘序伦是中国现代会计学的奠基人之一，他提出的会计诚信思想对于推动会计行业的发展和提升职业道德具有重要意义[①]。潘序伦会计诚信思想的内涵主要包括以下几个方面：第一，责任意识。潘序伦强调，会计人员应当具备强烈的责任意识。他认为，会计人员不仅仅是企业的财务管理者，更是公众利益的守护者。会计人员应当对自己的职责和义务负责，保持诚实、公正和透明的态度，确保财务信息的真实性和准确性。第二，忠诚专业。潘序伦强调，会计人员应当忠于自己的职业，忠于公众利益。会计人员要坚守职业操守，遵循会计准则和规范，不得为个人或组织谋取私利，不得故意误导或隐瞒财务信息。第三，保守诚实。潘序伦提倡会计人员要保持保守和诚实的原则。会计人员应当以客观、诚实和谨慎的态度对待财务信息的处理和披露，避免夸大或掩盖实际情况，确保财务报告的准确性和可靠性。第四，保密职责。潘序伦强调，会计人员应当履行保密职责。会计人员接触大量的敏感信息和商业秘密，应当严守保密义务，不得泄露相关信息，确保信息安全和商业机密的保护。第五，学习进取。潘序伦提倡会计人员要具备不断学习和进取的精神。会计领域发展日新月异，会计人员应当不断更新知识和技能，适应新的会计准则和法规，提高自身的专业素养和能力。

（三）潘序伦会计诚信思想的特征

潘序伦会计诚信思想的特征主要体现在以下几个方面。首先，会计人员应具备强烈的责任意识，认识到自身对企业和社会的责任，确保财务信息的真实、准确和完整。其次，会计人员应具备诚实守信的品质，坦诚和真实地记录和报告财务信息，遵守承诺并保持信用和声誉。再次，会计人员应具备公正公平的原则，不偏袒任何一方，客观处理财务事务，坚持真实性和公正性。此外，会计人员应履行保密职责，严守保密义务，不泄露敏感信息和商业机密。最后，会计人员应具备不断学习和进取的精神，持续学习新的会计准则、法规和技术，提升专业素养和能力，适应行业的发展变化。

---

① 朱灵通，张华勇.潘序伦治理假账思想及其启示[J].财会通讯，2021(5):164-167.

这些特征体现了潘序伦会计诚信思想的核心价值观,为会计行业提供了指导,推动会计人员遵守职业道德和履行职责。

二、潘序伦会计诚信思想的意义

(一)弘扬会计文化

传承和弘扬潘序伦会计诚信思想有助于弘扬会计文化。潘序伦会计诚信思想代表了中国现代会计学的核心价值观,传承和弘扬潘序伦会计诚信思想有助于加强会计职业的核心价值观,如诚信、责任和公正,推动会计文化的发展[①]。这不仅有助于提升会计人员的职业认同感,树立崇高的职业信仰和自豪感,还有助于规范行为准则,加强对职业规范和行为准则的遵守,促进会计行业的规范和健康发展,塑造良好的行业形象,树立公众对会计行业的信任和认可。因此,通过弘扬潘序伦会计诚信思想,会计人员能够践行会计职业的核心价值观,推动会计文化深入人心,为行业的发展和进步作出积极贡献。

(二)加强职业道德建设

传承和弘扬潘序伦会计诚信思想有助于加强职业道德建设。潘序伦强调,会计人员应具备诚实、公正和透明的品质,这对于当代会计行业的职业道德建设具有重要的指导意义[②]。加强职业道德建设的意义体现在以下几个方面。首先,弘扬潘序伦会计诚信思想有助于提升会计人员的道德意识和道德素养,使其意识到自身行为对企业、股东和社会的影响,并始终秉持诚信和公正的原则。其次,加强职业道德建设可以确保会计人员履行职责的公正性和透明度,提升行业的整体信任度和可靠性。最后,职业道德建设能够推动行业内部自律和规范的发展,通过建立行业准则和行为规范,规范会计人员的行为,维护行业的良好秩序。

会计人员能够树立正确的职业道德观念,践行诚信、公正和透明的原则,推动职业道德的提升和行业的发展。这将有助于建立健康、可信赖的会计行业形象,为社会经济发展提供坚实的会计支撑。

---

① 朱鸿翔.潘序伦所得税思想探析(1936—1937)[J].荆楚学刊,2020(6):15-20,26.
② 上海市会计学会学术委员会召开2020年全体会议[J].新会计,2020(7):65.

（三）加强会计法律法规建设

传承和弘扬潘序伦会计诚信思想有助于加强会计法律法规建设。潘序伦强调，会计人员应遵守法律法规，以法律为准绳履行职责，这对于推动会计行业的规范化和健康发展具有重要意义。加强会计法律法规建设有助于构建健全的法律体系和监管机制，从而确保会计信息的真实性、可靠性和透明度。首先，建立完善的会计法律法规能够规范会计人员的行为准则和职业规范，明确职责和义务，保障会计信息的合规性。其次，加强会计法律法规建设能够强化对违法行为的打击和处罚力度，维护市场秩序和公众利益。此外，完善法律法规还能够提供法律依据和保障，提升会计人员的法律素养，规范行业行为，防范和惩治会计舞弊和不当行为。

通过建立健全的法律体系和监管机制，确保会计人员的合法行为和职业操守，可以推动会计行业的规范化和健康发展，保障会计信息的质量和可信度。这将为市场经济的顺利运行提供法律保障，增强公众对会计行业的信任和认可。同时，加强会计法律法规建设也需要会计人员积极参与和遵守，形成合力，共同推进行业的发展。[1]

（四）提高会计从业人员的素质和专业技能

传承和弘扬潘序伦会计诚信思想有助于提升会计从业人员的素质和专业技能。潘序伦强调，会计人员应不断学习和进取，提升自身的专业素养和能力，这对于适应快速发展的会计领域具有重要意义。

提升会计从业人员的素质和专业技能有助于保持行业的竞争力和应对变革的能力。首先，不断学习和进取可以提升会计人员的专业知识水平和技能，使其能够应对不断变化的会计准则、法规和技术。其次，提高素质和专业技能有助于会计人员更好地理解和运用财务信息，提高信息分析和决策能力，为企业和利益相关方提供准确和可靠的财务信息。此外，提升素质和专业技能还可以促进会计人员的自我发展和职业晋升，提高其工作满意度和职业成就感。

（五）推动会计信息化建设的发展

传承和弘扬潘序伦会计诚信思想有助于推动会计信息化建设。潘序伦强调，会计人员应跟随科技发展的步伐，积极应用信息技术，推动会计信息化建设，这对于提高

---

[1] 邵勃.论潘序伦会计诚信职业道德思想的内涵[J].中国集体经济,2020(4):125-126.

会计信息的质量、效率和安全性具有重要意义①。

推动会计信息化建设的发展有助于提升会计工作的效率和准确性。首先，信息化技术可以提供更高效的数据处理和分析工具，使会计人员能够更快捷地完成数据录入、核对和报告等工作，减少人为错误的发生。其次，会计信息化建设可以提升信息的准确性和一致性，减少手工操作带来的风险和偏差，提高财务信息的可靠性和真实性。此外，会计信息化建设还能够加强对信息的安全保护和风险管理，防范信息泄露和数据篡改等风险。

三、结论

综上所述，潘序伦会计诚信思想具有重要的内涵和特征。潘序伦强调，会计人员应具备责任意识、诚实守信、公正公平、保密职责和不断学习进取的品质。这些特征为会计人员提供了明确的指导，帮助会计人员践行诚信和道德原则，维护行业的声誉和社会的信任。潘序伦会计诚信思想为会计行业的发展和规范会计人员的职业行为提供了重要的指导和借鉴。在当前快速变革的时代背景下，会计人员应坚守潘序伦会计诚信思想，诚信为本，以推动会计行业的规范化、健康发展，为社会经济的繁荣和可持续发展作出贡献。

---

① 陆军.潘序伦:中国现代会计之父[J].中国档案,2019(1):84-85.

忆·潘序伦

余争妍[①]

立信会计师事务所（简称立信）由中国会计泰斗潘序伦先生于 1927 年在上海设立，历经 96 年风风雨雨，已取得长足发展。立信在业内已居国内领先地位，尤其是在加盟国际会计联盟 BDO 后，更注重国际专业服务市场的开拓，业务类型从传统审计向多元化发展。立信从一家上海本土会计师事务所发展到全国旗舰型会计大所，其发展轨迹与成长之路，都离不开潘序伦先生的辛苦付出。今年是"中国现代会计之父"、立信会计事业创始人潘序伦先生诞辰 130 周年，让我们跨越时空，一起看看潘序伦先生与立信的故事。

潘序伦幼年时在家乡私塾读书，15 岁时到上海浦东中学求学。他学业优秀，却因卷入学潮被学校开除。后来，他从常州中学毕业，考入南京法政大学经济系，但该校不久停办，潘序伦无奈之下转入南京海军军官学校附设的无线电讲习班学习。28 岁那年，一位家境贫寒的同乡准备前往法国勤工俭学，此事促使潘序伦彻底告别了游手好闲的荒唐岁月，重新开始求学。毕业后，学校选派潘序伦参加南洋兄弟烟草公司赞助的留学生考试。他以第一名的成绩入选，前往美国留学。潘序伦在哈佛大学学习两年，获得工商管理硕士学位。当时银行业大热，留学生多选修货币银行学科，潘序伦却选择了冷门的会计学专业。哈佛大学商学院会计系主任是科尔教授，潘序伦在他的教导下，打下了一生的会计学基础。

1924 年，潘序伦从美国学成归国，担任东南大学附设商科大学的教务主任，同时

[①] 作者工作单位系立信会计师事务所海南分所。

兼任暨南学校商学院院长。他在教学中致力引进和传授西方现代会计学理论与技术，为中国现代会计事业的发展打下了良好的基础。随着国内民族工商业的发展，亟须改善企业管理，改良会计制度，同时社会各业也迫切需要会计人才以及会计师事务所代理各种业务。1927年春，潘序伦辞去两所大学的教授职务，在上海爱多维亚路39号设立潘序伦会计师事务所，并在事务所内设立会计补习夜校，培养会计人才。1928年，潘序伦取《论语》中"民无信不立"之意，将会计师事务所更名为立信会计师事务所，同时扩大会计补习夜校，更名为立信会计补习学校。

1927—1938年，立信会计师事务所业务有了长足发展，几乎垄断了全国范围内的会计师业务，每年收入可达数十万元。在此时期，潘序伦也开始了"立信会计丛书"和《会计季刊》的编写工作。在办学过程中，潘序伦有感于立信会计补习学校不是正规学校，毕业生的学历不被社会承认，于是下决心创办一所正规的会计专科学校。1937年夏，经国民政府教育部批准立案，立信会计学校成立，1939年秋开始正式招生。1941年12月太平洋战争爆发后，立信会计学校从上海迁往重庆。

入川后，潘序伦首先进入民生轮船公司担任会计顾问，使自己有了一个立脚点，然后开始多方筹措，准备重开立信会计学校。他反复宣传会计人才对企业发展的重要性，动员热心企业家们共同捐赠10万元买下北碚校舍，使立信会计学校有了立足之地。北碚地处重庆郊区，学员往来上课不方便。潘序伦计划在重庆市区再建一楼，作为立信会计学校市区班的校舍，开设夜校招收在职学员培训。这样一方面可扩大立信会计师事务所的业务，以会计师事务所的收入补助学校，另一方面会计师事务所的工作人员也可在学校兼职当教师。1943年6月，潘序伦再次发起募捐，经过8个多月的努力，募得120多万元，终于在重庆市区建起新楼，使立信会计学校有了新的发展空间。

抗日战争胜利后，潘序伦将立信会计学校无偿交由重庆热心办学人士，组成新一届校董会，聘卢作孚当董事长，继续办学。他自己则返回上海，在上海徐家汇徐虹路沿铁道附近，购下42亩地，准备建新的校舍。由于建筑尚需时日，潘序伦就将自己在上海长乐路的私宅捐出作为临时校舍。

立信会计学校在潘序伦的带领下，经过多年奋斗，终于扬名沪上乃至全国。中华人民共和国成立后，立信会计学校回到祖国的怀抱，在党的关怀下重新焕发出新的生命活力。1979年，在潘序伦的关心与支持下，上海成立了全国第一家会计学会，潘序伦捐出 4 万元作为上海市会计学会的会费。1981 年元旦，上海市会计师事务所成立，这是全国第一家会计师事务所，潘序伦被推举为董事长。2016 年，上海立信会计学院与上海金融学院合并，成立上海立信会计金融学院。

近百年来，国际"四大"会计师事务所在业务规模、客户资源、收入标准等方面长期处于领先地位，在中国地区也相同。国际"四大"的垄断，在很长一段时间内对中国本土会计行业的发展造成了影响。我们秉承潘序伦先生的遗志，一直坚信品牌建设是会计师事务所增强市场竞争力、做大做强的主要途径与手段。过硬的品牌不仅能使会计师事务所通过品牌效应，获得额外的溢价收费，也有助于会计师事务所拓展业务，扩大与占领市场。会计师事务所品牌建设，作为市场经济诚信的重要组成部分，对于促进社会主义市场经济健康持续发展、市场经济诚信价值的塑造，具有重要的意义。"打造品牌会计师事务所，全面提升服务国家建设能力，向着国际一流目标迈进"，是立信会计师事务所品牌建设的总体目标。品牌是执业质量和信誉的集中体现，这在注册会计师行业已经形成共识。立信的目标是"牢固树立品牌意识，倾心打造百年强所"。"专业报国，服务社会，追求卓越，争创一流"，是立信的宗旨。

经过 90 多年的长足发展，立信现有从业人员万余名，其中执业注册会计师 2 000 多名。近年来瞬息万变的资本市场，以及各种重大资产重组项目的不断出现，都为立信未来的发展带来新的机遇和挑战。立信不忘初心，致力于夯实企业核心竞争优势，努力打造中国本土品牌一流强所，并不断顺应国际资本市场一体化的发展趋势，逐步完善战略布局，实现专业服务与国际接轨，打造比肩国际的一流会计师事务所，以诚信和专业铸就百年民族品牌。

我相信，立信的明天一定会更美好！

崛起，立信！

韩天翼[①]

今天我怀着激动的心情，站在这里，
在这里见证，立信人创造的奇迹！
这是一个激情四溢的丰收之年，
这是一个誉满中华大地的喜庆之年。
过去的岁岁年年，立信人用汗水和实力，创造了辉煌的业绩。
在中华大地这片神奇的土地上，立信人用强壮有力的双手，把新一轮的希望深情捧起。
春往秋至，夏去冬来。曾几何时，压力重如山，没有压弯立信人的脊梁；困难大似海，没有困住立信人的步伐。
任你寒风呼啸，任你烈日炎炎；任你荆棘满布，任你巨浪滔天！立信的字典中，只有奋进，没有退缩！
不畏艰辛，是我们独有的风骨；
迎难而上，是我们傲然的品格；
遇强更强，是我们伟岸的胸怀！

蓦然回首，一切还记忆犹新。我们忘不了啊，忘不了96年前的那一天，那是立信会计师事务所正式成立的日子。
我们用最铿锵有力的声音，向全世界宣告立信的到来！
改革大潮，汹涌澎湃，有人犹豫观望，有人徘徊不前。

[①] 作者工作单位系立信会计师事务所海南分所。

立信,却已经成功打响特殊普通合伙的第一枪。

这个敢为天下先的弄潮儿,有着何等卓越的眼光,何等非凡的力量!

忘不了啊忘不了,忘不了潘序伦!你就是那光辉的红日,耀眼的阳光照亮了立信这片热土,照亮了我们所有的前途与希望!

忘不了啊忘不了,忘不了潘序伦!你就是那高悬的明月,皎洁的月色驱散了寒夜的种种迷雾与黑暗,为我们指明了前行的方向!

忘不了啊忘不了,忘不了潘序伦!你就是那和煦的春风,暖意融融地带来了怡人的气息,吹绿了中华大地!

忘不了啊忘不了,忘不了潘序伦!你就是那清新的雨露,无限温柔地注入了活泼的生机,滋养着代代新苗茁壮成长!

立信,在领路人的指引下,一次次艰苦奋斗,一点点做大做强;一场场逆境拼搏,一次次意气飞扬!

是呀!正是这些立信的奉献者,奉献着自己的青春、自己的激情、自己的一切!

家人不理解、朋友不理解、外人更不理解,是什么让我们这样痴狂?

只为实现心中不灭的梦想,我们默默地聚集,默默地相互扶持,默默地辛勤耕耘。

开拓进取是我们的灵魂,坚守原则是我们的信仰!

面对激烈的竞争,许多同行只能对我们望洋兴叹。

而立信人却凭借自己的智慧和勇气,继续开辟出一个个崭新的领域,

从国内业务到国际业务,从低端市场到高端市场,

96年来,我们服务社会,实现自我;

96年来,我们勤勉尽责,不负所托。

96年沧桑巨变,96年风雷激荡;

96年崎岖坎坷,96年硕果满仓;

96年高歌猛进,96年璀璨辉煌!

96年,而今迈步从头越!

企业责任感在召唤我们,时代使命感在激励我们,

信以立志,信以守身,信以处事,信以待人!

崛起吧,立信!

新的号角已经吹响!让我们昂首挺胸,阔步远方!

纪念潘序伦先生推动中国会计事业的发展

杨益慧[①]

时间的流逝会冲淡人们的记忆,也逐渐淡忘一些曾经的光辉。然而,对于每一位审计人,对于立信会计师事务所的员工来说,潘序伦先生永远都是一位崇高可敬的伟人,我们将永远铭记。

第一次听到"中国现代会计之父"潘序伦先生的名字,是从我的高中老师于复亮的口中,他对潘先生推崇备至。那时正值高三之际,大家都在为大学报考专业所发愁,大学专业的选取将影响未来一生的职业生涯。而正是因为对潘序伦先生的了解,才决定了我的职业选择与规划。

于老师告诉我们,潘序伦先生是中国会计界的重要人物之一。他曾说:"我在哈佛大学企业管理学院尽力选学有关会计的学科,学就得学个透彻。"他毕生致力于推动中国会计事业的发展,倡导规范、诚信、专业的会计服务理念。他曾担任国民政府主计处主计官、经济部常务次长等职务,同时还是全国经济委员会委员。他在这些职务上积极推动中国会计国际化和专业化发展,将现代会计的复式簿记方式及其理论引入中国,奠定了中国现代会计学的发展道路,并提出了一系列优化中国会计制度的建议。

潘先生的研究成果不仅涵盖了会计原理、会计准则等基本理论,还深入探讨了会计信息的价值、会计信息的使用等实践问题,他的研究成果不仅为会计学科的理论发展提供了重要支持,而且为会计实践的改进和创新提供了重要参考。这些成果不仅对中国的会计学科产生了重要影响,而且对世界会计学科的发展也具有重要意义。潘序

---

① 作者工作单位系立信会计师事务所海南分所。

伦先生值得我们每一位会计人敬仰。

潘序伦先生不仅是一位杰出的学者和会计专家，还是一位杰出的企业家。1927年1月，潘先生辞去教授职务，后取《论语》中"民无信不立"之意，创立了立信会计师事务所。直到今日，开展会计师工作必先取信于社会、建立他人对注册会计师的信任，依旧是本所第一要旨。

潘先生的成就感染了我，"立信"两个字在我心中深深扎根，高考志愿填报时，会计、审计专业成了我的唯一选择。我孤注一掷，发愿要进入他所创立的事务所工作，向立信前辈们学习并继承潘先生的精神。

在大学期间，我努力学习专业知识、考取相关证书、在事务所实习，为进入事务所一步一步夯实基础。毕业后，我如愿以偿进入了立信会计师事务所，不知不觉四年过去了，从前辈和同事的口中了解了更多潘先生的故事和立信会计师事务所的发展经历。

除了在工作中表现出的优秀品质，潘先生在生活中也是一位有爱心的人。他不仅经常关心职工的家庭生活，给他们提供帮助和支持，还会和他们分享自己的人生经验和智慧。他的真诚和关爱，让许多职工在工作之余也感受到一份温暖。

潘序伦先生并没有止步于职场，他还关注着社会的发展，积极参与社会公共事务的管理。在他出任上海市政协委员期间，他为促进当地经济发展和社会进步作出了杰出的贡献。在他的关心和支持下，我国第一家会计学会成立，他捐资4万元作为学会的发展基金，为推动会计事业和社会的发展贡献了自己的力量。

潘序伦先生的社会责任感，源于他对社会的深刻认识和对人类命运的深刻关切。他的行为是对社会的回馈和对生命的尊重，是我们应该学习和效仿的。

潘序伦先生的优秀品质和奉献精神，对中国会计事业的发展产生了深远的影响。他始终秉持"诚信、责任、创新、协作"的价值观，这些品质和理念将一直激励后人不断前行，为中国会计事业的繁荣发展作出更大的贡献。

1927年1月，潘序伦先生辞退了一切职务，在上海创办了潘序伦会计师事务所，后改名为立信会计师事务所。立信会计师事务所是中国最早的会计师事务所之一。当时中国有诸多新兴的民族工商业和中外合办企业，立信会计师事务所的创立，标志着中国会计事业的发展进入了一个新的阶段。

新中国成立后，国家推行计划经济使会计师行业受到冲击，注册会计师业务趋于停顿，立信会计师事务所也逐渐停业。改革开放后，中国特色社会主义的建设让立信会计师事务所再次迎来了春天。我们的前辈们再创辉煌，他们始终坚持专业、高效、负责任的服务理念，通过推进先进的技术和工具，提高会计、审计和税务等服务的质量和效率，为国内外众多企业提供了专业服务。

进入21世纪以来，立信会计师事务所继续保持着稳健的发展态势。不断提升自身的核心竞争力，提高服务质量和效率，拓展业务范围和领域，在国内外市场均取得了显著的成绩，并得到了客户和业内人士的高度认可和赞誉。

总的来说，立信会计师事务所的发展历程，与中国经济的发展密不可分。立信会计师事务所始终坚持专业、高效、负责任的服务理念，积极推动行业的创新和发展，成为中国会计行业的重要力量之一。在未来的发展中，立信会计师事务所将继续发扬自身的优势和特点，将其打造成为一家备受关注和尊敬的事务所，为中国经济的繁荣发展作出更大的贡献，为整个行业树立了榜样。

今年是潘序伦先生诞辰130周年。潘序伦先生是一位伟大的人物，他的事业成就、大师风范和人格魅力都深深地影响着我们。直至今日，潘先生写下的"信以立志，信以守身，信以处事，信以待人，毋忘'立信'，当必有成"24字箴言依旧深深影响着每一个立信人，它深深根植于我们的工作、生活中。作为一名立信的员工，我为有机会在潘先生创立的立信会计师事务所工作而感到无比荣幸。让我们一起纪念潘序伦先生，为推动中国会计事业的发展继续努力。

立志守信，初心不改

庄丽芬[①]

1927年1月，潘序伦先生辞去上海商科大学的教授职务，在爱多亚路39号创办了"潘序伦会计师事务所"。先生取《论语》中"民无信不立"之意，将其更名为"立信会计师事务所"，并写下箴言："信以立志，信以守身，信以处事，信以待人，毋忘'立信'，当必有成。"从1928年到1949年，立信会计师事务所（以下简称立信）不断发展壮大，分别在桂林、重庆、南京、广州和天津等地设立分所，会计师业务遍及全国。经过近百年的发展，立信已经成为国内领先的民族企业，成立了30多家分所，拥有2 000余名执业注册会计师；现有客户遍布全国各地；2009年立信加入了全球第五大国际会计网络——BDO国际。至此，当初于炮火中成立的"小作坊"已经成长为参天大树，成了许多年轻人向往的学习和发展的平台。

2015年我走出校园初到海南分所，听到的便是立信一路走来的辉煌历史。我既崇敬潘序伦先生于烽火中创学立业的丰功伟绩，也觉得那段历史离我们如今的生活已经很遥远。有趣的是，作为一个进入立信的新人，在经历了紧张混乱的年报审计后，才能明白先生的"立信"箴言，不仅牢牢地钉在了墙上，也融入了立信的每一道审核程序、每一张底稿中。

信以立志

20世纪30年代，潘序伦先生与徐永祚之间曾展开一场争论，焦点是中国会计要不

---

① 作者工作单位系立信会计师事务所海南分所。

要与国际接轨，这场学术论争推动了中国会计事业的发展。徐永祚先生为代表的"中式簿记改良派"，主张在保存中式簿记核算形式的前提下进行改良，而潘序伦为代表的改革派认为，会计属于一种科学技术，是不分国界的，也无所谓中西之分，而要看方法科学与否。1934—1935 年，潘序伦先生先后在《会计杂志》上发表《为讨论"改良中式簿记"致徐永祚君书》《批评徐永祚的改良大纲 10 条》《改良中式簿记之讨论》等文，不遗余力地推广现代会计方法。

进入 21 世纪，随着国际和国内经济形势的不断改变，新《证券法》的实行，新审计准则的执行，我们也面临着越来越多的挑战和风险。在立信的 8 年，我从一个懵懂的新人成长为业务相对熟练的老员工，也亲历了许多改革和更新。为了更好地理解审计准则并提供更优质的服务，我们的员工培训课程越来越多，涵盖了许多热门的专题课程和新准则的讲解；为了更好地应对函证风险，立信上线了独立的"函证中心"系统；为了更高效地提供审计服务，立信开发了"智能审计云平台"。信以立志，从百年之前潘序伦先生坚持会计改革开始，立信始终都走在创新和改革的前沿。

信 以 守 身

潘序伦先生曾说："会计师应具有公正之品格，诚笃之心地，廉洁之操守，勤奋之精神，以恢张其信用，而发挥其效能。""夫学识经验及才能，在会计师固无一项可缺，然根本上终究不若道德之重要。"由此可见，潘序伦先生对会计师遵守职业道德的看重。作为立信的一员，业务繁忙的时候，尤其是在冲刺阶段，我也曾埋怨过层层的风控流程，愈加复杂和繁琐的确认程序，每年不厌其烦的职业道德必修课程。但是不可否认，这些控制程序像一道道减速带，时刻提醒着我们"前方有风险，请减速慢行"。每一份高质量的审计报告，背后都是不畏严寒酷暑的监盘，不厌其烦地询问，细致的凭证查验和激烈的争论。薄薄的纸张，简洁的数字，倾注了无数人的心血和时间，一点点积沙成塔。信以守身，立信一直以严格的质量控制和风险把控，回报客户和社会公众的信任。

信 以 处 事

九一八事变后，东北义勇军孤军抗日，深得全国人民爱戴，民众纷纷募捐支援。

当时谣传上海抗日爱国捐款共 2 000 余万元，马占山将军只收到 100 多万元。有人指责经办单位有徇私舞弊行为。潘序伦先生的事务所受托稽核了 13 个经募单位的账目，证实共收到捐款 502 万元，援助东北义勇军 337 万元，其余 165 万元作了慰劳十九路军和救济上海战区难民之用。先生将全部收支账目审计，出具证明。2020 年伊始，受新冠疫情的影响，各地年报工作受到阻碍，函证程序也无法实施。上海总所及时发出了工作指导，完成了特殊时期的年报审计工作。事后我们才知道，为了各地分所年报工作的顺利开展，上海总所的许多同事在总部办公楼为了规范报告的流程和审核工作连续几个月没有回家。信以处事，立信从诞生开始，便一直自觉承担着社会责任。立信永远是勇于担当的逆行者。

信 以 待 人

潘序伦先生一生出版专著译著 50 多部，学术论文和文章 200 余篇，逾千万字。其代表作包括《高级商业簿记教科书》《公司财政》《基本会计学》和其他"立信会计丛书"等。潘序伦先生拿出自己的月工资和《簿记与会计》《公司财政》等书的版税，以简先生名义设立"思源助学基金"，帮助过 50 多名寒门学子。1927 年，深感我国会计人才匮乏的潘序伦在上海设立了簿记训练班，到 1947 年，立信会计补习学校共计举办了 40 届，学生 35 259 人，为当时的中国输送了数以万计的会计人才。而立信会计学校的品牌也一直延续至今，发展成为如今的上海立信会计金融学院。1941 年 6 月，潘序伦先生与邹韬奋合资成立了立信会计图书用品社，专门出版"立信会计丛书"和印制发行会计账册报表。潘序伦先生一生育人无数，对中国会计教育事业作出了巨大的贡献，影响深远。

毋忘"立信"，当必有成

《周纪》曰："夫信者，人君之大宝也。国保于民，民保于信。非信无以使民，非民无以守国。"

2023 年是潘序伦先生诞辰 130 周年，恰逢世界格局之大变，面对复杂多变的国际形势和艰巨繁重的国内改革发展任务，作为新一代立信人，应学习先生坚持原则、诚信为本的品格，继承先生开放包容、改革创新的精神，不改初心，砥砺前行！

立信文化推动形成立信品牌

辛卓琳[①]

立信会计师事务所的发展之路,是中国经济市场化、法制化进程的缩影,对我国现代服务业的发展具有重要的示范意义。2023年是立信会计事业创始人潘序伦先生诞辰130周年暨上海立信会计金融学院建校95周年。为了纪念先生对我国会计事业的卓越贡献,传承立信文化,弘扬立信精神,擦亮立信品牌,以实际行动贯彻落实党的二十大精神和全国"两会"精神,立足新时代,建功新征程,实现立信会计师事务所高质量发展,本文将从以下三个方面简述立信文化对立信品牌产生的深远影响。

一、立信文化的发展

立信会计师事务所(以下简称"立信")由中国会计泰斗潘序伦先生于1927年在上海创建,是中国建立最早和最有影响力的会计师事务所之一。立信于1986年复办,2000年上海立信长江会计师事务所有限公司成立,2007年该事务所更名为立信会计师事务所,2009年加入全球第五大国际会计网络——BDO国际,2010年12月改制成为国内第一家特殊普通合伙会计师事务所。

立信总部设在上海,并在全国设立了30余家分支机构,现有从业人员10 000余名;服务客户遍布全国,其中上市公司600余家,并为大型央企、国有集团、银行、证券公司、期货经纪公司、保险公司、信托公司、基金公司等提供审计及相关业务。

立信有着悠久的历史文化底蕴,形成了"信以立志,信以守身,信以处事,信以

---

① 作者工作单位系立信会计师事务所珠海分所。

待人,毋忘'立信',当必有成"的深厚企业文化。经过 90 余年的长期发展,立信在业务规模、执业质量和社会形象方面都居于国内领先地位。立信在 2022 年度营业收入前 100 家会计师事务所排名中位列第三,在打造本土最具核心竞争优势的专业服务机构的同时,逐步完善和实现战略布局,为顺应国际资本市场一体化发展趋势,立信人正以诚信和专业铸就着民族品牌。

二、立信品牌的影响力

立信会计师事务所为全球第五大国际会计网络——BDO 国际成员所,以悠久的企业历史文化、专业的服务能力及高素质服务团队闻名于国内国际会计师事务所行业,具有较大的品牌影响力。

1. 品牌的国内影响力

改革开放以来,随着中国经济改革不断深化,特别是资源配置市场化的深层次发展,企业间业务往来和资本运作日益广泛,社会及企业对会计师事务所的鉴证及咨询服务需求不断增加。为顺应时代发展的潮流,立信坚持生存发展的"华山一条路",即实现规模化、规范化、国际化,迅速做大做强,树立国内"立信"品牌,一跃成为国内顶尖会计师事务所之一,吸引全国各地财会人才加入其中,壮大其服务团队,提高专业服务能力,能够满足客户多样化需求,逐渐形成良好的企业形象,有效地提升了"立信"品牌价值。

由于立信品牌在行业内具有较高的知名度和美誉度,因此,立信在承接相关业务时,能够比行业内其他事务所带来更多的便利。特别是在承接 IPO 企业的相关业务时,立信品牌已经成为一个成功的稳定保证。

2. 品牌的国际影响力

立信不仅在国内有较大的影响力,更闻名于国际社会。2009 年立信加入全球五大国际会计网络——BDO 国际,开启了立信国际化的发展之路。经过十几年的国际市场开拓,立信基于 BDO 国际的优势在国外市场开展较多业务,国际业务部日益成熟,为"立信"品牌走出国门创下不少佳绩,成功促使立信文化走向国际,成为行业文化的标杆。

乘着 21 世纪新时代的春风,立信立足为全球客户提供便捷服务,在扩大业务范围的同时也扩展业务服务区域，开展国际业务，提高中国会计师事务所在国际上的影响力，助力中国企业走出国门。

三、在立信的成长与发展——以自身为例

立信品牌依托潘序伦先生传承下来的深厚的企业文化而屹立于世界会计师事务所之林。我有幸加入立信，成为其中一员，感受强烈的企业文化带来的归属感和使命感，在立信的文化熏陶及专业培养下，个人能力和素养有了质的提升。

我作为一名审计人员，积极参与所内安排的审计工作项目，时常与项目组同事和前辈讨论项目审计思路，不断总结涉猎项目的审计经验，高效完成审计工作，保证审计质量，降低审计风险，个人专业能力得到较大提升。思想上，作为一名党员，我时常系统学习党章规定及党史故事，牢记党员的权利和义务，将党员义务与立信企业文化相结合，发挥党员表率作用，不断勉励自己守住审计人员的最后一道防线，坚守审计职业道德。生活上，我坚守立信文化宗旨，将立信文化融入个人生活中，坚持诚信为本，诚信待人，诚信做事，个人沟通能力和组织领导能力都有较大幅度提升。

作为立信的一员，我秉承"立信"精神，坚持诚信至上，将国家发展与企业发展相结合，企业发展和个人发展相联系，发挥党员的先锋模范作用，贯彻落实党的二十大精神，牢记诚信意识，真诚至上，诚实守信，提升个人专业能力和思想道德水平，丰富自身精神世界，尽自己所能为立信发展贡献一份力量。

服务好企业是立信的宗旨。在对企业服务过程中，立信以自己特有的专业胜任能力，给企业带来真实、有效的服务价值和相关帮助，成为企业发展的帮手和合作伙伴。立信一直坚持每年为上市公司和 IPO 企业举办各类财务研讨会，帮助企业了解年度会计、审计、金融等方面最新动态和信息。

立信在众多的会计师事务所中能够脱颖而出，与其全面提升企业的核心竞争力不无关系。立信的核心竞争力来自其核心价值观：以控制执业风险为导向不断地提升执业质量水平；以全面、务实的态度服务客户，为客户创造最大价值；以人性化为核心内容创造良好的企业文化，使企业具有较强的凝聚力和向心力。在信用经济和信息社会化时代中，立信秉承独立、公正、客观原则，恪守职业道德，坚持执业质量，保护公众利益，承担社会责任，为国内外委托人提供高品质、高附加值的专业服务。

文化推动品牌的发展，悠久的企业文化奠定企业品牌的历史底蕴。近百年来，立信始终坚持诚信为本，无论是在风云变幻的动乱年代，还是在经济繁荣的和平时期，始终恪守诚实守信的底线，用诚信和专业铸就了享誉业界的民族品牌，成功书写了以诚信文化擦亮民族品牌的壮丽篇章。

潘序伦先生与立信

黄耀民①

一、会计学泰斗的成长之路

1. 曲折求学路

1893年,潘序伦先生出生在江苏宜兴县蜀山镇,12岁前就读于当地的私塾,14岁时父亲去世,他并未放弃学业。在精通古文的长兄潘伯彦的悉心教导下,学术的种子已在潘先生心里悄悄扎下了根。

小学毕业后,潘先生顺利考进了上海浦东中学,他学习成绩优异,常常获第一名,在学校里小有名气,这也让他比同龄人多了几分傲气。

1908年,年少气盛的他在毕业前夕,为抗议某教师组织举行了交白卷抗议活动,被学校开除了学籍。

遭受了人生第一次的求学挫折,潘先生并未气馁,聪敏好学的他很快就考上了常州府中学堂并顺利毕业,后考进了南京法政大学。只是命运似乎要再次考验这位天赋异禀的学子,潘先生还没毕业,南京法政大学就被勒令停办。

第二次求学挫折后,潘先生已有些心灰意冷,失望的他选择了从戎,考进了南京海军军官学校附设的无线电讲习班学习,毕业后被派到了当时国内最大巡洋舰"海圻号"担任无线电收发员。

但无线电收发员的工作对潘先生来说是枯燥的,从小埋下的学术种子在他的内心

---

① 作者工作单位系立信会计师事务所珠海分所。

躁动，他向来志不在此，于是果断退出军籍，进入镇江中学工作，首次投身于教育事业。

2. 从浪子到学者

投身教育事业后的潘先生并不如意，没工作几年，他便辞去了教师职务，回到家乡，成了游手好闲的浪子。最糟糕的是，他还迷上了赌博。在后来，谈起人生的这段光景时，潘先生笑称其为"学书不成，学剑无门，不成材的青年"时光。

这种荒唐的生活一直持续到1920年，潘先生听闻一位同学正准备前往法国勤工俭学。这一消息刺激了他内心深处已沉寂多年的求学欲望，潘先生幡然醒悟，想想以前求学之路的不容易，怎能说放弃就放弃呢？他为自己蹉跎岁月的行为感到羞愧，并从此立下志向：出国留学，学有所成后报效祖国。

俗话说，浪子回头金不换。潘先生找到了中学时对他十分赏识的黄炎培校长，通过校长的推荐，潘先生得以在上海圣约翰大学三年级试读。他非常珍惜这次改过自新的机会，发愤图强，最终凭着超乎常人的努力，以优异的成绩毕业，获得文学学士学位。

1921年，潘先生从圣约翰大学毕业后，学校选派他参加南洋兄弟烟草公司赞助的留学生考试。

寒窗苦读只为这一刻，实现抱负的机会来了，最终潘先生不负众望，以第一名的成绩入选，成功前往美国哈佛大学商学院就读，并出人意料地选择了当年最为冷门的会计学专业，从此与会计学结下了不解之缘。

时年28岁的潘先生在哈佛大学异常勤奋好学，像是弥补以前蹉跎岁月的过错。他放弃了假日的游玩娱乐，醉心于知识的海洋中，宿舍、课堂、图书馆三点一线，终日与书为伴，并在会计系主任科尔教授的悉心教导下，打下了一生的会计学基础。

1923年，潘先生获得了哈佛大学工商管理硕士学位，翌年，又进入哥伦比亚大学政治经济学院学习，他日夜苦读，仅用一年时间就完成了博士论文，获得博士学位。

3. 艰难回国路，改革先行者

1924年，潘序伦先生不忘初心，在学有所成后，便谋划回国一事。彼时美国政府为防止中国留学生回国，设置了重重障碍，潘先生克服万难，绕道欧洲，最终回归祖国怀抱。

回国后，潘先生出任了上海商科大学教务主任兼会计系主任、暨南学校（现暨南大学）商学院院长和重庆大学兼职教授等职，首次将西方新式会计理论引入中国。

但深谙会计学原理的潘先生很快意识到，会计学是一门实操性很强的学科，而国内企业对会计实操方面还是一片空白，仅靠自己在大学传授理论知识，很难真正帮助国内企业，潘先生已暗下决心，要改革国内会计教育。

二、会计教育改革的先行者

1. 辞教执业，创办立信

1927年，潘先生毅然辞去了大学教授职务，在上海爱多亚路（今延安东路）39号创办了"潘序伦会计师事务所"，并在事务所内设立会计补习夜校，践行"改革教育、报效祖国"的初心。

在会计师执业的过程中，潘先生始终坚守"诚信为本"的经营原则。他认为，财会工作者需要在社会建立起一种"诚实不欺"的信誉，方能赢得尊敬，行业才能健康发展。于是在创业后的第二年，潘先生取《论语》中"民无信不立"之意，将事务所更名为"立信会计师事务所"，并为立信写下了箴言："信以立志，信以守身，信以处事，信以待人，毋忘'立信'，当必有成。"此箴言成为立信人代代相传的立身之本，并使立信历经了96年的岁月仍屹立不倒，一直是会计师行业里的标杆。

2. 以身作则，毋忘立信

在创办立信初期，潘先生共培养了60多名会计师，为祖国会计行业发展输送了第一批中坚力量。由于执业价格公道、效率高、质量好，"立信会计"很快声名鹊起，登门的客户络绎不绝，其中不乏大型公司和政府机构。潘先生始终坚守社会责任，不因钱财大小而改变"诚信"的处事原则，树立了良好的行业信誉，由此还引发了其他事务所的改革风潮，推动了整个行业健康发展。

潘先生作为事务所的老板，是每天最早到公司的人，每天清晨到办公室，第一件事情便是翻看当天的报纸，密切跟踪时事。"九一八"事变后，东北军人孤军抗战，受到了全国人民的拥护和爱戴，大家纷纷捐款支持。捐款结束后，坊间却传出了款项被有关经募部门私吞的流言，一时间民众义愤填膺，一场信任危机即将爆发。彼时外部有列强侵扰，内部应团结一致，潘先生意识到，一旦处理不到位，可能会引发内乱，演变为内忧外患，那祖国便危在旦夕了。

在此信任危机爆发之际，潘先生主动站了出来，受托稽核了 13 个经募单位的账目，查清了所有资金的具体流向，证实款项已送达东北军区，并向公众出具了审计证明，归功于立信一直恪守"诚信"的原则和这些年建立的良好口碑，这场信任危机最终被平息。

1937—1941 年，潘先生先后创办了立信会计专科学校、立信会计图书用品社，与立信会计师事务所一起形成了"三位一体"的立信会计事业，为祖国培养了大量的会计人才。在此期间，潘先生更是对会计账簿、会计制度进行了大刀阔斧的改革。保守派认为，中国只能用中国传统的会计制度，潘序伦便舌战群儒，抛出了科学无国界，只要科学实用的理论，最终将西方的借贷复式会计记账方法引入，为改进我国落后的会计状况作出了重要贡献。

3. 百年立信，再创辉煌

立信会计师事务所自潘序伦先生创办至今已历经九十六载，员工规模从最初的 60 人发展到目前的 10 000 多人，拥有注册会计师 2 000 多人，位于国内会计师事务所行列的第一梯队。每一个立信人，都应牢记着潘序伦先生立信于人、立信于社会的处事原则，立信品牌得以在全国乃至全世界享誉。

潘序伦先生当年创办的立信会计专科学校亦已发展成为上海立信会计金融学院，是我国会计学人才重要的培育基地。它传承了潘序伦先生"改革育人、报效祖国"的伟大志向，不断提高了我国会计人员的会计水平，为满足我国日益增长的高层次会计人才需求作出了重大贡献。

作为立信的一员，我见证了创立近百年的立信仍在续写辉煌，我为成为立信人，成为潘序伦先生意志的继承人而倍感骄傲，假如潘序伦先生能穿越时空来到现在，看到如今辉煌的立信，一定会倍感欣慰。

诚信引领　构筑卓越公司文化

胡成霖[①]

有幸能够成为立信会计师事务所（简称"立信"）的一名员工，我一直都深感自豪！立信不仅是一家国际知名的会计师事务所，更是一个充满诚信文化的大家庭。在这里，诚信是我们共同的信条和行为准则，成为我们工作和发展的基石。立信自创立以来，一直秉持着诚信为本的价值观。这种文化不仅贯穿于公司的各个方面，更塑造了立信的核心竞争力和声誉。本文将探讨立信诚信文化的重要性以及对我的影响。

诚信文化在立信的发展中起到了关键的作用。立信通过秉持诚信原则，建立了可信赖的声誉，这为其业务的拓展和客户的信任奠定了坚实的基础。立信员工的诚信行为不仅体现为对客户的诚实和透明，还体现为对工作的负责和敬业。诚信是立信成功的重要驱动力，也是公司文化的核心价值。立信的诚信文化具有几个显著特点。一是职业道德的践行。立信全体员工始终坚守着会计师的职业道德准则，确保以高标准的专业素养为客户提供服务。二是公正和透明。立信致力于公正和透明的业务操作，确保客户的利益得到最大化保护。同时，立信注重团队合作和合规管理，通过建立良好的内部控制和风险管理机制，确保诚信价值贯穿于公司的方方面面。

立信诚信文化的研究是一项重要而持久的任务。我们需要了解诚信的内涵和其在不同文化背景下的实践方式。这需要我们不断学习、思考与反思，从而发现和解决可能存在的道德困境和挑战。我们应该探讨如何将诚信融入我们的工作流程和决策中，以及如何培养和传承诚信文化。

---

① 作者工作单位系立信会计师事务所北京分所。

首先，我们应该关注诚信在业务操作中的应用。作为审计师，我们处理着客户的财务信息和敏感数据。在这个过程中，我们必须遵守职业道德准则和法律法规，确保数据的准确性、保密性和可靠性。我们需要建立健全内部控制制度，加强对风险和欺诈的防范，以及进行持续的审计和监督。诚信在与客户和合作伙伴的互动中起着重要作用。我们要坚守诚实、透明和公正的原则，保持良好的沟通和合作关系。在面对商业决策和利益冲突时，我们应该坚持道义和职业操守，始终以客户的利益为先，并提供客观、独立的意见和建议。这种良好的声誉不仅使我们在业务竞争中脱颖而出，更为立信带来了持久的合作和良好的商誉。此外，我们要关注诚信文化在团队合作和员工发展中的影响。立信鼓励员工之间的互信和支持，营造平等和公正的工作环境。我们应该尊重和欣赏不同背景和观点的员工，鼓励创新和合作，激发团队的潜力和活力。同时，我们也要积极关注员工的职业发展和个人成长，为他们提供培训和发展机会，建立起良好的员工关系和文化氛围。最后，立信诚信文化的研究需要我们深入了解立信的历史和发展。我们可以回顾立信成立以来的里程碑意义的事件和成功案例，探索其中的诚信价值和经验。同时，我们也可以借鉴其他行业和领域的最佳实践，加以吸收和应用。这样的研究和学习将帮助我们不断提升诚信意识和水平，推动立信诚信文化的不断发展和完善。

研究立信诚信文化还需要探讨如何培养和传承这种文化价值观。立信会计师事务所在这方面采取了一系列措施。第一，注重员工的培训和教育，致力于提升员工的道德意识和职业素养。立信为我们提供专业的培训课程，涵盖道德、法律和职业规范等方面的内容，帮助员工理解诚信的重要性，并将其应用到实际工作中。第二，立信强调领导力的重要性。领导者在塑造和传播立信诚信文化中起着关键作用。他们应该以身作则，树立榜样，通过言传身教来传递诚信的价值观。领导者应该鼓励员工提出问题、讨论道德难题，并提供支持和指导，帮助员工在复杂的商业环境中做出正确的决策。此外，立信还鼓励员工参与社会责任项目和公益活动。我们通过参与公益事业，不仅为社会作出贡献，更体现了我们作为一个诚信组织的价值观。这些活动不仅有助于提高员工的社会责任意识，还为他们提供了实践诚信的机会，加深了对诚信的理解和认同。

立信的诚信文化对我个人和组织产生了深远的影响。作为一名员工，立信的诚信文化教导我要以诚信为本，始终保持正直和诚实的原则。这种价值观不仅体现在工作中，更影响了我的个人生活。通过学习和践行立信的诚信文化，我意识到诚信是一种宝贵的品质，它能够塑造一个人的人格和信誉，让我能够与他人建立真诚和可靠的关系。对于组织而言，立信的诚信文化为公司赢得了良好的声誉和持续的业务增长。客户对立信的信任是建立在多年来诚信经营的基础上的。立信始终秉持着保持诚信的原则，与客户建立了长期的合作伙伴关系。诚信文化不仅帮助立信在竞争激烈的市场中脱颖而出，还增强了员工的凝聚力，促进了团队合作，为公司的可持续发展奠定了坚实基础。

总而言之，研究立信诚信文化非常重要且具有深远意义。它不仅有助于我们应对复杂商业环境、管理风险和提高员工职业素养，还有助于我们履行社会责任和传承文化。通过深入研究和不断探索立信诚信文化，我们可以不断提升自身的竞争力和影响力，为客户、合作伙伴和员工创造更大的价值，以诚信为基石共同构建更加诚信和可持续的未来。作为立信的一员，我将始终秉持诚信为本的原则，践行立信的价值观，传承立信诚信文化的光荣传统，为公司的发展作出应有的贡献。

秉诚信百年　实现立信精神的时代升华

王　恬[①]

130年前的夏季，潘序伦先生出生在江苏宜兴。这位著名的会计专家、教育家、出版家，一生致力于会计事业革新与会计人才培养。他将现代会计的复式簿记方式及其理论引入中国，奠定了中国现代会计的发展道路；他创办了立信会计师事务所，并创立了一个闻名于世的会计品牌——"立信"。他是一位久负盛名的教育家，一生门生众多，著作等身，他被誉为"中国现代会计之父"，是中国会计界的一代宗师。

潘序伦先生毕业于上海圣约翰大学，后留学美国，先后获哈佛大学工商管理硕士学位和哥伦比亚大学政治经济学博士学位。回国后，潘序伦先生致力于引进并传授西方先进的会计知识与技术。1927年春，潘序伦先生在上海爱多亚路39号设立了"潘序伦会计师事务所"。潘序伦先生在实践中领悟到"要开展会计师事务，首先要取信于社会"，他曾告诫学生"夫学识经验及才能，在会计师固无一项可缺，然根本上终究不若道德之重要"。所以他取《论语》中"民无信不立"之意，将事务所更名为立信会计师事务所。后来，潘序伦先生又把"立信"引申为"信以立志，信以守身，信以处事，信以待人，毋忘'立信'，当必有成"。这24个字既是审计事业的信条，又是立信学校的校训。在潘序伦先生的主持下，它一跃成为当时中国规模最大的一家会计师事务所，服务对象包括中国顶级的大企业，如荣氏企业、南洋兄弟烟草公司、可口可乐公司、华纳兄弟影片公司等，在中国的审计行业发展史上留下了光彩夺目的一页。

在近百年的发展过程中，立信会计师事务所不忘初心，秉承立信精神，服务600余家上市公司，银行、证券、期货、保险、信托、基金公司50余家，另有众多大

---

① 作者工作单位系立信会计师事务所北京分所。

众新国资集团公司和三资企业客户，客户总计逾万家，营业、业务收入构成、分支机构及人员数量、客户规模各项指标都位于同行业前列。

一家传承百年的企业，优秀的文化基因是其屹立不倒并且不断发展壮大的根基。潘序伦先生在立信会计师事务所成立之初就确立了优秀的企业文化核心思想——诚信。诚信文化不仅是传统文化理念，其完全契合科学社会主义主张，是社会主义核心价值观的重要组成部分。中国特色社会主义进入新时代，诚信的重要作用更加凸显。诚信为社会主义市场经济运行、社会主义精神文明建设提供了重要思想支撑。诚信建设是社会全面进步的内在要求。党的二十大报告指出，要弘扬诚信文化，健全诚信建设长效机制。在新时代新征程中，立信作为百年企业必将贯彻落实这一要求，在传承传统诚信文化的同时，根据时代发展要求，不断丰富其文化内涵，促进传统诚信文化与现代社会文明的交融，实现潘序伦先生确立的立信精神的时代升华。

潘序伦先生另一伟大的贡献是将现代会计的复式簿记方法及其理论引入中国，奠定了中国现代会计的发展道路。这正反映了潘序伦先生追求真理、勇于改革的精神。

20世纪30年代，潘序伦与徐永祚之间曾展开一场讨论，焦点是中国会计要不要与国际接轨。以徐永祚为代表的"中式簿记改良派"，主张在保存中式簿记核算形式的前提下进行改良，而以潘序伦为代表的"改革派"认为，会计属于一种科学技术，是不分国界的，也无所谓中西之分，而要看方法科学与否。在之后的若干年内两种思想一直存在。直至20世纪80年代，中国会计与国际惯例的接轨和趋同终于成为会计界仁人志士的共识，潘序伦先生能坚持改革主张，力推借贷记账法，可见其战略眼光之深远，果敢决断之英明。

潘序伦先生追求真理，坚持改革开放的精神与我们国家40多年来坚持改革开放，集中精力进行社会主义现代化建设，实现中华民族伟大复兴的指导思想完全契合。40多年来，中国经济总量跃居世界第二，综合国力和国际影响力实现历史性跨越，人民生活发生翻天覆地的巨大变化。党的二十大报告提出："坚持深化改革开放。不断彰显中国特色社会主义制度优势，不断增强社会主义现代化建设的动力和活力，把我国制度优势更好转化为国家治理效能。"习近平总书记指出："中国特色社会主义在改革开放中产生，也必将在改革开放中发展壮大。"

2023年是潘序伦先生诞辰130周年，也是我们的国家向第二个百年奋斗目标进军的开篇之年。在新时代，在百年未有之大变局下，全体立信人定要牢记潘序伦先生的诚信思想，弘扬立信精神，以实际行动擦亮立信品牌。

潘序伦——中国现代会计之父

汪冰凡[①]

1893年7月14日,潘序伦出生于江苏省宜兴县(现宜兴市)丁蜀镇的一个"书香门第"家庭。这位著名的会计学家、教育家、出版家,一生致力于会计事业革新与会计人才培养,先后创办了立信会计师事务所、立信会计学校和立信会计图书用品社,开创了"三位一体"的立信会计事业。

他将现代会计的复式簿记方法及其理论引入中国,奠定了中国现代会计学的发展道路;他创办了中国第一家会计师事务所,并创立了一个闻名中国的会计品牌——立信;他是一位久负盛名的教育家,一生门生众多,著作等身。

他是潘序伦——中国会计界一代宗师,被誉为"中国现代会计之父"。

潘序伦自幼聪慧过人,但早年人生之旅颇多波折。1908年小学毕业后考入黄炎培任校长的上海浦东中学。1911年,卷入因抗议某教师批分较严而举行的交白卷风潮,被开除学籍。不久,他考入南京海军军官学校无线电收发班,毕业分派到海军某舰上任准尉无线电收发报员,因无意久留,退出军籍,辞去职务。后来他到南京造币厂当翻译员,一段时间后,又回到家乡做中小学教员6年有余,却因校长变动被辞。

1919年,经黄炎培先生推荐到上海圣约翰大学当旁听生,后因成绩优秀,直接升为大学四年级的正式生,1921年夏季毕业,获文学学士学位。同年,由学校保送,潘序伦进入美国哈佛大学商学院,选学会计学科,步入为之奋斗终生的会计王国,为日后从事会计学研究打下了坚实基础。1923年,他取得哈佛大学工商管理硕士学位。随

---

① 作者工作单位系立信会计师事务所厦门分所。

后,潘序伦又获哥伦比亚大学政治经济学博士学位。为了博览群书,他把学校的图书馆作为自己的自修室,从早晨开馆到晚上闭馆都在图书馆里度过,每天只带几块硬面包充饥。最终,他如期获得学位,之后回到阔别多年的祖国。归国途中曾绕道欧洲一些国家,考察了欧洲诸国的经济状况,为引进和传播借贷复式簿记奠定了思想基础。

当时,中国赴美留学生大多数选学"银行货币"一科,毕业生可以谋取高薪。潘序伦却选择了比较冷门的会计学作为主攻方向。他认为,会计学是一门应用很广的学科,中国日后对于会计人才的需求定会逐年增加。

在哈佛大学商学院,潘序伦尽量选学有关会计的学科,如成本会计、银行会计、政府会计、会计制度设计等。经过两年夜以继日的苦读,潘序伦顺利取得了工商管理硕士学位。

1924年,潘序伦学成回国。回国后,他先在东南大学分设上海商科大学任教务主任兼会计系主任,开始了他长达60余年的会计生涯。后来,他任暨南学校商学院院长,并出任该院于1923年11月成立的会计学会常年顾问,同时兼任复旦大学及东吴大学法学院会计学教授。

"说起来很惭愧,现在我被有些人称为'会计专家',甚至过誉为'会计界的泰斗'。但是,在30岁以前我还不知道'会计'是什么样的学科呢!"[①] 晚年的潘序伦这样说。

从美国学成归来后,潘序伦本来在大学就职。当时国内会计界有改革旧式账簿的要求,然而除大型银行,采用新式簿记和会计制度的工商企业数量极少。潘序伦决定以会计师业务作为终身职业,一心一意为发展我国会计事业奋斗。于是,潘序伦辞去了大学里的职务,着手创办会计师事务所。1927年1月,在上海爱多亚路(即今延安东路)39号,"潘序伦会计师事务所"宣告诞生。第二年,他取《论语》中"民无信不立"之意,将"潘序伦会计师事务所"改名为"立信会计师事务所",以建立信用为事务所的第一主旨。后来,他又把"立信"引申为"信以立志,信以守身,信以处事,信以待人,毋忘'立信',当必有成",要求立信会计同仁共勉。

1930年12月,他任国民政府主计处筹委会委员,次年3～7月任主计处主计官。1934年,他与卫挺生、徐永祚、奚玉书、吴世瑞、邹曾侯、任应钟、闻亦有、蒋一贯、

---

① 潘序伦.潘序伦回忆录[M].北京:中国财政经济出版社,1986:20.

安绍芸、杨汝梅（众先）、雍家源、顾询、钱迺澂、李鸿寿、许敦楷等 51 人发起，于当年 11 月 18 日在南京中央路 560 号成立中国会计学社，并担任理事。

1937 年 2 月，潘序伦筹备组建立信会计专科学校及校董事会，使立信会计教育提升到一个新的层次。同年 4 月，潘序伦在私立立信会计专科学校第 1 届董事会上被推举为校长。1940 年 7 月，经港抵渝，他在原北碚立信会计学校的基础上筹办专科学校，并办理上海立信会计学校迁川事宜。

1935 年 1 月，潘序伦经国民政府教育部审查教员资格合格，被定为教授。1941 年，在那硕果累累的秋天，立信会计实业得到进一步提升，"立信"与生活书店合作创设立信会计图书用品社。之后的第三年，潘序伦兼任在沪的上海立信会计训练班主任，并与陈文麟、施仁夫以及蒋春牧等人，组织"求智聚餐会"和"互助合作社"，从事抗战革命活动。1945 年 2 月，潘序伦与张蕙生、钱素君一道由国民政府教育部确认为"专科以上学校久任教员"；1945 年 5 月，他创设立信高级会计职业学校，附于立信会计专科学校内，称附设高级会计职业科，"立信"会计学校的立体办学格局形成。1945 年 9 月，潘序伦由渝返沪主持事务所工作。

抗日战争胜利后，潘序伦在上海与夫人张蕙生教授一道，多次参加徐永祚先生以"聚餐会"形式组织的开展争取民主、反对内战的革命活动。

1946 年 2 月，潘序伦与何炳松、马寅初、朱国璋等人受聘担任国立上海商学院复校筹备委员会委员；同年 6 月至次年 5 月，任国民政府经济部常务次长；1947 年 5 月，回到"立信"担任校长，并受聘为全国经济委员会委员；11 月，与李文杰、李鸿寿、钱迺澂、陈文麟、王逢辛、徐永祚、奚玉书、顾询等人当选为立信会计学校新一届董事；1948 年，与顾询、陈文麟、钱素君等 7 人组成立信高级会计职业学校董事会，担任董事长兼校长；同年 12 月至次年 6 月，与黎照寰、陈文麟、李鸿寿、钱迺澂、顾询等一道任立信会计学校校务委员；1949 年春，任新成立的立信会计编译社社长，辞去立信会计学校校长职务，任名誉校长。

1950 年，潘序伦任"立信会计丛书"编辑委员会主任；1956 年，加入中国民主同盟，1957 年被选为上海市政协委员；1958 年，被划成"右派"，撤销政协委员职务，开除民盟；1960 年，摘去"右派"帽子；1961 年，出任政协委员，恢复民盟盟籍，"文化大革命"中，受到冲击；1979 年、1980 年，分别被上海市会计学会和中国会计学会推选为学会顾问；1980 年 8 月，发起倡议复办立信会计专科学校，10 月，被推选为复校后的校务委员会委员、名誉校长;1981年年初,上海市会计师事务所成立,任事务所董事长,2月,任恢复后的立信会计编译所主任,7月,被推举为立信会计校友会名誉会长。1985年10月25日,对于潘序伦来说,是一个非常值得纪念的日子。这一天,财政部为表彰先生过去60年为我国会计事业发展作出的卓越贡献,特颁发荣誉证书。

潘序伦曾说:"我国会计师职业不是从我开始,设立会计师事务所也不只是我立信一所,而我之所以能略有信誉并稍有成就,大致有以下几点:

——树立信誉。事务所改名为'立信',就是要取得社会的信誉。但是,资本家委托会计师办事,总希望对他们有利。这样,有个别会计师就以造假账或出具不真实的证明书以迎合某些委托人的要求,而取得会计师业务。但是,这种业务我所是绝对不接受的,我宁可放弃这种委托,这样,当时看起来似乎是'吃亏'了,但日子一久,就会给社会人士产生一种印象,'立信'是信得过的,是可靠的,反而会引来大批的业务。

——建立会计专业制度、培训会计专业人才。古时王荆公说过:'夫合天下之众者财,理天下之财者法,守天下之法者吏也。吏不良,则有法而莫守;法不善,则有财而莫理。'我在设立会计师事务所初期,就深深感到,非改良企业会计制度和训练会计专业人员不可。因此,即从这两方面着手,一面附设了会计补习学校,一面自行编译会计书籍,并开设图书社,把事务所、学校和图书社三者融合起来,形成三位一体的'立信会计事业'。

——创办立信会计学校。会计既需要精通业务,具有管理能力的高级会计、审计人才,也需要会精打细算,具有做账能力的中级和初级会计人员。所以我创办会计学校先从补习职业教育开始,逐步充实发展为正规的专科学校(解放前称为高级会计职业学校)。"[①]

潘序伦开创"立信"之实业,贡献近代会计业;"三位一体"新模式,中华会计数第一;会计之父倡改革,新式理论耀大地。

---

① 潘序伦.潘序伦回忆录[M].北京:中国财政经济出版社,1986:27-29.

以"诚"为本,成就未来:我的立信之路

何 元[①]

作为一名立信人,我深深地感受到立信文化的独特魅力和立信精神的无穷力量。回想起自己在立信的成长历程虽然简单平凡,却与立信的发展历程紧密相连。在这篇文章中,我分享一下自己在立信发展与成长的故事,并结合自身的感受探讨立信文化的价值与意义。

在我的职业生涯中,立信为我提供了广阔的发展空间和良好的发展平台。我始终秉承着立信的所训"信以立志,信以守身,信以处事,信以待人,毋忘'立信',当必有成"和"诚信、创新、卓越"的价值观念,在工作中不断挑战自我、追求卓越。

记得那年春天,当我进入立信甘肃分所的大门时,内心充满了无限的憧憬和期待,同时也是惴惴不安。我是一名学生,没有工作经验,我将如何扬帆起航,开启我的职业生涯?所幸,我的担心确属多余。入职后,我在这里结交了优秀的同事和领导,遇到了志同道合的人,共同的信念把我们紧紧联系在一起,使我感受到集体的温暖和友爱。在工作中,他们的经验和智慧不仅启迪了我的工作思路,也影响了我的人生观和价值观。作为一个立信人,我认为立信文化的核心在于"诚信为本"。立信所秉承的诚信文化不仅仅是在工作中的要求,更是一种生活态度和价值取向。在立信,我们始终信守承诺,严格遵守职业道德规范,以客户为中心,为客户提供高质量的服务。在立信,我们从不做虚假宣传、不追求短期利益,始终以诚实守信为底线,保持着清正廉洁的工作态度。在立信,我秉承着"信以守身"的理念,不断提高自己的专业素养,

---

[①] 作者工作单位系立信会计师事务所甘肃分所。

培养自己的合作精神，锻炼团队协作能力，把"信"的价值内化为自己的行为准则。

立信文化的另一重要元素是"创新"。作为一家以提供鉴证服务为主业的会计师事务所，立信一直秉持着创新精神，不断探索和尝试新的技术和方法，以满足客户不断变化的需求。在立信，我们不仅关注技术的创新和进步，更注重思维的创新和能动性的发挥。在这个日新月异、竞争激烈的时代，立信会计师事务所不断推进着自己的转型升级，尤其是在数字化转型方面的投入和创新，为公司未来的发展奠定了坚实的基础。

随着云计算、大数据、人工智能等数字化技术的不断成熟和应用，立信会计师事务所加强了自身数字化能力的建设。公司在全面推动数字化转型的同时，也注重各项数字化技术的整合与协同。例如，在云计算方面，公司构建了高性能、更可靠的云计算平台，以及全球分布式的数据中心，确保了业务信息的可靠存储和管理。在大数据方面，公司拥有海量的财务数据和实时的经济信息，通过数据挖掘、机器人学习等技术，为客户提供更加精准、个性化的服务。在人工智能方面，公司研发了智能审计系统、智能财务系统等应用，不断提高审计效率和管理水平。

同时，立信会计师事务所也在数字化创新方面展现出了强大的灵活性和创造力。公司不断鼓励和培养员工的创新意识和创新能力，推动数字化技术与业务的深度融合，通过新技术的应用实现了财务管理和审计的数字化、网络化、智能化，从而提高了工作效率和质量。

总之，立信会计师事务所在数字化转型方面的投入和创新，为公司未来的发展奠定了坚实的基础。在公司持续发展的道路上，数字化转型不仅是公司跨越发展的必由之路，更是公司未来可持续发展的基石。立信会计师事务所将继续秉持"诚信、专业、卓越、共赢"的价值观念，坚定不移地走数字化转型之路，为客户提供更全面、高效、优质的服务。

在成长的过程中，我在立信会计师事务所学到的不仅是专业知识和技能，更是对团队合作、职业素养和人生价值的深刻认识。立信注重培养员工的团队合作能力和职业素养。在立信，我有幸加入了一支富有朝气和充满激情的团队。在团队合作中，我深刻体验到了"一加一大于二"的力量。我们每个人虽然专业领域不同，但在团队中可以互相学习、借鉴，共同完成项目。这个过程中需要的不仅是个人能力的发挥，更需要的是团队协作和沟通的能力。在这里，我学会了如何倾听、理解和沟通，学会了如何与人合作，学会了如何领导和组织团队。我们面对着各种各样的客户，每个项目都有自己的难点和特点。我们只有不断学习、不断进取，才能在激烈的市场竞争中站稳脚跟，行稳致远。记得有一次，我们接到了一家大型企业的审计任务。该企业拥有多个子公司和关联方，涉及的业务范围非常广泛，审计工作难度极大。我所在的团队在项目负责人的带领下，充分发挥协作精神，分工明确、高效配合，克服了种种困难，顺利完成了任务，得到客户的高度认同。

立信会计师事务所的发展史，就是一个不断挑战、不断创新、不断进步的历史。作为立信人，我深知这一点，也将一如既往地秉承立信的核心价值观，不断突破自我，开拓创新，为客户和社会创造更多的价值。作为一名立信人，我将继承和发扬潘序伦先生所倡导的"精益求精、诚信为本"的立信精神，以实际行动践行立信诚信文化和社会责任，为中国会计事业的发展作出更大的贡献。

上海立信会计金融学院校歌[1]

---

[1] 上海立信会计金融学院校歌创作于1938年,词作者是潘序伦先生的长兄、上海圣约翰大学潘伯彦教授;曲作者是上海音乐学院原副院长、作曲家丁善德教授。